हिन्दी-पत्रकारिता के प्रतिमान

हिन्दी-पत्रकारिता के प्रतिमान

सतीश कुमार राय

प्रो. एवं अध्यक्ष, मानविकी संकाय
बाबा साहेब भीमराव अंबेडकर बिहार विश्वविद्यालय
मुजफ्फरपुर (बिहार)

लोकभारती प्रकाशन

लोकभारती प्रकाशन
पहली मंजिल, दरबारी बिल्डिंग, महात्मा गान्धी मार्ग
प्रयागराज-211 001
वेबसाइट: www.lokbhartiprakashan.com
ईमेल : info@lokbhartiprakashan.com

शाखाएँ : 1.बी, नेताजी सुभाष मार्ग, दरियागंज
नई दिल्ली-110 002
अशोक राजपथ, साइंस कॉलेज के सामने
पटना-800 006
1, अनमोल सोराबजी संतुक लेन, मरीन लाइंस
मुम्बई-400002

पहला संस्करण : 2024

सुपर माधव ग्राफिक
प्रयागराज द्वारा मुद्रित

HINDI-PATRAKARITA KE PRATIMAN
by Satish Kumar Rai

ISBN : 978-93-48229-88-5

मूल्य: ₹ 900

अपने विश्वविद्यालय के
पूर्व कुलपति
कीर्तिशेष प्रोफेसर नीहारनन्दन प्रसाद सिंह
की पुण्य स्मृति को
जिनके कार्यकाल (2001.2004) में
मुझे पत्रकारिता पाठ्यक्रम से
जुड़ने का अवसर मिला।

विषयसूची

भूमिका

हिन्दी-पत्रकारिता का इतिहास दो सौ वर्षों का इतिहास है। 30 मई, 1826 को युगल किशोर शुक्ल ने कोलकाता से 'उदन्त मार्तंड' का प्रकाशन प्रारम्भ किया। इस पत्र ने साधनहीनता के बावजूद अपनी जिजीविषा का परिचय दिया। 19 दिसम्बर, 1827 को इसका अन्तिम अंक प्रकाशित हुआ। इस साप्ताहिक पत्र के कुल उन्नासी अंक प्रकाशित हुए। इसके बावजूद इस पत्र ने हिन्दी-पत्रकारिता के प्रकाशन और विकास की सम्भावनाओं को उजागर किया। पंडित युगल किशोर शुक्ल हिन्दी-पत्रकारिता के आदि सम्पादक हैं। हिन्दी के पहले ही पत्र को उन्होंने विविध विषयक बनाया और पाठकों में रोचकता पैदा करने की कोशिश की। तब से लेकर अब तक दस हजार से अधिक पत्र-पत्रिकाओं का प्रकाशन हो चुका है और हजार से अधिक सम्पादकों ने हिन्दी-पत्रकारिता के विकास में अपना सार्थक योगदान किया है।

राजा राममोहन राय को सही अर्थों में भारतीय पत्रकारिता का वास्तविक जनक कहा जाता है। उनकी मुख्य भूमिका अंग्रेजी और बँगला पत्रकारिता के क्षेत्र में रही है किन्तु साप्ताहिक 'बंगदूत' में उन्होंने हिन्दी को भी स्थान दिया है। ध्यातव्य है कि 'बंगदूत' का प्रकाशन 10 मई, 1819 से प्रारम्भ हुआ था। जनवरी, 1845 ई. में राजा शिवप्रसाद सितारेहिन्द ने साप्ताहिक 'बनारस' अखबार का प्रकाशन प्रारम्भ किया। इस पत्र के सम्पादक मराठी-भाषी गोविन्द रघुनाथ थत्ते थे। 1850 में युगल किशोर शुक्ल ने ही साप्ताहिक 'सामदंड मार्त्तंड' का प्रकाशन-सम्पादन शुरू किया। 1854 ई. में बँगला-हिन्दी का पहला दैनिक पत्र 'समाचार सुधावर्षण' निकला। इसके सम्पादक और प्रकाशक श्यामसुन्दर सेन थे। हिन्दी-पत्रकारिता का वास्तविक विकास भारतेन्दु-युग में हुआ। भारतेन्दु-युग में अनेक प्रखर पत्र-पत्रिकाओं का प्रकाशन हुआ और अत्यन्त तेजस्वी पत्रकार पत्रकारिता के क्षेत्र में आए। भारतेन्दु के अतिरिक्त बालकृष्ण भट्ट, बालमुकुन्द गुप्त, प्रतापनारायण मिश्र, बदरीनारायण चौधरी 'प्रेमघन', दुर्गाप्रसाद मिश्र, छोटूलाल मिश्र, गोविन्दनारायण मिश्र, देवकीनन्दन तिवारी, अमृतलाल चक्रवर्ती, रुद्रदत्त शर्मा इस युग के उल्लेखनीय सम्पादक हैं।

हिन्दी-पत्रकारिता के इतिहास में पंडित बालकृष्ण भट्ट (3 जून, 1844.20 जुलाई, 1914) का अत्यन्त महत्त्वपूर्ण स्थान है। साहित्य और पत्रकारिता दोनों ही क्षेत्रों में उनका योगदान अविस्मरणीय है। उन्होंने हिन्दी-पत्रकारिता के राष्ट्रवादी स्वर को मुखर किया। बालमुकुन्द गुप्त (14 नवम्बर, 1865.18 सितम्बर, 1907) हिन्दी के श्रेष्ठ निबन्धकार और समर्थ सम्पादक के रूप में मान्य हैं। उन्होंने उर्दू-पत्रकारिता से अपना पत्रकार जीवन प्रारम्भ

किया। 1886 में उर्दू अखबार 'अख़बारेचुनार' और 1888 में उर्दू पत्र 'कोहेनूर' का सम्पादन किया। महामना मालवीय जी के आग्रह पर 1889 ई. में वे दैनिक 'हिन्दुस्तान' के सहकारी सम्पादक हुए। यहाँ तीन वर्षों तक उन्होंने अपनी सेवा दी। 1893 में हिन्दी 'बंगवासी' के वे सहायक सम्पादक बने और 1899 में 'भारत मित्र' के सम्पादक बने। 'भारत मित्र' को उन्होंने अपने समय का तेजस्वी पत्र बना दिया। हिन्दी-पत्रकारिता को समुचित दिशा देनेवाले सम्पादकों में उनकी भूमिका अग्रगंय है।

प्रतापनारायण मिश्र (24 सितम्बर, 1856.6 जुलाई, 1894) भारतेन्दु-मंडल के रचनाकार और पत्रकार माने जाते हैं। मार्च, 1883 में उन्होंने 'ब्राह्मण' नामक मासिक पत्रिका निकाली। 'हिन्दुस्तान' के सहायक सम्पादक के रूप में भी उन्होंने अपनी सँवा दी। बदरीनारायण चौधरी 'प्रेमघन' (1 सितम्बर, 1855.1923 ई.) ने 'आनन्द कादम्बिनी' और 'नागरी नीरद' का सम्पादन किया। 20वीं शताब्दी के सम्पादकों में मनोहर श्याम जोशी, राहुल वारपुते, कमलेश्वर, कन्हैयालाल नन्दन, रघुवीर सहाय, मृणाल पांडेय, शशिशेखर, रामबहादुर राय, विद्यानिवास मिश्र, नीलाभ, शीला झुनझुनवाला, हरिवंश, ओम थानवी विशेष रूप से उल्लेखनीय हैं। हिन्दी-पत्रकारिता के इन समस्त कीर्तिस्तम्भों को एक जिल्द में समेटना नामुमकिन है।

प्रस्तुत पुस्तक हिन्दी के चौदह उन सम्पादकों पर केन्द्रित है जिन्होंने हिन्दी-पत्रकारिता को दिशाबोध दिया है, उसकी विरासत को अग्रेषित किया है और सही अर्थों में प्रतिमान के रूप में मान्य हुए हैं। ऐसा नहीं है कि यह सूची इन्हीं तक सीमित है। वस्तुतः यह एक शृंखला की पहली कड़ी है। ये चौदह सम्पादक बिहार के विश्वविद्यालयों के एम.ए. के पाठ्यक्रमों में सम्मिलित किए गए हैं इसलिए सर्वप्रथम इन्हीं को केन्द्र में रखकर पुस्तक का पहला खंड प्रस्तुत किया जा रहा है। पाठ्यक्रम की अपनी सीमाएँ होती हैं। अतएव इस पुस्तक की भी अपनी सीमा है। फिर भी यदि उच्च कक्षाओं के विद्यार्थियों और शोधार्थियों को इसमें अपेक्षित सूचनाएँ मिल पाईं तो मैं अपने श्रम को सार्थक समझूँगा। इस पुस्तक के अनेक लेख विभिन्न पत्रिकाओं में छप चुके हैं। सब अलग-अलग समय में लिखे गए हैं और पत्रिका के कलेवर के अनुसार ही उनकी व्याप्ति है। अतएव लेखों के आकार-प्रकार में कतिपय भिन्नता हो सकती है।

यह पुस्तक यदि पाठकों के बीच आ रही है तो इसका पूरा श्रेय लोकभारती प्रकाशन, प्रयागराज के अनुभव-सिद्ध सलाहकार आदरणीय श्री रमेश ग्रोवर को है। उनका आग्रह मेरे लिए आदेश बन गया और यह पुस्तक पूरी हो गई। पुस्तक की प्रेस कॉपी तैयार करने में डॉ. हेमा कुमारी (अध्यक्ष, स्नातकोत्तर हिन्दी-विभाग, रामवृक्ष बेनीपुरी महिला कॉलेज, मुजफ्फरपुर) ने मेरा सहयोग किया है। अक्षर-संयोजन की व्यवस्था और प्रूफशोधन हिन्दी के यशस्वी कवि डॉ. राकेश रंजन (विश्वविद्यालय हिन्दी-विभाग, बी.आर. अम्बेदकर बिहार विश्वविद्यालय, मुजफ्फरपुर) ने किया है। ये दोनों मुझसे अभिन्न हैं। इनका मैं कैसे धन्यवाद करूँ। पाठकों और सजग विद्यार्थियों ने यदि इसे पसन्द किया तो इसके दूसरे खंड के साथ फिर मैं आपके बीच आऊँगा।

—सतीश कुमार राय

भारतेन्दु हरिश्चन्द्र

भारतेन्दु-युग हिन्दी नवजागरण का युग है और इस नवजागरण की सर्वाधिक प्रखर गूँज पत्रकारिता में सुनाई देती है। वैसे तो हिन्दी-पत्रकारिता का उद्भव 1826 ई.[1] में ही हुआ, किन्तु उसे व्यापक जनस्वीकृति भारतेन्दु-युग में ही प्राप्त हो सकी। भारतेन्दु-युग ने पत्रकारिता को एक व्यापक लक्ष्य का माध्यम बनाया—मुक्ति और विकास के लक्ष्य का। राजभक्ति राष्ट्रभक्ति में रूपान्तरित हुई और दीनता का स्थान संकल्प ने ले लिया। भारतेन्दु-युग की हिन्दी-पत्रकारिता इसी संकल्प की रचनात्मक परिणति है। उसमें प्रयास के चिह्न हैं तो अपने समय के समग्र साक्षात्कार की दृष्टि भी। यह दृष्टि उस समय के प्राय: सारे पत्रों में है, उनमें प्रकाशित लेखों और रचनाओं में है और उनके संयोजन तथा प्रस्तुतीकरण में भी है।

भारतेन्दु[2] (9 सितम्बर, 1850.6 जनवरी, 1885) की पत्रकारिता इस दृष्टि की व्यापकता और तीक्ष्णता का साक्ष्य देती है। उसमें एक ओर अपनी परम्परा का पुनरवलोकन है तो दूसरी ओर अपने युग के जटिल प्रश्नों से जूझने और उनका समाधान प्रस्तावित करने की ताकत भी। निश्चित रूप से यह पुनरवलोकन और ताकत हिन्दी-पत्रकारिता की विरासत है जिसे सम्हाल कर किसी युग की पत्रकारिता धन्य हो सकती है और पत्रकार मूर्धन्य। पत्रकार के रूप में बाबू हरिश्चन्द्र की पहली उपस्थिति 17 वर्ष की अवस्था में, 1867 ई. में होती है। 15 अगस्त, 1867 ई.[3] को उन्होंने काशी से 'कविवचन-सुधा' मासिक पत्र का प्रकाशन प्रारम्भ किया। यह कविता-केन्द्रित पत्रिका थी और इसने न केवल हिन्दी कविता की परम्परा से पाठकों को परिचित कराया बल्कि उनकी साहित्यिक रुचि भी परिष्कृत की। ''इसमें पहले तो देवदत्त का 'अष्टयाम', दीन दयाल गिरि का 'अनुरागबाग', चन्द्र का 'रासौ', जायसी की 'पद्मावत', कबीर की 'साखी', बिहारी के 'दोहे', गिरधरदास का 'नहुषनाटक' तथा गुलिस्ताँ का हिन्दी अनुवाद जैसी चीजें छपती रहीं। पर शीघ्र ही यह पाक्षिक निकलने लगी और इसमें गद्य का भी समावेश हुआ।''[4] एक वर्ष तक यह अपने मूल स्वरूप में मासिक पत्रिका के रूप में निकली, किन्तु दूसरे वर्ष कुछ अपरिहार्य कारणों से इसका प्रकाशन लम्बित हो गया। ''एक वर्ष तक प्रकाशन स्थगित रहने के बाद इस पत्रिका का पुन: प्रकाशन भाद्र शुक्ल पूर्णिमा संवत् 1927 वि. को दूसरे वर्ष के प्रथम अंक के रूप में हुआ। दूसरे वर्ष से यह पत्रिका पाक्षिक हो गई। इसके कलेवर में भी परिवर्तन कर दिया गया किन्तु अब भी वह सोलह पृष्ठों की पत्रिका थी।''[5] 1875 ई. में यह पत्रिका साप्ताहिक हो गई और 1885 ई. तक प्रकाशित होती रही।

इस प्रकार यह पत्रिका लगभग सत्रह वर्षों तक प्रकाशित हुई। एक वर्ष के आरम्भिक व्यवधान के अतिरिक्त कभी भी इसका प्रकाशन अनियमित नहीं हुआ। पाठकों में निरन्तर इसकी लोकप्रियता बढ़ती गई और उन्हीं की माँग पर पहले यह पाक्षिक और फिर साप्ताहिक हुई। बालमुकुन्द गुप्त ने सच ही लिखा है—''यद्यपि हिन्दी भाषा के प्रेमी उस समय बहुत कम थे, तो भी हरिश्चन्द्र के ललित लेखों ने लोगों के जी में ऐसी जगह कर ली थी कि 'कविवचन-सुधा' के हर नम्बर के लिए लोगों को टकटकी लगाकर रहना पड़ता था।''[6]

'कविवचन-सुधा' ने जहाँ एक ओर सार्थक साहित्यिक परिदृश्य निर्मित किया, वहीं दूसरी ओर अपने युग की वैचारिकता को भी उद्वेलित किया। पहली बार हिन्दी-पत्रकारिता को उसकी व्यापक दृष्टि मिली और सही दिशा भी। पत्रकारिता रचनाओं की परिधि से बाहर निकली और एक नया समाज रचने के लिए जागरूक हुई। भारतेन्दु ने हिन्दी-पत्रकारिता के क्षेत्र में यह ऐतिहासिक महत्त्व का कार्य किया। डॉ. रामविलास शर्मा का कथन है—'' 'कविवचन-सुधा' ने साहित्यकारों की एक पूरी पीढ़ी को भाषा, साहित्य और देशभक्ति की शिक्षा दी थी। निस्सनदेह इतना गौरवपूर्ण कार्य किसी सम्पादक या पत्रकार ने आज तक नहीं किया।''[7]

भारतेन्दु-युग के प्राय: सारे प्रतिनिधि रचनाकारों की रचनाएँ 'कविवचन-सुधा' में प्रकाशित हुईं। पं. राधाचरण गोस्वामी, बाबू काशीनाथ खत्री, बाबू गदाधर सिंह, लाला श्रीनिवासदास, पं. अम्बिकादत्त व्यास, पं. दामोदर शास्त्री, पं. बिहारीलाल चौबे, सरयू प्रसाद, बाबू तोताराम, बाबू सुमेर सिंह, ऐश्वर्य नारायण सिंह, बाबू नवीनचन्द्र राय, पं. बदरीनारायण चौधरी 'प्रेमघन' इस पत्रिका के प्रमुख रचनाकार थे। भारतेन्दु की कविताएँ इसमें नियमित रूप से छपती थीं। साहित्यिक विषयों पर उनकी गद्य रचनाएँ भी समय-समय पर प्रकाशित होती थीं। 'हिन्दी कविता' का परिचय देते हुए उन्होंने पत्रिका में लिखा—''ऐसा निश्चय है कि हिन्दी भाषा प्राकृत भाषा से बिगड़ती हुई बनी होगी परन्तु इसके कोई पुष्ट प्रमाण नहीं केवल हिन्दी कविता में बहुत से प्राकृत शब्द मिलते हैं इससे निश्चय हो सकता है जैसे किति कान्ह कव्य इत्यादि। सबसे पुरानी कविता चन्द कवि की है जो महाराज पृथ्वीराज का कवि था। इसकी कविता के पहिले की कोई कविता नहीं मिलती।''[8]

अपने इस लेख में उन्होंने कबीर, नानक, तुलसी, देव जैसे कवियों का उल्लेख किया है। सूर और देव के प्रति उनके मन में अधिक सम्मान रहा है जो इस लेख में स्पष्ट व्यक्त हुआ है। ''अकबर ने नरहरि को महापात्र का पद दिया था और उस समय में हिन्दी कविता में ब्रजभाषा मिल गई थी किन्तु ब्रजभाषा में कविता करने का नियम सूरदास जी ने बाँधा है जो इसी अकबर के समय हुए थे। सूरदास जी का जीवनवृत्त हमलोग विगत वर्ष के किसी बिन्दु में लिख चुके हैं। वे भाषा के कवियों के मुकुटमणि और महाराज थे।''[9] देव के सम्बन्ध में उनके शब्द हैं—''इस समय के प्रसिद्ध कवियों में देव बड़ा कवि हुआ जिसके बाबन ग्रन्थ अद्यावधि मिलते हैं और इसने अपनी भाषा में कठोर शब्द भी नहीं भरे।''[10]

'कविवचन-सुधा' ने साहित्य की कई विधाओं को स्वरूप दिया, उन्हें लोकप्रिय और रोचक बनाया। ऐसी विधाओं में सर्वप्रथम यात्रा-वृत्तान्त का नाम लिया जा सकता है।

सम्पादक के नाम यात्री के पत्र की शैली में स्वयं भारतेन्दु ने इन यात्रा वृत्तान्तों को लिखा है। हरिद्वार का वर्णन कुछ इस प्रकार प्रारम्भ हुआ है—''श्रीमान् क-व-स- सम्पादक महोदयेषु! श्री हरिद्वार को रुड़की के मार्ग से जाना होता है। रुड़की शहर अँगरेजों का बसाया हुआ है। इसमें दो-तीन वस्तु देखने योग्य है, एक तो (कारीगरी) शिल्प विद्या का बड़ा कारखाना है जिसमें जलचक्की, पवनचक्की और भी कई बड़े-बड़े चक्र अनवरत स्वचक्र में सूर्य, चन्द्र, पृथ्वी, मंगल आदि ग्रहों की भाँति फिरा करते हैं और बड़ी-बड़ी धरन ऐसी सहज में चिर जाती है कि देखकर आश्चर्य होता है।''[11] हरिद्वार के प्राकृतिक सौन्दर्य और धार्मिक महत्त्व को वे एक दूसरे पत्र के द्वारा इस प्रकार रेखांकित करते हैं—''मुझे हरिद्वार का शेष समाचार लिखने में बड़ा आनन्द होता है कि मैं उस पुंयभूमि का वर्णन करता हूँ जहाँ प्रवेश करते ही से मन शुद्ध हो जाता है। यह भूमि तीन ओर सुन्दर हरे-हरे पर्वतों से घिरी है जिन पर्वतों पर अनेक प्रकार की बल्ली हरी-भरी सज्जनों के शुभ मनोरथों की भाँति फैलकर लहलहा रही है और बड़े-बड़े वृक्ष भी ऐसे खड़े हैं मानो पैर से खड़े तपस्या करते हैं और साधुओं की भाँति, घाम, ओस और वर्षा अपने ऊपर सहते हैं।''[12] इतना ही नहीं, पत्रिका में लखनऊ[13] और जबलपुर[14] की यात्रा का भी रोचक वर्णन है। इन वर्णनों में इतनी सजीवता है कि पाठक उन्हें प्रत्यक्ष देखने का आनन्द प्राप्त करता है।

भारतेन्दु का भाषा-चिन्तन भी 'कविवचन-सुधा' में प्रकाशित लेखों में व्यक्त हुआ है। हिन्दी भाषा की स्थिति पर वे लिखते हैं— ''प्राय: लोग कहते हैं कि हिन्दी कोई भाषा ही नहीं है। हमको इस बात को सुनकर बड़ा सोच होता है। यदि काई अँगरेज ऐसा कहता तो हम जानते कि वह अज्ञान है, इस देश का समाचार भलीभाँति नहीं जानता। पर अपने स्वदेशियों को हम क्या कहैं। हम नहीं जानते कि उनकी ऐसी हतबुद्धि क्यों हो गई कि वे अपनी प्राचीन भाषा का तिरस्कार करते हैं।''[15]

हिन्दी को नई चाल में ढालने के लिए भारतेन्दु ने अपनी पत्रिकाओं को सशक्त माध्यम बनाया। 'कविवचन-सुधा' भारतेन्दु की बदलती दृष्टि और प्रगतिशील चेतना का जीवन्त दस्तावेज है। इसके प्रत्येक अंक में एक उद्‌बोधन है, राष्ट्र की उन्नति के लिए स्वप्न है, दुर्दशा के लिए आत्मभर्त्सना के साथ अँगरेजों की भी भर्त्सना है और उनकी अन्यायपूर्ण नीति पर गहरा कटाक्ष भी है। पत्रिका में प्रकाशित 'अँगरेज स्तोत्र' में यह कटाक्ष प्रत्यक्ष है—''चुंगी और पुलिस तुम्हारी दोनों भुजा हैं, अमले तुम्हारे नख हैं, अन्धेर तुम्हारा पृष्ठ है और आमदनी तुम्हारा हृदय है, खजाना तुम्हारा पेट है, लालच तुम्हारी क्षुधा है, सेना तुम्हारा चरण है, खिताब तुम्हारा प्रसाद है, अतएव हे विराट्रूप अँगरेज! हम तुमको प्रणाम करते हैं।''[16]

इस स्तोत्र के नीचे एक टिप्पणी भी प्रकाशित है—''जो लोग हाकिमों की खुशामद करते हैं यह स्तोत्र कंठ कर लेना चाहिए।'' अँगरेजों के शोषण पर यह कटाक्ष भी कितना चुटीला है—''अब तो प्रतिवर्ष कहीं न कहीं दुष्काल पड़ा ही रहता है, मुख्य करके अँगरेजी राज में इसका घर है और बहुधा ऐसा सुनने में आया है कि विसूचिका रोग जो अब सम्पूर्ण भारतखंड में छा रहा है अँगरेजों के राज के आरम्भ से इसका प्रारम्भ हुआ है।... जब अँगरेज विलायत

से आते हैं प्रायः कैसे दरिद्र होते हैं और जब हिन्दुस्तान से अपने विलायत को जाते हैं तब कुबेर बनकर जाते हैं... इससे सिद्ध हुआ कि रोग और दुष्काल इन दोनों के मुख्य कारण अँगरेज ही हैं।''[17]

भारतेन्दु को प्रारम्भ में यह अवश्य लगा था कि अँगरेज राज में इस देश की प्रगति होगी, ज्ञान-विज्ञान के नए क्षितिज उद्‌घाटित होंगे और आम जनता के लिए विकास के कई मार्ग खुलेंगे। ईस्ट इंडिया कम्पनी के शासन के अन्त के साथ निश्चित रूप से यह उम्मीद जगी थी कि व्यापारिक शासन की अपेक्षा राजनीतिक शासन बेहतर होगा और महारानी विक्टोरिया की करुणा इस देश की सनतप्त जनता को त्राण देगी। तत्कालीन बुद्धिजीवियों की तरह भारतेन्दु भी आशान्वित थे और उनके स्वर में राजभक्ति का संगीत मुखर हो रहा था। 1870 ई. में स्वेज नहर खुल गई। भारत और इंग्लैंड के बीच सीधी संचार-व्यवस्था कायम हो गई। इंग्लैंड की औद्योगिक प्रगति और तकनीकी विकास से वे अवश्य प्रभावित हुए किन्तु 1872 ई. के आते-आते उनका मोहभंग भी हुआ। राजराजेश्वरी के रूप में महारानी विक्टोरिया का स्तवन करनेवाले भारतेन्दु देश की आर्थिक स्थिति पर चिन्तन करने लगे और अपनी भावी दिशा पर विचार भी। अँगरेजों के छल-छद्‌म को उन्होंने पहचान लिया कि उनका सारा ज्ञान-विज्ञान स्वार्थ पर आधारित था और उनके दावे खोखले थे। अँगरेजों और मुसलमानों की तुलना करते हुए उन्होंने लिखा है—''मुसलमान लोग अँगरेजों की अपेक्षा सौगुणा अपव्ययी थे, परन्तु वे लोग इस देश के निवासी थे। इससे उनका अर्थ समुदाय इसी देश में व्यय होता था... जिस प्रकार अमेरिका उपनिवेशित होकर स्वाधीन हुआ, वैसे ही भारतवर्ष भी स्वाधीनता लाभ कर सकता है, परन्तु भारतवर्ष उपनिवेशित होने से इसके विपक्ष भी बहुत आपत्ति है। बीस करोड़ के भारतवर्ष को पचास हजार अँगरेज शासन करते हैं, ये लोग प्रायः शिक्षित और सभ्य हैं। परन्तु इन्हीं लोगों के अत्याचार से भारतवर्षीगण दुखी रहे हैं।''[18]

'कविवचन-सुधा' ने पहली बार स्वदेशी का नारा बुलन्द किया। भारतेन्दु की दृष्टि साफ हो गई थी। उन्होंने यह समझ लिया था कि देशी लघु उद्योगों को पुनर्जीवित करके ही आत्मनिर्भरता के क्षेत्र में कदम रखा जा सकता है। इसके लिए सर्वप्रथम विदेशी वस्तुओं का बहिष्कार अपेक्षित है। भारतेन्दु ने 'कविवचन-सुधा' में प्रतिज्ञा-पत्र छापा—''हम लोग सर्वान्तर्यामी सब स्थल में वर्तमान सर्वद्रष्टा और नित्य सत्य परमेश्वर को साक्षी देकर यह नियम मानते हैं और लिखते हैं कि हम लोग आज के दिन से कोई विलायती कपड़ा न पहिरेंगे और जो कपड़ा कि पहिले से मोल ले चुके हैं और आज की मिती तक हमारे पास हैं उनको तो उनके जीर्ण हो जाने तक काम में लावेंगे पर नवीन मोल लेकर किसी भाँति का भी विलायती कपड़ा न पहिरेंगे हिन्दुस्तान का ही बना कपड़ा पहिरेंगे। हम आशा रखते हैं कि इसको बहुत ही क्या प्रायः सब लोग स्वीकार करेंगे और अपना नाम इस श्रेणी में होने के लिए श्रीयुत् बाबू हरिश्चन्द्र को अपनी मनीषा प्रकाशित करेंगे और सब देश हितैषी इस उपाय के वृद्धि में अवश्य उद्योग करेंगे।''[19]

'कविवचन-सुधा' का आरम्भ साहित्यिक और वह भी कविता-केन्द्रित पत्रिका के रूप में हुआ थॉ किन्तु दो-तीन वर्षों के भीतर ही वह एक समग्र पत्रिका बन गई—रचना,

विचार और समाचार से परिपूर्ण। उसके विचार का क्षेत्र व्यापक था। राजनीति, धर्म-दर्शन, अर्थव्यवस्था सारे विषय उसमें सम्मिलित थे। पत्रिका के मुखपृष्ठ पर छपता भी था—

A bi-monthly journal of literature, news and politics.

इसके अंकों में सम्पादकीय, एक प्रधान लेख, सामयिक टिप्पणियाँ, छोटी खबरें, कविताएँ, हास्य-व्यंग्य आदि का कुशल समायोजन होता था। भारतेन्दु प्राय: छोटा सम्पादकीय लिखते थे किन्तु वह तथ्यपरक और विचारों को उद्वेलित करनेवाला होता था। उदाहरणार्थ— ''सरकारी पक्ष का कहना है कि हिन्दुस्तान में पहले सब लोग लड़ते-भिड़ते थे और आपस में गमनागमन न हो सकता था। यह सब सरकार की कृपा से हुआ। हिन्दुस्तानियों का कहना है कि उद्योग और व्यापार बाकी नहीं। रेल आदि से भी द्रव्य के बढ़ने की आशा नहीं है। रेलवे कम्पनी वाले जो द्रव्य व्यय किया है उसका ब्याज सरकार को देना पड़ता है और उसे लेनेवाले बहुधा बिलायत के लोग हैं। कुल मिलाकर 26 करोड़ रुपया बाहर जाता है।''[20]

'कविवचन-सुधा' में पहले सरकारी समाचार अधिक छपते थे। बाद में जन-समस्याओं से सम्बद्ध समाचार अधिक छपने लगे। 1872 ई. के पहले के समाचारों में राजभक्ति थी और सूचना-प्रेषण की औपचारिकता थी। एक समाचार द्रष्टव्य है—''पहली नवम्बर का प्रात:काल, साढ़े सात बजे गवर्नर जनरल बहादुर काशी में आए। महाराज विजयानगरम और महाराज बनारस और अन्य रईस आगे से मिलने के लिए स्टेशन पर ठहरे थे। स्टेशन की सजावट न्यूनाधिक उसी प्रकार की थी जैसी ड्यूक साहब के समय हुई थी। इस पार आकर श्रीयुत् लार्ड साहिब और काशीराज एक ही गाड़ी पर और सबलोग अपनी-अपनी गाड़ियों पर आरोहण करके महाराज की नदेसरवाली कोठी में गए। दोपहर के अनन्तर दरबार हुआ था। रात्रिकाल में रोशनी प्रसननता योग्य हुई थी और आतिशबाजी का वृत्तान्त लिखा नहीं जाता जिन्होंने देखा वही लोग जानते हैं। तीसरी को प्रात:काल गाजीपुर पधारे।''[21]

कुछ ही समय बाद भारतेन्दु ने समाचार का मर्म समझ लिया और जनपदों, प्रान्तों की ज्वलन्त घटनाओं पर समाचार लिखे—

(i) ''पंजाब प्रान्त में शवों को दग्ध करने को लकड़ी नहीं मिलती, इससे शवों को वैसे ही फेंक देते हैं।''[22]

(ii) ''गुजरात में बाढ़ आयी। पीड़ितों के लिए झाँसी के अध्यापकों ने 20 रुपये भेजे।''[23]

(iii) ''पुणा में खान देश की सहायता के लिए 1711 रु- इकट्ठे किए गए।''[24]

(iv) ''हरिश्चन्द्र पंजाब यूनिवर्सिटी के ऐंट्रेस और फर्स्ट आर्ट के संस्कृत परीक्षक नियुक्त हुए हैं।''[25]

'कविवचन-सुधा' में विज्ञापन भी खूब छपते थे। अधिकतर विज्ञापन भारतेन्दु की कृतियों के प्रकाशन से सम्बद्ध थे तो कुछ व्यावसायिक विज्ञापन भी—

(i) ''मुसलमानों के मत की पवित्र धर्म्म पुस्तक हिन्दी भाषा में। इस बड़े ग्रन्थ को मैंने बड़े परिश्रम से हिन्दी भाषा में अनुवाद किया है और अब इसको छापने का भी विचार है परन्तु बड़ा ग्रन्थ है और व्यय विशेष है इससे इच्छा की है कि पहिले 100 ग्राहक

ठहराकर तब छापना आरम्भ करूँ इससे विद्यानुरागी और मतों के जानकारों से निवेदन है कि वे लोग इसके छापने का उत्साह अपने आज्ञापत्र से शीघ्र बढ़ावें और मूल्य इसका छपने के पीछे व्यय के अनुसार रक्खा जाएगा परन्तु किसी भी दशा में 10रु. से वह विशेष न होगा।

12 जनवरी हरिश्चन्द्र''[26]

(ii) ''लवेंडर का सपटन

फ्लोरिडा वारद सुगन्ध का जल

यह सुगन्धी और सब सुगन्धियों से अच्छी है। सिर में लगाने, कपड़े में लगाने और रुमाल में छिड़कने योग्य है और सिर को व्यथा घूमटा, जी मचलना और गरमी को इसकी सुगन्ध दूर करती है और इससे मुँह धोने से मुँह के मुहाँसे और किसी प्रकार के मुँह के दाग हों तो दूर जाते हैं और दाँत में पीड़ा हो तो पानी मिला कुल्ली करने से दाँत भी शुद्ध हो जाते हैं। अभी हम लोगों ने इसको इन्द्र प्रकाश ऑफिस से थोड़ा सा नमूने के हेतु मँगाया है जिसको मँगाना हो लिखे।

मूल्य 5 रु. हरिश्चन्द्र''[27]

भारतेन्दु ने नई रचनाधर्मिता को उत्प्रेरित करने, नए लेखकों को प्रोत्साहित करने और अपने युग की साहित्य-साधना को जीवन्त करनेवाले विज्ञापन भी 'कविवचन-सुधा' में छापे—

(iii) ''फरासीस युद्ध

सब पर विदित हो कि फरासीस में जो युद्ध हुआ है और जो हो रहा है उसका वर्णन कोई नाटक की रीति से करेगा तो उसको मेरी ओर से 400रु. पारितोषित मिलेगा परन्तु उसके ये नियम हैं—

1. पुस्तक वीररस अंगी होगी और करुणा और रौद्र उसके अंग होंगे।
2. इसके पढ़ने से युद्ध का आद्योपान्त सब वृत्तान्त जाना जाए कि युद्ध कब और क्यों आरम्भ हुआ और कब तक रहा और इसमें क्या-क्या हुआ।
3. इसका फल यह हो कि पुस्तक के पढ़ने से मनुष्य सनधि और विग्रह इत्यादि नीति में और युद्धकर्म में चतुर हो जाए और 200 पृष्ठ से न्यून न हो।
4. नीचे लिखे हुए लोग इसकी परीक्षा करेंगे कि पुस्तक यथोचित बनी है कि नहीं तब पारितोषिक मिलेगा। बाबू राजेन्द्रलाल मिश्र, कुँअर लक्ष्मण सिंह, बाबू ऐश्वर्यनारायण सिंह, बाबू नवीनचन्द्र राय, ठाकुर गिरप्रसाद सिंह।

हरिश्चन्द्र''[28]

'कविवचन-सुधा' ने निश्चित रूप से जागरण का शंखनाद किया। उसने पहली बार भारतीय जनता को यह अहसास कराया कि भारत का अँगरेजी राज अँधेरी व्यवस्था का पर्याय है। अँगरेजों का वास्तविक स्वरूप शोषक का है और भारतीय जनता का शोषित का। इस पत्रिका के माध्यम से भारतेन्दु विनय के शिल्प में नहीं बल्कि ललकार की भाषा में अपनी बात कहने में सक्षम हो सके। इसके महत्त्व को रेखांकित करते हुए डॉ. रामविलास शर्मा ने ठीक ही कहा है— " 'कविवचन-सुधा' में साहित्यिक, ऐतिहासिक, भाषा सम्बन्धी, यात्रा सम्बन्धी, हास्य और व्यंग्य से सरस—सभी तरह के लेख छपे। 'कविवचन सुधा' की फाइलें भारतेन्दु-युग का दर्पण हैं, वे एक सजीव युग का इतिहास हैं। इसी पत्रिका में भारतेन्दु ने स्वदेशी वस्तुओं के व्यवहार के लिए अपना प्रतिज्ञापत्र छापा था; इसी में उन्होंने खानदेश के बाढ़ पीड़ितों की सहायता के लिए अपील छापी थी; इसी पत्रिका में उन्होंने अंग्रेजी शिक्षा, अंग्रेजी नीति का भंडाफोड़ किया था; इसी में उन्होंने हिन्दी के प्रचार और विकास का आन्दोलन किया था। 'कविवचन सुधा' का एक-एक पृष्ठ पवित्र है और एक दिन हिन्दी भाषी जनता उसके ऐतिहासिक महत्त्व को अवश्य समझेगी।"[29]

'कविवचन-सुधा' के व्यवस्थित और प्रखर हो जाने के बाद उसकी सहयोगी पत्रिका के रूप में, 15 अक्टूबर, 1873 ई. से भारतेन्दु ने मासिक 'हरिश्चन्द्र मैगजीन' का प्रकाशन किया। पत्रिका के मुखपृष्ठ पर अँगरेजी में छपता था—

"A monthly journal published in connection with the Kavi Vachan Sudha containing articles on literary, scientific, political and religious subjects, antiquities, reviews, dramas, history, novels, poetical selections, gossip, humour and wit."[30]

प्रारम्भ में यह पत्रिका 24 पृष्ठों की निकली और प्रत्येक पृष्ठ में दो कॉलम होते थे। इसके प्रवेशांक से ही भारतेन्दु ने अपनी सिद्ध सम्पादन-कला और प्रखर पत्रकार-दृष्टि का लोहा मनवा लिया। प्रवेशांक में निम्नलिखित रचनाएँ प्रकाशित हुईं—'राधा सखा नाटक', 'भक्तिसूत्र', 'धनंजयविजय नाटक', 'यूरोपीय के प्रति भारतवर्षीय प्रश्न', 'हिन्दी भाषा', 'पश्चिमोत्तर प्रान्तों के मध्यवर्गीय व्यक्तियों की वर्तमान स्थिति', 'दो मित्रों का वार्त्तालाप', 'प्रदोषत्रिदेव पुराण', 'धार्मिक' और 'कादम्बरी'।

'यूरोपीय के प्रति भारतवर्षीय प्रश्न' में गहरा यथार्थबोध है तो तीखी व्यंग्योक्ति भी। इसके कुछ प्रश्न द्रष्टव्य हैं—

1. आप इंग्लैंड के हो वा हमारे?
2. यदि आप इंग्लैंड के हैं तो क्या अपने घरबार साथी संगती अरोसी परोसी और अपने यहाँ के सुख आनन्द छोड़कर यहाँ आ बसेंगे?
3. आप इंग्लैंड के गवर्नमेंट का भला चाहते हैं अथवा इस प्रजामंडल का?
4. यदि आप इस प्रजा के हितैषी हैं तो क्यों नित्य-नित्य नए-नए कठोर और कठिन शासन निकाल-निकाल हम लोगों को व्यर्थ क्लेशित किया करते हैं और क्यों आप

हाकिमों को हम लोगों के मृत्यु के तुल्य हिंसक बनाकर उनके हात रूप दाँत तले दबवाते हैं।[31]

इन प्रश्नों के बाद भारतेन्दु ने और भी प्रश्न किए हैं और प्रश्नों के माध्यम से प्रभावशाली कटाक्ष किया है—''ये यूरोपीय न तो संसार में हैं, न हिन्दू में हैं, न राजा में हैं, न प्रजा में हैं, न घर में हैं, न बाहर हैं। ये तो किसी में भी नहीं हैं, परन्तु अपने प्रयोजन में पूरे हैं, तो आपकी स्तुति करें वा निन्दा? आपको यश दें वा अपयश? आपको भला कहें वा बुरा? आपको साधु कहें वा दुष्ट? आपको सीधा कहें वा टेढ़ा।''

'हरिश्चन्द्र मैगनीन' के दूसरे अंक में 'कलिराज की सभा' शीर्षक से एक व्यंग्य लेख छपा है, जिसमें सरकार के पिट्ठुओं की अच्छी खबर ली गई है—''अंग्रेजों को घूस, सलाम, बंदगी, ऐड्रैस सबकुछ मिलता है। धन, विद्या कौशल सब उनके पास है। उन्हीं के सम्मान में दीये जलाये जाते हैं, उन्हीं की आवभगत के लिए सभाएँ होती हैं। एका और बल उनके पास है। हिन्दुस्तानियों के हिस्से में मूर्खता, कायरता, धक्के खाना पड़ा है। जो 'भाग्यशाली' हैं, वे दरबार में कुर्सी पाते हैं, कौंसिल मेंबरी और सितारे-हिन्द का खिताब पाते हैं।''[32]

'हरिश्चन्द्र मैगजीन' में अँगरेजी की भी कुछ रचनाएँ छपती थीं। इन रचनाओं के प्रकाशन से भारतेन्दु अँगरेजों और उनके पिट्ठुओं तक अपनी सीधी बात पहुँचाते थे। जिनके शोषण के खिलाफ वे आवाज उठा रहे थे और जनमत तैयार कर रहे थे, उन तक सीधे पहुँचने की माध्यम ये अँगरेजी रचनाएँ थीं। वस्तुतः वे उन्हीं की भाषा में उनको खबरदार करना चाहते थे। ऐसी रचनाओं में 'स्कोप फॉर दी एडुकेटेड इंडियन्स'[33], 'सेल्फ इंट्रोडक्शन'[34] उल्लेख्य हैं। इन रचनाओं में व्यंग्य की विदग्धता होती थी तो भाषिक रोचकता भी। ऐसी ही एक रचना की कुछ पंक्तियाँ द्रष्टव्य हैं—

''ह्वेन आइ गो सर! मुलाकात को,
दीज चपरासीज ट्रबल भी मच
हाउ कैन आइ गिव डेली ईनाम,
ईश्वर द आस्क मी आइ से सच
सम टाइम दे गीव मी गर्दनिया
एंड टेल बाहर निकलो टुम
देना न लेना मुफ्त के आए यहाँ हैं
बड़े दरबारी की दुम।''[35]

इस कविता का कथ्य तो स्पष्ट है ही, इसकी भाषा भी बहुत कुछ कहती है। नव अँगरेजीदाँ और देशी से विदेशी बने तथाकथित बावलों पर इससे गहरा कटाक्ष और क्या हो सकता है!

आठ अंक प्रकाशित होने के बाद, जून, 1874 ई. से यह 'हरिश्चन्द्र चन्द्रिका' नाम से छपने लगी। इस पत्रिका के माध्यम से भारतेन्दु ने हिन्दी भाषा और साहित्य के उन्नयन के लिए ऐतिहासिक पहल की। उन्होंने वैज्ञानिक लेखन को प्रोत्साहित किया और सही अर्थों में पत्रकारिता को जनसंवाद का जीवन्त और समग्र माध्यम बनाया। बनारस के गणितज्ञ पं.

लक्ष्मीशंकर मिश्र की हिन्दी में लिखित पुस्तक की समीक्षा करते हुए उन्होंने लिखा—''हिन्दी भाषा में विज्ञान, दर्शन, अंकादि के ग्रन्थ बहुत थोड़े हैं और जो दस-पाँच छोटे-मोटे हैं भी वे पुरानी चाल के हैं और उनके पारिभाषिक शब्द ठीक नहीं हैं। इस ग्रन्थ के अन्त में एक निघंटु भी है जिसमें पारिभाषिक शब्दों के पर्यायवाची अंग्रेजी शब्द भी दिये हैं। यह इस विद्या के और नए-नए ग्रन्थ बनानेवालों को बहुत उपयोगी होंगे, पर हम यह कहना चाहते हैं जो लोग त्रिकोणमिति के नए गन्थ रचें वे इन्हीं शब्दों का प्रयोग करें क्योंकि बहुत से पारिभाषिक शब्द होने से भ्रम होता है। इसके सिवाय जब सब लोग यही शब्द लिखने लगेंगे तो हिन्दी में इनका प्रचार भी हो सकता है।''[36]

इस पत्रिका के द्वारा भारतेन्दु ने हिन्दी में अनुवाद को भी प्रोत्साहित किया। नवजागरण की एक मुख्य विशेषता है ज्ञान-विज्ञान के नए रूपों का अन्वेषण और विस्तारीकरण। हिन्दी में उस समय यह कार्य अनुवाद द्वारा ही सम्भव था। भारतेन्दु ने न केवल कई महत्त्वपूर्ण अनुवाद किए, बल्कि अनुवाद के लिए एक प्रेरक वातावरण भी तैयार किया। पत्रिका में छपे इस विज्ञापन से इसकी सहज पुष्टि होती है— ''हिन्दी में बहुत सारे अखबार हैं; पर हमारे हिन्दुस्तान के लोगों को उनसे कानूनी खबर कुछ भी नहीं मिलती और न ही हिन्दी में कानूनों का तर्जुमा है जिसे देखकर और पढ़कर वे अदालत की बातें समझ सकें। अदालत वह चीज है, जिससे छोटे-बड़े किसी को छुट्टी नहीं इससे सब गृहस्थों को इसका जानना बहुत जरूरी है। बहुत से बेचारे कानून जाने बिना लोगों के जाल में पड़कर खराब हो जाते हैं। तो इस आपत्ति से लोगों को बचाने को एक महवारी पत्र 'नीतिप्रकाश' नाम का बनारस में जारी होगा। इसमें अंग्रेजी और उर्दू कानूनों का तर्जुमा छपा करेगा और इसके सिवाय बिलायत और हाइकोर्ट के फैसले छपेंगे। मुन्शी ज्वाला प्रसाद, गवर्नमेंट प्लीडर हाइकोर्ट, बाबू तोताराम हाइकोर्ट प्लीडर इत्यादि लायक दोस्त इसके मददगार होंगे।''[37]

इस विज्ञापन से जहाँ भारतेन्दु का उत्कट हिन्दी प्रेम व्यक्त होता है, वहीं दूसरी ओर भारतीय जनता को सजग और समझदार बनाने की उनकी विकलता भी प्रदर्शित होती है। निश्चित रूप से वे अपने समय-सन्दर्भों को न केवल पहचानना चाहते थे बल्कि अपने देश और समाज की दृष्टि साफ करना चाहते थे। प्रायः पत्रकारिता की चार मुख्य जिम्मेवारियाँ मानी गई हैं—सूचना देना, मार्गदर्शन करना, मनोरंजन करना और जनसेवा। भारतेन्दु की पत्रकारिता में इन सबका सार्थक निर्वहण हुआ है। वे पत्रकारिता को हर वर्ग के लिए ग्राह्य बनाना चाहते थे। हताश जनमानस में आस्था का निरन्तर प्रवाह बनाए रखने के लिए उन्होंने पत्रकारिता में अनेक नए प्रयोग किए। उपर्युक्त विज्ञापन उनकी इसी प्रयोगधर्मिता का साक्ष्य देता है। उन्होंने हास्यरस-प्रधान एक पत्र निकालने की भी योजना बनाई और अपने पत्र में यह विज्ञापन दिया— ''मेरी बहुत दिनों से इच्छा है कि एक हास्यरस का हिन्दी भाषा में 'पंच' पत्र प्रचलित करूँ, सब हिन्दी रसिकों से सहायता की प्रार्थना है। अभी केवल 13 ग्राहक हुए हैं और 100 ग्राहक होने पर पत्र छपेगा।''[38]

'हरिश्चन्द्र चन्द्रिका' विविध-विषय-विभूषित 36 पृष्ठों की मासिक पत्रिका थी। पत्रिका के स्वरूप और प्रकाशित सामग्री का सर्वेक्षण करते हुए सुजाता राय ने सच ही कहा

है—''भारतेन्दु ने इस पत्रिका के माध्यम से पाठकों की साहित्यिक रुचि के परिष्कार और वैज्ञानिक चेतना के विकास का काम किया। इसमें नाटक, कविताएँ तथा कहानियाँ प्रकाशित होती थीं। किन्तु ध्यान देने की बात यह है कि इसमें नाटक अधिक प्रकाशित होते थे। इसमें समय-समय पर इतिहास, विज्ञान, पुरातत्त्व, जीवनी तथा यात्रा-वर्णन जैसे विषयों पर लेख प्रकाशित हुए हैं। इसमें उल्लेखनीय बात यह है कि ये लेख सिर्फ भारत के इतिहास से सम्बन्धित नहीं हैं, इसमें से कुछ लेख विदेशों के इतिहास पर प्रकाशित हुए हैं।''[39]

भारतेन्दु को युग-प्रवर्त्तक बनाने में उनकी पत्रकारिता का सबसे बड़ा योगदान है। अपने समय के गद्य को परिमार्जित करने और साहित्य को राष्ट्रीयता और यथार्थबोध से अनुप्राणित करने के लिए उन्होंने अपनी पत्रकारिता का मंच के रूप में इस्तेमाल किया। इसी मंच से उन्होंने अपने देशकाल को प्रभावित किया। आचार्य रामचन्द्र शुक्ल के शब्दों में—''भारतेन्दु हरिश्चन्द्र का प्रभाव भाषा और साहित्य दोनों पर बड़ा गहरा पड़ा। उन्होंने जिस प्रकार गद्य की भाषा को परिमार्जित करके उसे बहुत ही चलता, मधुर और स्वच्छ रूप दिया, उसी प्रकार हिन्दी साहित्य को भी नए मार्ग पर लाकर खड़ा कर दिया। उनके भाषा-संस्कार की महत्ता को सब लोगों ने मुक्त कंठ से स्वीकार किया और वे वर्तमान हिन्दी गद्य के प्रवर्त्तक माने गए।''[40] उन्होंने 'हरिश्चन्द्र चन्द्रिका' के भाषिक योगदान की सहराना करते हुए यह भी कहा है—''हिन्दी गद्य का ठीक परिष्कृत रूप पहले पहल इसी चन्द्रिका में प्रकट हुआ। जिस प्यारी हिन्दी को देश ने अपनी विभूति समझा, जिसको जनता ने उत्कंठापूर्वक दौड़कर अपनाया, उसका दर्शन इसी पत्रिका में हुआ। भारतेन्दु ने नई सुधरी हुई हिन्दी का उदय इसी समय से माना है। उन्होंने 'कालचक्र' नाम की अपनी पुस्तक में नोट किया है कि 'हिन्दी नए चाल में ढलीद, सन 1873 ई.।''[41]

भारतेन्दु द्वारा सम्पादित-प्रकाशित तीसरी पत्रिका है—'बाला-बोधिनी'। पहली जनवरी, 1874 को काशी से इस मासिक महिला पत्रिका का प्रकाशन हुआ। यह हिन्दी की पहली महिला पत्रिका थी। इसका लक्ष्य था—नारीजागरण। भारतीय नारी के शील और मर्यादा को उद्घोषित करनेवाली इस पत्रिका का मूल सिद्धान्त था—

''जो हरि सोई राधिका, जो शिव सोई शक्ति।
जो नारी सोई पुरुष, वा में कछु न विभक्ति।।
सीता अनुसूया सती, अरुन्धती अनुहारि।
शील लाज विद्यादि गुण, लहौ सकल जग नारि।।
पितु पति सुत करतल कमल, लालित ललना लोग।
पढ़ैं गुनैं सीखैं सुनैं, नासैं सब जग सोग।।
वीर प्रसविनी बुध वधू, होइ हीनता खोय।
नारी नर अरधंग की, साँचेहिं स्वामिनि होय।।''[42]

भारतीय नारी की गरिमा को अक्षुंण रखते हुए उसे नई चेतना से सम्पन्न करने की यह एक ऐतिहासिक चेष्टा थी। आठ पृष्ठों की यह पत्रिका लगभग चार वर्षों तक प्रकाशित हुई। पत्रिका ने महिलाओं से आग्रह करते हुए लिखा—''मैं तुम लोगों से हाथ जोड़कर और

आँचल खोलकर यही माँगती हूँ कि जो कभी कोई भली बुरी कड़ी नरम कहनी-अनकहनी कहूँ उसे मुझे अपनी समझकर क्षमा करना क्योंकि मैं जो कुछ कहूँगी सो तुम्हारे हित की कहूँगी।''[43]

इस पत्रिका ने स्त्रियों में नैतिक शिक्षा के प्रसार पर अधिक बल दिया। परिवार-संचालन, शिशु-पोषण आदि विषयों पर इसमें प्रेरणाप्रद लेख छपते थे। ऐसा माना जाता है कि माँ ही बच्चों की पहली पाठशाला होती है। पत्रिका के अंकों में नारियों को इसका बोध कराया गया है—''हे समति, जब बालक तुम्हारा भली प्रकार बातचीत करने लगे तो उसको वर्णमाला याद कराती रहो फिर उन्हीं को पट्टी पर लिख के अभ्यास कराओ और रातों को गिनती और सुन्दर-सुन्दर श्लोक और छोटे स्तोत्र याद कराओ। इस व्योहार में कई एक बातें सुन्दर प्राप्त होंगी। प्रथम तो बालक को खेल ही खेल में अक्षर ज्ञान हो जावेगा दूसरे उसका काल भी व्यर्थ नहीं जाने का फिर इस अवसर का पढ़ा-लिखा विशेष करके याद रहता है।''[44]

'बाला-बोधिनी' में 'गुरु सारणी' नामक एक स्थायी स्तम्भ छपता था जिसे कवि हनुमान किशोर लिखते थे। इसमें गृहोपयोगी रचनाएँ रहती थीं और गृहकला की शिक्षा भी। यह पत्रिका अपने-आप में सम्पूर्ण स्त्री-पत्रिका थी। जागरण और उद्‌बोधन के लिए भारतेन्दु द्वारा इसका प्रकाशन अपने-आप में एक ऐतिहासिक घटना है। सही अर्थों में, हिन्दी-पत्रकारिता में 'स्त्री-विमर्श' का प्रारम्भ इसी पत्रिका से होता है। प्रवेशांक में ही भारतेन्दु लिखते हैं—''यद्यपि सरकार ने स्त्रीशिक्षा का प्रबन्ध बहुत उत्तम किया है तथापि हम लोग देखते हैं तो हिन्दुओं के बड़े-बड़े कुलों में अभी विद्या का प्रचार नहीं है और सबसे बढ़कर आश्चर्य यह है कि जो मूर्ख हैं वह तो किसी भाँति स्त्रियों को पढ़ने-लिखने देते भी हैं पर जो पंडित लोग हैं वे तो स्त्रियों के न पढ़ाने में भी हठ करते हैं और न जाने अपने वंश के लोगों को मूर्ख देखकर रात-दिन उनकी संगत में उनसे कैसे रहा जाता है क्योंकि विद्वानों को तो कभी मूर्ख का साथ नहीं अच्छा लगता और नीतियों में कहा भी है कि बन्दरों और रीछों के साथ वन पर्वतों में फिरना अच्छा पर मूर्खों के साथ स्वर्ग में इन्द्र के भवन में रहना अच्छा नहीं; उस पर विशेष यह है कि अपने को बड़ा चतुर और रसिक लगाते हैं पर घर में मूर्ख स्त्री देख के लाज नहीं करते, करें क्या, पुरुषों का दोष नहीं, बुरे संस्कार की गाँठ उनके हृदय में ऐसी दृढ़ बन्ध रही है कि उसका खुलना बहुत कठिन पड़ गया।''[45]

भारतेन्दु की पत्रकारिता अपने समय-सन्दर्भों के गहन अभिज्ञान की पत्रकारिता है। उसमें अपनी युगीन समस्याओं को पहचानने, चित्रित करने एवं समाधान की पहल करने की शक्ति है। नवजागरण की सारी प्रवृत्तियाँ, पत्रकारिता का सारा कर्तव्यबोध, मुक्ति की समग्र आकांक्षा और नवयुग-प्रवर्त्तन की पूरी शक्ति उनकी पत्रिकाओं में विद्यमान है। भारतेन्दु ने न केवल पत्रकारिता की, बल्कि अपने समय की हिन्दी-पत्रकारिता का मार्गदर्शन भी किया, उसे दिशाबोध दिया और समय और सत्य को पहचानने की शक्ति भी। उन्होंने अपने युग के बौद्धिक जनों और रचनाकारों से यह अपील भी की—

''भाषा सोधहु आपनी, होइ सबै एकत्र।
पढ़हु पढ़ावहु लिखहु मिलि, छपवावहु कछु पत्र।।''[46]

भारतेन्दु निश्चित रूप से हिन्दी-पत्रकारिता के इतिहास-पुरुष हैं। वे हिन्दी भाषा के उन्नायक हैं, विभिन्न साहित्य-विधाओं के भगीरथ हैं और अपने समय के सच्चे लोकनायक भी। पं. प्रतापनारायण मिश्र ने अकारण नहीं कहा था—

''कौन के भरोसे पै चलेंगे समाचार-पत्र
कविता विचारी हा! सुहाग कहाँ पावैगी?
कासिकादि रसिक-समाजन में पुनि-पुनि
रसना रसीली काकी रस बरसावैगी?
तेरे मुखचन्द्र की चकोरी हरिश्चन्द्र प्यारे
कौन से सहारे दुखी जीवन बितावैगी?
साजि के सिंगार दरबार में प्रविशि लाय
कौन के सुफल हिन्दी नागरी कहावैगी।''[47]

भारतेन्दु की पत्रकारिता जन-पक्षधरता की पत्रकारिता है। उसमें लोभ की जगह त्याग है और समर्पण की जगह संघर्ष। उसमें सच को सच कहने का माद्दा है और साम्राज्यवादियों को खुली चुनौती देने का साहस भी। सरकारी खरीद बन्द हो जाने के बावजूद उनकी पत्रिकाएँ न केवल नियमित बनी रहीं बल्कि उन्होंने अपनी प्रसार-संख्या में भी वृद्धि की। 'कविवचन-सुधा' और 'बाला-बोधिनी' की ढाई-ढाई सौ प्रतियाँ छपती थीं जबकि 'हरिश्चन्द्र चन्द्रिका' की पाँच सौ। हिन्दी, उर्दू और संस्कृत[48] के शीर्षस्थ रचनाकार होने के बाद भी उन्होंने अपनी पत्रिकाओं को कोरा साहित्य-संकलन नहीं बनाया। उनकी पत्रिकाओं में साहित्य भी अपने वैचारिक सन्दर्भों के साथ प्रस्तुत हुआ। निस्सनदेह उनकी पत्रकारिता अपने देश की अधिसंख्य जनता से सीधे संवाद की पत्रकारिता है। उसमें सूचनाएँ हैं तो चिन्तन भी है। समस्याओं का चित्रण है तो उनके समाधान की खोज भी है। दुर्दशा का अवसाद है तो आत्मपरिज्ञान के लिए उत्प्रेरणा भी। यह अकारण नहीं है कि जब अँगरेजों ने शिवप्रसाद को 'सितारे-हिन्द' का खिताब दिया, उसी समय 'सारसुधानिधि' पत्र ने देश की जनता की ओर से हरिश्चन्द्र को 'भारतेन्दु' की उपाधि से विभूषित किया। 'भारतेन्दु' हिन्दी-पत्रकारिता के आकाश के वे इन्दु हैं जिनमें अन्धकार को भेदने की शक्ति है और सनतप्त जनमानस को शीतलता देने की क्षमता भी।

सन्दर्भ

1. क. 'उदन्त मार्तंड' (30 मई, 1626.11 दिसम्बर, 1827)—सं. युगल किशोर शुक्ल, कलकत्ता।
   ख. हिन्दी-पत्रकारिता का आरम्भ कुछ लोग 'दिग्दर्शन' के हिन्दी संस्करण के प्रकाशन-वर्ष 1818 ई. से मानते हैं। अभी तक 'दिग्दर्शन' की फाइलें उपलब्ध नहीं हैं, किन्तु उसके प्रकाशन का उल्लेख कलकत्ता स्कूल बुक सोसाइटी की द्वितीय रिपोर्ट के परिशिष्ट-18 में मिलता है।—गौरीशंकर गुप्त; गंगा (पत्रिका)—सं. ऋषि कुमार मिश्र, सलाहकार सं. कमलेश्वर; दिल्ली; मार्च, 1987 ई.; पृष्ट.68
2. हरिश्चन्द्र को 'भारतेन्दु' की उपाधि 1880 ई. में मिली। 27 सितम्बर, 1880 ई. को 'सारसुधानिधि' पत्र में पं. रामशंकर व्यास ने यह पदवी प्रस्तावित की जिसे उस समय के समाचार-पत्रों और गुणग्राही विद्वानों का अनुमोदन मिला। किन्तु अपनी रचनाओं के साथ वे हरिश्चन्द्र नाम ही लिखते थे।

3. अनेक विद्वानों ने इसका प्रकाशन-वर्ष 1868 ई. माना है जो कि भ्रामक है। वस्तुत: बाद के अंकों में छपे वर्ष के आधार पर यह मत व्यक्त किया गया है। ध्यातव्य है कि दूसरे वर्ष इसका प्रकाशन स्थगित रहा।
4. समाचार-पत्रों का इतिहास—पं. अम्बिका प्रसाद वाजपेयी; ज्ञानमंडल लिमिटेड, वाराणसी; द्वितीय संस्करण 1886 ई.; पृष्ट.128.129
5. भारतेन्दु हरिश्चन्द्र की पत्रकारिता—सोरेन्द्रनाथ सिंह; 'प्रज्ञा': भारतेन्दु स्मृति अंक (अंक-31 एवं 32); वर्ष 1986; प्रधान सम्पादक डॉ. त्रिभुवन सिंह, सं. डॉ. राममोहन पांडेय; काशी हिन्दू विश्वविद्यालय, वाराणसी; पृष्ठ 315
6. समाचार-पत्रों का इतिहास—पं. अम्बिका प्रसाद वाजपेयी; ज्ञानमंडल लिमिटेड, वाराणसी; द्वितीय संस्करण 1886 ई.; पृष्ठ 129.130 से उद्धृत।
7. भारतेन्दु हरिश्चन्द्र—डॉ. रामविलास शर्मा; राजकमल प्रकाशन; दूसरा संस्करण 1966 ई., पृष्ठ 57
8. कविवचन-सुधा—10 जनवरी, 1872 ई.।
9. उपरिवत्।
10. उपरिवत्।
11. कविवचन-सुधा—30 अप्रैल, 1871 ई.।
12. कविवचन-सुधा—04 अक्टूबर, 1871 ई.।
13. उपरिवत्।
14. कविवचन-सुधा—20 जुलाई, 1872 ई.।
15. कविवचन-सुधा—कार्तिक कृष्ण-30, संवत् 1927।
16. कविवचन-सुधा—30 नवम्बर, 1872 ई.।
17. कविवचन-सुधा—18 मई, 1874 ई.।
18. कविवचन-सुधा—23 मार्च, 1874 ई.।
19. कविवचन-सुधा—7 मार्च, 1874 ई.।
20. कविवचन-सुधा—जिल्द दो, 1870 ई.।
21. कविवचन-सुधा—17 सितम्बर, 1872 ई.।
22. कविवचन-सुधा—16 फरवरी, 1872 ई.।
23. उपरिवत्।
24. कविवचन-सुधा—14 मार्च, 1873 ई.।
25. कविवचन-सुधा—19 जनवरी, 1874 ई.।
26. कविवचन-सुधा—20 जुलाई, 1872 ई.।
27. कविवचन-सुधा—7 फरवरी, 1872 ई.।
28. उपरिवत्
29. भारतेन्दु हरिश्चन्द्र और हिन्दी नवजागरण की समस्याएँ; राजकमल प्रकाशन, दिल्ली; तृतीय संस्करण-1984; पृष्ठ 100
30. हरिश्चन्द्र मैगजीन—15 अक्टूबर, 1872 ई.।
31. उपरिवत्।
32. हरिश्चन्द्र मैगजीन—15 नवम्बर, 1873 ई.।
33. उपरिवत्।
34. हरिश्चन्द्र मैगजीन—मई, 1874 ई.।

35. हरिश्चन्द्र मैगजीन—अप्रैल, 1874 ई.।
36. हरिश्चन्द्र चन्द्रिका—जून, 1874 ई.।
37. हरिश्चन्द्र चन्द्रिका—अप्रैल, 1875 ई.।
38. हरिश्चन्द्र चन्द्रिका—अक्टूबर, 1877 ई.।
39. राष्ट्रीय जागरण और हिन्दी-पत्रकारिता का आदिकाल—अनामिका पब्लिशर्स एंड डिस्ट्रीब्यूटर्स, दिल्ली; प्रथम संस्करण 1996 ई.; पृष्ठ 84
40. हिन्दी साहित्य का इतिहास—प्रकाशन संस्थान, दिल्ली; संस्करण 2009; पृष्ठ 323
41. उपरिवत्, पृष्ठ 330
42. पत्रिका के मुखपृष्ठ पर प्रकाशित।
43. सम्पादकीय, 'बाला-बोधिनी'—प्रवेशांक, जनवरी, 1874 ई.।
44. बाला-बोधिनी—मार्च, 1875 ई.।
45. बाला-बोधिनी—जनवरी, 1874 ई.।
46. भारतेन्दु समग्र—सं. हेमन्त शर्मा; हिन्दी प्रचारक संस्थान, वाराणसी; प्रथम संस्करण 1987 ई.।
47. ब्राह्मण—अप्रैल, 1842 ई.।
48. भारतेन्दु ने हंटर शिक्षा आयोग (1882 ई.) के समक्ष प्रस्तुत अपने लिखित वक्तव्य में स्पष्ट कहा—"I am a Sanskrit, Hindi and Urdu Poet and have composed many works in verse and Prose." भारतेन्दु संस्थान, दिल्ली; प्रथम संस्करण 2008 ई., पृष्ठ 376

मदनमोहन मालवीय

आधुनिक भारत के निर्माताओं में पंडित मदनमोहन मालवीय (25 दिसम्बर, 1861.12 नवम्बर, 1946 ई.) का नाम अत्यन्त सम्मान के साथ लिया जाता है। मालवीय जी ने अपसंस्कृति रोकने और मूल्यपरक शिक्षा के प्रसार के लिए जो प्रयत्न किए, उनका ऐतिहासिक महत्त्व है। शिक्षा, संस्कृति और पत्रकारिता के क्षेत्र में उनका योगदान न केवल मूल्यवान है, बल्कि अविस्मरणीय भी है। लोक-शिक्षण और लोक-जागरण के लिए उन्होंने पत्रकारिता और शिक्षण को माध्यम बनाया। उनकी राजनीतिक चेतना भी प्रखर और मूल्योन्मुख थी। उनकी पत्रकारिता उनकी व्यापक दृष्टि और गहरे युगबोध की परिणति है। उनकी पत्रकारिता में अपने समय-सन्दर्भों के परीक्षण की सजगता भी है और मानवीय संवेदना के प्रसार का सफल प्रयत्न भी।

मालवीय जी की रचनाशीलता और परिकल्पना की झलक उनके छात्र-जीवन से ही मिलने लगी थी। इस सन्दर्भ में धनंजय चोपड़ा ने लिखा है—''मालवीय जी ने बचपन से ही स्वयं को रचना-कर्म से जोड़ लिया था। यह गुण उन्हें अपने पिता से प्राप्त हुआ था। चौदह वर्ष की आयु में मालवीय जी द्वारा रचित कविताओं को भारतेन्दु हरिश्चन्द्र ने अपनी पत्रिका में प्रकाशित किया था। मालवीय जी 'मकरन्द' उपनाम से कविताएँ लिखा करते थे। मालवीय जी का रचना-कर्म तब और अधिक प्रखर हुआ जब वे म्योर सेंट्रल कॉलेज में अध्ययन के लिए पहुँचे। उन दिनों संस्कृत के प्रसिद्ध विद्वान पं. आदित्यराम भट्टाचार्य कॉलेज में संस्कृत के प्राध्यापक थे। उन्होंने युवक मदनमोहन मालवीय के संस्कृत, साहित्य और कला-प्रेम को प्रोत्साहन दिया। इन्हीं की प्रेरणा से मदनमोहन ने कई आलेख लिखे। अपने गुरु के आदेश पर मदनमोहन ने 'लिटरेरी इन्स्टीट्यूट' नामक संस्था की स्थापना की, जहाँ साहित्य और सामाजिक चर्चाएँ हुआ करती थीं। उन्हीं दिनों से मदनमोहन के लेख बालकृष्ण भट्ट द्वारा सम्पादित पत्रिका 'हिन्दी प्रदीप' में प्रकाशित होने लगे थे। सन 1885 में मदनमोहन मालवीय के गुरु पं. आदित्यराम भट्टाचार्य ने 'इंडियन यूनियन' नामक अंग्रेजी साप्ताहिक प्रकाशित करना प्रारम्भ किया। मदनमोहन ने इसके सम्पादन का बहुत कुछ भार अपने ऊपर ले रखा था। पं. आदित्यराम मदनमोहन की हिन्दी और अंग्रेजी भाषा पर पकड़ से बहुत प्रभावित थे। उन्हीं की प्रेरणा से 'इंडियन यूनियन' में कई लेख भी मदनमोहन ने लिखे। वे जिस लेख या रिपोर्ताज का सम्पादन कर देते थे, पं. आदित्यराम उसे दोबारा नहीं देखते थे।''[1]

1884 ई. में मालवीय जी ने स्नातक की डिग्री पास करने के बाद अध्यापक के रूप में सेवा प्रारम्भ की। शुरू में उन्होंने उसी विद्यालय में अध्यापन किया जहाँ उनकी माध्यमिक शिक्षा हुई थी। 1885 ई. में वे गवर्नमेंट हाई स्कूल में अध्यापक नियुक्त हुए। कम ही समय में एक कुशल और लोकप्रिय अध्यापक के रूप में उन्होंने अपनी पहचान बना ली। इस सम्बन्ध में उन्होंने स्वयं लिखा है—"मैं बड़े प्रेम तथा परिश्रम से अंग्रेजी पढ़ाने लगा। मैं नियमित घर पर तैयारी करते समय प्रत्येक महत्त्वपूर्ण अंग्रेजी शब्द के व्युत्पत्तिजन्य अर्थ की छानबीन करता। इस कार्य में ट्रैंज के 'बायोग्राफी ऑफ इंगलिश वड्र्स' और 'इंगलिश—पास्ट एंड प्रेजेंट' नामक ग्रन्थों का खूब अभ्यास करता था, जिससे अंग्रेजी शब्दों की व्युत्पत्ति, उसके मूल अर्थ तथा इतिहास का पूरा परिचय मिल जाता था। इतने नए-नए तथ्य प्राप्त होते थे कि मैं कृत-कृत्य हो जाता। ग्रन्थों के नए-नए ज्ञान का अर्जन करता और उन्हें छात्रों में बाँट देता था। बड़ा सुखद था मेरा अध्यापकीय जीवन।"[2]

1886 ई. में वे अपने गुरु पं. आदित्यराम भट्टाचार्य के साथ भारतीय राष्ट्रीय कांग्रेस के द्वितीय अधिवेशन में भाग लेने के लिए कोलकाता गए। दादाभाई नौरोजी की अध्यक्षता में आयोजित इस अधिवेशन में 436 प्रतिनिधियों ने भाग लिया। उसमें जिन कुछ थोड़े लोगों को बोलने का अवसर मिला, उनमें एक पच्चीस वर्षीय मालवीय जी भी थे। अपने ओजस्वी भाषण से उन्होंने सबको मन्त्रमुग्ध कर दिया। अपने भाषण में उन्होंने कहा—"क्या कोई कह सकता है कि ग्रेट ब्रिटेन हम स्वतन्त्रजन्मा भारतीयों को प्रतिनिधित्व के अधिकार देने में संकोच करेगा जब उसने अपनी भाषा और अपने साहित्य के द्वारा हमें इसके महत्त्व को समझने के योग्य बना दिया है, उसको प्राप्त करने के लिए उत्तेजित कर दिया है... मैं प्रत्येक उदार अंग्रेज से पूछता हूँ कि क्या हमको इस अधिकार से वंचित होने के विरुद्ध शिकायत करने का दृढ़ कारण नहीं है और क्या वह अधिकार-च्युत होना अंग्रेजों के अयोग्य अमान्य नहीं है? निश्चय ही प्रत्येक स्वतन्त्रता-प्रेमी उदार अंग्रेज की यही इच्छा है कि जिस स्वतन्त्रता का वह स्वयं उपयोग करता है, वही स्वतन्त्रता सबको मिले, क्योंकि एक कवि के कथनानुसार—

For he that values liberty confines
His zeal for her predominance within
No narrow bounds, her cause engages him
Wherever pleaded, it is the cause of man.

अर्थात्,

स्वतन्त्रता की दिव्य ज्योति का
जिसने पाया अमल विलास,
वही पुरुष है, वही धर्म है
वही परम पुरुषार्थ प्रयास।
तुच्छ परिधि में नहीं बँधा है
उसके वैभव का उल्लास,

सकल विश्व में स्थापित करता
वह स्वतन्त्रता सबके पास।

आपने अपने तीखे व्यंग्य-बाण छोड़ते हुए आगे कहा, ''हमारे देश का कच्चा माल देश के बाहर चला जाता है और विदेशों से तैयार होकर उसका माल हमारे पास आता है। अगर हम स्वतन्त्र होते तो ऐसा न होने देते। उस हालत में हम भी उसी प्रकार अपने उद्योगों का संरक्षण करते, जिस प्रकार सब देश अपने उद्योगों का शैशवावस्था में करते हैं।''[3]

इस भाषण ने अधिवेशन में उपस्थित अनेक गण्यमान्य सज्जनों को काफी प्रभावित किया। अध्यक्ष दादाभाई नौरोजी ने गद्गद होकर कहा—''भारत माता की आवाज इस युवक की आवाज में स्वयं प्रतिध्वनित हो गई है।''[4] कांग्रेस के संस्थापक ए. ओ. ह्यूम ने अपनी रिपोर्ट में लिखा—''जिस भाषण को श्रोताओं ने अत्यन्त उत्साह से सुना, सम्भवतः वह भाषण पंडित मदनमोहन मालवीय का था, जो एक उच्चकोटि के ब्राह्मण थे और जिनके मोहक, सुकुमार और गौरवर्ण व्यक्तित्व तथा विद्वत्तापूर्ण सम्बोधन ने सभी को आकर्षित किया।''[5] उस अधिवेशन में कालाकांकर के राजा रामपाल सिंह भी उपस्थित थे। 1883 ई. में उन्होंने लन्दन से त्रैमासिक 'हिन्दोस्तान' का प्रकाशन प्रारम्भ किया। यह अंग्रेजी और हिन्दी में निकलता था। 1985 ई. में वे भारत आए। कालाकाँकर में उन्होंने प्रेस की स्थापना की और पत्र को दैनिक रूप में निकालना प्रारम्भ किया। 1890 ई. तक हिन्दी संस्करण के साथ इसका अंग्रेजी संस्करण भी निकलता रहा। रामपाल सिंह पत्र का स्वयं सम्पादन करते थे। सहायक सम्पादक के रूप में कुछ दिनों तक अमृतलाल चक्रवर्ती ने अपनी सेवा दी किन्तु उनके मुक्त हो जाने के बाद सम्पादन-कार्य में कठिनाइयाँ आने लगीं। पत्र के हिन्दी संस्करण के लिए योग्य सम्पादक की तलाश होने लगी।

''सन 1886 की कोलकाता कांग्रेस में मदनमोहन मालवीय के ओजस्वी व्याख्यान ने 'हिन्दोस्तान' के सम्पादक की तलाश पूरी कर दी। उन्होंने मदनमोहन मालवीय के सामने 'हिन्दोस्तान' के सम्पादन का प्रस्ताव रखा। मालवीय जी ने उनके प्रस्ताव को दो शर्तों के साथ स्वीकार किया—(एक) राजा साहब उन्हें कभी भी नशे की हालत में नहीं बुलाएँगे और (दो) सम्पादन में हस्तक्षेप नहीं करेंगे। राजा रामपाल सिंह ने दोनों शर्तें स्वीकार कर लीं। जुलाई, 1887 में मदनमोहन मालवीय दैनिक 'हिन्दोस्तान' के प्रधान सम्पादक हो गए। प्रतापनारायण मिश्र, बाबू शशिभूषण, बालमुकुन्द गुप्त जैसे विद्वान सम्पादकीय सहयोगी थे। प्रारम्भ में मालवीय जी का वेतन 150 रु. निश्चित हुआ जो बाद में 250 रु. हो गया।

'हिन्दोस्तान' ने पत्रकारिता की कई स्वस्थ परम्पराएँ स्थापित कीं। मालवीय जी के कार्यकाल में 'हिन्दोस्तान' की प्रसार संख्या 500 हो गई थी। गाँवों की समस्याओं को प्रमुखता देने के साथ-साथ विकास समाचार का प्रारम्भ इसी अखबार से हुआ। मालवीय जी स्वतः सप्ताह में एक बार किसी ग्रामीण समस्या पर लिखा करते थे।

पं. मालवीय की सम्पादकीय नीति का मुख्य तत्त्व था—भारत के लिए स्वराज्य-प्राप्ति और हिन्दी को भारत की राष्ट्रभाषा के रूप में प्रतिष्ठित करना। वे कहते थे—''भाषा की उन्नति करने में हमारा सर्वप्रधान कर्तव्य यह है कि हम स्वच्छ भाषा में लिखें। पुस्तकें भी

ऐसी ही भाषा में लिखी जाएँ। ऐसा यत्न हो जिससे जो कुछ लिखा जाए, वह हिन्दी भाषा में लिखा जाए। जब भाषा में शब्द न मिले तब संस्कृत से लीजिए या बनाइए।''[6]

विजयदत्त श्रीधर ने 'हिन्दोस्तान' में प्रकाशित टिप्पणी 'भारत में बूड़ा' का अंश उद्धृत करते हुए उनकी भाषानीति की स्पष्टता का प्रमाण प्रस्तुत किया है—''हिन्दोस्तान के निवासियों के लिए दुर्भिक्ष, सूखा, अग्निकोप, अनावृष्टि और बूड़ा अत्यन्त ही हानिकारक आपत्तियाँ हैं। दुर्भिक्ष और सूखा क्यतनों से भीख मँगाता है और क्यतनों को गृहहीन करके जीविका के लिए देश-परदेश पर्यटन कराता है। ग्रीष्म ऋतु में अग्निप्रकोप से क्यतना घर जल जाते हैं और गृह की क्यतनी मूल्यवान सामग्रियाँ नष्ट हो जाती हैं। इसी प्रकार से बूड़ा भी यहाँ वालों के लिए बहुत ही क्षतिदायक होता है। मध्य भारतवर्ष और मध्यप्रदेश के समान पहाड़ी और जंगली भागों में जबकि पहाड़ी नदियाँ जलप्रवाह से उमड़ आती हैं तो उनके किनारे पर के ग्रामीणों की दशा करुणोत्पादक होती है, सारा गाँव जलमग्न दिखाई देता है और झुंड के झुंड मनुष्य अपने घरों को छोड़कर उन स्थानों में चले जाते हैं जहाँ पर बूड़ा नहीं आता होता है।''[7]

'हिन्दोस्तान' को मालवीय जी ने प्रखर राष्ट्रवादी पत्र बना दिया। अपने सम्पादकीय अग्रलेख में उन्होंने कांग्रेस की राष्ट्रहितकारी नीतियों का प्रबल समर्थन किया और सामाजिक उत्थान के लिए जन-जागरण का शंखनाद किया। वे अपने समय के अत्यन्त जागरूक और निष्पक्ष सम्पादक थे। अपने ढाई वर्षों के सम्पादन-काल में उन्होंने 'हिन्दोस्तान' को सर्वाधिक लोकप्रिय, जनपक्षधर और निर्भीक दैनिक के रूप में प्रतिष्ठित किया। अपने स्वाभिमान के कारण उन्होंने इस पत्र के सम्पादक-पद से त्यागपत्र दे दिया। कारण बना राजा रामपाल सिंह का नशे की हालत में उनसे बातें करना। होश में आने के बाद रामपाल सिंह ने त्यागपत्र वापस लेने के लिए उन्हें मनाने की बहुत कोशिश की किन्तु वे अपने निश्चय पर अडिग रहे। प्रयागराज (तब का इलाहाबाद) जाकर उन्होंने विधि स्नातक करने का निर्णय किया। राजा रामपाल सिंह ने आग्रह करके उन्हें मिलनेवाले वेतन को अपनी पढ़ाई तक स्वीकार करने के लिए मनाया। इस बीच उन्होंने अंग्रेजी दैनिक 'इंडियन ओपीनियन' और 'एडवोकेट' को भी अपनी सेवाएँ दीं। जुलाई, 1889 ई. में इलाहाबाद (अब प्रयागराज) में उन्होंने एल.एल.बी. की पढ़ाई प्रारम्भ की। 1891 में विधि स्नातक होने के बाद इलाहाबाद में उन्होंने वकालत शुरू की। एक सफल और जनप्रिय अधिवक्ता के रूप में उनकी अपनी अलग पहचान बनी।

इसके साथ ही राजनीतिक गतिविधियों में भी उनकी सक्रियता बढ़ी। 1902 ई. में वे प्रान्तीय व्यवस्थापिका सभा के सदस्य बने। सभा में उन्होंने राष्ट्रहित के अनेक मुद्दे जोरदार ढंग से उठाए। हिन्दी के महत्त्व को रेखांकित करते हुए कचहरियों और शासकीय कार्यों में उसके उपयोग के लिए उन्होंने माहौल बनाया। 1893 ई. में काशी नागरी प्रचारिणी सभा की स्थापना हुई। सभा ने नागरी लिपि और हिन्दी भाषा की महत्ता को स्पष्ट करते हुए इनके व्यापक प्रसार का उद्योग किया। ''काशी नागरी प्रचारिणी सभा के इस उद्योग में पं. मदनमोहन मालवीय, जो उस समय इलाहाबाद हाईकोर्ट में वकालत करते थे, ने बहुत परिश्रम

किया था। उन्होंने नागरी लिपि को न्याय दिलाने के अब तक किए गए प्रयासों तथा दिये गए ज्ञापनों का सूक्ष्मता से अध्ययन किया तथा उनकी कमियों को दूर करते हुए 'कोर्ट कैरेक्टर एंड प्राइमरी एजुकेशन इन द नॉर्थ-वेस्ट प्रॉविन्सेस एंड अवध' नामक एक बृहत्काय निबन्ध, कई वर्षों के परिश्रम से तैयार किया। इस निबन्ध से उन्होंने देवनागरी लिपि के समर्थन में अनेक प्रमाण देते हुए इस तथ्य पर बल दिया कि स्वयं विभिन्न अंग्रेज अधिकारियों तथा विशेषज्ञों ने उन्नीसवीं शती के आरम्भ से ही समय-समय पर यह स्वीकार किया है कि हिन्दी को ही इस देश की अदालती भाषा बनने का अधिकार है; उन्होंने नागरी लिपि की भूरि-भूरि प्रशंसा की है और यह सिफारिश की है कि यदि नागरी लिपि के द्वारा अदालती काम होगा तो जनता के एक विशाल भाग को सुगमता हो जाएगी। हिन्दी के पक्ष की पूर्ण और सर्वांगीण वकालत केवल इसी पुस्तिका में मिल सकती है। जनगणना के प्रतिवेदनों तथा शिक्षा-विभाग के वार्षिक प्रतिवेदनों से आँकड़े लेकर मालवीय जी ने यह सिद्ध किया कि हिन्दी भाषा बोलने तथा लिखने-पढ़नेवालों की जनसंख्या उर्दूवालों की संख्या से कई गुनी अधिक है। उन्होंने प्रकाशित पुस्तकों के भी आँकड़े एकत्र किए और यह दिखाया कि इन प्रकाशनों में हिन्दी पुस्तकों की संख्या चार-पाँच गुनी अधिक है। इस पुस्तिका का तर्कसिद्ध सार यह था कि हिन्दी को उसके उचित पद से अलग रखकर सरकार अन्याय कर रही है।''[8]

यह निबन्ध लगभग सौ पृष्ठों का था और इसे इंडियन प्रेस, इलाहाबाद ने 1897 ई. में प्रकाशित किया था। इस निबन्ध को वस्तुतः तार्किक प्रार्थना-पत्र के रूप में तैयार किया गया था। स्वयं मालवीय जी के शब्दों में—''अदालतों में देवनागरी लिपि को सरकार द्वारा स्वीकृत कराने के लिए, मैंने लगातार तीन वर्षों तक बड़ा परिश्रम करके प्रार्थनापत्र तैयार किया था। और जब वह लिखकर तैयार हुआ, तब मेरी अन्तरात्मा भीतर से कह उठी—यह अवश्य सफल होगा।''[9]

1898 में 'नागरी प्रचारिणी पत्रिका' में उनके लेख 'ब्वनतज ब्ींतंबजमत ंदक च्तपउंतल म्कनबंजपवद पद जीम छॅ च्तवअपदबमे - ूंकी' का बाबू श्यामसुन्दर दास द्वारा किया गया अनुवाद 'पश्चिमोत्तर प्रदेश तथा अवध में अदालती अक्षर और प्राइमरी शिक्षा' शीर्षक से प्रकाशित हुआ। लेख के प्रारम्भ में उन्होंने लिखा—''जिस समय मुसलमान भारतवर्ष में आए उस समय हिन्दुस्तान की देश-भाषा हिन्दी और लिपि नागरी या उसके रूपान्तर थे और उसी के द्वारा सब काम चलता था। मुसलमानी राज्य के प्रारम्भ से लेकर अकबर के राज्य के मध्य तक माल विभाग में हिन्दी का और दीवानी और फौजदारी कचहरियों में फारसी भाषा का प्रचार था। यद्यपि यहाँ के रहनेवाले फारसी को नहीं जानते थे। ब्रिटिश राज्य के यहाँ स्थापित होने पर कुछ काल तक इसी भाषा में काम चला, पर थोड़े दिन उपरान्त यह सोचा गया कि समस्त अदालतों और सरकारी दफ्तरों में अंग्रेजी भाषा का प्रचार किया जाए। परन्तु यह प्रस्ताव ब्रिटिश राज्य के नायकों को रोचक न हुआ और कोर्ट ऑफ डाइरेक्टर्स ने 29 सितम्बर, 1930 ई. के आज्ञापत्र में स्पष्ट कर दिया कि—''यहाँ के वासियों को जज की भाषा सीखने के बदले जज को भारतवासियों की भाषा सीखना बहुत सुगम होगा, अतः हम लोगों की सम्मति है कि न्यायालयों की समस्त कार्रवाई उस स्थान की भाषा में हो।''[10]

इसी सन्दर्भ में वे आगे लिखते हैं—''इस आज्ञा का पालन 1837 ई. के पूर्व न हुआ। इस बीच में इस विषय पर बड़ा विवाद चला। कुछ लोगों की यह सम्मति थी कि अंग्रेजी का भी प्रचार हो, दूसरे यह चाहते थे कि फारसी के स्थान में यहीं की देशभाषा का प्रचार हो परन्तु अक्षर रोमन हो। गवर्नमेंट को इन दोनों में से कोई भी सम्मति पसनद न आई। गवर्नमेंट ने यह सोचकर कि विदेशी भाषा और लिपि के प्रचार से अदालतों का काम ठीक-ठीक और उत्तम रीति से न चल सकेगा और लोगों को न्याय प्राप्त करने में कठिनाई होगी, कोर्ट ऑफ डाइरेक्टर्स की सम्मति के अनुसार यह निश्चय किया कि न्याय और माल सम्बन्धी समस्त कार्य फारसी के बदले यहाँ की देशभाषा में हुआ करे और अंग्रेजी का प्रचार केवल ऐसी चिट्ठी-पत्री में सरकारी अफसर किया करें जिससे सर्वसाधारण से कोई सम्बन्ध न हो। इस आशय का आज्ञापत्र ता. 30 मई, 1837 को 'सदर बोर्ड ऑफ रेवेन्यू' के नाम लिखा था और उसमें इस आज्ञा को और भी स्पष्ट कर दिया। उसमें लिखा था कि 'श्रीमान् इस बात को स्पष्ट रूप से समझाना चाहते हैं कि उनके आपस के पत्र-व्यवहार को छोड़कर (जो सम्मति में केवल यूरोपीय अफसरों के अंग्रेजी में हुआ करे) प्रत्येक विभाग में सरकारी काम देशभाषा में हो।' इस आज्ञा के विपक्ष में जो कानून था उसे रद्द करने के लिए एक बिल वाइसराय की व्यवस्थापक सभा में उपस्थित किया गया जिससे फारसी के स्थान पर देशभाषा के प्रचार की आज्ञा स्थिर हुई। इस एक्ट के अनुसार बंगाल में बंगाली और उड़ीसा में उड़िया भाषा का प्रचार हुआ। हिन्दुस्तान (जिसके अन्तर्गत बिहार, पश्चिमोत्तर प्रदेश और मध्यप्रदेश का कुछ भाग है) की भाषा हिन्दी थी जो नागरी लिपि या उसके अन्य रूप में लिखी जाती है। परन्तु इस भाषा के बदले इन प्रान्तों की कचहरियों में उर्दू भाषा का प्रचार हुआ। इसका कारण यह हुआ कि कुछ यूरोपीय लेखकों ने इस उर्दू भाषा को 'हिन्दुस्तानी' नाम दिया जिससे यह समझा गया कि जैसे बंगाल की भाषा बंगाली और गुजरात की भाषा गुजराती है वैसे ही हिन्दुस्तान की भाषा भी 'हिन्दुस्तानी' है। इस भूल से उर्दू का हिन्दुस्तान की कचहरियों में प्रचार हुआ। इस भूल का संशोधन सन 1881 ई. में बिहार में हुआ जब से वहाँ नागरी या कैथी अक्षरों का प्रचार है। इसी वर्ष मध्यप्रदेश में भी यह भूल सुधारी गई और वहाँ हिन्दी भाषा और नागरी अक्षरों का प्रचार हुआ। पश्चिमोत्तर प्रदेश में अभी इसका सुधारना बाकी है और बहुत से कारण ऐसे हैं जिससे अब उसमें विलम्ब करना आवश्यक नहीं जान पड़ता।''[11]

उन्होंने अपने विचारों का समाहार करते हुए लिखा है—''कचहरियों और दफ्तरों में नागरी अक्षर के प्रचार से बहुत लाभ होंगे अर्थात् लोगों को न्याय प्राप्त करने में सुगमता होगी, वे स्वयं नोटिस, सम्मन आदि पढ़ और समझ सकेंगे, यूरोपीय अफसरों को एक ही भाषा और एक ही अक्षर सीखने पड़ेंगे और सबसे बढ़कर लाभ यह होगा कि विद्या का अधिक प्रचार होगा और लोग उन्नति कर सकेंगे। आजकल यूरोपीय अफसरों को उस प्रान्त की देशभाषा सीखनी पड़ती है जहाँ वे रहना चाहते हैं और प्रारम्भ से उनको फौजदारी के मुकदमे दिये जाते हैं, इससे वे उस भाषा को जो वे प्रतिदिन कचहरी में सुनते हैं, काल पाकर समझने लग जाते हैं, पर शिकस्त: के भय से वे कचहरी के कागजों को नहीं पढ़ते, इसलिए

दर्खास्तों आदि को समझने के लिए उन्हें अमलों की सहायता लेनी पड़ती है। पुनः साधारण बोलचाल की भाषा वे नहीं जानते क्योंकि कचहरी में जिस भाषा को वे सुनते हैं उसमें फारसी और अरबी के शब्द भरे रहते हैं। इससे जो हानि होती है वह स्पष्ट है, उसके उल्लेख की आवश्यकता नहीं है। नागरी अक्षरों के प्रचार से यह आपत्ति दूर हो जाएगी। यूरोपीय अफसर भाषा और अक्षरों को सुगमता से पढ़ सकेंगे और इससे राज्य प्रबन्ध में किसी प्रकार की त्रुटि न रह जाएगी और प्रजा को सुख प्राप्त होगा।''[12]

1910 ई. में हिन्दी साहित्य सम्मेलन की स्थापना हुई। 10 अक्टूबर, 1910 ई. को इसका पहला अधिवेशन हुआ जिसमें मालवीय जी सर्वसम्मति से सभापति चुने गए। उनके नाम का प्रस्ताव पंडित सुधाकर द्विवेदी ने किया, जिसका अनुमोदन पं. श्यामबिहारी मिश्र ने किया। प्रस्ताव के समर्थन में सेठ दामोदरदास राठी, बाबू हरिकृष्ण जौहर, पंडित नन्दकुमार देव शर्मा ने अपने उद्‌गार व्यक्त किए। पं. श्यामबिहारी मिश्र ने कहा— ''अपने बड़े सौभाग्य से मुझे एक माननीय पुरुष के सम्बन्ध में कुछ कहने का सुअवसर प्राप्त हुआ है। महामहोपाध्याय पंडित सुधाकर द्विवेदी महाशय ने जिन माननीय महाशय को सभापति बनाने का प्रस्ताव किया है उनसे समस्त युक्त प्रदेश ही क्यों समग्र भारतवर्ष भली-भाँति परिचित है, जिनका सम्मान युक्त प्रदेश के प्रायः सभी पूज्यबुद्धि महाशय करते हैं, जिनका सम्मान इस देश के भिन्न भाषाभाषी भी करते हैं, जिन महाशय ने अपनी योग्यता के कारण ब्रिटिश राज्य से सम्मान प्राप्त किया है, उन्हीं पंडित मदनमोहन मालवीय महाशय को इस सम्मेलन का सभापति बना हमें अपने को धन्य समझना चाहिए। जिस समय मालवीय जी ने हिन्दी की उन्नति का यत्न करना आरम्भ किया था उन दिनों हिन्दी के जाननेवाले बहुत थोड़े थे, उन दिनों हिन्दी की उन्नति का यत्न करने में हिन्दी-सेवियों को अगणित असुविधाओं से सामना करना पड़ता था। मालवीय जी उन दिनों हिन्दी की उन्नति के सम्बन्ध में हिन्दी में बहुतेरी वक्तृताएँ दिया करते थे। मुझे याद है कि जब मैं बहुत छोटा था तब एक दिन मैंने मालवीय जी की वक्तृता सुनी थी, उससे पहिले कभी वैसी वक्तृता मैंने सुनी न थी, वह घड़ी मुझे आज तक याद है। मालवीय जी ने हिन्दी को कभी नहीं बिसारा, इसकी उन्नति का जैसा उद्योग आप पहिले करते थे वैसा ही अब भी कर रहे हैं। हिन्दी की जो उन्नति आज दिखाई देती है उसमें मालवीय जी का उद्योग मुख्य कहना चाहिए। आप ही के यत्न से हिन्दी को अदालतों में जगह मिली है। यह बात सब लोगों को मालूम रह सकती है कि तरह-तरह के कामों में फँसे रहकर भी मालवीय जी हिन्दी की सेवा किया करते हैं। 'अभ्युदय' को जन्म दे आप हिन्दी की सेवा कर रहे हैं। हाल में आपने 'मर्यादा' नाम की मासिक पुस्तक निकलवा उसके द्वारा हिन्दी की सेवा करने का प्रयत्न किया है। इन कारणों से मेरी सम्मति में इनसे बढ़कर इस अवसर पर हमें दूसरा सभापति नहीं मिल सकता। इसलिए मैं महामहोपाध्याय पंडित सुधाकर द्विवेदी जी के प्रस्ताव का सहर्ष अनुमोदन करता हूँ।''[13]

मालवीय जी की भाषा-नीति स्पष्ट थी। भारत जैसे बहुभाषी देश में राष्ट्रभाषा और सम्पर्क भाषा का अधिकार किस भाषा का हो सकता है, इस पर उन्होंने गम्भीर चिन्तन किया

और हिन्दी को इसके लिए सर्वाधिक उपयुक्त माना। वे स्वयं अनेक भाषाओं के मर्मज्ञ थे। हिन्दी, अंग्रेजी, संस्कृत और उर्दू पर उनका समान अधिकार था। 'हिन्दोस्तान' के सम्पादन-काल में उनके सहयोगी बालमुकुन्द गुप्त उर्दू पत्रकारिता से आए थे, प्रतापनारायण मिश्र की भाषा प्रांजल और एक हद तक संस्कृतनिष्ठ थी। उन्होंने सहज सम्प्रेषण को भाषा का मुख्य गुण माना और हिन्दी-उर्दू के सम्बन्ध पर अपना स्पष्ट मत दिया। हिन्दी साहित्य सम्मेलन के प्रथम अधिवेशन में अपने अभिभाषण में उन्होंने कहा,''कुछ लोगों का सिद्धान्त है, कि उर्दू कोई भाषा नहीं। उर्दू में 'परमेश्वर' न आएगा, 'खुदा' हो जाएगा। हिन्दी में 'खुदा' की जगह 'परमेश्वर' आएगा। उर्दू भाषा हिन्दी की एक शाखा है और उर्दू की एक शाखा तैयार होने पर भी हिन्दी का प्रवाह ज्यों का त्यों है। हिन्दी भाषा की शक्ति का प्रवाह बदला नहीं जा सकता। मौलवी मुहम्मद हुसैन आजाद कह गए हैं, कि उर्दू जो है वह हिन्दी से बनी है। मौलवी साहब खूब समझाकर कह गए हैं, कि उर्दू दूसरे देश की भाषा नहीं, हमारे ही देश की चीज है। हमें इस बात को समझ लेना चाहिए। सबसे पहले यह देखना चाहिए, कि भाषा में कहाँ तक छेड़छाड़ होनी चाहिए। बहुतेरे शब्द ऐसे हैं जो उर्दू में, हिन्दी में बहतेरी भाषाओं में एक हैं। उसे हम भी कान कहेंगे, वह भी कान। किन्तु कितने ही शब्द ऐसे हैं, जो हिन्दी भाषा में काम में लाए नहीं जाते। जैसे 'बच्चा हमको दान दे पुंय होगा' इसके बदले 'बाबा हमको दान दे सबाब होगा' कहना उचित नहीं। हिन्दी में, फारसी-अरबी के बड़े-बड़े शब्दों का व्यवहार जैसा बुरा है, हिन्दी को अकारण ही संस्कृत शब्दों में गूँथ देना भी वैसा ही बुरा; जहाँ तक हो सके हिन्दी में हिन्दी ही रखी जाए; अनावश्यक शब्दों को हिन्दी से अलग कीजिए। उर्दू और हिन्दी; इन दोनों भाषाओं के रूप गँठ बन गए हैं। अब इन दोनों को यथासम्भव एक स्थल पर लाइए। इस बात के लिए यत्न करना जैसा हिन्दुओं के लिए आवश्यक है वैसा ही मुसलमानों के लिए भी आवश्यक है। दोनों ओर से यत्न होने से हम भाषा के क्रम को बहुत कुछ एक कर सकते हैं।''[14]

1918 ई. में हिन्दी साहित्य सम्मेलन के इन्दौर अधिवेशन, जिसके सभापति महात्मा गाँधी थे, में मालवीय जी अपनी व्यस्तता के कारण जा नहीं सके थे। सम्मेलन के आयोजन के कुछ माह पूर्व गाँधी जी ने हिन्दी के सम्बन्ध में मालवीय जी को एक पत्र लिखा था। उसका उत्तर देते हुए उन्होंने लिखा—

''प्रिय भाई गाँधी जी,

मुझे खेद है कि मैं अब तक हिन्दी के विषय में आपके पत्र का उत्तर नहीं दे सका। मुझे क्षमा कीजिएगा। आपको तो मालूम ही है कि मेरा यह मत है कि हिन्दी ही हिन्दुस्तान की राष्ट्रभाषा हो सकती है और होनी चाहिए। बहुत अंश में वह अब भी है। उर्दू हिन्दी का एक विशेष रूप मात्र है और यदि कठिन संस्कृत, अरबी या फारसी के शब्द उसमें बहुतायत से काम में न लाए जाएँ तो जो लोग उसको एक रूप में समझ सकते हैं वह दूसरे रूप में भी समझ लेंगे। संस्कृत से निकली मराठी, गुजराती, बंगाली, उड़िया आदि भाषाओं से इसका निकट सम्बन्ध है। इसलिए मद्रास प्रान्त को छोड़कर और सब प्रान्त के लोगों को उसका

समझना कठिन नहीं। कुछ पादरियों ने लिखा है कि मध्य एशिया में बहुत दूर तक हिन्दी अथवा सरल उर्दू, जिसे हिन्दुस्तानी कहते हैं, समझी जाती है।''[15]

इस पत्र में उन्होंने आगे लिखा—''हमारे देश की दशा के सुधार और उन्नति के लिए हमारा सबसे बड़ा साधन विद्या है। यही अमृत है जिसके सेवन करने से हमारे भाई-बहन फिर से विद्वान, धर्मवान, ज्ञानवान, धनवान हो सकते हैं। प्रजा में विद्या का प्रचार उनकी मातृभाषा ही के द्वारा हो सकता है। जिस प्रान्त में जो भाषा प्रचलित है उस प्रान्त में उसी भाषा के द्वारा ऊँची-से-ऊँची शिक्षा देने का प्रयत्न होना चाहिए। अंग्रेजी के द्वारा हमारा बहुत उपकार हुआ है, किन्तु हम अंग्रेजी पढ़े लोगों को उचित या कि अब तक प्रत्येक प्रान्त की भाषा की ऐसी उन्नति करते कि उसके द्वारा ऊँची-से-ऊँची शिक्षा हमारे भाई और बहनों को दी जाती होती। विदेशी भाषा का ज्ञान मात्र प्राप्त करने में जितना समय हमारे युवकों को लगाना पड़ता है उतने ही समय में उनको बहुत से विषयों का बहुत ऊँचा ज्ञान प्राप्त हो सकता है। हर प्रान्त में मातृभाषा के द्वारा ऊँची शिक्षा का अधिक प्रचार करना चाहिए। जहाँ-जहाँ हिन्दी प्रचलित है, वहाँ-वहाँ उसी के द्वारा ऊँची-से-ऊँची शिक्षा देने का यत्न करना उचित है। वर्तमान समय में अंग्रेजी बहुत ही उपकारी भाषा है। इसलिए, जहाँ सुविद्या हो वहाँ उसको दूसरी भाषा के रूप में पढ़ाना उचित है। इस पूरे महाभारत का अन्त होने के बाद इससे भी भयंकर एक व्यापार-युद्ध प्रारम्भ होगा। उसमें हमें अपना भारतीय जीवन और धन बचाने के लिए यह आवश्यक है कि हम देश के कला-कौशल और वाणिज्य-व्यापार सम्बन्धी शिक्षा फैलाने का प्राणपण से यत्न करें। यह यत्न भी मातृभाषा के द्वारा ही हो सकता है। विदेशी भाषा के द्वारा जाति की शिक्षा नहीं हो सकती और बिना ऐसी शिक्षा के जातीय जीवन का वृक्ष न हरा-भरा और न पुष्ट हो सकता है और न रक्षित रह सकता है। इसीलिए सब प्रकार से देशी भाषाओं, विशेषकर हिन्दी भाषा का प्रचार और उन्नति करना हमारा धर्म है। जो लोग कहते या समझते हैं कि हिन्दी भाषा के द्वारा ऊँची-ऊँची शिक्षा नहीं दी जा सकती उनका यही प्रयोजन हो सकता है कि हिन्दी भाषा में आधुनिक ऊँचे-ऊँचे विषय के ग्रन्थ अभी नहीं लिखे गए। यह कमी अवश्य है किन्तु इसको पूरा करने का यत्न हो रहा है। मुझे निश्चय है कि यह यत्न शीघ्र ही सफल होगा। ऐसा ही और-और देशभाषाओं के विषय में भी है। हिन्दी को राष्ट्रीय भाषा बनाने की आवश्यकता और उसके दूर तक पहुँचानेवाले लोगों को अभी हमारे पढ़े-लिखे भाइयों में भी थोड़े ही लोगों ने समझा है। मैं आशा करता हूँ कि आपके शान्त और गम्भीर नाद को सुनकर हमारे वे भाई सचेत होंगे और इस परम उपकारी कार्य में सहायक होंगे। जैसा मैं आपको दूसरे पत्र में लिख चुका हूँ, मुझे खेद है कि मैं सम्मेलन में उपस्थित नहीं हो सकूँगा। किन्तु जैसा आप जानते हैं, इस कार्य में मेरी आशा आपके साथ है और मैं अपनी गति से उसकी सिद्धि के लिए यत्न कर रहा हूँ।

आपका भाई

मदनमोहन मालवीय''[16]

मदनमोहन मालवीय का कर्तृत्व बहुआयामी है और अत्यन्त व्यापक भी। शिक्षा, राजनीति, साहित्य, संस्कृति—इन सब क्षेत्रों में उनका योगदान अविस्मरणीय है। उनके चिन्तन को व्यापक और उनके योगदान को सार्थक बनाने में उनकी पत्रकारिता-दृष्टि की महत्त्वपूर्ण भूमिका है। एक पत्रकार की तरह उन्होंने परम्परा को परखा और उसके दाय को अग्रेषित किया। भारतीय संस्कृति की उज्ज्वलता से विश्व को परिचित कराने के उद्देश्य से उन्होंने 1887 ई. में 'भारत धर्म मंडल' की स्थापना की। 'हिन्दू समाज' की स्थापना कर उन्होंने जातीय अस्मिता के प्रति लोगों को जागरूक किया। वे सही अर्थों में हिन्दी नवजागरण के पुरोधा थे। 1906 ई. में उन्होंने प्रयाग संगम के तट पर 'सनातन धर्म महासभा' की और इसे एक प्रगतिशील और प्रासंगिक संगठन का रूप दिया।

उच्च शिक्षा के प्रति उनकी अवधारणा एकदम स्पष्ट थी। वह उस मूल्यपरक शिक्षा के पक्षधर थे जिसमें सांस्कृतिक बोध हो और ज्ञान की समग्रता हो। काशी हिन्दू विश्वविद्यालय उनकी अवधारणा की सार्थकता का प्रमाण भी है और उपलब्धि भी। 1904 ई. में विश्वविद्यालय की स्थापना का प्रस्ताव आया। 1905 ई. में प्रस्ताव की प्रतियाँ विभिन्न प्रान्तों के गण्यमान्य व्यक्तियों के पास भेजी गईं। 1906 में विश्वविद्यालय की रूपरेखा सनातन धर्म महासभा के प्रयाग अधिवेशन में रखी गई। विश्वविद्यालय की स्थापना के लिए मालवीय जी ने अथक परिश्रम किए। निरन्तर बैठकें कर अधिक से अधिक लोगों को स्थापना की योजना से जोड़ा। 12 वर्षों की कठिन तपश्चर्या से 1916 ई. में यह भव्य विश्वविद्यालय कार्यरत हुआ।

काशी हिन्दू विश्वविद्यालय की स्थापना एक बौद्धिक नवजागरण और सनातन संस्कृति के बोध का प्रतिफल थी। ''यह बौद्धिक और सांस्कृतिक मुक्ति का राष्ट्रव्यापी आन्दोलन था। हिन्दू विश्वविद्यालय की भावना और योजना का प्रसार कश्मीर से लेकर कन्याकुमारी तक और सौराष्ट्र से लेकर असम तक हुआ। इसके द्वारा देश की सांस्कृतिक और राष्ट्रीय भावना एक बार पुनः जागृत हो उठी। देश के सभी वर्गों किसान, वणिक, जनसामान्य, श्रीमन्त तथा राजा-महाराजा ने उन्मुक्त कंठ एवं उन्मुक्त हस्त से इस योजना का स्वागत किया।''[17] मालवीय जी के अदम्य संकल्प, अथक परिश्रम और दूरगामी सोच ने भारतीय सारस्वत साधना की गौरवशाली परम्परा को न केवल रक्षित रखा, बल्कि पूरे विश्व के सामने उसके वैशिष्ट्य को प्रस्तुत किया।

मालवीय जी का पत्रकार-रूप उनके अभियान में भी झलकता है। लोक-संवाद, लोक-जागरण और लोक-प्रशिक्षण की प्रक्रिया यहाँ भी अनवरत चलती है। इसी प्रक्रिया के अन्तर्गत 1907 ई. में वसनत पंचमी के दिन उन्होंने 'अभ्युदय' नामक साप्ताहिक पत्र के प्रकाशन की शुरुआत की। सनातन धर्म और लोकतान्त्रिक मूल्यों के एक अत्यन्त तेजस्वी पत्र के रूप में यह प्रतिष्ठित हुआ। प्रवेशांक के सम्पादकीय में मालवीय जी ने लिखा—''अभ्युदय का अर्थ है सब ओर से उदय—ऊपर उठना। स्थायी सुख-सम्पत्ति और प्रभाव उसके चिह्न और परिणाम हैं। सुख धन से होता है। धन धर्म से, सदाचार विद्या और बुद्धि की वृद्धि से होता है। विद्या और बुद्धि धर्म के आवश्यक अंग हैं। मनु भगवान के समय से तत्त्वदर्शी इस विषय में एकमत हैं। इसलिए विद्या और बुद्धि की वृद्धि करना हमारा परम

कर्तव्य है। बिना उसके धर्म पूरा नहीं हो सकता। बिना उसके धन नहीं हो सकता। बिना उसके सुख नहीं हो सकता। देश के थोड़े मनुष्यों को सुख प्राप्त होने से देश का अभ्युदय नहीं कहा जा सकता। जब देश के सब सामर्थ्यवान और पाप से बचे मनुष्यों को सुख प्राप्त हो और वह सुख देश में स्थायी हो, क्षणिक न हो, और प्रभाव के साथ युक्त हो, तभी उस देश के विषय में कहा जा सकता है कि उसका अभ्युदय हुआ है।''[18]

उन्होंने 'अभ्युदय' के लक्ष्य को रेखांकित करते हुए आगे लिखा,''हमारी अभिलाषा मन्द नहीं है। पृथ्वी मंडल पर जितने पर्वत हैं, उनमें सबसे ऊँचा पर्वत नगाधिराज हिमालय है। उसका सबसे ऊँचा धवल शिखर पृथ्वी के सब पर्वतों की धवल चोटियों के ऊपर आकाश को शोभित करता है। हमारी प्रार्थना और अभिलाषा है, और परमेश्वर इसको पूरी करेगा कि हमारे देश का अभ्युदय पृथ्वी के किसी और देश के अभ्युदय से किसी भी अंश में कम न रहे, वह चढ़ा-बढ़ा रहे, जैसा कि हिमगिरि के शिखर दूसरे पर्वतों के शिखरों से चढ़े-बढ़े हैं। हमारा देश नूतन अभिज्ञात—ऐसा देश जिसका कल पता लगा हो—नहीं है। इसके वासी अमेरिका के पश्चिमीय हिन्द के नाम से प्रसिद्ध देश के निवासियों के समान सभ्यताविहीन नहीं हैं। हमारा देश प्राचीन है और उस समय में सभ्यता के शिखर को चूम चुका है जब कई अन्य देशों के लोग नंगे जंगलों में घूमते थे वा असभ्य रीति से अपना जीवन बिताते थे। कालचक्र की गति में पड़ हम बहुत नीचे गिर गए हैं। किन्तु अब जब फिर हमको चेतना हुई है और अपने योग्य दशा में पहुँचने की इच्छा हुई है, तो हम अपने प्राचीन पुनीत आर्यकुल और अपने पूर्वजों की उन्नत दशा के विचार से, तथा अपने और-और देश के भाइयों की वर्तमान उन्नति की दशा के विचार से, और सबसे ऊपर अपने परम कल्याण के विचार से किसी ऐसे अभ्युदय से सनतुष्ट नहीं हो सकते जो ऊँची से ऊँची उन्नति की दशा से कुछ भी नीचा हो। हम अमेरिका और इंग्लैंड, फ्रान्स, जर्मनी, जापान, ग्रीस, इटली आदि देशों की उन्नति का इतिहास पढ़ते हैं। पुस्तकों के द्वारा और समाचार‍पत्रों के द्वारा तथा कहीं-कहीं अपने नेत्रों से हम लोग देख रहे हैं कि हमारे इन देशों के बसनेवाले भाई नित्य-नित्य उन्नति के सोपान पर ऊपर से ऊपर चढ़ते चले जाते हैं। जितना ही ये हमसे ऊपर चढ़ गए हैं और चढ़े जा रहे हैं उतना ही ये हमको नीचे से और नीचे छोड़ते चले जाते हैं। अपने पुरुषार्थ और अपनी उन्नति से वे हमको लजा रहे हैं और बड़ी प्रबल रीति से हमको उपदेश कर रहे हैं कि हम अपनी गिरी दशा से अपना उद्धार करें। ऐसी दशा में यह सम्भव नहीं कि हम अपनी वर्तमान दशा में सनतुष्ट रहें। हमारे हृदय के भीतर से भी हमको कोई शक्ति प्रेरणा कर रही है कि जो उन्नति उन भाग्यवान देशों ने की है, उसी उन्नति के लिए हम यत्न करें।''[19]

समग्र अभ्युदय के लिए पत्र की भूमिका और योजना को रेखांकित करते हुए उन्होंने लिखा,''इस समय इस देश में दो बड़ी शक्तियाँ हैं। एक बड़े प्रबन्ध से बँधी, प्रबल, विस्तृत, गवर्नमेंट की शक्ति जो देश का सौ करोड़ के लगभग कर वसूल करती है और उसका देश-सम्बन्धी कार्यों में व्यय करती है और देश की एक सीमा से दूसरी सीमा तक अपने बनाए नियमों से प्रजा का शासन करती है। दूसरी शक्ति प्रजा की है जिसकी सत्ता को सोचकर

हम आशावान हैं और जो हमारे हृदय के बलवान होने की कारण है, किन्तु जिसको हम अधिक से अधिक वर्णन करें तो उसे अभी माँ की गोद से उतरे हुए बालक की शक्ति से अधिक नहीं कह सकते जो अब भूख-प्यास मिटाने और अपने को शीत-घाम से बचाने की भी सामर्थ्य नहीं रखता। हमारी सर्वप्रथम प्रार्थना और सब यत्न इस बात के लिए है और होनी चाहिए कि वह शक्ति दिन-दिन बढ़े। ईश्वर करे, यह बढ़े। किन्तु इस भाव के साथ हमको यह नहीं मान लेना चाहिए कि वह दूसरी बड़ी शक्ति अवश्य ही हमारे इन मनोरथों में बाधक और विरोधिनी है। यदि हम निष्पक्ष विचार से देखेंगे तो वर्तमान अवस्था में उसको हम बहुत अंशों में हमारे अभ्युदय की सामग्री एकत्र करने के लिए आवश्यक और सहायक पाएँगे और यदि हम बिना अपनी ऊँची अभिलाषा को मन्द किए और बिना देशभक्त सज्जनों की उचित स्वतन्त्रता को छोड़े अपनी ओर से गवर्नमेंट के प्रति मित्र-भाव से बरतेंगे, तो हम गवर्नमेंट को अपनी उन्नति और अभ्युदय में अब से अधिक सहकारी बना सकेंगे। यह हमारा दृढ़ विश्वास है। परन्तु मान भी लिया जाए कि गवर्नमेंट हमारे इन मनोरथों को पूरा करने में सहायक नहीं होगी, तो भी हमारा यह धर्म है कि हम निष्कारण ऐसी बातें न करें जिनसे गवर्नर का और हमारा विरोध बढ़े। वह हमारे अभ्युदय में सहायक नहीं होगा। यदि हमारा कर्तव्य करने से गवर्नमेंट हमसे विरोध माने भी, तो हम केवल उस पर खेद प्रकाश करेंगे, गवर्नमेंट के अविवेक से हम अपने कर्तव्य करने में शिथिल न होंगे। इसलिए अपने देश की उन्नति और अभ्युदय के उपायों को सोचने और प्रकाश करने में हमारा यह यत्न रहेगा कि गवर्नमेंट और प्रजा—इन दोनों की शक्तियों को जहाँ तक अनुकूल और नियुक्त कर सकें, करें। हमको विश्वास है कि इस मार्ग में दृढ़तापूर्वक चलते हुए हम अपने देश की उत्तम से उत्तम सेवा कर सकेंगे।''[20]

मालवीय जी टकराव के नहीं, समाधान के पक्षधर थे। देश उनके लिए सर्वोपरि था और देश की जनता की हितचिन्ता उनका आदर्श। वे देश को, जनता को उसकी गौरवशाली परम्परा का बोध कराकर जगाना चाहते थे। 'अभ्युदय' के सम्पादकीय अग्रलेखों की एक-एक पंक्ति जागरण का मन्त्र है, कुंठा की कुहेलिका को भेदनेवाला दिव्य आलोक है। प्राचीन भारत की महान देनों से सबको परिचित कराकर वे देश के वैशिष्ट्य को उद्घोषित करते हैं। पत्र के दूसरे अंक (05.02.1907) के सम्पादकीय में उन्होंने भारतवर्ष को विद्याओं, धर्मों और कलाओं की जन्मभूमि सिद्ध की है। उनकी टिप्पणी है—''जर्मनी के बड़े विद्वान डॉक्टर टीबो, जो गत वर्ष तक प्रयाग के म्युअर कॉलेज के अधिष्ठाता थे और जो यूरोप की विद्याओं में निपुण हैं और संस्कृत के भी बड़े विद्वान हैं, ने सन 1875 के एशियाटिक सोसाइटी के पत्र में सिद्ध किया है कि रेखागणित का शास्त्र, जिसकी जन्मभूमि यूरोप के लोग यूनान देश को मानते हैं, वह भारतवर्ष में वैदिक यज्ञों की वेदियों की रचना से उत्पन्न हुआ था और इसके प्रमाण में उन्होंने शुल्ब सूत्र का निर्देश किया है जिसको यूरोप के विद्वान भी यूनान के शास्त्रों से बहुत प्राचीन मानते हैं।''[21]

मालवीय जी ने 'अभ्युदय' को अपने समय का दर्पण बना दिया। देश-काल की हर हलचल से उन्होंने पाठकों को परिचित कराया, हर ज्वलन्त समस्या पर विचार किया। पूना

में विधवाओं के आश्रम पर उन्होंने 5 फरवरी, 1907 ई. के अंक में ही लिखा—"इस बात को देखकर हमको हर्ष होता है कि दिन पर दिन उन मनुष्यों की संख्या बढ़ती जाती है, जो स्त्रियों की शिक्षा और अनाथ स्त्रियों की सहायता की ओर ध्यान देने लगे हैं। ऐसे मनुष्यों में एक सज्जन प्रोफेसर कर्वे हैं। उन्हीं के और उनकी स्त्री के प्रयत्न से पूना का हिन्दू विधवा आश्रम सन 1896 में स्थापित हुआ था, जो इस समय अनाथ विधवाओं को उत्तम शिक्षा और जीवन का सहारा दे रहा है। सन 1906 में 33,800 रुपये के लगभग विधवा आश्रम की कमेटी के पास था।"[22]

मालवीय जी का पत्रकारिता-विवेक अत्यन्त गहरा था। अपने एक भाषण में उन्होंने कहा था,"अखबारनवीस भी नई रोशनी के पंडित और मौलाना हैं। वे ईश्वर, मुल्क तथा कौम के लिए लोगों को नेकी का रास्ता बतलानेवाले हैं। अखबारों में एक गलत खबर के मजमून से कितना बुरा असर होता है। अखबारनवीस साहबान से मेरी प्रार्थना है कि कोई ऐसी बात तहरीर में न आए, जिससे लोगों के दिलों में किसी प्रकार का बुरा भाव पैदा हो, किसी तरह की अत्युक्ति हो। जो कुछ लिखें, सच्चाई से, तहकीकात करके लिखें और ऐसे शिक्षाप्रद शब्दों में लिखें, जिनका असर देश की एकता में मददगार हो।"[23]

पीत पत्रकारिता के दौर में भाषण का यह अंश पत्रकारों को मूल्यबोध और कर्तव्यबोध कराने में कितना सक्षम है। यह एक सिद्ध पत्रकार की साधनादीप्त वाणी का रूप है। 'अभ्युदय' के हर अंक के सम्पादकीय में एक नई दृष्टि होती थी, एक नया विचार होता था और किसी ज्वलन्त समस्या पर सार्थक विमर्श होता था। सम्पादकीय के अन्तर्गत अनेक टिप्पणियाँ होती थीं और प्रत्येक टिप्पणी का अपना अलग तर्कशास्त्र होता था। ऐसी कुछ टिप्पणियाँ हैं—विद्यार्थी और राजनीति (12.02.1907), पंजाबी का मुकदमा (19.02.1907), बच्चों की रक्षा (19.02.1907), विधवा-विवाह की फजीहत (19.02.1907), प्लेग से बचने का उपाय (26.02.1907), हिन्दू और मुसलमानों में एका (26.02.1907), स्वदेशी भाव (05.03.1907), गवर्नमेंट का कर्तव्य (12.03.1907), देश की आवश्यकता (16.04.1907), सम्पादक समिति (16.04.1907), इंग्लैंड में स्वदेशी आन्दोलन (30.04.1907), परदेस में हिन्दुस्तानी (07.05.1907), लाला लाजपत राय का देश-निष्कासन (14.05.1907), देश की वर्तमान अवस्था और हमारा कर्तव्य (21.05.1907), हमारी दशा और हमारा मुख्य कर्तव्य (04.06.1907) आदि। प्रान्तीय समाचार और महत्त्वपूर्ण घटनाओं का सन्तुलित विवरण 'अभ्युदय' के हर अंक को विशिष्ट बनाते थे। 'अभ्युदय' के सम्पादन में मालवीय जी का सहयोग राजर्षि पुरुषोत्तमदास टंडन, पंडित वेंकटेश नारायण तिवारी और भगवान दास हालना करते थे। गणेश शंकर विद्यार्थी ने कुछ समय तक इसमें अपनी सेवा दी थी।

'अभ्युदय' काफी लोकप्रिय हुआ। पत्र को व्यवस्थित और प्रतिष्ठित बनाने के बाद उन्होंने सम्पादन का दायित्व कृष्णकान्त मालवीय को सौंप दिया। 1915 ई. में यह पत्र दैनिक हो गया। 24 अक्टूबर, 1909 ई. में उनके सम्पादकत्व में प्रयाग से अंग्रेजी दैनिक 'लीडर' निकला। 1903 ई. से प्रयाग से ही प्रकाशित 'इंडियन पीपुल' का 'लीडर' में

विलय हो गया। 'लीडर' एक राष्ट्रीय दैनिक के रूप में लोकप्रिय हुआ। प्रबुद्ध वर्ग का यह अपना अखबार बना। 'लीडर' का प्रकाशन 'न्यूज पेपर्स लिमिटेड' नामक संस्था की ओर से हुआ। मोतीलाल नेहरू की अध्यक्षतावाली इस संस्था के सदस्य थे—मदनमोहन मालवीय, तेजप्रताप सप्रू, सच्चिदानन्द सिन्हा आदि। 1911 ई. में सी. वाई. चिन्तामणि ने इसके सम्पादन का दायित्व सँभाला। मालवीय जी विश्वविद्यालय की स्थापना में व्यस्त रहने के कारण इसे मार्गदर्शन और आर्थिक सम्बल देते रहे।

1910 ई. में मालवीय जी ने एक सर्वांगपूर्ण पत्रिका 'मर्यादा' का प्रकाशन किया। लक्ष्मीधर वाजपेयी के सम्पादकत्व में निकलनेवाली इस मासिक पत्रिका ने राष्ट्रीयता का स्वर बुलन्द किया। साहित्य और राजनीति के दोनों ही क्षेत्रों में इसका अवदान अत्यन्त मूल्यवान है। मालवीय जी वस्तुतः आजीवन पत्रकार रहे। हिन्दी दैनिक 'हिन्दुस्तान' के प्रकाशन में उनकी अग्रणी भूमिका रही। वे आजीवन 'हिन्दुस्तान टाइम्स लिमिटेड' के निदेशक मंडल के अध्यक्ष रहे। लोकमान्य तिलक के बाद, वे वैसे दूसरे व्यक्ति हैं, जिनके विचारों की छाप भारतीय पत्रकारिता में स्पष्ट परिलक्षित होती है। स्वतन्त्रतापूर्व पत्रकारिता को उनसे व्यापक दृष्टिबोध मिला और परवर्ती पत्रकारिता को निष्पक्ष, मूल्यनिष्ठ और लोकोन्मुख रहने की प्रेरणा मिली।

सन्दर्भ

1. पत्रकारिता के युगनिर्माता : मदनमोहन मालवीय, प्रभात प्रकाशन, नई दिल्ली, प्रथम संस्करण-2010 ई., पृष्ठ 23.24.
2. महामना मदनमोहन मालवीय: व्यक्तित्व एवं विचार, बालमुकुन्द पांडेय, राष्ट्रीय पुस्तक न्यास, नई दिल्ली, पहली आवृत्ति-2018 ई., पृष्ठ 32.
3. महामना का प्रथम भाषण, मालवीय जी के सपनों का भारत, सं. ईश्वर प्रसाद वर्मा, आर्य प्रकाशन मंडल, दिल्ली, संस्करण-2006 ई., पृष्ठ 109.110.
4. पत्रकारिता के युगनिर्माता: मदनमोहन मालवीय, पृष्ठ 25.
5. वही
6. भारतीय पत्रकारिता कोश, खंड-1, विजयदत्त श्रीधर, पृष्ठ 306.
7. वही
8. स्वतन्त्रता-पूर्व हिन्दी के संघर्ष का इतिहास, रामगोपाल, प्रकाशक-हिन्दी साहित्य सम्मेलन, प्रयाग, शक-1886, पृष्ठ 48.
9. तीस दिन मालवीय जी के साथ, श्री रामनरेश त्रिपाठी, सस्ता साहित्य मंडल, नई दिल्ली, पृष्ठ 131.132.
10. पंडित मदनमोहन मालवीय : सम्पूर्ण वाङ्मय, खंड-1, महामना मालवीय मिशन द्वारा संकलित, प्रकाशन विभाग, सूचना और प्रसारण मन्त्रलय, भारत सरकार, प्रधान सम्पादक-राम बहादुर राय, प्रथम संस्करण-2023, पृष्ठ 203.
11. वही, पृष्ठ 203.204.
12. वही, पृष्ठ 222.

13. वही, पृष्ठ 250.251.
14. वही, पृष्ठ 261.262.
15. वही, पृष्ठ 266.
16. वही, पृष्ठ 266.267.
17. कुलगुरु मालवीय जी : शैक्षणिक आदर्श, डॉ. राजबली पांडेय, सम्मेलन पत्रिका, श्रद्धांजलि विशेषांक, भाग-48, संख्या: 2.3.4 (संयुक्तांक), चैत्र-मार्गशीर्ष: शक 1884, सं. ज्योतिप्रसाद मिश्र निर्मल, रामप्रताप त्रिपाठी, शास्त्री, पृष्ठ 52.
18. पंडित मदनमोहन मालवीय: सम्पूर्ण वांग्मय, खंड-2, पृष्ठ 5.
19. वही, पृष्ठ 6.
20. वही, पृष्ठ 7.8.
21. वही, पृष्ठ 23.
22. वही, पृष्ठ 27.
23. लाहौर में, 26 दिसम्बर, 1922 को दिये गए भाषण से।

महावीरप्रसाद द्विवेदी

अपने व्यापक कर्तृत्व, गहन पांडित्य, निरन्तर अध्यवसाय और कठोर अनुशासन से भारतीय आचार्य-परम्परा को अग्रेषित करनेवाले महावीरप्रसाद द्विवेदी (9 मई, 1864—21 दिसम्बर, 1938 ई.) युग-प्रवर्त्तक साहित्यकार ही नहीं, युग-निर्माता पत्रकार भी हैं। सच तो यह है कि पत्रकारिता के माध्यम से हीं उन्होंने हिन्दी नवजागरण को पुष्ट किया, भाषा का मानकीकरण किया, साहित्य की सोद्देश्यता को सर्वमान्य बनाया और नई रचनाधर्मिता को उत्प्रेरित, संरक्षित और संवर्धित भी किया। पचहत्तर वर्षों तक निर्बाध निकलनेवाली 'सरस्वती' (1900.1975)[1] का उन्होंने पन्द्रह वर्षों (जनवरी, 1903, दिसम्बर, 1920 ई.)[2] तक कुशल सम्पादन किया तथा अपनी विलक्षण प्रतिभा, सार्थक बहुज्ञता, समर्थ रचना-विवेक और अनुकरणीय सम्पादन-दृष्टि के कारण इसे साहित्यिक पत्रकारिता का प्रतिमान बना दिया और निकष भी।

'सरस्वती' का प्रकाशन निस्सनदेह एक ऐतिहासिक घटना है। हिन्दी-पत्रकारिता की जातीय विरासत को इसने न केवल आगे बढ़ाया बल्कि उसमें बहुत कुछ जोड़ा भी। इस पत्रिका ने हिन्दी भाषा और उसके साहित्य को नई दृष्टि दी, नया बोध दिया और नई दिशा भी। यह एक उदाहरण है कि बाँग्लाभाषी बाबू चिन्तामणि घोष ने स्वयं आगे बढ़कर एक श्रेष्ठ हिन्दी साहित्यिक सचित्र मासिक पत्रिका निकालने का निश्चय किया। चिन्तामणि घोष (1854.1928 ई.) का जीवन कठिन संघर्ष और दुर्दम्य संकल्प का जीवन्त दस्तावेज है। मात्र तेरह वर्ष की अवस्था में प्रेस की नौकरी कर अपने परिवार का पालन करनेवाले घोष साहब ने स्वाध्याय से बहुत कुछ अर्जित किया। 20 वर्ष की अवस्था में उन्होंने मेटियोरोलॉजिकल विभाग (हवा घर) में हेड क्लर्क की नौकरी की। पैंतीस वर्ष की अवस्था में अपने एक मित्र के साथ मिलकर, ढाई सौ रुपये की पूँजी से, उन्होंने इंडियन प्रेस की नींव रखी। 'हिन्दी रीडरों' के प्रकाशन से उन्हें अच्छी आय हुई और इलाहाबाद स्थित उनका प्रेस साधन-सम्पन्न होकर देश का अग्रणी प्रेस बन गया। प्रेस के मैनेजर बाबू गिरजाकुमार घोष साहित्यिक अभिरुचि के व्यक्ति थे। लाला पार्वतीनन्दन के नाम से उन्होंने अनेक कहानियाँ[3] लिखीं। हिन्दी साहित्य सम्मेलन, इलाहाबाद की पत्रिका 'सम्मेलन-पत्रिका' (1913 ई.) के वे आद्य सम्पादक भी रहे। 'सरस्वती' का प्रकाशन इंडियन प्रेस की एक अविस्मरणीय देन है।

'सरस्वती' के आरम्भ का वृत्तान्त श्यामसुन्दर दास ने अपनी आत्मकथा में, आचार्य महावीरप्रसाद द्विवेदी और पत्रिका के अन्तिम सम्पादक श्रीनारायण चतुर्वेदी ने इसके अंकों में दिया है। आचार्य द्विवेदी के अनुसार—"कोई पाँच वर्ष हुए, नागरी प्रचारिणी सभा के, काशी-निवासी, दो प्रवान सभ्य इलाहाबाद किसी काम से गए। काम इंडियन प्रेस में था। वहीं पर बातों-बातों में, हिन्दी साहित्य की चर्चा छिड़ी। इस पर प्रेस के मालिक ने उन सज्जनों से हिन्दी की अवनति पर खेद प्रकट किया और कहा कि बँगला मासिक पुस्तक 'प्रदीप' की जैसी यदि हिन्दी में भी कोई पत्रिका होती, तो बहुत उपकार होता। यह सुनकर उन सज्जनों ने कहा कि यदि ऐसी पत्रिका के निकालने की जिम्मेदारी कोई अपने ऊपर ले, तो वे उसका सम्पादन कर दें। प्रेस के मालिक ने उनसे कहा, 'हमारी मातृभाषा बँगला है, पर हम संयुक्त प्रदेश में रहते हैं। इसलिए यहाँ की भाषा हिन्दी की उन्नति करना हम अपना कर्तत्व समझते हैं। अतएव यदि हिन्दी भाषा-भाषी कोई सज्जन इस काम को अपने ऊपर नहीं लेता तो हमीं ले लेंगे। आप सम्पादन का प्रबन्ध कीजिए।' तब उन सज्जनों ने, काशी में, एक 'सम्पादन-समिति' बनाकर, 'सरस्वती' को निकाला और इंडियन प्रेस ने उसे छापने और प्रकाशित करने का खर्च अपने ऊपर लिया।"[4]

"काशी नागरी प्रचारिणी सभा के अनुमोदन से इंडियन प्रेस ने जनवरी, 1900 में 'सरस्वती' का प्रकाशन आरम्भ किया। सभा ने बाबू श्यामसुन्दर दास, पं. किशोरीलाल गोस्वामी, बाबू कार्तिक प्रसाद खत्री, बाबू राधाकृष्ण दास और जगन्नाथदास 'रत्नाकर' का सम्पादक-मंडल बनाया, जिसने प्रथम वर्ष इसका सम्पादन किया। सम्पादन का कार्य काशी में ही होता था और सारी लिखा-पढ़ी सम्पादक-मंडल की ओर से बाबू श्यामसुन्दर दास ही किया करते थे। सम्पादन-कार्य के व्यय के लिए प्रेस 20 रुपया मासिक देता था जो डाकव्यय आदि में खर्च होता था। इसका हिसाब प्रतिमाह प्रेस को भेज दिया जाता था।"[5] दूसरे वर्ष सम्पादन का पूर्ण दायित्व सभा के मन्त्री बाबू श्यामसुन्दर दास ने सम्हाल लिया और वे दिसम्बर, 1902 ई. तक पत्रिका का सम्पादक बने रहे।

'सरस्वती' ने गद्यविधाओं के विकास का मार्ग प्रशस्त किया। पहले ही वर्ष इसमें छत्तीस लेख प्रकाशित हुए, और कुछ कहानियाँ भी प्रकाशित हुईं। जीवनी, यात्रावृत्तान्त, पुरातत्त्व-सम्बन्धी लेख, समालोचना आदि के प्रकाशन से यह पत्रिका न केवल विविध-विषय-विभूषित हुई बल्कि एक समग्र पत्रिका के रूप में मान्य भी हुई। प्रथम वर्ष के अंकों में छपनेवाले प्रमुख लेखक थे—राधाकृष्ण दास, किशोरीलाल गोस्वामी, कार्तिक प्रसाद खत्री, श्यामसुन्दर दास, काशीप्रसाद, जगन्नाथदास, केशवप्रसाद सिंह, दुर्गाप्रसाद, जगन्नाथप्रसाद तिवारी, सेठ कन्हैयालाल, लाला सीताराम, मनोहरलाल, श्यामबिहारी मिश्र-शुकदेव बिहारी मिश्र (मिश्रबन्धु) और महावीरप्रसाद द्विवेदी।

1901 ई. में पत्रिका ने अपने लेखकों को पारिश्रमिक देना भी प्रारम्भ किया। अपनी व्यस्तता के बावजूद श्यामसुन्दर दास ने इसके स्तर को बनाए रखा। जब उन्हें यह लगा कि सभा के मन्त्री और पत्रिका के सम्पादक दोनों दायित्वों का वे एक साथ निष्ठापूर्वक निर्वहण नहीं कर पाएँगे, तो वे सम्पादन से मुक्त हो गए। पत्रिका में ही उन्होंने यह घोषणा

कर दी—"इस मास की संख्या के साथ 'सरस्वती' का तीसरा वर्ष पूरा होता है। पहले वर्ष से लेकर आज तक मेरा सम्बन्ध इस पत्रिका से घनिष्ठ बना रहा है। पहले वर्ष में समिति का सभासद रहा। दूसरे और तीसरे वर्ष में इसके सम्पादन का भार पूरा-पूरा मेरे ऊपर रहा। परन्तु अब चौथे वर्ष के प्रारम्भ में यह कार्य हिन्दी के प्रसिद्ध लेखक पंडित महावीरप्रसाद द्विवेदी के अधीन रहेगा। इस परिवर्तन का मुख्य कारण हुआ कि मैं समय के अभाव से 'सरस्वती' के सम्पादन में इतना दत्तचित्त न रह सका जितना कि मुझे होना उचित था। इसलिए केवल नाम के लिए सम्पादक बना रहना मैंने उचित नहीं समझा। परन्तु मैं अपने पाठकों और पत्रिका के लेखकों को विश्वास दिलाता हूँ कि यद्यपि आगामी संख्या से मैं इसका सम्पादन न करूँगा, पर इस पत्रिका के साथ मेरी वैसी ही सहानुभूति बनी रहेगी जैसी अब तक रही और मैं सदा इसकी उन्नति से प्रसनन होऊँगा। अन्त में मुझे अपने उन मित्रों से प्रार्थना करनी है जो लेखों द्वारा तीन वर्ष से मेरी सहायता करते रहे। आशा है कि वे अगले वर्ष में भी इसी प्रकार सहायता करते रहेंगे। अब भविष्य में 'सरस्वती' में प्रकाशनार्थ सब लेख, परिवर्तन के संवाद पत्र तथा समालोचनार्थ पुस्तकादि निम्नलिखित पते से भेजे जाने चाहिए—

पंडित महावीरप्रसाद द्विवेदी,
सम्पादक 'सरस्वती'
झाँसी।"[6]

'सरस्वती' के सम्पादन का दायित्व सम्हालने के पूर्व आचार्य द्विवेदी स्थापित लेखक और समर्थ कवि के रूप में मान्य हो चुके थे। संस्कृत, ब्रजभाषा और खड़ीबोली में उनकी तीस से अधिक कविताएँ प्रकाशित हो चुकी थीं। 'संस्कृत चन्द्रिका', 'हिन्दोस्तान', 'हिन्दी बंगवासी', 'नागरी प्रचारिणी पत्रिका', 'भारतमित्र', 'हिन्दी प्रदीप', 'बेंकटेश्वर समाचार', 'राजस्थान पत्र', 'भारत जीवन', 'सुदर्शन', 'ब्रजवासी', 'अवध समाचार', 'छत्तीसगढ़ मित्र' और 'सरस्वती' जैसी प्रतिष्ठित पत्रिकाओं में छपकर वे लोकप्रिय हो चुके थे। इतना ही नहीं, अनेक प्राचीन कृतियों का उन्होंने काव्यानुवाद, भावानुवाद एवं पद्यानुवाद रूपान्तर कर पर्याप्त ख्याति अर्जित कर ली थी। 'नागरी' और 'काव्य-मंजूषा' शीर्षक से उनके दो काव्य-संग्रह भी प्रकाशित हो चुके थे।

आचार्य द्विवेदी के पास पैनी आलोचना-दृष्टि भी थी। इंडियन प्रेस से प्रकाशित 'रीडरों' की उन्होंने कड़ी आलोचना की। इससे उन रीडरों के लेखक तो नाराज हुए किन्तु चिन्तामणि घोष ने द्विवेदी जी की प्रतिभा पहचान ली। काफी आग्रह करके उन्होंने द्विवेदी जी से 'शिक्षासरोज' नामक पुस्तकमाला लिखवाई। परिचय प्रगाढ़ता में बदला और इसी के कारण अपनी सरकारी सेवा की व्यस्तता के बावजूद आचार्य द्विवेदी ने 'सरस्वती' का सम्पादन स्वीकार किया। सम्पादक बनते ही द्विवेदी जी को अनेक कठिनाइयों और चुनौतियों का सामना करना पड़ा। उनके खिलाफ प्रकाशक के कान भरे गए, लेखकों ने रचनात्मक सहयोग करना कम कर दिया। द्विवेदी जी ने स्वयं लिखा—फ्'सरस्वती' का सम्पादन-कार्य मुझे मिलने पर कुछ लोगों ने बड़ा कोलाहल मचाया। उन्होंने घोष बाबू से कहा यह मनुष्य

बड़ा घमंडी, बड़ा कलहप्रिय, बड़ा तुनुकमिजाज है। इससे तुम्हारी कभी न पटेगी। तुमने बड़ी भूल की। साल के भीतर ही यह महाभारत मचा देगा। पर यह सारा भय निर्मूल साबित हुआ। 18 वर्ष के दीर्घकाल में कभी एक बार भी ऐसा मौका नहीं आया, जिसमें इस तरह की कोई बात हुई हो। घोष बाबू ने अपना फर्ज अदा किया, मैंने अपना। किसी ने भी इसमें त्रुटि न होने दी। विवाद, वितंडा और कलह हो कैसे? यह कुछ तो हुआ नहीं, घोष बाबू ने मुझे यह सर्टिफिकेट अवश्य दिया,''हिन्दुस्तानी सम्पादकों में मैंने वक्त के पाबन्द और कर्तत्वपालन के विषय में दृढ़प्रतिज्ञ दो ही आदमी देखे हैं, एक तो रामानन्द बाबू, दूसरे आप। उनकी इस सम्मति से मैंने अपने को कृतार्थ समझा।''[7]

द्विवेदी गुणग्राही और सहृदय सम्पादक थे। अपने द्वारा सम्पादित 'सरस्वती' के पहले अंक में उन्होंने पूर्व सम्पादक बाबू श्यामसुन्दर दास के प्रति कृतज्ञता व्यक्त की, उनका चित्र छापते हुए उनके महत्त्व को रेखांकित किया—''जिन्होंने बाल्यकाल से ही अपनी मातृभाषा हिन्दी में अनुराग प्रकट किया, जिनके उत्साह और अश्रान्त श्रम से नागरी प्रचारिणी सभा की इतनी उन्नति हुई, हिन्दी की दशा को सुधारने के लिए जिनके उद्योग को देखकर सहस्रश: साधुवाद दिये बिना नहीं रहा जाता, जिन्होंने विगत दो वर्षों में, इस पत्रिका के सम्पादन-कार्य को बड़ी ही योग्यता से निबाहा, उन विद्वान् बाबू श्यामसुन्दर दास के चित्र को, इस वर्ष, आदि में प्रकाशित करके, 'सरस्वती' अपनी कृतज्ञता प्रदर्शित करती है—

मातृभाषा के प्रचारक, विमल, बी.ए. पास।
सौम्य, शीलनिधान, बाबू श्यामसुन्दर दास।।''[8]

आचार्य द्विवेदी ने अपने पहले ही सम्पादकीय में अपनी निष्ठा, प्रतिबद्धता और बहुज्ञता का साक्ष्य दे दिया। इसमें नौ छोटी टिप्पणियाँ थीं, जिन्हें निम्नलिखित शीर्षकों में समायोजित किया गया था—श्यामसुन्दर दास, सभाभवन का निर्माण प्रारम्भ, तीन बँगला लेखकों को पेन्शन, सबसे बड़ा पुस्तकालय, रेल की रफ्तार, सोना और चाँदी, हिन्दी की उन्नति आदि। 'तीन बँगला लेखकों को पेन्शन' में वे लिखते हैं—''इस देश के प्रसिद्ध ग्रन्थकारों को उचित पेन्शन देने का अधिकार गवर्नर जनरल को है। आज तक जितने गवर्नर जनरल हुए हैं, किसी ने इस अधिकार का उपयोग नहीं किया। परन्तु लार्ड कर्जन सचमुच महानुभाव हैं, वे स्वयं विद्वान् और विद्यानुरागी हैं, इसीलिए विद्वानों का आदर भी करते हैं। उन्होंने पूर्वोक्त अधिकार का उचित उपयोग करके तीन बंगाली विद्वानों को पेन्शन की आज्ञा दी है। उनके नाम ये हैं—

1. बाबू किशोरी मोहन गांगुली
2. बाबू हेमचन्द्र वन्द्योपाध्याय और
3. बाबू दिनेशचन्द्र सेन।

बाबू किशोरी मोहन ने महाभारत का अँगरेजी अनुवाद किया है। यह वही अनुवाद है जिसे स्वर्गवासी बाबू प्रतापचन्द्र राय ने प्रकाशित किया है। उनको 50 रुपये मासिक मिलता है।

बाबू हेमचन्द्र वन्द्योपाध्याय बँगला के विख्यात कवि हैं। उनको 25 रुपये मासिक मिलता है।

बाबू दिनेशचन्द्र सेन ने बँगला भाषा और बँगला साहित्य का बहुत बड़ा इतिहास लिखा है। उनको भी 25 रुपये मासिक मिलता है।

क्या कभी ऐसा भी समय आवेगा कि हमारे हिन्दी के लेखक भी अपनी मातृभाषा का इतिहास लिखकर गवर्नमेंट के इस पुरस्कार को पाने की योग्यता दिखलाएँगे।''[9]

यह टिप्पणी एक साथ कई सन्दर्भों को रेखांकित करती है—लार्ड कर्जन का विद्यानुराग, विशेषाधिकार का उचित उपयोग, बाँग्ला की समर्पित साहित्य-साधना और हिन्दी लेखकों को इससे सीख लेने की प्रेरणा। इससे अधिक अर्थगर्भित और सटीक सम्पादकीय टिप्पणी और क्या हो सकती है! 'विविध विषय' स्तम्भ के अन्तर्गत प्रकाशित उनकी सम्पादकीय टिप्पणियाँ निस्सनदेह हिन्दी-पत्रकारिता की विरासत हैं। ये सूचनाओं का सम्प्रेषण मात्र नहीं, लोक-शिक्षण और स्वस्थ जनमत-निर्माण की युगान्तकारी पहल भी हैं। इन टिप्पणियों में देश-काल से जीवन्त संवाद है, वैश्विक परिदृश्य का रेखांकन है, राष्ट्रभाषा के विकास के लिए आह्वान है और देश की मुक्ति तथा प्रगति के लिए विकलता भी।

जनवरी, 1903 ई. की 'सरस्वती' में एक कहानी छपी—पति का पवित्र प्रेम (गिरिजा दत्त वाजपेयी) और अनेक रचनाएँ द्विवेदी जी ने स्वयं लिखीं—'सरस्वती' का विनय (कविता), विष्णुशास्त्री चिपलूणकर (जीवनी), ग्रहों पर जीवधारियों के होने का अनुमान (विज्ञानपरक लेख), देहली (लेख), मनोरंजक श्लोक। फरवरी-मार्च, 1903 ई. का अंक संयुक्त निकला। इस अंक में अनूदित कहानी छपी। दो कविताएँ छपीं—एक काशीप्रसाद की 'कविकीर्ति' और दूसरी सम्पादक द्वारा अनाम लिखी गई 'जन्मभूमि'। अन्य प्रकाशित रचनाएँ यथा—महात्मा रामकृष्ण परमहंस (जीवनी), अध्यापक बसु के अद्‌भुत आविष्कार (विज्ञापनपरक लेख), कुतुबमीनार (ऐतिहासिक लेख) और हिन्दी भाषा और साहित्य (आलोचना) भी द्विवेदी जी द्वारा लिखी गई थीं।

एक तो रेलवे की नौकरी और ऊपर से पत्रिका की स्तरीयता बनाए रखने के लिए छद्‌म नामों से लेखन का बोझ, किन्तु द्विवेदी जी विचलित नहीं हुए, हिम्मत नहीं हारी, विरोध से उनका तेज और बढ़ता गया, पत्रिका और निखरती गई। लेखकों के असहयोग ने उनके संकल्प को और गहरा किया और वे नया रचने के लिए कटिबद्ध हुए। उन्होंने साहित्य ही नहीं, साहित्यकारों को भी रचा और हिन्दी साहित्य के एक नए युग का सूत्रपात किया, जिसे द्विवेदी-युग के नाम से जाना जाता है। इस सन्दर्भ में नन्दकिशोर नवल ने एकदम ठीक लिखा है—''1903 और 1904 की 'सरस्वती' का सम्पादन द्विवेदी जी ने झाँसी से ही किया। उनके सम्पादन सम्हालते ही उनके सामने एक विकट कठिनाई आ उपस्थित हुई। उनकी तीखी आलोचनाओं से हिन्दी के अनेक लेखक उनसे अप्रसनन थे। उनके सम्पादक होते ही उन्होंने 'सरस्वती' से अपना सम्बन्ध तोड़ लिया और उसमें लिखना बन्द कर दिया। कुछ लेखक उनसे इसलिए भी अप्रसनन थे कि वे उनकी रचनाओं में इतना भारी भाव और भाषा-सम्बन्धी संशोधन किया करते थे कि उनकी शकल ही बदल जाती थी। उनमें से भी अनेक ने 'सरस्वती' से असहयोग शुरू किया किन्तु द्विवेदी मामूली व्यक्ति नहीं थे। इस असहयोग

से वे जरा भी विचलित नहीं हुए और उन्होंने 'सरस्वती' की भट्ठी में अपने को ही झोंकने का निश्चय कर लिया। एक साल तक उसमें अनेक नामों से वे प्रायः अपने ही लेख देते थे। ये लेख नाना विषयों से सम्बन्धित थे। इससे हिन्दी-प्रेमियों ने उसका हृदय से स्वागत किया और वह देखते-देखते प्रसिद्ध हो गई। दूसरे साल से 'सरस्वती' की पृष्ठ संख्या बढ़ा दी गई और उसमें सुन्दर चित्र देने की भी व्यवस्था की गई। अब द्विवेदी जी को तरुण लेखकों का एक दल भी मिल गया। 'सरस्वती' में इन लेखकों की रचनाएँ छपने लगीं। उसके स्तर को उन्नत करने के लिए द्विवेदी जी ने पाश्चात्य देशों की पत्र-पत्रिकाओं का संग्रह और उनका अध्ययन आरम्भ किया। नए अनुभव और ज्ञान से उन्होंने वस्तुतः 'सरस्वती' का स्तर इतना उठा दिया कि वह हिन्दी की साहित्यिक पत्रकारिता का प्रतिमान बन गई। देश की अन्य भाषाओं में भी उसके मुकाबले की पत्रिका एक-दो से अधिक नहीं थी।''[10]

अपने सम्पादन का एक वर्ष पूरा होने पर द्विवेदी जी ने 'सरस्वती' में लिखा,''इस संख्या के साथ 'सरस्वती' का चौथा वर्ष समाप्त होता है। इस वर्ष के आरम्भ में 'सरस्वती' के एक वर्ष से अधिक जीवित रहने की बहुत कम आशा थी, परन्तु उसके उत्साही प्रकाशकों तथा प्रेमी पाठकों की कृपा से, अभी, इस समय, उसकी अकालमृत्यु टल गई जान पड़ती है। दिसम्बर, 1902 में 'सरस्वती' का जितना प्रचार था, इस समय, उससे अधिक हो गया। यह बात हमारे लिए भी और प्रकाशकों के लिए भी विशेष उत्साहवर्धक है। इससे यह भी सूचित है कि पाठकों का मनोरंजन करने में 'सरस्वती' कुछ कृतकार्य हुई है। यदि 'सरस्वती' के ऊपर पाठकों की ऐसी ही कृपादृष्टि बनी रही और उसके प्रचार में, इसी वर्ष की तरह, वर्धमान उन्नति होती गई तो उसका चिरस्थायी होना कोई बड़ी बात नहीं। पाठकों को जानना चाहिए कि 'सरस्वती' की अच्छी दशा न होने पर भी, वर्ष भर में (चित्रों के सिवाय) उनको उसके 440 पृष्ठ पढ़ने को मिले। 32 पृष्ठ प्रति संख्या के हिसाब से केवल 384 पृष्ठ उनको मिलने चाहिए थे, परन्तु साल भर में 56 पृष्ठ उनको अधिक मिले।''[11]

आचार्य द्विवेदी के पूर्व की 'सरस्वती' का साहित्यिक स्वर तो अवश्य ही प्रबल है, किन्तु उसमें राष्ट्रीयता की, मुक्ति की और प्रगतिशीलता की गूँज नहीं है। भारतेन्दु-युग के प्रतिनिधि लेखकों की अनुपस्थिति इसका मुख्य कारण है। हरप्रसाद गौड़ का यह कथन बहुत हद तक सही है—''कहा जाता है कि भारतेन्दु-युग के साहित्य की विकास-परम्परा को 'सरस्वती' पत्रिका में देखा जा सकता है, लेकिन यह सब होते हुए भी भारतेन्दु-मंडल के लेखक 'सरस्वती' में अपनी रचनाएँ नहीं छपवाते थे। वे 'सरस्वती' के प्रकाशनकाल से ही उससे अलग रहे। इसका कारण 'सरस्वती' की नीति में खोजा जा सकता है। इस पत्रिका का जन्म 'ब्रिटिश तन्त्र' की छत्रच्छाया में हुआ और उसकी न्यायप्रियता और श्रेष्ठता को स्वीकार कर यह आगे बढ़ी। जबकि भारतेन्दु-युग के लेखक साम्राज्यवाद की नीतियों तथा कार्यकलापों का खुलकर उग्र रूप से विरोध कर रहे थे। यही कारण था कि 'सरस्वती' से भारतेन्दु-युग के लेखक पृथक् रहे।''[12]

आचार्य द्विवेदी के आने के बाद 'सरस्वती' में धीरे-धीरे ही सही, राष्ट्रीयता की गूँज सुनाई देने लगी। उन्होंने स्वदेशी वस्त्र के समर्थन में कविता लिखी, जो 'सरस्वती' के जुलाई,

1903 ई. के अंक में प्रकाशित हुई। कुल बारह बन्धों की इस कविता के कुछ अंश द्रष्टव्य हैं—

'विदेशी वस्त्र क्यों हम ले रहे हैं?
वृथा धन देश का क्यों दे रहे हैं?
न सूझै है अरे भारत भिखारी
गई है हाय तेरी बुद्धि मारी।

स्वदेशी वस्त्र का स्वीकार कीजे
विनय इतना हमारा मान लीजे।
शपथ करके विदेशी वस्त्र त्यागो
न जाओ पास, उससे दूर भागो।''[13]

1905 ई. के बाद 'सरस्वती' में यह गूँज और प्रखर हो गई। जनवरी, 1906 ई. के अंक में 'वन्देमातरम्' गीत एक साथ हिन्दी, संस्कृत और अँगरेजी में प्रकाशित हुआ। जुलाई, 1906 ई. के अंक में प्रसिद्ध अँगरेजी कवि अर्नेस्ट जोन्स की कविता 'द पोइट एंड लिबरटी' हिन्दी अनुवाद के साथ छपी। इसी क्रम में 'आर्यभूमि' (आचार्य महावीरप्रसाद द्विवेदी, अप्रैल, 1906 ई.) 'हमारा अध:पतन' (नाथूराम शंकर शर्मा, मई, 1906) जैसी कविताएँ भी उल्लेख्य हैं।

कविता ही नहीं, 'सरस्वती' में प्रकाशित गद्य रचनाओं में भी राष्ट्र की समस्याओं पर चिन्तन है और स्वतन्त्रता की व्यंजना भी। आचार्य द्विवेदी की एक टिप्पणी का यह अंश द्रष्टव्य है—''हे भारतभूमि! एक समय था जब दूसरे सुकृतों की सारी प्रशंसनीय बातों की तू जननी थी। तेरे विद्या आदि दिव्य गुणों के कारण फैले हुए तेरे यश ने तेरा नाम समग्र संसार में प्रसिद्ध कर दिया था। परन्तु हाय, अब वे तेरे सुखमय दिन नहीं रहे। इस समय उसका स्मरण होते ही कौन ऐसा मनुष्य है जिसका चित्त महाशोक सागर में न डूब जाता हो?''[14]

आचार्य द्विवेदी ने जहाँ एक ओर पूर्ववर्ती परम्परा के वैशिष्ट्य को ग्रहण किया, वहीं दूसरी ओर पत्रिका को अधिक वैविध्यपूर्ण और पठनीय बनाया। अर्थशास्त्र, शिक्षा, धर्म और अध्यात्म जैसे क्षेत्र भी पत्रिका में सम्मिलित हुए। आचार्य द्विवेदी के सम्पादन में प्रकाशित अर्थशास्त्र-विषयक लेखों की यह सूची उल्लेखनीय है—इंग्लैंड की व्यापार नीति (माधव राव सप्रे, जुलाई, 1904), जीवन बीमा (मिश्रबन्धु, दिसम्बर, 1906), भारतवर्ष का वाणिज्य (वैद्यनाथ नारायण सिंह, जनवरी, 1909), देश का व्यवसाय (रामनारायण शर्मा, दिसम्बर, 1910), धन और उसका उपयोग (पुरुषोत्तमदास टंडन, दिसम्बर, 1910), वर्तमान भारत का व्यापार (मैथिलीशरण गुप्त, जून, 1913), भारत के लिए भारत के ही धन का प्रयोग (सत्यशोधक, सितम्बर, 1913), दलाली (बाबू शिवनारायण, नवम्बर, 1914), वाणिज्य-व्यवसाय सम्बन्धी सुधार (शिवप्रसाद गुप्त, अगस्त, 1916), भारतवर्ष की व्यावसायिक उन्नति (शारदा प्रसाद, दिसम्बर, 1916), अवध के जमीन्दार और काश्तकार (गंगाधर पन्त, जुलाई, 1917), महायुग का आरम्भ और यूरोप का सराफा (कस्तूरमल बांठिया, जुलाई,

1917), प्राचीन भारत में संरक्षित व्यापार पद्धति (लक्ष्मीधर वाजपेयी, फरवरी, 1919), पश्चिमी अर्थशास्त्र (बेनीमाधव मेहरोत्र, अक्टूबर, 1919), एक्सचेंज (कन्नोमल, जनवरी, 1920), योरोप का महायुद्ध और हिन्दुस्तान का सराफा (कस्तूरमल बांठिया, फरवरी, 1920), खेतों का संगठन और एकीकरण (चम्पाराय मिश्र, मार्च, 1920)।

स्वयं आचार्य द्विवेदी के अनेक अर्थशास्त्र-सम्बन्धी अनेक लेख 'सरस्वती' में छपे। इन लेखों में 'सम्पत्तिशास्त्र' से सम्बद्ध लेख अत्यन्त महत्त्वपूर्ण हैं। फरवरी, 1907 ई. के अंक में 'सम्पत्तिशास्त्र' शीर्षक लेख छपा और मार्च, 1908 में 'सम्पत्तिशास्त्र की भूमिका' का प्रकाशन हुआ। 'सम्पत्तिशास्त्र' निश्चित रूप से भारतीय अर्थव्यवस्था की एक मुकम्मल किताब है। इसका लेखन 16 दिसम्बर, 1907 ई. को पूरा हुआ। 1908 ई. में इसका पुस्तकाकार प्रकाशन हुआ। 'सरस्वती' के अतिरिक्त इसके अंश आरा की नागरी प्रचारिणी पत्रिका के तीन अंकों में छप चुके थे। 'सरस्वती' के एक अंक में प्रकाशित इस पुस्तकांश की ये पंक्तियाँ ध्यातव्य हैं—''ईस्ट इंडिया कम्पनी की प्रभुता के पहले और उसके बाद तक भी इस देश में उद्योग-धन्धों की अधिकता थी। बेहद माल तैयार होता था और देश-देशान्तरों में भेजा जाता था, पर कम्पनी ने अनेक युक्तियों से उसका सर्वनाश कर दिया। यहाँ के कला-कौशल के पुनरुज्जीवन की तरफ गवर्नमेंट का विशेष ध्यान नहीं।''[15]

ऐसा नहीं है कि वे औद्योगिक क्रान्ति के सकारात्मक पहलुओं से अपरिचित हैं। यान्त्रिक विकास को वे उपयोगी मानते हैं किन्तु इसके बहाने उपनिवेशवाद का समर्थन करनेवालों पर वे प्रहार भी करते हैं। भारत में औद्योगिक विकास के लिए कल-कारखानों की स्थापना पर वे बल देते हैं। वे स्पष्ट लिखते हैं—''जो चीजें यन्त्रों की सहायता से तैयार की जाती हैं उनकी उत्पत्ति खर्च के हिसाब से अधिक होती है। अर्थात् उनकी तैयारी में बहुत कम खर्च पड़ता है। इससे उनकी कीमत कम होती है। क्योंकि उत्पत्ति खर्च जितना अधिक होता है, कीमत उतनी ही बढ़ती है। कल्पना कीजिए कि आपको ढाके की मलमल का एक थान दरकार है। उसमें जो रुई लगती है उसकी कीमत बहुत होगी तो दो रुपये, अधिक नहीं पर उसे हाथ से तैयार करने में बहुत मेहनत पड़ती है। इसी से उसकी कीमत ज्यादा देनी पड़ती है।... अतएव सस्ती चीजें तभी मिल सकती हैं और उनका संग्रह तभी बढ़ सकता है, जब यन्त्रों से काम लिया जाए। जितना ही बड़ा कारखाना होगा और जितना ही अधिक यन्त्रों का उपयोग किया जाएगा उतना ही माल अधिक तैयार होगा और उतनी ही कम लागत भी लगेगी।''[16]

यह कथन भारतीय गृह-उद्योग के विरोध में नहीं है किन्तु इसमें द्विवेदी जी का सामयिक चिन्तन व्यक्त हुआ है। वे भारत में विदेशी बाजार के पक्ष में कभी नहीं रहे हैं। उनकी स्पष्ट मान्यता है कि औद्योगिकीकरण के द्वारा ही भारत का समुचित विकास किया जा सकता है और ब्रिटिश साम्राज्यवाद की चूलें हिलाई जा सकती हैं। देशी औद्योगिक विकास निश्चित रूप से एक विकल्प है और इसकी सार्थकता सिद्ध भी हुई है। देशी उद्योग घरानों का अभ्युदय और उनके माध्यम से इस देश की प्रगति की पहल को ध्यान में रखा जा सकता है। द्विवेदी जी ने बहुत पहले इसके लिए सामूहिक प्रयास की वकालत की थी। 'सम्पत्तिशास्त्र' में उन्होंने लिखा था—''कल-कारखाने खोलने में अधिक रुपया दरकार होता है। यदि

कुछ आदमी मिलकर कम्पनियाँ खड़ी करें तो यथेष्ट पूँजी एकत्र हो सकती है। उससे यदि कारखाने खोले जाएँ तो चीजें सस्ती हो जाएँ और विदेश से आनेवाले माल की बढ़ती कम हो जाए। देश का धन देश ही में रहे।''[17]

द्विवेदी जी ने अँगरेजों की शोषणनीति पर भी प्रहार किया है। ब्रिटेन टापू होने के बावजूद अपनी दुरंगी नीति के कारण सफल हुआ और विशाल देश होने के बावजूद भारत निरन्तर पिछड़ता गया, दरिद्र होता गया। अँगरेज इसके संसाधनों का निर्ममतापूर्वक दोहन करते रहे। उन्होंने लिखा है—''यदि इस देश में बाहर से आनेवाला माल कर लगाकर रोका जाय, या उसकी आमदनी कम की जाय, तो यहाँ की आर्थिक अवस्था की बहुत जल्द उन्नति हो जाय। इंग्लैंड ने खुद ही शुरू-शुरू में यह बात की थी। हिन्दुस्तानी माल पर उसने कड़े से कड़ा कर लगाकर विलायत में उसकी आमदनी रोकी और विलायती माल बिना कर, या बहुत थोड़ा कर लगाकर, हिन्दुस्तान में भर दिया। फल यह हुआ कि यहाँ का प्राय: सारा व्यापार और प्राय: सारे उद्योग-धन्धे मारे गए।''[18]

'सरस्वती' ने देश-विदेश में हो रहे परिवर्तनों पर भी सजग दृष्टि रखी और अपने पाठकों को उनसे परिचित कराया। 'सरस्वती' मूलत: साहित्यिक पत्रिका थी और वह प्राय: राजनीतिक मामलों से दूर रहती थी किन्तु समय-समय पर द्विवेदी जी की टिप्पणियों ने राजनीतिक परिदृश्य को उजागर किया। दक्षिण अफ्रीका में गाँधी जी के अभियान पर उन्होंने लिखा—''गोरे और काले के भेद ने वहाँ जो कांड मचा रक्खा था उसे देखकर गाँधी को बड़ा दु:ख हुआ। उन्होंने देखा कि उनके देशवासी गोरों की बस्ती में नहीं रहने पाते, उनके पास बाजारों में दुकानें नहीं खोलने पाते, होटलों और रेलों में उनके साथ नहीं बैठ पाते। पशुवत् समझे जाकर उन पर नाना प्रकार के अत्याचार होते हैं। कैदियों की तरह उन्हें अँगूठे का चिह्न लगाना पड़ता है, गले में नम्बर लटकाना पड़ता है, 45 रुपये साल, नटाल में रहने के लिए, टैक्स देना पड़ता है। जो लोग ठीके पर कुली बनकर वहाँ जाते हैं और खानों और खेतों पर काम करते हैं उनकी दुर्गति का तो पारावार नहीं है।''[19]

रंगभेद और शोषण-नीति पर ऐसी बेबाक टिप्पणी निश्चित रूप से निर्भीक पत्रकारिता और विश्वदृष्टि का प्रमाण प्रस्तुत करती है। 'मिस्टर गाँधी का आत्मगौरव और स्वदेशाभिमान' शीर्षक अपनी इसी टिप्पणी में उन्होंने आगे लिखा—''वहाँ की तथा विलायत की अँगरेजी गवर्नमेंट से सबकुछ कहा गया, पर कुछ फल न हुआ। तब लाचार होकर गाँधी और उनके साथियों तथा हजारों अनुयायियों को फिर निष्क्रिय प्रतिरोध करना पड़ा। इस समय गाँधी, उनकी स्त्री, उनकी लड़की, उनका लड़का—सारा कुटुम्ब जेल में है। हजारों हिन्दुस्तानियों से जेल भर गए हैं। खानों के अहाते जेलों में परिवर्तित कर दिये गए हैं, उन पर हंटरों की मार पड़ती है, इस मार से एक आध आदमी मर भी गया है। तिस पर भी वे लोग वीरता से अनुचित कानून का प्रतिरोध करते ही चले जा रहे हैं। हड़तालें हो रही हैं, भारतीय मजदूर काम छोड़ रहे हैं। सारी यातनाएँ सहने को वे तैयार हैं। पर आत्मगौरव को वे नहीं छोड़ना चाहते। अन्यायपूर्ण कानून—गोरे-काले का कृत्रिम भेद मानना उन्हें स्वीकार नहीं। बूढ़े और जवान, स्त्रियाँ और बच्चे तक उनका साथ दे रहे हैं। वे भी जेल में हैं। धन्य गाँधी, धन्य

तुम्हारे साथी, धन्य तुम्हारे अनुयायी, धन्य तुम्हारा आत्माभिमान। भारत में इस समय दक्षिण अफ्रिका के इस अन्याय की बड़े जोर-शोर से चर्चा हो रही है। वहाँ के पीड़ित देशभाइयों के लिए चन्दे हो रहे हैं। उनकी मदद करना हमारा कर्तत्व है।''[20]

अपनी इस दूसरी टिप्पणी में उन्होंने कवीन्द्र रवीन्द्र के नोबेल पुरस्कार प्राप्त करने पर अतिशय प्रसननता व्यक्त करते हुए इसे नस्लवाद के खिलाफ मनुष्यता की जीत माना। टिप्पणी की ये पंक्तियाँ द्रष्टव्य हैं—''इन्हीं उदारचेता विद्वानों ने इस साल काले और गोरे का रत्तीभर भी विचार न करके साहित्य विषयक इनाम का अधिकारी बाबू रवीन्द्रनाथ ठाकुर को ठहराया है। यह भारत के लिए विशेष करके बंगदेश और बंगभाषा के लिए बड़े ही गौरव की बात है। भारत और भारतवासियों को कुदृष्टि से देखनेवाले रुडियार्ड किपलिंग को छोड़कर किसी और अँगरेजी कवि को भी यह इनाम आजतक नहीं मिला। इटली, फ्रान्स और जर्मनी आदि अन्य देशों ही के साहित्यसेवियों को यह मिला है। इधर कलकत्ते के विश्वविद्यालय ने भी रविबाबू को डॉक्टर ऑव लिटरेचर नामक पदवी से पुरस्कृत करने का निश्चय किया है। इन्हीं लोकोत्तर कवि और अद्वितीय साहित्यसेवी रवीन्द्रनाथ के देशबन्धु कनाडा में धँसने नहीं पाते और पशुवत् तुच्छ समझे जाकर नटाल और ट्रान्सवाल की जेलों में ठूँसे और हंटरों से पीटे जा रहे हैं।''[21]

ध्यातव्य है कि इस पुरस्कार का प्रवर्तन प्रसिद्ध विज्ञानविद् एल्फ्रेड बर्नार्ड नोबेल (1833.1896 ई.) ने किया। अपनी मृत्यु के लगभग एक वर्ष पूर्व उन्होंने अपनी वसीयत में इस पुरस्कार की घोषणा की थी। अपनी चल-अचल सम्पत्ति को रुपये में परिवर्तित करके उसे बैंक में जमा करने का निर्देश देने के साथ उन्होंने पुरस्कारों की रूपरेखा भी प्रस्तुत कर दी थी। प्रकृति या पदार्थ विज्ञान, रसायन विज्ञान, प्राणिशास्त्र या ओषधिशास्त्र, साहित्य तथा शान्ति-सद्भाव के लिए पाँच अलग-अलग पुरस्कारों की उन्होंने घोषणा की। साहित्य का नोबेल पुरस्कार 1901 ई. में आरम्भ हुआ। पहला पुरस्कार फ्रान्सीसी कवि रेनी फ्रान्सिस अर्मां को मिला। 1902 ई. में यह जर्मन लेखक थ्योडोर मॉमसन को दिया गया। 1903 ई. में नार्वे के उपन्यासकार ब्योर्न्सन, 1904 ई. में फ्रांसीसी रचनाकार फ्रेडरिक मिस्त्रल और स्पेनी नाटककार जोस एकेगारे को संयुक्त रूप में यह प्राप्त हुआ। रवीन्द्रनाथ के पहले यह पुरस्कार प्राप्त करनेवाले साहित्यकार हैं—हेनरिक सीन्कीविच (1905), जिओसे कार्डूची (1906), रुडयार्ड किपलिंग (1907), रुडल्फ यूकेन (1908), सेल्मा लागरलोफ (1909), पॉल हीज (1910), मौरिस मैटरलिंक (1911) और गेरहार्ट हॉपमान (1912)। रवीन्द्रनाथ का यह सम्मान उपनिवेशवाद के शोषण से त्रस्त गुलाम देश की शाश्वत अस्मिता का सम्मान था और अदम्य संस्कृतिबोध का सम्मान भी। आचार्य द्विवेदी ने इस सम्मान के महत्त्व को रेखांकित भी किया है और यूरोप की रंगभेदी नीति की भर्त्सना भी की है। ऐसी टिप्पणियाँ साधनादीप्त सम्पादन-कला का साक्ष्य देती हैं।

आचार्य द्विवेदी ने 'सरस्वती' में शिक्षापरक लेखों को भी पर्याप्त स्थान दिया। उन्होंने इस विषय पर बहुत कुछ लिखा और देश की शैक्षिक प्रगति के लिए रचनात्मक पहल की। उनकी स्पष्ट मान्यता थी कि शिक्षा के समुचित प्रसार से ही देश को समुन्नत किया जा सकता

है और जनता को मुक्ति और बन्धुत्व की ओर उन्मुख भी। पत्रिका में प्रकाशित आचार्य द्विवेदी के शिक्षापरक महत्त्वपूर्ण लेख हैं—महारानी मैसूर की कन्या पाठशाला (अक्टूबर, 1903), जापान में स्त्री शिक्षा (मार्च, 1905), जालन्धर का कन्या महाविद्यालय (अप्रैल, 1905), जापान के स्कूल में जीवन चरित शिक्षा (फरवरी, 1906), शिक्षा—माँ-बाप का कर्तत्व (मई, 1906), शिक्षा—सार्वजनिक काम (अक्टूबर, 1906), शिक्षा की भूमिका (नवम्बर, 1906), स्त्री शिक्षा की आलोचना (जनवरी, 1907), गूँगों और बहरों के स्कूल (अक्टूबर, 1908), चीन के विश्वविद्यालयों में शिक्षा प्रणाली (सितम्बर, 1908)। एक सजग शिक्षाविद की तरह उन्होंने आधुनिक शिक्षा-प्रणाली के गुण-दोषों का विवेचन किया और भारत की प्राचीन शिक्षा पद्धति का रेखांकन भी।

अप्रैल, 1908 की 'सरस्वती' में उन्होंने 'बौद्धाचार्य शीलभद्र' शीर्षक निबन्ध लिखा, जिसमें प्राचीन भारतीय शिक्षा की समग्रता की झलक दिखा दी है। शीलभद्र वे भारतीय बौद्ध आचार्य और नालन्दा विश्वविद्यालय के अध्यक्ष थे, जिनका शिष्यत्व प्रसिद्ध चीनी यात्री ह्वेनसांग ने स्वीकार किया था। नारी-शिक्षा की अनिवार्यता पर भी उन्होंने बराबर लिखा। 'स्त्रियों के विषय में आत्मनिवेदन' शीर्षक अपने लेख में उन्होंने लिखा,''कितने ही सभ्य और शिक्षित देशों में स्त्रियाँ ऐसे सैकड़ों काम करने लगी हैं जिन्हें पुरुष अब तक अपनी मिल्कियत समझते थे। कचहरियों में, कारखानों में, दुकानों में, लाखों स्त्रियाँ तरह-तरह के पेशे करती हैं। कितनी ही स्त्रियाँ तो अपने काम में पुरुषों के कान काटती हैं। विद्या, विज्ञान, आविष्कार और काव्य-रचना में भी स्त्रियों ने नामवरी पाई है। इससे सिद्ध है कि परमेश्वर ने उन्हें ये सभी काम करने की शक्ति दी है।''[22]

आचार्य द्विवेदी ने 'सरस्वती' के लिए रचनाकारों का एक नया दल तैयार किया। 1907 ई. तक आते-आते 'सरस्वती' ने एक श्रेष्ठतम साहित्यिक पत्रिका के रूप में देश-विदेश में अपनी पहचान बना ली। अप्रैल, 1906 ई. के बाद अंक में 'महारानी विक्टोरिया का घोषणा-पत्र' का हिन्दी अनुवाद छपा। दिसम्बर, 1908 ई. के अंक में मुगल बादशाहों की दिनचर्या छपी। इसी वर्ष डॉक्टर ग्रियर्सन ने 'सरस्वती' की सराहना की।[23] इसी वर्ष 'सरस्वती' में पत्र-पत्रिकाओं का वार्षिक प्रतिवेदन छपना आरम्भ हुआ। इस समय 'सरस्वती' में मुख्य रूप से निम्नलिखित स्तम्भ छपते थे—1. विविध विषय (सम्पादकीय), 2. आख्यायिका, 3. ऐतिहासिक विषय, 4. कविता, 5. जीवन-चरित, 6. देश, नगर, जाति आदि का वर्णन, 7. फुटकर विषय, 8. विचित्र विषय, 9. विज्ञान-विषय, 10. साहित्य-विषय और 11. पुस्तक-परिचय।

1905 ई. में आचार्य द्विवेदी झाँसी से कानपुर चले आए। 1904 ई. में नौकरी से त्यागपत्र दे देने के बाद उन्होंने पूरा समय 'सरस्वती' को दिया। उन्होंने शहर के कोलाहल से दूर जुही कलाँ नामक कानपुर से सटे गाँव में रहकर पूरे मनोयोग से पत्रिका का सम्पादन किया। भाषा की शुद्धता और मानकीकरण के प्रति वे पूरी तरह सचेष्ट थे। इतना ही नहीं, वे खोज-कार्य और लेखन की प्रामाणिकता के प्रति भी सजग थे। उनकी इसी सजगता के कारण नागरी प्रचारिणी सभा और 'भारतमित्र' के सम्पादक बाबू बालमुकुन्द गुप्त से उनका विवाद हुआ।

'सरस्वती' के अक्टूबर, 1904 ई. के अंक में उन्होंने सभा द्वारा प्रकाशित 1904 ई. की हिन्दी पुस्तकों की खोज-रिपोर्ट की जब कठोर किन्तु निष्पक्ष आलोचना की तो सभा के अधिकारी, विशेषत: बाबू श्यामसुन्दर दास काफी नाराज हुए। सभा द्वारा अनुमोदित पत्रिका में सभा की आलोचना में बाहरी सभासदों को प्रतिनिधित्व देने का अनुरोध था। ध्यातव्य है कि उस समय सभा के 576 सभासदों में 128 काशी के और 488 बाहर के थे। सभा को यह प्रस्ताव भी अनुचित लगा। उसने इंडियन प्रेस से स्पष्ट कहा कि या तो वह ऐसे आन्दोलन को रोके अथवा 'सरस्वती' से सभा का नाम हटा दे। प्रेस ने 13 जनवरी, 1905 को सभा के मन्त्री को पत्र लिखकर सूचित किया कि वह सम्पादक के अधिकारों में कटौती को अनुचित मानता है। अत: भारी मन से सभा का नाम पत्रिका से हटाया जा रहा है। 'सरस्वती' के फरवरी, 1905 के अंक में द्विवेदी जी ने विविध विषय के अन्तर्गत 'अनुमोदन का अन्त' शीर्षक टिप्पणी लिखी, जो पूरे घटनाक्रम का एक ऐतिहासिक दस्तावेज है। सभा पर उनकी दूसरी टिप्पणी 'भद्दी कविता' शीर्षक से अक्टूबर, 1906 ई. के अंक में प्रकाशित हुई। सभा ने अपनी 7 जुलाई, 1906 ई. की रिपोर्ट में 'सरस्वती' में प्रकाशित लेखों की सराहना की और उसमें छपी कविताओं को भद्दी कहा। इस पर कटाक्ष करते हुए आचार्य द्विवेदी ने कहा—"...भद्दी कविता कहते किसे हैं? कविता के लक्ष्य लक्षण सम्बन्धी हमने अनेक ग्रन्थ छान डाले। पर भद्दी कविता का न तो हमें कहीं लक्षण ही मिला और न उदाहरण ही। कविता सरस होती है, नीरस होती है, कर्ण-कटु होती है, कर्ण मधुर होती है, सालंकार होती है। इस तरह गुण-दोष सूचक और भी कितने प्रकार की कविता होती है। पर अब आज यह भी मालूम हो गया कि कविता भद्दी भी होती है। सभा यदि 'भद्दी कविता' का सोदाहरण लक्षण भी बतला देती तो बड़ी कृपा होती। इससे लोग भद्दी कविता लिखने और प्रकाशित करने से बाज आते। सभा की जिस प्रबन्धकारिणी कमिटी की आज्ञा से मन्त्री जी ने यह राय दी है उसमें कितने कवि, काव्यज्ञ अथवा सहृदय जन हैं, इस अप्रिय विषय की आलोचना हम यहाँ पर नहीं करना चाहते। पर हाँ, जब सभा कहती है कि भद्दी कविता भी कोई कविता होती है, तब जरूर होती होगी और 'सरस्वती' में जरूर छपी भी होगी।"[24]

दूसरा विवाद आचार्य द्विवेदी के लेख 'भाषा और व्याकरण' के कारण हुआ। यह लेख 'सरस्वती' के नवम्बर, 1905 के अंक में छपा। इस लेख में बाबू बालमुकुन्द गुप्त के बाँग्ला भाषा के अनुवाद का एक अंश उद्धृत था, जिसमें व्याकरण सम्बन्धी अनेक त्रुटियाँ दिखलाई गईं और भाषा के प्रति सजगता के लिए अपील की गई। द्विवेदी जी ने यह मत व्यक्त किया था कि व्याकरण के नियमों की अवहेलना के कारण भाषा में अनस्थिरता आ गई है, जो हिन्दी के विकास के लिए बाधक है। गुप्त जी ने अपने पत्र 'भारत मित्र' में आत्माराम नाम से 'भाषा की अनस्थिरता' शीर्षक लेखमाला लिखी जिसमें द्विवेदी पर जमकर कटाक्ष किया गया था। प्रसिद्ध विद्वान पंडित गोविन्द नारायण मिश्र ने 'हिन्दी बंगवासी' में 'आत्माराम की टें टें' लिखकर द्विवेदी जी का समर्थन किया और गुप्त जी के आरोपों को निराधार सिद्ध किया। इस विवाद से साहित्यिक पत्रकारिता में एक रचनात्मक संवाद की शुरुआत हुई।

सात वर्षों की अथक सेवा के कारण द्विवेदी का स्वास्थ्य बिगड़ने लगा। 1910 ई. में

अपने मित्र कानपुर निवासी पंडित देवीप्रसाद शुक्ल, बी.ए. को सम्पादन का दायित्व सौंपकर उन्होंने एक वर्ष के लिए अवकाश ग्रहण किया। अवकाश के समय नए सम्पादक का पाठकों से परिचय कराते हुए उन्होंने लिखा, ''हमारी अनुपस्थिति में 'सरस्वती' का सम्पादन-कार्य एक ऐसे विद्वान ने करना स्वीकार किया है जो अँगरेजी भाषा का आचार्य होकर संस्कृत भी अच्छी जानते हैं, उर्दू में भी उनकी यथेष्ट गति है। हिन्दी के विषय में तो कुछ कहने की जरूरत ही नहीं। जिन्होंने आपके सम्पादन-समय के 'कान्यकुब्ज' मासिक पत्र को पढ़ा होगा वे जानते होंगे कि उस समय किस योग्यता से यह सम्पादित होता था। आपके कई एक महत्त्वपूर्ण लेख 'सरस्वती' में निकल चुके हैं।''[25]

1911 ई. में आचार्य द्विवेदी ने सम्पादक का दायित्व सम्हाल लिया। वर्ष के पहले ही अंक (जनवरी, 1911 ई.) में उनका प्रसिद्ध आलोचनात्मक लेख 'कालिदास की निरंकुशता' प्रकाशित हुआ, जिसकी प्रतिक्रिया में कई टिप्पणियाँ छपीं। जनवरी, 1912 की 'सरस्वती' में उन्होंने मिश्रबन्धुओं के 'हिन्दी नवरत्न' की कठोर समीक्षा की जिससे ग्रन्थ के लेखक काफ़ी क्षुब्ध हुए। वस्तुतः द्विवेदी जी का लक्ष्य उत्तेजना फैलाना नहीं बल्कि वैचारिक रूप से उद्वेलित करना और रचनात्मक रूप से उत्प्रेरित करना था। भारतेन्दु के बाद हिन्दी नवजागरण के दूसरे समर्थ वाहक द्विवेदी जी ही थे।

दूसरी बार द्विवेदी जी ने 1918 ई. में अवकाश लिया और एक वर्ष के बाद 1920 ई. मीं पुनः सम्पादक बने। इस अवधि में भी उनका दायित्व सम्हाला उनके मित्र देवीप्रसाद शुक्ल ने। दिसम्बर, 1920 ई. में उन्होंने सम्पादक पद से अवकाश ग्रहण किया, किन्तु 1928 ई. तक वे इसमें टिप्पणियाँ लिखते रहे और सम्पादक को अपेक्षित परामर्श देते रहे। द्विवेदी जी की पत्रकारिता भारतीय अस्मिता के बोध और उसकी सम्पूर्ण अभिव्यक्ति की पत्रकारिता है। यह जागरण की महान वाहिका है। इसमें गुण-दोष का सम्यक विवेचन है, अपने समय-सन्दर्भों के साथ सार्थक संवाद है और अतीत की भूलों को परिमार्जित करने की विकलता भी है। यही कारण है कि 'कवियों की उर्मिला विषयक उदासीनता'[26] जैसे लेखों के माध्यम से वे महाकवियों की भूलों को रेखांकित करने में संकोच नहीं करते। वे रचना को रचनाकार के नाम पर नहीं बल्कि उसकी गुणवत्ता के आधार पर छापनेवाले अनुशासित और दृढ़ सम्पादक थे। हीरा डोम जैसे अज्ञात कवि की कविता[27] का प्रकाशन इसका जीवन्त प्रमाण है। हिन्दी में प्रेमचन्द की उपस्थिति[28], पत्रकारिता में गणेश शंकर विद्यार्थी का प्रवेश[29], द्विवेदी जी के द्वारा सम्पादित 'सरस्वती' के कारण ही सम्भव हुआ।

हिन्दी के यशस्वी सम्पादक पं. बाबूराव विष्णु पराड़कर ने द्विवेदी जी की पत्रकारिता के सम्बन्ध में कितना सही लिखा है—''मेरे लिए आचार्य महावीरप्रसाद द्विवेदी का महत्त्व उनके सम्पादन-कौशल में है। वैसे तो स्कूल-कॉलेज में रहते भी 'सरस्वती' पढ़ा करता था, पर सन 1906 ई. में जब मैंने स्वयं पत्रकार के क्षेत्र में प्रवेश किया, प्रतिमास 'सरस्वती' का अध्ययन करना मेरा एक कर्तत्व हो गया और यह सन 1915 ई. के अन्दर तक ज्यों का त्यों बना रहा। मैं 'सरस्वती' देखा करता था, सम्पादन सीखने के लिए। कभी-कभी स्वर्गीय सखाराम गणेश देउसकर जी को भी, जो सम्पादन-कला में मेरे गुरु थे, पढ़कर सुनाया करता

था और वे ही मुझे उसकी विशेषताएँ बताया करते थे। वह विशेषता यह थी कि 'सरस्वती' का प्रत्येक अंग (अंक) एक सर्वांगपूर्ण चित्र मालूम होता था। सारे अंगों में सामंजस्य हुआ करता था। यह नहीं कि जैसे-जैसे लेख आए, वैसे-वैसे छाप दिये गए। आदि से अन्त तक उसके चतुर चित्रकार का परिचय मिला करता था।''[30]

सन्दर्भ

1. पचहत्तर वर्ष तक निकलनेवाली 'सरस्वती' के सम्पादक और उनके कार्यकाल—

   (क) सम्पादक मंडल—(1900 ई.)

   (ख) बाबू श्यामसुन्दर दास—(1901.1902 ई.)

   (ग) आचार्य महावीरप्रसाद द्विवेदी—(1903.1909, 1911.1917, 1920 ई.)

   (घ) पं. देवीप्रसाद शुक्ल—(1910, 1918.1919 ई.)

   (ड) पदुमलाल पुन्नालाल बख्शी—(1921.1925, 1927.1928, 1952.1955)

   (च) देवीदत्त शुक्ल—(1926; 1929.1946 ई.)

   (छ) उमेशचन्द्र शुक्ल—(1947.1951 ई.)

   (ज) श्रीनारायण चतुर्वेदी—(1955.1975 ई.)
2. 1920 ई. में एक वर्ष और 1918.1919 में दो वर्ष अस्वस्थता के कारण सम्पादन-कार्य से अलग रहे। इस प्रकार आचार्य द्विवेदी ने कुल पन्द्रह वर्षों तक 'सरस्वती' का सम्पादन किया।
3. 'सरस्वती' में प्रकाशित उनकी कहानियाँ हैं—'भूतों वाली हवेली' (मई, 1903 ई.), 'मेरी चम्पा' (अप्रैल, 1906 ई.), 'मैं तुम्हारा कौन हूँ' (जुलाई, 1906 ई.)।
4. 'अनुमोदन का अन्त' शीर्षक टिप्पणी, विविध विषय, 'सरस्वती', फरवरी, 1905 ई.।
5. 'सरस्वती' की कहानी—श्रीनारायण चतुर्वेदी, 'सरस्वती', हीरक जयन्ती अंक (1906 ई.), पृ. 05.
6. 'सरस्वती', दिसम्बर, 1902 ई.।
7. 'सरस्वती', चिन्तामणि घोष स्मृति अंक, सितम्बर, 1928, महावीरप्रसाद द्विवेदी रचनावली, पाँचवाँ खंड, सम्पादक—भारत यायावर, किताबघर, दिल्ली, द्वितीय संस्करण-2007 ई., पृ. 479.
8. 'सरस्वती', जनवरी, 1903 ई.।
9. उपरिवत्।
10. महावीरप्रसाद द्विवेदी (निबन्ध), साहित्य अकादमी, दिल्ली, प्रथम संस्करण, 1981 ई., पृ. 19.
11. 'सरस्वती', दिसम्बर, 1903 ई.।
12. सरस्वती और राष्ट्रीय जागरण, नेशनल पब्लिशिंग हाउस, नई दिल्ली, प्रथम संस्करण—1198 ई., पृ. 01.
13. 'स्वदेशी वस्त्र का स्वीकार' (कविता), 'सरस्वती', जुलाई 1903 ई.।
14. 'सरस्वती', फरवरी, 1907 ई.।
15. उपरिवत्।

16. उपरिवत्।
17. 'सम्पत्तिशास्त्र', पृ. 161.
18. उपरिवत्, पृ. 183.
19. 'सरस्वती', दिसम्बर, 1913 ई.।
20. उपरिवत्।
21. उपरिवत्।
22. 'सरस्वती', जुलाई, 1913 ई.।
23. अप्रैल, 1907 ई. के अंक में विविध विषय के अन्तर्गत डॉ. ग्रियर्सन की सम्मति छपी और आचार्य द्विवेदी की टिप्पणी भी।
24. 'सरस्वती', अक्टूबर, 1906 ई.।
25. 'सरस्वती', जनवरी, 1910 ई.।
26. भुजंगभूषण चट्टाचार्य के छद्म नाम से 'सरस्वती' के जुलाई, 1908 ई. के अंक में प्रकाशित।
27. 'सरस्वती' के सितम्बर, 1914 ई. के अंक में 'अछूत की शिकायत' शीर्षक से प्रकाशित।
28. प्रेमचन्द की पहली हिन्दी कहानी 'सौत' 'सरस्वती' के दिसम्बर, 1915 ई. के अंक में प्रकाशित हुई। इस पत्रिका में 1920 ई. तक प्रकाशित उनकी अन्य कहानियाँ हैं—'सज्जनता का दंड' (मार्च, 1916 ई.), 'पंच परमेश्वर' (जून, 1916 ई.), 'ईश्वरीय न्याय' (जुलाई, 1917 ई.), 'दुर्गा का मन्दिर' (दिसम्बर, 1917 ई.), 'बलिदान' (मई, 1918 ई.), 'पुत्र-प्रेम' (जून, 1920 ई.)।
29. गणेश शंकर विद्यार्थी ने पत्रकारिता की शुरुआत आचार्य द्विवेदी के मार्गदर्शन में 'सरस्वती' के सहायक सम्पादक के रूप में की थी।
30. 'सरस्वती' (द्विवेदी स्मृति अंक), महावीरप्रसाद द्विवेदी और हिन्दी नवजागरण—रामविलास शर्मा, राजकमल प्रकाशन, नई दिल्ली, संस्करण—प्रथम, 1977 ई., पृ. 374-375 से उद्धृत।

प्रेमचन्द

हिन्दी-उर्दू कथा-साहित्य को व्यापक फलक, नया जीवन-बोध देनेवाले प्रेमचन्द (31 जुलाई, 1880.8 अक्टूबर, 1936) सजग, सक्रिय एवं समर्थ पत्रकार भी रहे हैं। उनकी पत्रकारिता में गहरी वैचारिकता, प्रखर सर्जनात्मकता और जीवन्त संवादपरकता के साथ सामयिक सूचनाओं का समन्वय भी मिलता है। प्रेमचन्द को कथा-सम्राट् के रूप में प्रतिष्ठित करनेवाले कारकों में सर्वाधिक महत्त्वपूर्ण पत्रकारिता ही है। एक पत्रकार के रूप में प्रेमचन्द अनवरत अपने देश-काल से संवाद करते रहे। इस संवाद का सर्जनात्मक रूप ही उनके कथा-साहित्य में प्रतिफलित हुआ है।

पत्रकारिता के क्षेत्र में प्रेमचन्द की उपस्थिति उनके गहरे सामाजिक सरोकारों के कारण सम्भव हुई थी। हिन्दी के अन्य बड़े साहित्यकारों की तरह उन्होंने भी पत्रकारिता को एक शक्ति के रूप में, परिवर्तन के माध्यम के रूप में अर्जित किया था। फ्पत्रकारिता उनके जीवन का अभिन्न अंग बन गई थी। यह पत्रकारिता एक सजग और लड़ाकू पत्रकारिता थी, जो देश-विदेश के घटना-क्रम में दखल देती थी, जनता के जीवन और साहित्यकार के परस्पर सम्बन्ध को मजबूत करती थी।[1]

प्रेमचन्द का पत्रकार-जीवन वस्तुतः 1903 ई. में प्रारम्भ हो जाता है। इस वर्ष एक ओर जहाँ उनका पहला उपलब्ध उपन्यास 'असरारे मआविद उर्फ देवस्थान रहस्य' धारावाहिक रूप में सामने आने लगता है, तो दूसरी ओर बनारस से प्रकाशित होनेवाले उर्दू अखबार 'आवाज-ए-खल्क' में आलिवर क्रामवेल[2] पर उनका जीवनीपरक लेख छपता है। 'आवाज-ए-खल्क' उर्दू साप्ताहिक का प्रकाशन गोपाल चन्द्र श्रीवास्तव आनन्द के सम्पादन में 1902 ई. में प्रारम्भ हुआ। 'असरारे मआविद' में प्रेमचन्द ने एक खोजी पत्रकार की तरह देवस्थानों में व्याप्त भ्रष्टाचार की कलई खोली है। यह अकारण नहीं है कि उनकी यह औपन्यासिक कृति पत्रकारिता[3] के माध्यम से ही पाठकों के समक्ष आती है।

जीवनी की शुरुआत इन शब्दों में हुई है—''यह दुनिया एक थिएटर है जहाँ ऐक्ट करनेवाले तो बहुत कम और तमाशाइयों की भीड़ बहुत ज्यादा है। मगर उस थिएटर की दिलचस्पियाँ, उसके आकर्षण, उन्हीं थोड़े से ऐक्टरों के जादू भरे कारनामों और जादू भरी बातों पर निर्भर हैं। ये चन्द ऐक्टर अपने जादू भरे भाषणों और मोहिनी अदाओं से हमारे

दिलों पर कब्जा किए हुए हैं और हम खुशियों की एक अजीब कैफियत में उनकी कोशिशों की दाद देते हैं। बेशक इंग्लिस्तान के मशहूर कवि और दार्शनिक कार्लाइल का यह कहना सही है कि ''दुनिया का सच्चा परिचय केवल उन बड़े लोगों के कारनामें हैं जो समय-समय पर दुनिया में पैदा हुए। हमारे मनोरंजन की वस्तुएँ और वह तमाम चीजें जो हमारी प्रशंसा और सम्मान की अधिकारी हैं उन्हीं बड़े आदमियों की मेहनतों और सोच-विचार का नतीजा हैं। जिस दुनिया में हम रहते हैं वह उन्हीं सजग लोगों के सुन्दर प्रयत्नों का फल है। हमारी आत्माएँ, जिनसे हमारा जीवन है, उन्हीं के इशारों पर चलती हैं। हमारे विचार, हमारा सांस्कृतिक रूप, हमारे तौर-तरीके उसी साँचे में ढलते हैं जो यह आदमी हमारी नजरों के सामने पेश करता है।[4]

इस जीवनी की शुरुआत एक पत्रकार की शुरुआत नहीं, एक दार्शनिक लेखक की शुरुआत लगती है। लेकिन कुछ ही दिनों में उनमें पत्रकार की दृष्टि विकसित हो जाती है और वे पत्रकारिता की भाषा पा जाते हैं। उदाहरणार्थ 'जमाना' के जून, 1905 ई. के अंक में प्रकाशित 'देशी चीजों का प्रसार और कैसे बढ़ सकता है' शीर्षक लेख की निम्नलिखित पंक्तियाँ देखी जा सकती हैं—''हमारे देशी व्यापारियों को वह दिक्कतें हरगिज नहीं पेश आ सकतीं जो विलायतियों को पेश आती हैं। उनको सैकड़ों कोस की मंजिल तय करनी पड़ती है, गाँव में प्रभाव रखनेवाले लोगों का सहारा ढूँढ़ना पड़ता है और कभी-कभी कीमत की वसूली से हाथ धोना पड़ता है। देशी व्यापारियों को इन कठिनाइयों के बदले में सिर्फ इतना कहना है कि गाँव में मोतबर एजेंटों को रवाना करके, उनको सुधार माल बेचने की इजाजत दें और जहाँ तक हो कम मुनाफा लें। देहाती आमतौर पर ईमानदार होते हैं, सौदा ले लिया तो उसकी कीमत अदा करने में गड़बड़ी नहीं करते अगर खुदा न ख्वास्ता उनका ईमान जरा डगमगाया भी तो वह डरपोक ऐसे होते हैं कि दो-चार धमकियों में सीधे रास्ते पर आ जाते हैं। हमने देखा है कि विलायतियों को दाम वसूल करने में बहुत कम दिक्कत होती है। बेचारा किसान सूद का कर्ज लाता है और निश्चित समय पर चीज की कीमत अदा करता है। जब विलायतियों को वसूली में कोई दिक्कत नहीं होती तो कोई वजह नहीं कि हमारे देशी एजेंटों को इस काम में कोई दिक्कत होगी। बस जाड़े में चीज दे आए, उसकी कीमत फसल तैयार होने पर वसूल कर ली। और गर्मी में जो माल बेचा, उसकी कीमत ऊख पेरने के वक्त वसूल कर लें, न कोई ठकठक न कोई बखेड़ा। व्यापार का यह ढंग उससे कहीं ज्यादा लाभदायक और देशभक्तिपूर्ण है जिसको हुंडी कहते हैं। बनारस, मिर्जापुर, इलाहाबाद वगैरह शहरों में हुंडी का आम रिवाज है। इसका तरीका यह है कि एक गाँव में महाजन की तरफ से कुछ लोग नौकर होते हैं। उनका काम यह है कि देहातियों को रुपया कर्ज दें और उनसे एक निश्चित अवधि के भीतर एक का सवैया वसूल कर लें। व्यापार के इस ढंग से चाहे महाजन को फायदा हो, मुल्क और कौम का सरासर नुकसान होता है। क्योंकि बेचारे किसान को दोनों तरफ से नुकसान उठाना पड़ता है। उधर तो मुगल सौदागरों को एक का डेढ़ दिया और इधर अपने महाजनों को एक का सवैया देना पड़ा। बेचारे की छोटी-सी आमदनी महाजनों ही भर की हो गई।[5]

प्रेमचन्द का पत्रकार रूप 'जमाना' में पूरी तरह निखरता है। 1903 ई. में ही कानपुर से बाबू शिवव्रत लाल वर्मन के सम्पादन में इस पत्रिका का प्रकाशन प्रारम्भ होता है। 1904 ई. में दयानारायण निगम इसके सम्पादक बनते हैं। 1904 ई. से ही प्रेमचन्द नवाब राय के नाम से इस पत्रिका से जुड़ जाते हैं। एक अंक में एक ही साथ उनकी कई रचनाएँ छपने लगती हैं और वे इस पत्रिका के स्थायी और उपयोगी लेखक के रूप में मान्य और लोकप्रिय हो जाते हैं। 'जमाना' के पुराने अंकों को देखने से यह स्पष्ट हो जाता है कि प्रेमचन्द इस पत्रिका के द्वारा जन-प्रशिक्षण और जागरण के लिए कितनी सार्थक रचनात्मक पहल कर रहे थे। अपनी प्राचीन सभ्यता की गरिमा और सांस्कृतिक चेतना की जीवन्तता को रेखांकित करने के लिए उन्होंने महाभारत, रामायण, गीता जैसी कृतियों और कालिदास जैसे कवियों पर जमकर लिखा। रामायण और महाभारत के कालजयी महत्त्व का रेखांकन उन्होंने इस प्रकार किया है—''यों तो संस्कृत साहित्य में पद्य-बद्ध आख्यायिकाओं की कमी नहीं है मगर जैसा कि हर व्यक्ति जानता है, रामायण और महाभारत हिन्दुओं के दो विशेष महाकाव्य हैं। हिन्दू जाति को उन पर जितना गर्व हो, उचित है। अगर संस्कृत साहित्य में सिर्फ वही दो किताबें होतीं, तो भी किसी भाषा का लिटरेचर संस्कृत से आँखें न मिला सकता। विचारों की उच्चता, विषयों की पवित्रता, वर्णन का सौन्दर्य और कैरेक्टरों की महानता ने उसी जमाने से, जब कि ये पुस्तकें कवि हृदय से निकलीं, संसार को आश्चर्य में डाल रखा है। रामचन्द्र निश्चय ही उच्चतम मानवता के उदाहरण थे और सीता स्त्रियों के पवित्र धर्म की एक पावन मूर्ति। युधिष्ठिर निश्चय ही न्याय की मूर्ति थे और भीष्म पितामह की वीरता और आत्मोत्सर्ग संसार के इतिहास में अद्वितीय है। कृष्ण सिद्धयोगी और मनुष्य के दीप्तमान गुणों के संग्रह थे। मगर यह वाल्मीकि और व्यास के कवित्व का सौन्दर्य है, जिसने हमारी आँखों में उनको मनुष्यों की श्रेणी से उठाकर देवताओं की पंक्ति में बिठा दिया है।''[6]

'जमाना' के माध्यम से प्रेमचन्द ने एक ही साथ साहित्यिक और सामाजिक-राजनीतिक पत्रकारिता के क्षेत्र में अपनी गहरी समझ और व्यापक दृष्टि का परिचय दिया। भारत की साहित्यिक उपलब्धियाँ यूरोप से किसी भी मायने में कम नहीं हैं, यह प्रदर्शित करने के लिए उन्होंने पुराने कवियों का पुनर्मूल्यांकन किया। 'कालिदास की कविता' शीर्षक निबन्ध की ये पंक्तियाँ द्रष्टव्य हैं—कालिदास को आमतौर पर हिन्दुस्तान का शेक्सपियर कहा जाता है और इसमें तनिक भी अत्युक्ति नहीं। दुनिया में सिर्फ शेक्सपियर ही ऐसा कवि है, जिसकी उससे तुलना की जा सकती है। दोनों नाटककार हैं, दोनों मानव-हृदय के मर्मज्ञ। उनकी कल्पनाएँ, उनकी बन्दिशें, बहुत जगहों पर लड़ गई हैं। एक ही कवि-मन प्रकृति की ओर से दोनों को मिला था। किसी चीज को जिस निगाह से शेक्सपियर देखता है, उसी निगाह से कालिदास भी उसे देखता है। व्यथा और शोक, निराशा और प्रतिशोध, प्रेम और वियोग में आदमी के दिल में कैसी भावनाएँ लहरें मारती हैं, इसको जिस खूबी से शेक्सपियर ने दिखाया है, उसी रंगीनी के साथ कालिदास ने भी दिखाया है।[7]

'जमाना' में प्रेमचन्द ने प्राय: सारे विषयों पर लिखा है। विश्व के महान् व्यक्तित्व, स्वदेशी आन्दोलन, राजनीति, अर्थनीति, साहित्य, कला, धर्म और संस्कृति पर उनके गम्भीर

लेख 'जमाना' के अंकों में प्रकाशित हैं। कुछ महत्त्वपूर्ण हैं—

1. चित्रकला—मार्च, 1907 ई.
2. भारतीय चित्रकला—अक्टूबर, 1910 ई.
3. स्वदेशी आन्दोलन—अगस्त, 1908 ई.
4. अकबर की शायरी पर एक नजर—अगस्त, 1909 ई.
5. हिन्दू सभ्यता और लोकहित—मार्च, 1912 ई.
6. संयुक्त प्रान्त में आरम्भिक शिक्षा—मई-जून, 1909 ई.
7. भारतेन्दु बाबू हरिश्चन्द्र—जनवरी, 1913 ई.
8. बिहारी—अप्रैल, 1917 ई.
9. केशव—जुलाई, 1917 ई.

उन्होंने अपने समय की नवीनतम पुस्तकों की सटीक समीक्षाएँ भी 'जमाना' के अंकों में की हैं। मौलवी जकाउल्ला (1832.1910 ई.) की पुस्तक 'आईने कैसरी' की उन्होंने कटु आलोचना की है। 'जमाना' के अप्रैल, 1908 ई. के अंक में प्रकाशित 'आईने कैसरी और महारिबाते अज़ीम' शीर्षक लेख उनकी गहरी आलोचना-दृष्टि का साक्ष्य देता है। 'आईने कैसरी' के सम्बन्ध में वे लिखते हैं—''मौलवी साहब उर्दू आसमान के सूरज हैं। जब तक उर्दू ज़बान जिन्दा रहेगा आपका नाम मध्याह्न सूर्य की तरह चमकता रहेगा। मगर सिर्फ एक विद्वान् भाषाविद् की हैसियत से। उनके इतिहास, जिन पर उन्होंने अपने बुढ़ापे को कुर्बान कर दिया है, बहुत जल्दी भुला दिये जाएँगे। मौलाना हाली की 'हयाते जावेद', मौलाना आजाद की 'आबे हयात', मौलाना हैरत देहलवी की 'तारीखे हमीदिया' बेशक इस काबिल हैं कि उर्दू साहित्य का बेहतरीन नमूना करार दी जा सकें। मगर मौलवी साहब की 'आईने कैसरी' हरगिज इस रुतबे का दावा नहीं कर सकती।[8]

'महारिबाते अज़ीम' की समीक्षा करते हुए उन्होंने लिखा है—इस किताब में मौलवी साहब ने वह सब महत्त्वपूर्ण और स्मरणीय घटनाएँ और लड़ाइयाँ लिपिबद्ध की हैं जो स्वर्गीया महारानी के राज्यकाल में इंग्लिस्तान में हुईं। मगर यह पुस्तक इतिहास के नाते इतना कम महत्त्व रखती है कि इसको मौलवी साहब जैसे बड़े अनुभवी लेखक के साथ जोड़ते हुए शर्म मालूम होती है। मौजूदा जमाने में इतिहास लिखने का स्तर बहुत ऊँचा हो गया है। अब किसी घटना को सरल भाषा में बयान कर देना इतिहास नहीं है।[9]

'जमाना' को अपने समय की समर्थ-वैचारिक पत्रिका बनाने में प्रेमचन्द का योगदान ऐतिहासिक रहा है। उन्होंने अपने लेखों के द्वारा उर्दू पाठकों को भारत की गौरवशाली परम्परा का बोध भी कराया है और विश्व के बदलते परिदृश्य का ज्ञान भी। यही कारण है कि प्रेमचन्द के निधन के कुछ महीने बाद 'जमाना' का 'प्रेमचन्द विशेषांक'[10] निकला, जिसमें व्यक्तित्व, कृतित्व और काव्यांजलि के अन्तर्गत चौंतीस लेखों ओर चौदह नज्मों का प्रकाशन हुआ। अक्टूबर, 1936 ई. में दयानारायण निगम का लेख—'मुन्शी प्रेमचन्द और जमाना व आजाद', 'जमाना' में प्रकाशित हुआ। इसमें एक उर्दू पत्रकार के रूप में 'जमाना' और 'आजाद' में प्रेमचन्द स्तम्भ के अन्तर्गत उनके सार्थक योगदानों का विवेचन था।

1905 ई. से 'जमाना' ने नियमित रूप से प्रेमचन्द को छापना प्रारम्भ किया और वर्ष भर के भीतर वे इसके सदस्य हो गए। इस पत्र के जून, 1906 ई. के अंक में एक विज्ञप्ति छपी है जिसके अनुसार प्रेमचन्द को इस पत्र का अवैतनिक सलाहकार बनाया गया है। निर्विवाद रूप से 'जमाना' के माध्यम से उन्होंने उर्दू-पत्रकारिता को वास्तविक दिशा देने की रचनात्मक पहल की।

'जमाना' के अतिरिक्त उन्होंने 'आजाद' में भी नियमित लिखा। 'जमाना' प्रेस से ही 1912 ई. में साप्ताहिक 'आजाद' का प्रकाशन प्रारम्भ हुआ। 'हमदर्द' (मौलाना मुहम्मद अली), 'कहकशाँ' (इम्तयाज अली ताज) और 'सुबहे उम्मीद' (चकबस्त) में भी उनके लेख प्रकाशित हुए।[11]

प्रेमचन्द के पूर्व उर्दू-पत्रकारिता साहित्यिक रचनाओं और खबरों तक सीमित थी। प्रेमचन्द ने उसे व्यापक सन्दर्भ दिया और हर वर्ग के लिए पठनीय बनाया। इसके लिए प्रेमचन्द ने कड़ी मेहनत की। विश्व-इतिहास और विश्व-साहित्य के महत्त्वपूर्ण व्यक्तियों के सन्दर्भ में छानबीन की। उर्दू-पत्रकारिता के माध्यम से उन्होंने विश्व की विभूतियों से भारतीय पाठकों को परिचित कराने का अत्यन्त महत्त्वपूर्ण कार्य किया। प्रेमचन्द उर्दू पत्रकारिता से सम्पादक के रूप में नहीं जुड़े थे किन्तु 'जमाना' और 'आजाद' में उनकी भूमिका वस्तुतः सम्पादकीय सलाहकार की थी। उन्होंने 'जमाना' को स्तरीय बनाने के लिए न केवल विविध विषयों पर लिखा अपितु समय-समय पर उन्होंने इसके सम्पादक मुन्शी दयानारायण निगम को अपनी स्पष्ट राय भी दी। 'निगम' को लिखे उनके लगभग 280 पत्र इसके गवाह हैं। हिन्दी-पत्रकारिता में सक्रिय होने के बावजूद प्रेमचन्द का रिश्ता उर्दू पत्रकारिता से खत्म नहीं हुआ। यह ठीक है कि अपनी व्यस्तता के कारण अब वे उर्दू पत्रकारिता के लिए समय नहीं निकाल पाते थे किन्तु जब भी उन्होंने उर्दू पत्र में लिखने की जरूरत समझी, लिखा। उदाहरणार्थ मई, 1923 के 'जमाना' में उन्होंने एक ज्वलन्त सामयिक समस्या पर 'मलकाना राजपूत मुसलमानों की शुद्धि' शीर्षक लेख लिखा। अक्टूबर-नवम्बर, 1921 के 'जमाना' में 'मौजूदा तहरीक के रास्ते में रुकावटें', फरवरी, 1924 के अंक में 'कहतूर रजाल', जून, 1920 अंक में 'काउंट टॉलस्टाय और फने लतीफ', दिसम्बर, 1921 में 'दिलशिकन हादसे और हमारा फर्ज' जैसे लेख लिखे। उर्दू-पत्रकारिता को वैचारिकता प्रदान करने में प्रेमचन्द की ऐतिहासिक भूमिका है। उन्होंने अपने लेखों के माध्यम से उर्दू के पत्रकारों को यह सीख दी कि मीडिया लेखन क्या है और पत्रों में सामयिक विषयों पर अधिक प्रभावशाली ढंग से कैसे लिखा जाता है।

हिन्दी-पत्रकारिता में प्रेमचन्द की प्रत्यक्ष उपस्थिति 1921 ई. में होती है, किन्तु परोक्ष रूप से वे इससे 1918 ई. में ही जुड़ जाते हैं। प्रेमचन्द के सुपुत्र अमृत राय के अनुसार 'स्वदेश' के प्रवेशांक (वसन्त पंचमी, 1975 वि.) का सम्पादकीय प्रेमचन्द ने लिखा था।[12] प्रेमचन्द का प्रखर राष्ट्रवाद इस सम्पादकीय में मुखर हो उठा है—हिन्दुस्तान का उद्धार हिन्दुस्तान की जनता पर निर्भर है। जनता में अपनी योग्यता के अनुसार यह भाव पैदा करना प्रत्येक स्वदेशवासी का परम धर्म है। स्वदेश तुम्हें सन्देश दे रहा है कि तुम भी मनुष्य हो,

तुमको भी ईश्वर के यहाँ से समान अधिकार प्राप्त है। तुममें भी उन्नति करने की, गौरवशाली बनने की शक्ति मौजूद है। उठो, उससे काम लो। यह आलस्य छोड़ो, हिम्मत मजबूत करो और परमात्मा तुम्हारे सहायक होंगे।[13]

1920 ई. तक पत्रकारिता के क्षेत्र में प्रेमचन्द की भूमिका लेखक, टिप्पणीकार और सलाहकार की रही। सरकारी नौकरी से त्यागपत्र देने के बाद इस क्षेत्र में उनकी दूसरी भूमिका सामने आई—सम्पादक की। सम्पादक प्रेमचन्द के पास प्रखर दृष्टि भी थी और आलोचकीय विवेक भी था। इसीलिए वे सम्पूर्णानन्द जैसे विद्वान् एवं राष्ट्रवादी के समर्थ उत्तराधिकारी बन सके। 'मर्यादा' प्रेमचन्द द्वारा सम्पादित पहली पत्रिका थी। 1910 ई. में प्रयाग से पं. कृष्णकान्त मालवीय ने इसका प्रकाशन प्रारम्भ किया था। 1920 ई. में ज्ञानमंडल, काशी ने इसके प्रकाशन का दायित्व सँभाला और सम्पूर्णानन्द सम्पादक हुए। उनके जेल जाने के बाद प्रेमचन्द के कंधों पर इसके सम्पादन का दायित्व आया। प्रेमचन्द ने अपनी सम्पादकीय टिप्पणी के द्वारा सत्याग्रह और असहयोग आन्दोलन के औचित्य पर प्रकाश डालते हुए इनके पक्ष में जनमत तैयार किया। इस तरह की एक टिप्पणी का यह अंश देखा जा सकता है—"आजकल कतिपय सहयोगी पत्रों और नेताओं की ओर से आग्रह हो रहा है कि असहयोग संग्राम के हाथों देश में दुर्व्यवस्था पैदा हो गई है, उसका अन्त करने के लिए असहयोग संग्राम का त्याग करना ही उत्तम है। फिर वही आत्मसम्मान की बात! क्या संसार में आराम से मीठी नींद सोना और स्वादयुक्त भोजन करना ही जीवन का ध्येय है? इस सुख-भोग से ज्यादा महत्त्व की कोई वस्तु है? प्रताप क्या अकबर का अनुगामी बनकर सुख-भोग न कर सकता था? क्या सिद्धान्तों, आत्म-सम्मान पर, जात पर मर-मिटने की मिसालें इतिहास में नहीं मिलतीं?[14]

'मर्यादा' के सम्पादक के रूप में प्रेमचन्द ने अपनी प्रखर वैचारिकता, स्पष्ट नीति और निर्भीकता का परिचय दिया। लगभग डेढ़ वर्ष तक वे इस पत्रिका के माध्यम से असहयोग आन्दोलन और राष्ट्रीय मुक्ति-अभियान को वैचारिक शक्ति देते रहे। 1927 ई. में वे लखनऊ से प्रकाशित होनेवाली पत्रिका 'माधुरी' से सम्बद्ध हुए और पं. कृष्णबिहारी मिश्र के साथ 1931 ई. तक इसका सम्पादन किया। 'माधुरी' को प्रतिनिधि साहित्यिक पत्रिका बनाने में प्रेमचन्द का ऐतिहासिक योगदान रहा। साहित्य की प्रायः सारी विधाओं को सार्थक और जीवन्त बनाने की दिशा में इस पत्रिका ने महत्त्वपूर्ण पहल की। 'सम्पादकीय विचार' के अन्तर्गत अलग-अलग शीर्षक से टिप्पणियाँ दी जाती थीं। 'देश की वर्तमान राजनीतिक दशा'[15] जैसी टिप्पणियाँ पत्रिका के वैचारिक स्वरूप को रेखांकित करती हैं। 'कृषि कौशल', 'वाणिज्य और व्यवसाय' जैसी पुस्तकों की समीक्षा[16] का प्रकाशन अपने समय-सन्दर्भों के प्रति प्रेमचन्द की जागरूकता स्पष्ट करता है। इस पत्रिका में किशोरीलाल गोस्वामी[17] और रामवृक्ष बेनीपुरी[18] की कविताएँ छपी हैं और निराला[19], नन्द दुलारे वाजपेयी[20], रामनाथ लाल सुमन[21] और किशोरी दास वाजपेयी[22] की आलोचनाएँ भी। इस प्रकार स्पष्ट है कि साहित्यिक पत्रकारिता की विकासयात्रा में 'माधुरी' का विशेष महत्त्व है और इसे महत्त्वपूर्ण तथा विशिष्ट बनाने में प्रेमचन्द की प्रखर सम्पादकीय दृष्टि की रचनात्मक भूमिका है।

मार्च, 1930 ई. में प्रेमचन्द ने 'हंस' नामक अपनी मासिक पत्रिका का प्रकाशन-सम्पादन आरंभ किया। प्रवेशांक में ही उन्होंने अपने प्रखर राष्ट्रवाद का परिचय देते हुए कहा—''हंस के लिए परम सौभाग्य की बात है कि उसका जन्म ऐसे शुभ अवसर पर हुआ है, जब भारत में एक नए युग का आगमन हो रहा है, जब भारत पराधीनता की बेड़ियों से निकलने के लिए तड़पने लगा है।[23] सम्पादक ने 'हंसवाणी' के अन्तर्गत यह घोषणा की है कि राष्ट्रीय आन्दोलन में सहभागिता के साथ यह पत्रिका साहित्य और समाज में नए मूल्यों की स्थापना के प्रति प्रयत्नशील रहेगी। प्रवेशांक के सम्पादकीय के ये उपशीर्षक़—हंस का जन्म, हंस की नीति, डोमिनियल और स्वराज्य, युवकों का कर्तत्व, सरल जीवन, स्वाधीनता के संग्राम की तैयारी कैसे हो, शान्ति रक्षा, जेल सुधार, जापान के लोग लम्बे हो रहे हैं, राजनीति और रिश्वत, पहले हिन्दुस्तानी फिर कुछ, महात्मा जी का वाइसराय से निवेदन और धन्यवाद—प्रेमचन्द की सम्पादकीय नीति को स्पष्ट करते हैं तो एक सजग, कर्मठ और कालजयी पत्रकार के रूप में उनकी भूमिका का रेखांकन भी।

'हंस' को अपने समय का सर्वश्रेष्ठ साहित्यिक मंच बनाने में निस्सन्देह प्रेमचन्द को पूरी सफलता मिली। जयशंकर प्रसाद, निराला, विनोदशंकर व्यास, विश्वम्भरनाथ शर्मा 'कौशिक', सुदर्शन, केदारनाथ मिश्र प्रभात, मैथिलीशरण गुप्त, सियारामशरण गुप्त, सुमित्रनन्दन पंत, भगवतीचरण वर्मा, अयोध्यासिंह उपाध्याय 'हरिऔध', उपेन्द्रनाथ 'अश्क' जैसे ख्यातिनाम लेखक और कवियों के साथ उन्होंने भुवनेश्वर प्रसाद, गोपाल सिंह 'नेपाली', हंस कुमार तिवारी जैसे नवोदित रचनाकारों को प्रकाशित कर एक समर्थ रचनात्मक परिदृश्य के निर्माण का प्रयत्न किया।

'हंस' में हिन्दी के अतिरिक्त अन्य भारतीय भाषाओं के श्रेष्ठ साहित्य का प्रकाशन भी होता था। जो कार्य आज साहित्य अकादमी की पत्रिका 'समकालीन भारतीय साहित्य' के द्वारा हो रहा है, उसकी शुरुआत प्रेमचन्द ने बहुत पहले कर दी थी। उर्दू, गुजराती, मराठी, बाँग्ला आदि की रचनाएँ देवनागरी लिपि में प्रकाशित कर उन्होंने भारतीय भाषाओं के बीच परस्पर साहित्यिक संवाद के लिए पहल की। 'मुक्त-मंजूषा' शीर्षक स्थायी स्तम्भ में यह पहल द्रष्टव्य है। इसी क्रम में गुजराती के प्रसिद्ध कथाकार कन्हैयालाल मुन्शी[24] को उन्होंने अपने साथ सम्पादन का दायित्व सौंपा।

'हंस' के माध्यम से प्रेमचन्द ने साम्राज्यवादी-पूँजीवादी शक्तियों के खिलाफ जनमत बनाने का कार्य भी किया। अपनी इस पत्रिका के द्वारा वे फासीवादी खतरों से देश को सावधान भी करते रहे। अपने द्वारा सम्पादित 'हंस' के अन्तिम अंक (सितम्बर, 1936 ई.) में 'महाजनी सभ्यता' नामक उनका प्रसिद्ध लेख छपा। इस लेख में उनकी प्रगतिशील दृष्टि और जनपक्षधरता पूरी तरह स्पष्ट हो गई है। 'हंस' के 'काशी अंक', 'आत्मकथांक' और 'द्विवेदी अभिनन्दनांक' प्रेमचन्द की अवधारणा को पूर्णत: स्पष्ट कर देते हैं।

प्रेमचन्द ने 'जागरण' का भी सम्पादन कर अपनी समग्र पत्रकार दृष्टि का साक्ष्य प्रस्तुत किया। 'जागरण' का पहला अंक आचार्य शिवपूजन सहाय के सम्पादन में पुस्तक मन्दिर, काशी द्वारा वसन्त पंचमी (11 फरवरी, 1992 ई.) को प्रकाशित हुआ। आचार्य

जी के सम्पादन में पाक्षिक रूप में 17 जुलाई, 1932 ई. को इसका अन्तिम अंक प्रकाशित हुआ। अगस्त, 1932 ई. में प्रेमचन्द ने इसके प्रकाशन का अधिकार ले लिया और अपने सम्पादन में साप्ताहिक पत्र के रूप में इसे प्रकाशित किया। इसका अन्तिम अंक 21 मई, 1934 को प्रकाशित हुआ। 'जागरण' की सम्पादकीय टिप्पणियाँ अत्यन्त महत्त्व की हैं और उनमें पत्रकार प्रेमचन्द की गहराई और परिपक्वता देखने को मिलती है। 'माधुरी' में उनकी सम्पादन-कला निखरी। 'हंस' और 'जागरण' ने उन्हें एक पांक्तेय सम्पादक के रूप में हिन्दी पाठकों के समक्ष प्रस्तुत किया।

प्रेमचन्द की पत्रकारिता की पहली शक्ति है—उनकी भाषा। प्रेमचन्द ने हिन्दी-पत्रकारिता को उसकी स्वाभाविक भाषा दी। उसे सार्थक जन-संवाद के लायक बनाया। उन्होंने अपनी सम्पादकीय टिप्पणियों को सार्थक शीर्षक दिये। पत्रकारिता की भाषा का निर्माण भारतेन्दु ने भी किया; आचार्य महावीरप्रसाद द्विवेदी, अमर शहीर पत्रकार गणेश शंकर विद्यार्थी, श्री बाबूराव विष्णु पराड़कर ने भी किया। द्विवेदी जी की भाषा साहित्यिक पत्रकारिता की मानक भाषा है। विद्यार्थी जी की भाषा में घटनाचक्रों को जीवन्त कर देने की ताकत है। पराड़कर जी की भाषा अत्यन्त सारगर्भित और सामासिक है जबकि प्रेमचन्द की पत्रकारिता की भाषा में ये सारे गुण एक साथ परिलक्षित होते हैं।

प्रेमचन्द की पत्रकारिता की दूसरी शक्ति है—विषय के सही चयन का विवेक। प्रेमचन्द ने अपनी पत्रिकाओं में विषय-चयन पर विशेष बल दिया है। उन्होंने अपनी साहित्यिक पत्रकारिता के अन्तर्गत उन रचनाओं को अधिक महत्त्व दिया है जो मनुष्य को बनाने की शक्ति रखती हैं और जिनमें निराशा और पददलित जनमानस को आस्थावान और कर्मंय बनाने की ताकत है।

प्रेमचन्द की सम्पादकीय टिप्पणियाँ उनकी पत्रकारिता की शक्ति का साक्ष्य देती हैं। उनकी सम्पूर्ण पत्रकारिता-रचनाओं को उनके सुपुत्र अमृतराय ने तीन खंडों में संकलित किया है। इन टिप्पणियों को ध्यान से देखा जाए तो इनसे प्रेमचन्द की पत्रकारिता के विषय-वैविध्य का स्पष्ट बोध हो जाता है। विविध प्रसंग के प्रथम खंड में उर्दू की सामग्री है और दूसरे तथा तीसरे खंडों में हिन्दी की सामग्री संकलित की गई है।

प्रेमचन्द का युग अनेक जुझारू, कर्मठ और योग्य पत्रकारों का युग था। उसमें गणेश शंकर विद्यार्थी थे, बाबूराव विष्णु पराड़कर थे, आचार्य शिवपूजन सहाय थे, पंडित माखनलाल चतुर्वेदी थे, पं. दशरथ प्रसाद द्विवेदी थे, रामवृक्ष बेनीपुरी थे। इन सबने हिन्दी-पत्रकारिता को राष्ट्रवादी स्वर दिया और उसे वैचारिक समृद्धि दी। प्रेमचन्द ने अपनी पत्रकारिता के माध्यम से भी यही सब कुछ किया। उन्होंने गणेश शंकर विद्यार्थी की तरह अपनी शहादत नहीं दी और न बार-बार जेल की यातनाएँ सहीं किन्तु अपनी पत्रकारिता के माध्यम से उन्होंने राष्ट्रीय आन्दोलन के पक्ष में जनमत तैयार करने का काम किया। उन्होंने अपने समय की समस्याओं की पहचान की और उनके समाधान के लिए पत्रकारिता के माध्यम से निरन्तर पहल भी की। सम्पादक प्रेमचन्द सजग, उदारवादी किन्तु मूल्यबद्ध पत्रकार थे। पत्रकारिता के माध्यम से उन्होंने साहित्य की दिशा में, ज्ञानवर्धन की दिशा में, मानसिक विकास की

दिशा में, सामाजिक एवं राजनीतिक दिशा में नए-नए विचार और उत्साह बनाए रखने की सफल चेष्टा की। हिन्दी पाठकों को उन्होंने कुरुचिपूर्ण स्तरहीन चीजों से बचाया ही नहीं, उनकी पाठकीय समझदारी भी विकसित की।

प्रेमचन्द की पत्रकारिता सुधारवाद से प्रारम्भ हुई और उसने प्रगतिशील जीवन-मूल्यों को स्थापित करने की सार्थक चेष्टा की। उन्होंने शोषणतन्त्र पर जमकर प्रहार किया और मानव की मुक्ति का मार्ग प्रशस्त किया। उनकी पत्रकारिता रूढ़ियों पर प्रहार करनेवाली क्रान्तिधर्मी पत्रकारिता भी है। इसके माध्यम से उन्होंने निरन्तर जनमत को प्रभावित और सक्रिय करने का कार्य किया। उनकी अटूट निष्ठा और विलक्षण समर्पण-भावना ने 'हंस' को हिन्दी ही नहीं, भारतीय भाषाओं का प्रतिनिधि पत्र बना दिया। अपने लक्ष्य की प्राप्ति के लिए उन्होंने समितियाँ बनाईं, लोगों का सहयोग लिया, मित्रों को रचनात्मक सहयोग के लिए लिखा।

इस प्रकार प्रेमचन्द की पत्रकारिता जीवन्त पत्रकारिता है। इसमें प्रयत्न के चिह्न हैं तो उपलब्धियों के शिखर भी हैं। यत्र-तत्र इसमें समझौता की प्रवृत्ति परिलक्षित होती है तो इसका ओजस्वी स्वर इसकी निष्ठा और जन-पक्षधरता के प्रति हमें आश्वस्त भी करता है। अपने कथा-साहित्य के माध्यम से प्रेमचन्द ने भारतीय समाज को चित्रित किया जबकि अपनी पत्रकारिता के माध्यम से उन्होंने इसके साथ निरन्तर संवाद किया।

हिन्दी-पत्रकारिता को नया मूल्यबोध और नई शक्ति देनेवाले पत्रकारों में प्रेमचन्द अग्रगण्य हैं। प्रेमचन्द ने हिन्दी-पत्रकारिता की जातीय विरासत को न केवल आगे बढ़ाया अपितु उसे समृद्ध भी किया; उसे राजनीतिक, सामाजिक, आर्थिक और सांस्कृतिक सन्दर्भों की व्यापकता भी दी।

सन्दर्भ

1. रामविलास शर्मा, प्रेमचन्द और उनका युग, चौथी आवृत्ति, 1951, राजकमल प्रकाशन, नई दिल्ली, पृ. 19.
2. 1 मई, 1903 ई. से 24 सितम्बर, 1903 ई. तक क्रमशः प्रकाशित।
3. यह उपन्यास भी उर्दू साप्ताहिक 'आवाज-ए-खल्क' में 8 अक्टूबर, 1903 ई. से फरवरी, 1905 ई. तक क्रमशः प्रकाशित हुआ।
4. 'जमाना', मई-जून, 1902 ई. में प्रकाशित। देखें—विविध प्रसंग, खंड-1, नवीन संस्करण 1978, संकलन और रूपान्तर—अमृत राय, हंस प्रकाशन, इलाहाबाद, पृ. 01.
5. उपर्युक्त, पृ. 20.
6. विविध प्रसंग, प्रथम खंड, पृ. 183.
7. 'जमाना', अगस्त, 1914 ई. में प्रकाशित, पृ. 219.
8. विविध प्रसंग, प्रथम खंड, पृ. 33.
9. उपर्युक्त, पृ. 43.
10. 1938 ई. में प्रकाशित।
11. भूमिका, अमृत राय, विविध प्रसंग, खंड-1, पृ. 62.
12. यह पत्र की सम्पादकीय नीति की घोषणा है। इसके नीचे प्रेमचन्द का नाम नहीं है। पर पत्र के

संचालक-सम्पादक पं. दशरथ प्रसाद द्विवेदी ने संकलनकर्ता से जोर देकर कहा कि—'प्रस्तुत सम्पादकीय उन्होंने प्रेमचन्द से ही लिखवाया था।'—अमृतराय, विविध प्रसंग, खंड-2, हंस प्रकाशन, इलाहाबाद, संस्करण-1980, पृ. 39.

13. उपर्युक्त।
14. 'मर्यादा', वैशाख, 1979 वि.। विविध प्रसंग, खंड—2, पृ. 37.38.
15. 'माधुरी', फरवरी, 1928 ई.।
16. उपर्युक्त।
17. 'माधुरी', मार्च, 1920 ई. में प्रकाशित 'वसन्त'।
18. 'माधुरी', कार्तिक, 1986 वि. में प्रकाशित 'ओस'।
19. 'माधुरी', अप्रैल-मई-जून-जुलाई, 1928 ई. में प्रकाशित 'पन्तजी और पल्लव'। खड़ीबोली के कवि और कविता—माधुरी, वर्ष-8, खंड-1, (अगस्त-जनवरी, 1929.30), पृ. 379.386.
20. आधुनिक हिन्दी कविता में छायावाद, उपर्युक्त, पृ. 235.246.
21. साहित्य में प्रेम और उसकी साधना, उपर्युक्त, पृ. 247.256.
22. वत्सल रस और महाकवि सूरदास, उपर्युक्त, पृ. 369.375.
23. हंस, प्रवेशांक, पृ. 63.
24. 1934 ई. में प्रेमचन्द फिल्म-कम्पनी में काम करने बम्बई गए थे और वहीं कन्हैयालाल मुन्शी उनके सम्पर्क में आए। फिर पत्रिका में सहयोगी बने।

गणेश शंकर विद्यार्थी

हिन्दी-पत्रकारिता को गहरी वैचारिकता, निष्पक्ष दृष्टि और ओजस्वी राष्ट्रवादी स्वर देनेवाले कालजयी पत्रकारों में गणेश शंकर विद्यार्थी (26 अक्टूबर, 1890.25 मार्च, 1931 ई.) अग्रगंय हैं। उनकी जीवन-यात्रा एक संघर्षशील योद्धा की सार्थक और संकल्पपूर्ण यात्रा है। अपने स्वाभिमान और निर्भीकता के कारण अपनी अलग पहचान रखनेवाले विद्यार्थी जी ने जीवन में कभी समझौता नहीं किया, किसी की चाटुकारिता नहीं की। चार वर्ष की उम्र में उर्दू में उनकी शिक्षा प्रारम्भ हुई। 1905 ई. में उन्होंने अंग्रेजी मिडिल की परीक्षा द्वितीय श्रेणी में उत्तीर्ण की। 1907 ई. में स्वतन्त्र छात्र के रूप में उन्होंने द्वितीय श्रेणी में इंट्रेन्स की परीक्षा में सफलता प्राप्त की। इसी वर्ष प्रयाग की कायस्थ पाठशाला में एफ.ए. में उनका नामांकन हुआ किन्तु नेत्र-व्याधि के कारण उनकी पढ़ाई रुक गई। वे कानपुर लौट आए।

कानपुर में उन्होंने करेन्सी दफ्तर में किरानी की नौकरी की किन्तु अपने स्वाभिमान के कारण वहाँ टिक नहीं सके। छात्र-जीवन से ही वे 'कर्मयोगी' और 'स्वराज्य' के नियमित पाठक थे। पुस्तकें पढ़ने का भी उन्हें गहरा शौक था। करेन्सी दफ्तर में उन्होंने पूरे मनोयोग से कार्य किया किन्तु अवकाश के क्षणों में पढ़ने की अपनी आदत के कारण दफ्तर के अधीक्षक से उनकी कहा-सुनी हो गई। अधीक्षक की टिप्पणी ने उनके स्वाभिमान पर चोट की। इसका प्रतिवाद करते हुए उन्होंने केवल दस माह बीस दिन की सेवा के पश्चात 26 नवम्बर, 1908 को त्यागपत्र दे दिया। 1 दिसम्बर, 1909 ई. में कानपुर के पी.पी.एन. हाई स्कूल में अध्यापक के रूप में उनकी सेवा शुरू हुई किन्तु अपनी राष्ट्रीय भावना की प्रखरता के कारण यहाँ से भी वे एक साल बाद, 5 दिसम्बर, 1910 को मुक्त हो गए। मोतीलाल भार्गव के अनुसार—''विद्यालय में भी उनकी निरन्तर अध्ययन की प्रवृत्ति ने उन्हें त्यागपत्र देने के लिए विवश कर दिया। एक दिन जब वह इलाहाबाद से प्रकाशित 'कर्मयोगी' पत्रिका विद्यालय में पढ़ रहे थे, तब उनके प्रधानाचार्य सजीवन लाल ने कुछ आपत्ति की। नारायण प्रसाद अरोड़ा के अनुसार, जो उनके सहकर्मी थे सजीवन लाल ने इसलिए आपत्ति की थी, क्योंकि वह दोनों अरविन्द घोष की पत्रिकाओं का भी प्रसार करते थे, जो क्रान्तिकारी पत्रिकाएँ थीं। अत: प्रधानाचार्य ने रुष्ट होकर दोनों को अपदस्थ कर दिया। इस प्रकार गणेश शंकर का दूसरा अनुभव भी कटु रहा और जीवनयापन का साधन पुन: खो बैठे।''[1]

1907 ई. से वे पत्र-पत्रिकाओं में लिखने लगे। उर्दू 'स्वराज्य' से उनका लेखन प्रारम्भ हुआ। फिर उनके लेख 'कर्मयोगी', 'अभ्युदय' और 'हितवार्ता' में छपने लगे। 'सरस्वती'

में उनका पहला लेख 'आत्मोत्सर्ग' सितम्बर, 1911 ई. के अंक में छपा। उनके प्रारम्भिक लेखन की प्रखरता को रेखांकित करते हुए कृष्णबिहारी मिश्र ने लिखा है—''गणेश जी की लेखन-यात्रा शुरू हो गई थी। 'सरस्वती' जैसी पत्रिका में उनके लेखन को जगह देकर आचार्य महावीरप्रसाद द्विवेदी ने उनकी लोक-यात्रा की सही राह निश्चित कर दी। 'कर्मयोगी' में भी गणेश जी को प्रकाशन-प्रवेश मिला और लेखन को उन्होंने अपना धर्म बना लिया। 'स्वराज्य' और 'कर्मयोगी' जैसे उस काल के तेजस्वी पत्रों में उनकी राजनैतिक टिप्पणियाँ छपने लगी थीं, परन्तु कलकत्ते के सखाराम गणेश देउस्कर की पत्रिका 'हितवार्ता' में प्रकाशित दिल्ली दरबार सम्बन्धी उनका निबन्ध, जिसमें सबसे अलग स्वर और तर्क से उन्होंने बड़ौदा नरेश के आचरण का समर्थन किया था, उनके जीवन का महत्त्वपूर्ण प्रस्थान सिद्ध हुआ। गणेश जी का विचार-कोण लोगों की दृष्टि में गड़ गया; उनकी राजनीतिक समझ और विवेचन-क्षमता की गुरुता जागरूक लोगों पर असर जमाने लगी।''[2]

'आत्मोत्सर्ग' प्रारम्भिक किन्तु सार्थक वैचारिक लेख है। यह लेख उनकी भावी दिशा को संकेतित करता है। इस लेख में वे लिखते हैं— ''आत्मोत्सर्ग करनेवाले में साहस का होना परमावश्यक है। संसार के सब काम, बड़े अथवा छोटे, बुरे अथवा भले, साहस के बिना नहीं होते। बिना साहस के बड़े कामों का होना कठिन ही नहीं, किन्तु असम्भव-सा है। संसार के सभी महापुरुष, जिन्होंने बहुत-से विलक्षण खेल इस संसार रूपी नाट्यशाला में दिखलाकर इतिहास के पृष्ठों को अपने नाम से सुशोभित किया है, साहसी थे। बिना किसी प्रकार का साहस दिखलाए किसी जाति या किसी देश का इतिहास ही नहीं बन सकता। अपने साहस के कारण ही अर्जुन, भीम, भीष्म, अभिमन्यु इत्यादि आज हमारे हृदयों में जागरूक हैं। आल्पस पर्वत के विशाल शिखरों को पार करनेवाले हनीबाल और नेपोलियन का नाम वीरवरों के शुभ नामों के साथ केवल उनके अतुलनीय साहस के कारण ही लिया जाता है। यह साहस ही का प्रभाव था, जिसने तैमूर ऐसे लँगड़े गड़रिए को, बाबर ऐसे सैकड़ों दफे परास्त किए गए क्षुद्र भूमिपाल को, शिवाजी और कोमवेल ऐसे सामान्य व्यक्तियों को, रणजीत सिंह और संग्राम सिंह ऐसे काने-खुतरों को कुछ से कुछ कर दिया।''[3]

साहस और आत्मोत्सर्ग के अन्तर को स्पष्ट करते हुए उन्होंने आगे लिखा है— ''आत्मोत्सर्ग करनेवाले मनुष्य का साहसी होना परमावश्यक है, परन्तु साहसी मनुष्य का आत्मोत्सर्गी होना आवश्यक नहीं क्योंकि केवल साहस ही प्रकट करना आत्मोत्सर्ग नहीं कहलाता। सूर-वंश के क्रूरकर्मा बादशाह मुहम्मद आदिल पर, भरे दरबार में, कितने ही सिरों और धड़ों को धरणी पर गिराकर, एक मुसलमान युवक ने आक्रमण करने का असीम साहस प्रकट किया था। कारण यह था बादशाह ने उसके पिता की जागीर जब्त कर ली थी। इसी से उस युवक ने इतने साहस का काम किया। युवक मारा गया। उसके साहस और उसकी निर्भीकता का कुछ ठिकाना है! परन्तु क्रोधान्ध होकर स्वार्थवश ऐसा साहस करने से युवक का यह कार्य किसी प्रकार प्रशंसनीय नहीं कहा जा सकता। इस प्रकार का साहस चोर और डाकू भी कभी-कभी कर गुजरते हैं। राजे-महाराजे भी अपनी कुत्सित इच्छाओं को पूर्ण करने

के लिए कभी-कभी इससे भी बढ़कर साहस के काम कर डालते हैं। ऐसा साहस नीच श्रेणी का साहस है।''[4]

एक इक्कीस वर्षीय युवक की ये पंक्तियाँ कितनी गम्भीर और कितनी प्रासंगिक हैं। वे निराश और पराधीन भारतवासियों में साहस का संचार करना चाहते हैं किन्तु उन्हें साहस का दिशाबोध भी कराना चाहते हैं। यह लेख निस्सन्देह विद्यार्थी जी की पत्रकारिता-यात्रा का प्रस्थान-बिन्दु है। बेरोजगारी और अभाव से जूझने के बावजूद अपने इस लेख में उन्होंने अपने संकल्प और जुझारू तेवर की झलक दी है। इस लेख ने 'सरस्वती' सम्पादक महावीरप्रसाद द्विवेदी को भी प्रभावित किया। यह प्रभाव ही 'सरस्वती' में उनके जुड़ने का कारण बना। कृष्णबिहारी मिश्र लिखते हैं—''गृहस्थ गणेश शंकर जीविका की खोज में थे। 'सरस्वती' में सहायक सम्पादक की जगह खाली हुई। महाशय काशीनाथ ने गणेश शंकर विद्यार्थी की पात्रता की संस्तुति की। आचार्य महावीरप्रसाद द्विवेदी की पारदर्शी दृष्टि गणेश जी के लेखन से प्रतिभा को समझ गई थी। 2 नवम्बर, 1911 को 25 रुपये वेतन पर 'सरस्वती' में सहायक सम्पादक के रूप में गणेश जी की नियुक्ति हुई। पत्रकारिता की राह पर गणेश जी का यह प्रथम चरण था। सम्पादन-कला की अपेक्षित दीक्षा गणेश जी को उस काल के सर्वश्रेष्ठ सम्पादक आचार्य महावीरप्रसाद द्विवेदी से मिली। अपनी कर्म-निष्ठा और प्रखरता से गणेश जी ने आचार्य द्विवेदी के मन में अपनी पात्रता के प्रति बड़ी सम्भावना जगाई, उनके जागरूक निर्देशन में सम्पादन-कला का प्रशिक्षण और अपनी वैचारिक ऊर्जा के रूपायन का विहित अनुशासन अर्जित किया। गणेश जी की श्रम-निष्ठा में यद्यपि किसी प्रकार की कमी नहीं थी पर स्वभाव और मानसिक पोषण के लिए गणेश जी विकल्प के सन्धान में थे। 'सरस्वती' संस्कृति-चेतना-प्रधान साहित्यिक पत्रिका थी, गणेश जी की संवेदना और विचार राजनीति की ओर प्रवृत्त थे। इसी प्रवृत्ति और स्वभाव को दबाकर उन्हें 'सरस्वती' की सेवा के लिए सक्रिय रहना पड़ता था। उनकी सेवा-निष्ठा, योग्यता और चारित्रिक गुणवत्ता को आचार्य महावीरप्रसाद द्विवेदी ने उच्छ्वसित भाषा में रेखांकित किया था—''उनकी शालीनता, सुजनता, परिश्रमशीलता और ज्ञानार्जन की सदिच्छा ने मुझे मुग्ध कर लिया। उधर वे मुझे शिक्षक या गुरु मानते थे, इधर मैं ही कितनी बातों में उन्हें अपना गुरु समझता था।''[5]

अपने राजनैतिक विचारों की अभिव्यक्ति के लिए 'सरस्वती' पत्रिका उन्हें उपयुक्त नहीं लगी। वैसे पत्रकारिता का प्रशिक्षण उन्होंने इसी पत्रिका के सहायक सम्पादक के रूप में प्राप्त किया। इस प्रशिक्षण का उपयोग वे राष्ट्र की मुक्ति और जनजागरण के लिए करना चाहते थे। इसी सन्दर्भ में सुरेश सलिल ने लिखा है—''आचार्य महावीरप्रसाद द्विवेदी के मार्गदर्शन में हिन्दी में लिखना गणेश शंकर ने बेशक खूब सीखा, लेकिन 'सरस्वती' में काम करते हुए भावी विकास की दृष्टि से वहाँ उन्हें दो बाधाएँ नजर आईं। 'सरस्वती' साहित्यिक रुचि की पत्रिका थी और गणेश जी की रचनात्मक और वैचारिक प्राथमिकताएँ राजनीति और स्वाधीनता आन्दोलन से जुड़ी थीं। 'सरस्वती' चूँकि इंडियन प्रेस से प्रकाशित होती थी और उसके व्यावसायिक हित सीधे ब्रिटिश सरकार के अधीन शिक्षा विभाग से जुड़े थे, वहाँ से प्रकाशित पुस्तकें स्कूलों में पाठ्य-पुस्तकों के रूप में मान्य और स्वीकृत होती थीं, अतः

'सरस्वती' प्राय: ब्रिटिश-विरोधी राजनीतिक विषयों से परहेज करती थी। इसलिए विद्यार्थी जी को वहाँ न तो राष्ट्रीय चेतना को विकसित करने और आगे बढ़ाने की सम्भावनाएँ नजर आतीं, न अपने राजनीतिक विचारों की अभिव्यक्ति का अवसर मिलता। इसके अतिरिक्त इंडियन प्रेस से प्राय: ख्यातनाम लेखकों की पुस्तकें ही उनके नाम से छपती थीं। नवोदित लेखकों की पुस्तकें या तो प्रकाशित नहीं की जाती थीं या उन पर लेखक का नाम नहीं दिया जाता था। ऐसा एक अनुभव विद्यार्थी जी को स्वयं हुआ। उनकी लिखी 'शेखचिल्ली की कहानियाँ' पुस्तक इंडियन प्रेस ने प्रकाशित की, लेकिन लेखक के रूप में उस पर उनका नाम नहीं दिया। उस पुस्तक के कई-कई संस्करण इंडियन प्रेस से हुए, किन्तु नामहीन होने के कारण गणेश शंकर विद्यार्थी की लेखकीय पहचान के साथ आज उसे ढूँढ़ पाना सम्भव नहीं है। यही वजह थी कि 'सरस्वती' के प्रति भरपूर लगाव और आचार्य द्विवेदी के प्रति अटूट भक्तिभाव के बावजूद विद्यार्थी जी का मन वहाँ उखड़ा-उखड़ा रहता।''[6]

'सरस्वती' में विद्यार्थी जी ने एक साल तक सहायक सम्पादक के रूप में अपनी उल्लेखनीय सेवा दी। वे सम्पादन-विभाग के योग्य सहकर्मी थे। पत्रिका में श्रीकान्त, एम.ए. और गजेंद्र छद्म नामों से उनके कई लेख और टिप्पणियाँ प्रकाशित हैं। इलाहाबाद से उस समय महामना मदनमोहन का प्रखर पत्र 'अभ्युदय' निकलता था। वह राजनीतिक चेतना-सम्पन्न पत्र था। वसन्त पंचमी, 1907 ई. से प्रकाशित इस पत्र के प्रारम्भिक अंकों का सम्पादन मदनमोहन मालवीय जी ने किया। यह अपने समय का मुखर और निर्भीक राष्ट्रवादी साप्ताहिक पत्र के रूप में प्रसिद्ध हुआ। अपनी व्यस्तता के कारण मालवीय जी ने इसके सम्पादन-संचालन का दायित्व कृष्णकान्त मालवीय को सौंप दिया। पत्र का मूल स्वरूप बना रहे, इसके लिए एक अनुभवी सहयोगी की आवश्यकता थी। मालवीय जी की पारखी दृष्टि ने विद्यार्थी जी को पहचान लिया। विद्यार्थी जी उन्हें 'अभ्युदय' के लिए सर्वथा उपयुक्त लगे। विद्यार्थी जी ने भी इस पत्र को अपनी प्रकृति के अनुकूल मानते हुए सम्पादन-सहयोगी का प्रस्ताव स्वीकार कर लिया। 29 दिसम्बर, 1912 ई. को चालीस रुपये मासिक वेतन पर उन्होंने इस पत्र में कार्य प्रारम्भ कर दिया। स्वास्थ्य कारणों से इस पत्र में वे अधिक समय तक नहीं रह पाए किन्तु कम ही समय में इस पत्र को ओजस्वी स्वर और वैचारिक ऊर्जा देते हुए लोकप्रिय बना दिया। इसकी ग्राहक-संख्या में आशातीत वृद्धि हुई। 23 सितम्बर, 1913 ई. को अपने मित्रों—नारायण प्रसाद अरोड़ा और शिवनारायण मिश्र वैद्य के सहयोग से 'प्रताप' की शुरुआत की।

सुरेश सलिल ने उनकी पत्रकारिता-यात्रा पर टिप्पणी करते हुए बिलकुल सच लिखा है—''गणेश जी के जीवन का तीसरा सोपान आचार्य महावीरप्रसाद द्विवेदी के स्नेह-सम्पर्क में आने और 'सरस्वती' के पत्रकारिता जीवन के साथ शुरू होता है। आचार्य द्विवेदी और 'सरस्वती' के सान्निध्य में एक ओर जहाँ अपने साहित्यिक और सांस्कृतिक संस्कारों को विकसित और पुष्ट करने का अवसर मिला, वहीं दूसरी ओर मालवीय जी के अखबार 'अभ्युदय' के जरिये उन्होंने अपने राजनीतिक विचारों को आकार देने का सिलसिला शुरू किया। शेक्सपियर, विक्टर ह्यूगो, अप्टन सिंक्लेयर, टालस्टाय, बर्नाड शॉ, तुलसी-सूर-

कबीर, रवीन्द्रनाथ ठाकुर, भारतेन्दुकालीन हिन्दी लेखकों के पठन-पाठन का वातावरण भी उन्हें इसी दौरान मिला। 'सरस्वती' और 'अभ्युदय' की यह अभिज्ञा, भारतेन्दु-प्रतापनारायण मिश्र-बालकृष्ण भट्ट-बालमुकुन्द गुप्त और आचार्य द्विवेदी के जातीय-सांस्कृतिक सरोकार, लोकमान्य तिलक की राष्ट्रीय राजनीति और नारायण प्रसाद अरोड़ा व शिवनारायण मिश्र की मैत्री ने ही आगे चलकर 'प्रताप' अखबार की पृष्ठभूमि तैयार की और गणेश शंकर विद्यार्थी सीधे-सीधे देश की मुख्यधारा से जुड़े। उनके कामों के जरिये पहली बार यह लक्ष्य किया गया कि एक आदमी राष्ट्रीय आन्दोलन, सामाजिक क्रान्ति, जातीय गौरव और सांस्कृतिक-साहित्यिक विरासत के लिए समान्तर संघर्ष चला रहा है। 'प्रताप' के प्रारम्भिक दौर में ही मैथिलीशरण गुप्त, माखनलाल चतुर्वेदी, वृन्दावनलाल वर्मा, मन्नन द्विवेदी गजपुरी, मुन्शी अजमेरी, विश्वम्भरनाथ शर्मा कौशिक, गया प्रसाद शुक्ल 'सनेही' आदि उनकी परिचय-परिधि में आए और जल्द ही 'प्रताप' एक राष्ट्रीय पत्र के साथ-साथ साहित्यिक-सांस्कृतिक पत्र के रूप में भी जाना जाने लगा।''[7]

साप्ताहिक 'प्रताप' का प्रकाशन क्रान्तिधर्मी पत्रकारिता के विकास की दिशा में एक अविस्मरणीय और ऐतिहासिक कदम है। 9 नवम्बर, 1913 ई. में कानपुर से साप्ताहिक रूप में प्रकाशित यह पत्र राष्ट्रीय आन्दोलन का जीवन्त दस्तावेज है। 16 पृष्ठों के इस साप्ताहिक के सम्पादक गणेश शंकर विद्यार्थी, मैनेजर नारायण प्रसाद अरोड़ा और प्रकाशक-मुद्रक शिवनारायण मिश्र ने कम ही समय में इसे राष्ट्रीय स्तर का अनिवार्य पत्र बना दिया। एक आदर्श, एक ध्येय के साथ इसका प्रकाशन शुरू हुआ। मुखपृष्ठ पर विद्यार्थी जी अपने गुरु आचार्य महावीरप्रसाद द्विवेदी की आशीर्वाद-स्वरूप लिखित इन पंक्तियों को प्रकाशित करते थे—

''जिनको न निज गौरव तथा निज देश का अभिमान है
वह नर नहीं, नर-पशु निरा है और मृतक समान है।''

अपने पहले सम्पादकीय में विद्यार्थी जी ने 'प्रताप' के लक्ष्य और उसकी नीति को रेखांकित करते हुए लिखा—''आज अपने हृदय में नई-नई आशाओं को धारण करके और अपने उद्देश्य पर पूर्ण विश्वास रखकर 'प्रताप' कर्मक्षेत्र में आता है। समस्त मानवजाति का कल्याण हमारा परमोद्देश्य है, और इस उद्देश्य की प्राप्ति का एक बहुत बड़ा और बहुत जरूरी साधन हम भारतवर्ष की उन्नति को समझते हैं। उन्नति से हमारा अभिप्राय देश की कृषि, व्यापार, विद्या, कला, वैभव, मान, बल, सदाचार और सच्चरित्रता की वृद्धि से है। भारत को इस उन्नतावस्था तक पहुँचाने के लिए असंख्य उद्योगों, कार्यों और क्रियाओं की आवश्यकता है। इनमें से मुख्यत: राष्ट्रीय एकता, सुव्यवस्थित, सार्वजनिक और सर्वांगपूर्ण शिक्षा का प्रचार, प्रजा का हित और भला करनेवाली सुप्रबन्ध और सुशासन की शुद्ध नीति का राज्य कार्यों में प्रयोग, सामाजिक कुरीतियों और अत्याचारों का निवारण और आत्मावलम्बन और आत्मशासन में दृढ़ निष्ठा है। हम इन्हीं सिद्धान्तों और साधनों को अपनी लेखनी का लक्ष्य बनाएँगे। हम अपनी प्राचीन सभ्यता और जातीय गौरव की प्रशंसा करने में किसी से पीछे न रहेंगे और अपने पूजनीय पुरुषों के साहित्य, दर्शन, विज्ञान और धर्म-भाव

का यश सदैव गाएँगे। किन्तु अपनी जातीय निर्बलताओं और सामाजिक कुसंस्कारों और दोषों को प्रकट करने में हम कभी बनावटी जोश या मसलहत वक्त से काम न लेंगे, क्योंकि हमारा विश्वास है कि मिथ्या अभिमान जातियों के सर्वनाश का कारण होता है। किसी की प्रशंसा, किसी की प्रसननता या अप्रसननता, किसी की घुड़की या धमकी, हमें अपने सुमार्ग से विचलित न कर सकेगी। सत्य और न्याय हमारे भीतरी पथ-प्रदर्शक होंगे और सरकारी कानून, बाहरी साम्प्रदायिक और व्यक्तिगत झगड़ों से 'प्रताप' सदा अलग रहने की कोशिश करेगा। उसका जन्म किसी विशेष सभा, संस्था, व्यक्ति या मत के पालन-पोषण, रक्षा या विरोध के लिए नहीं हुआ है, किन्तु उसका मत स्वातन्त्र्य-विचार और उसका धर्म सत्य होगा।''[8]

विद्यार्थी जी ने 'प्रताप' की इस नीति को आजीवन रक्षित रखा। उन्होंने अत्याचार, दमन और शोषण के खिलाफ निरन्तर लिखा और पूरी निर्भीकता और तार्किकता के साथ लिखा। पत्र के दूसरे ही अंक में उन्होंने दक्षिण अफ्रीका के दमन के खिलाफ लिखते हुए महात्मा गाँधी के अभियान का समर्थन किया—''दक्षिण अफ्रीका में हमारे जातीय महासंग्राम की उग्रता दिन-ब-दिन बढ़ती जाती है। विपत्ति की घनघोर घटा से अब निर्दयतापूर्ण बूँदें भी गिरना आरंभ हो गई हैं। मि. गाँधी पकड़े गए, जमानत पर छोड़े गए, फिर पकड़े गए, और अन्त में 9 मास के लिए जेल भेज दिये गए। मि. गाँधी की धर्मपत्नी और उनके लड़के इसके पहले जेल में पहुँच चुके हैं। और भी 2000 वीर पुरुष पुलिस की हिरासत में हैं। अफ्रीका में डेढ़ लाख हिन्दुस्तानी हैं, और इस संग्राम में उनमें से अधिकांश के काम ढीले पड़ रहे हैं। पुरुष ही नहीं, स्त्रियाँ और बच्चे तक इस महासंग्राम में हिस्सा लेने के लिए, मातृभूमि की लाज के लिए कठिन परीक्षा देने को उत्साह से, प्रसनन हृदय से आगे बढ़ रहे हैं। मि. गाँधी उनसे छिन गए। उनका वीर नेता, उनकी आत्माओं में दृढ़ता, वीरता और शान्ति का महामन्त्र फूँकनेवाला और हमारी भूमि के पुरुषत्व, साहस और सज्जनता का सर्वश्रेष्ठ फल मि. गाँधी—उनसे छीन लिया गया है। और जानबूझकर, इसलिए कि नेताविहीन दल अन्त में टूटकर तितर-बितर हो जाए। हजारों भारतीय स्त्री, पुरुष और बच्चे निस्सहाय और नेताविहीन होने पर भी केवल सत्य के लिए, शक्तिमान स्वेच्छाचारी तूफान के सामने सिर झुकाने को तैयार नहीं। यह बात भारत के बीसवीं शताब्दी के इतिहास में प्रकाशमान मोटे अक्षरों में लिखी जाएगी।''[9]

इस पर भारत सरकार के मौन पर टिप्पणी करते हुए उन्होंने लिखा—''वह अभी तक चुप बैठी है। सन्तोष की बात इतनी ही है कि उसके कर्ता-धर्ता इस समय लार्ड हार्डिंग ऐसे उदार आदमी हैं जिनके हृदय में हमारे देश-भाइयों की तकलीफ का ख्याल भी है। लेकिन इतने ही से काम नहीं चलेगा। सरकार को चुप न रहना चाहिए। हमारे देश-भाई तो अफ्रीका में रहते, सहते और टैक्स देते हुए भी वहाँ वोट तक देने का अधिकार न पावें और वहाँ के निवासी आकर हमारी सिविल सर्विस में ऊँचे-ऊँचे पद पावें। इस उदारता का भी कहीं ठिकाना है? हमारे यहाँ कोयले की अच्छी माँग है और साथ ही उसकी अच्छी उपज भी है। लेकिन हमारी रेलों के लिए कोयला आवे तो अफ्रीका ही से। इस तरह हमारे लाखों रुपये

उन गोरों की जेब में चले जाते हैं जो अफ्रीका में हमारें भाइयों की छाती पर मूँग दलते हैं। हमारा करोड़ों रुपया लन्दन के रिजर्व फंड में भारत सचिव के पास है और हमारे भारत सचिव ऐसे खुले-दिल के आप इन्हीं अफ्रीकन सज्जनों को जो हमारे भाइयों को अफ्रीका से निकाल बाहर करने पर तुल बैठे हैं, उधार देते फिरें। बस, यह उदारता अब बन्द होनी चाहिए। अफ्रीकावाले हमारे यहाँ पद न पावें। देश में बहुत कोयला होता है, रेलें यहीं से कोयला खरीदें या अफ्रीका के कोयले पर कर बढ़ा दिया जाय और भारत-सचिव अपनी महाजनता की इतिश्री कर दें। जब कम से कम इतना होगा, तब हम समझेंगे कि सरकार अब कुछ चेती।''[10]

अगले अंक में भी उन्होंने दक्षिण अफ्रीका में बर्बरता और दमन के खिलाफ लिखकर सरकार को खबरदार किया और प्रतिरोध के सबल स्वर से जनमानस को जागृत किया। अग्रलेख की इन पंक्तियों में कितना ओज, कितना उद्वेलन, कितना प्रतिकार और कितनी निर्भीकता है—''हृदय काँप उठता है और रोएँ खड़े हो जाते हैं, जब हम उस भयंकर अत्याचार के समाचारों को सुनते हैं, जो हमारे भाइयों पर दक्षिणी अफ्रीका में इस समय हो रहा है। दक्षिणी अफ्रीका की सरकार ने सभ्यता और मनुष्यता से नमस्कार कर लिया है। संसार के सभ्य राष्ट्रों के उन सारे साधारण भावों से, जिनसे एक सभ्य राष्ट्र, सभ्य कहला सकता है, अब उसे कोई सरोकार नहीं। उदारता, सज्जनता और सत्यता से उसने आँखें फेर ली हैं। अत्यन्त नीचता और पशुता पर वह उतर आई है। अनाथों की बेबसी और स्त्रियों की लाचारी उसके हृदय को जरा भी नहीं हिलाती। मनुष्य—और वे भी इतने सदाचारी, वीर और सत्यप्रतिज्ञ, कि जिनके ऊपर संसार का कोई सभ्य से सभ्य देश गर्व कर सकता और जिनके पैरों की धूल तक माथे पर चढ़ाने योग्य दक्षिणी अफ्रीका के मनुष्य-शरीर पानेवाले, लेकिन पशु हृदय रखनेवाले, आदमी नहीं हैं, कैदखाने में ठूँसे जाते हैं। उन पर बे-हिसाब कोड़े लगाए जाते हैं। आज्ञा है कि गोली तक मार दो। और यह किसलिए? इसलिए नहीं कि भले आदमियों ने कोई जुर्म किया है, इसलिए नहीं कि उन्होंने दक्षिणी अफ्रीका के गोरे निवासियों की गठरी काटी है, इसलिए भी नहीं कि वे चाहते हैं कि उन्हें वही सब हक मिले जो गोरों को प्राप्त है, लेकिन केवल इसलिए कि वे चाहते हैं, और उन्होंने इसको करा लेने के लिए सच्चाई, नेकनीयती और शान्ति से अपने हृदय में दृढ़ निश्चय कर लिया है कि वे भी दक्षिणी अफ्रीका में मनुष्य समझे जाएँ।''[11]

'प्रताप' के अगले अंकों में भी दक्षिणी अफ्रीका की रंगभेद-नीति और शासन की निर्ममता पर टिप्पणियाँ हैं। यथा—'कर्तव्य या प्रायश्चित'? (30 नवम्बर, 1913 ई.), 'प्रायश्चित की आशा' (7 दिसम्बर, 1913 ई.), 'अनुसन्धान कमेटी या जले पर नमक' (21 दिसम्बर, 1913 ई.) जैसे अग्रलेख विद्यार्थी जी की प्रखर पत्रकारिता का साक्ष्य देते हैं। दक्षिणी अफ्रीका में गाँधी जी के अभियान और उनके संकल्प की जीत को 'प्रताप' प्रमुखता से प्रकाशित करता रहा। इस सन्दर्भ में यह टिप्पणी द्रष्टव्य है—''अन्त में, आवाज उठी, और वहीं से, जहाँ से उसके उठने की आशा थी। जिन्होंने बड़ी ही बेरहमी से हमारे भाइयों की पीठों पर चाबुक चलाए थे, वही, हमारे घावों पर नमक छोड़ते हुए, हमारे भाइयों पर

किए गए अत्याचारों की तहकीकात करने के लिए पवित्र न्यायासन पर बैठाए गए। शायद ही किसी और तरह एक न्यायासन की इससे ज्यादा हँसी उड़ाई जा सकती, और शायद ही किसी और तरह दु:खी हृदय इससे अधिक कुढ़ाए जा सकते। न्यायी संसार को आशा थी कि अब भी इंग्लैंड आगे बढ़ेगा, और वह अपनी भारतीय प्रजा का अधिक अपमान न होने और अपनी शान में अधिक बट्टा न लगने देगा, लेकिन, बात वैसी ही हुई, जैसी होती आई है, और जहाँ जो आशाएँ हैं, वहाँ उन पर पानी सा फिरता जा रहा है। पर सन्तोष की बात है कि नैतिक भीरुता का राज्य सारे संसार पर उतना ही अधिक नहीं, जितना कि इस समय इंग्लैंड पर मालूम होता है। गाँधी जेल से छूटते हैं। पोलाक, कैलनवाच और उनके संगी-साथियों को रिहाई मिलती है, और हम देखते हैं कि अत्याचारियों के कोड़े, जेलखाने, और ज्यादतियाँ उनके नैतिक साहस और दृढ़ता को अणु मात्र मन्द नहीं कर सकीं। वे जेल से निकले और हृदय, हृदय का स्वागत करने आगे बढ़ा। आनन्द की लहर बढ़ी लेकिन ऐसी नहीं कि चट्टानें बह जाएँ। संग्राम की भयंकरता और उसमें पूरी दृढ़ता के साथ खड़े रहने का ख्याल हृदयों से एक पल के लिए भी दूर न हुआ। सभाएँ हुईं, और दरो-दीवार से दृढ़ता की सदाएँ आईं। प्रतिज्ञाएँ की गईं कि जब तक तहकीकाती कमीशन में दो में बर और न बढ़ाए जाएँ—हिन्दुस्तानी नहीं, पक्षपातहीन दो यूरोपियन ही, जब तक हड़तालों के दोष से, जेल में पड़े सड़नेवाले भाई नहीं छोड़े जाते, और जब तक नेताओं को खानों और खेतों में जाकर अत्याचारों के सबूत इकट्ठे करने की आजादी नहीं मिलती, तब तक कमीशन रूपी दिल जलानेवाले इस ढोंग के सामने कोई हिन्दुस्तानी गवाही नहीं देगा और इतना ही नहीं अपने कष्ट दूर कराने के लिए, अपने माथे से, स्वतन्त्र मनुष्य होते हुए भी गुलामों का-सा कलंक दूर करने के लिए, आत्मबल द्वारा पशुबल का मुकाबला किया जाएगा।''[12]

महात्मा गाँधी के नेतृत्व की सबलता को लक्षित करते हुए उन्होंने इस अग्रलेख में आगे लिखा है—''12000 वीर पुरुष इस महायज्ञ में अपने शरीरों की आहुति देने को तैयार हैं। और इन 12000 हृदयों में जीवन की अग्नि को सुलगानेवाली वही एक पवित्र ज्योति है, जिसका नाम हम गाँधी शब्द से लेते हैं। संसार का कोई भी महान कार्य तपस्या के बिना नहीं हो सकता, और मि. गाँधी ने खुद नमूना बनकर अपने वीर साथियों को शारीरिक सुख और विलासिता से नमस्कार करके युद्ध-क्षेत्र में डटे रहने का उपदेश दिया है। जिस आत्मा की महत्ता और पवित्रता ने अभी तक हजारों आत्माओं को कर्मक्षेत्र में अपमान और कष्ट, जोर और जबर्दस्ती का मुकाबला करते रहने में समर्थ किया है उसी आत्मा के ये उपदेश वैसे ही बलवान हृदयों पर कदापि व्यर्थ नहीं आ सकते। देशवासी तैयार रहें, उन्हें अपने भाइयों का, अपने ही नाम और काम के लिए, अभी बहुत कुछ साथ देना है। हमारे भाइयों ने जो मतलब किए हैं, उन्हें कोई भी आत्मसम्मान का भाव रखनेवाला आदमी अनुचित नहीं कह सकता, और हमें अपने भाइयों की व्यथा और स्वार्थ-त्याग की कथा उनको नहीं सुनानी, जिनके हृदय में आत्मसम्मान का भाव नहीं।''[13]

विद्यार्थी जी देश की स्वतन्त्रता के लिए सशक्त अभियान के समर्थक थे। वे ढुलमुल नीति के घोर विरोधी और राष्ट्रीयता के प्रबल पक्षधर थे। कांग्रेस के नरमपन्थियों से उनका

गहरा मतभेद था। 1913 में कराची में हुए कांग्रेस अधिवेशन पर गहरा कटाक्ष करते हुए उन्होंने लिखा—''राष्ट्रीय महासभा कहलानेवाली कांगेस के जलसे कराची में सकुशल हो गए। कांग्रेस किसी समय यथार्थ में राष्ट्रीय महासभा थी। लेकिन हमें अब उसे इस नाम से पुकारते संकोच होता है। हम उसी को राष्ट्रीय महासभा कह सकते हैं, जिसमें राष्ट्र-भर के प्रतिनिधियों को एक समान मत प्रकट करने का अधिकार हो। हम मानते हैं कि वर्तमान कांग्रेस में हमारे देश के बहुत से ऐसे सज्जन शामिल हैं, जिनके देश के नेता और प्रतिनिधि होने में किसी समझदार आदमी को सन्देह नहीं हो सकता लेकिन साथ ही कोई विचारवान आदमी इस बात में भी सन्देह नहीं कर सकता, कि देश का सारा प्रतिनिधित्व और नेतृत्व का भार केवल इन्हीं सज्जनों पर नहीं। देश में ऐसे सज्जन और भी हैं जिन्हें जनता के सच्चे प्रतिनिधि होने का सच्चा गौरव प्राप्त है, और जो अपनी विद्धत्ता, चरित्र की शुद्धता और मातृभूमि के लिए त्याग में शायद किसी से कम निकलें। लेकिन इन सारे गुणों के होते हुए भी, वे कांग्रेस के पास फटकने नहीं पाते, और इसी कारण कांग्रेस के एक दली होने तक, हम उसे राष्ट्रीय महासभा कहने में हिचकते हैं। कांग्रेस का आदर्श है— भारतवासियों के लिए स्वराज्य ब्रिटिश छत्र के नीचे। और इस आदर्श को दोनों पक्ष के लोग मान चुके हैं। सूरत में रंग में भंग होने के बाद, 1909 में कलकत्ते की अमृत बाजार पत्रिका के दफ्तर में राष्ट्रवादी दल और माडरेट पार्टी के मेल के लिए एक कॉन्फ्रेन्स हुई थी। ब्रिटिश छत्र के नीचे स्वराज्य की शर्त के सामने सबने सिर झुकाया। लेकिन, कांग्रेस का प्रतिनिधि बनने पर दस्तखत करना राष्ट्रवादियों ने मंजूर नहीं किया। कांग्रेस का एकच्छत्र राज्य माडरेट दल ही के हाथ रहा। हमें इस बात पर बहस नहीं करना है कि ऐसे हलफनामे पर हस्ताक्षर करना उचित और आवश्यक था, या नहीं, लेकिन, प्रजा-सत्ता के उस सिद्धान्त के अनुसार जिसका विकास हम अपने देश में चाहते हैं जिसके अनुसार काम किए जाने का हम मताबला करते हैं, और जिसके बिना हम आधुनिक संसार के साथ नहीं चल सकते—जिस आदमी को सर्वसाधारण अपना प्रतिनिधि चुने, वह प्रतिनिधि स्वीकार किया जाए, फिर चाहे उसका मत कुछ भी क्यों न हो।''[14]

कांग्रेस में आन्तरिक लोकतन्त्र को अपेक्षित मानते हुए इसी अग्रलेख में वे आगे लिखते हैं—''यदि उसका मत आपके विरुद्ध है तो आपकी कोशिश यह होनी चाहिए कि आप बहुमत से उसके पक्ष को आगे न बढ़ने दें। लेकिन यदि इसके विरुद्ध आप उसे सर्वसाधारण का प्रतिनिधि मानने को तैयार नहीं और यदि आप उसे राष्ट्रीय महासभा में, जो उतनी ही उसकी है, जितनी आपकी, स्थान देने और मुँह खोलने देने तक के रवादार नहीं, तो इसमें सन्देह नहीं कि आप प्रजा की सत्ता का पूरा अपमान करते हैं, आप राष्ट्रीय महासभा की पवित्रता का जरा भी ख्याल नहीं करते, आप उन कितने ही स्वत्वों से, जिनके लिए आप दूसरी शक्तियों के सामने हाथ फैलाते हैं, अपने भाइयों को वंचित रखते हैं और देश में सार्वजनिक स्फूर्ति के विकास को केवल रोकते ही नहीं, किन्तु उसको दाबकर जनता के स्वाभाविक प्रतिनिधियों के आगे बढ़ने के रास्तों को रोककर आप प्रजा की सत्ता के विकास के क्रम को पैरों से रौंदते हैं। हम किसी पक्ष-विशेष से सम्बन्ध नहीं रखते, लेकिन देश की

हीन दशा और उस पर भी, जातीय पहिए के पथ में इन संघातिक रुकावटों को देखकर हमें अपने हृदय की ये बातें कहनी पड़ीं। हम कांग्रेस की आवश्यकता के कायल हैं, लेकिन हम उसे सच्ची राष्ट्रीय महासभा के रूप में देखना चाहते हैं। हम चाहते हैं कि वह एकांगी न हो, उसका कोई एक पक्ष 'स्वत्व' की पुकार से आकाश भले ही गुँजा दे, लेकिन दूसरे पक्ष के साधारण स्वत्व को तो पैरों तले न कुचले, उसमें जनता के सच्चे प्रतिनिधियों की पैठ हो, और जनता के कानों में भी उसकी खबरें पहुँचें। और जिस दिन ऐसा होगा, उसी दिन हम उसे सच्ची कांग्रेस समझ सकेंगे।"[15]

विद्यार्थी जी भारत की सामासिक संस्कृति और साम्प्रदायिक सद्भाव के प्रखर उद्घोषक थे। अंग्रेजों की भेदनीति से उन्होंने समय-समय पर भारतीय जनता को सावधान किया। 1913.14 में कांग्रेस और मुस्लिम लीग निकट आकर राष्ट्र के मुक्ति-आन्दोलन को सबल बनाने का प्रयत्न कर रहे थे। सरकार के वफादार कतिपय अंग्रेजी पत्रों ने इस नैकट्य को अस्वाभाविक मानते हुए विषवमन किया। इस पर टिप्पणी करते हुए उन्होंने लिखा—"मुसलमानों की सबसे बड़ी सभा मुस्लिम लीग को कांग्रेस की ओर लुढ़कते देखकर एंग्लो-इंडियन पत्रों के पेट में चूहे कूदने लगे हैं। वे आगे बढ़नेवाले मुसलमान को पुरानी कथाएँ सुनाते हैं, कभी उन्हें पुचकारते हैं और कभी धमकाते और भीषण भविष्य का डर दिखाते हैं।"[16]

'प्रताप' का दायरा बड़ा था। मुक्ति और विकास दोनों उसके मूल लक्ष्य में शामिल थे। देश के स्वास्थ्य, शिक्षा और रोजगार के मुद्दों पर भी उन्होंने अपनी स्पष्ट राय दी। देश के स्वास्थ्य पर उनकी यह टिप्पणी कितनी सटीक है—"बड़ा ही अभागा है वह देश, जिसके युवक और युवतियों के चेहरों पर स्वास्थ्य की आनन्ददायिनी झलक देखने में न आवे। हृदय के क्लेश का ठिकाना नहीं रहता, जब हम देखते हैं कि ऐसे देशों में हमारा ही देश सबसे आगे बढ़ा हुआ है। देश के युवक और युवतियाँ नाम के युवक और युवतियाँ हैं। उनमें से 99 फीसदी अपने अमूल्य स्वास्थ्य को हाथ से खो चुके हैं और इस बात के पूरे और पक्के साक्षी उन्हीं का दबता हुआ हृदय, उन्हीं के बैठे हुए गाल और उन्हीं के चुचके और सूखे हुए शरीर हैं। कमजोर शरीरों से बलवान हृदयों की आशा नहीं की जा सकती और पीले चेहरोंवाले बलवानों की ठोकरों से अपनी रक्षा नहीं कर सकते।"[17]

शिक्षा की माध्यम भाषा के सम्बन्ध में उनकी दृष्टि साफ थी। 21 अगस्त, 1917 ई. को शिमला में सर शंकर नायर की अध्यक्षता में एडुकेशन कॉन्फ्रेन्स हुई थी। इसमें शिक्षा की माध्यम भाषा के मुद्दे पर गहन विमर्श हुआ। निष्कर्ष यह निकला कि छोटी उम्र से ही बच्चों को अंग्रेजी पढ़ाई जाए। वे अंग्रेजी में पारंगत हों और अच्छी तरह से अंग्रेजी बोलने और लिखने में दक्ष हो जाएँ। इस पर विद्यार्थी जी की यह टिप्पणी कितनी तार्किक और प्रासंगिक है—"हम स्वीकार करते हैं कि हमारा विदेशी भाषा अंग्रेजी का पढ़ना आवश्यक है, क्योंकि इस देश पर अंग्रेजी का राज्य है। हम यह भी स्वीकार करते हैं कि अन्य देशों से पत्र-व्यवहार करने के लिए भी हमें अंग्रेजी की शरण में जाने की आवश्यकता है। हमें विज्ञान की शिक्षा के लिए भी बहुत वर्षों तक अंग्रेजी का मुँह जोहना पड़ेगा। परन्तु ये सब

बातें मिलकर भी हमें इस बात के मानने के लिए विवश नहीं करतीं कि स्कूल के बच्चों की पढ़ाई का माध्यम अंग्रेजी बनाई जाए। स्कूलों में अंग्रेजी केवल दूसरी भाषा के सदृश रहे। हमारे विरोधी कहेंगे कि फिर अंग्रेजी में योग्यता कैसे प्राप्त होगी? इसकी आवश्यकता? यदि हम शुद्ध अंग्रेजी न लिख सकें या उसे शुद्ध रूप में न बोल सकें तो क्या हर्ज है? क्या हमारी भारतीयता कुछ घट जाएगी? बस, अंग्रेजी का इतना ही ज्ञान काफी है जितने में कोई काम न रुके। जितने जीते-जागते राष्ट्र हैं उन सब में दूसरे देश की भाषा से लाभ उठाने का यही उद्देश्य है। फिर, यदि हम भी यही उद्देश्य रखें तो क्या बुरा है? हम इस खब्त में पड़े ही क्यों, कि हम विदेशी भाषा अंग्रेजी के बोलने में गलती न करें, इसे उसी ढंग से लिखें जिस ढंग से अंग्रेज लिखता है।''[18]

विद्यार्थी जी की पत्रकारिता पर लोकमान्य तिलक, 'कर्मयोगी' के सम्पादक पं. सुन्दरलाल और आचार्य महावीरप्रसाद द्विवेदी का गहरा प्रभाव है। मराठी के सुप्रसिद्ध राष्ट्रीय पत्र 'केसरी' के सम्पादक लोकमान्य बालगंगाधर तिलक सरकार विरोधी सामग्री के प्रकाशन के कारण 3 जुलाई, 1908 को गिरफ़्तार कर लिये गए। उन्हें छह साल की सजा सुनाई गई और बर्मा के मंडले जेल में भेज दिया गया। जेल से उनके रिहा होने पर विद्यार्थी जी ने लिखा—''कठिन परीक्षा की लंबी अवधि बीत चुकी। तिलक कैदखाने से घर आ रहे हैं। देश में उनके हजारों और लाखों अनन्य उपासक हैं जो उनकी पूजा देवता की तरह करते हैं। देश में ऐसे आदमी भी हैं, जो उन्हें जातीय उन्नति का घोर शत्रु तक समझते हैं। परन्तु देश में क्या, विदेश और विदेशियों तक में भी, शायद ही कोई ऐसा सहृदय प्राणी मिले, जो विश्वास के साथ इस बात के कहने का दावा करे कि तिलक सच्चा देशभक्त नहीं, पूरा विद्वान् नहीं, पक्का त्यागी नहीं। फिर, इसी देशभक्ति, विद्वत्ता और त्याग के नाम पर क्यों न हम सब अपने भेद-भाव छोड़कर हर्ष से नहीं, किन्तु करुणा, प्रेम और आदर से उस महान पुरुष का स्वागत करें, जो अपनी और हमारी सच्ची माता के लिए स्वर्ण की तरह इतना तपा, और जिसे अपनी दृढ़ता के लिए अन्य सारे कष्ट भोग चुकने पर भी उस असहाय कष्ट को भोगने के लिए तैयार होना पड़ेगा, जो घर पहुँचने पर अपनी जीवनसंगिनी के वर्तमान विछोह, और उसके स्नेहपूर्ण स्वागत से वंचित होने पर उसे होगा।''

1 अगस्त, 1920 को लोकमान्य तिलक का निधन हुआ। 9 अगस्त, 1920 का 'प्रताप' लोकमान्य के प्रति श्रद्धांजलि अंक के रूप में निकला। सम्पादकीय में विद्यार्थी जी ने शोक-संवेदना ही व्यक्त नहीं की, उनके महत्त्व का रेखांकन भी किया। अपने उद्गार व्यक्त करते हुए उन्होंने लिखा—''तिलक की कठिन तपस्या और प्रबल त्याग ही ने देश में प्राण-संचार किया। उनका जेल जाना और फिर भी निर्भीक होकर अपना काम करते रहना, चारों ओर से आक्रमणों के निशाने बनना और तो भी अटल बने रहना, आफतें सहना और उनके कारण उद्देश्य सिद्धि के पथ से तनिक भी विचलित नहीं होना एक ऐसा बलिदान था जिससे देश के मोह का पाप कटे बिना न रहा, और अन्त में, निरन्तर किए गए इस संग्राम से तथा अनीति और अन्याय के विरुद्ध इस संग्राम के ठाननेवाले की कार्य-कुशलता, कुशाग्रता, तत्परता और दूरदर्शिता से आज देश को यह दिन देखना नसीब हुआ। देश की सर्वत्र-व्याप्त

निर्जनता में, उस समय अकेला कंठ बोल रहा था, एक ही आत्मा चल-फिर रही थी। आज असंख्य आत्माएँ उसका काम कर रही हैं, उसके सन्देश पर चल रही हैं। सौभाग्य था देश का कि तिलक ने इस मार्ग को ग्रहण किया, वे किसी भी मार्ग पर चलकर अग्रणी हो सकते थे। वे प्रसिद्ध शिक्षक हो सकते थे, प्रसिद्ध फर्ग्युसन कॉलेज की नींव उन्होंने ही डाली थी। वे विश्व-विख्यात लेखक और विद्वान हो सकते थे, 'केसरी' के विद्वान सम्पादक, वेदों के भारी पंडित, कैद की दशा तक में वेदों और गीता पर अत्यन्त विचारपूर्ण ग्रन्थों के लेखक तिलक के लिए यह कठिन बात न थी। वे खूब धन कमानेवाले वकील हो सकते थे; जस्टिस डावर के सामने इक्कीस घंटे तक अपने ही मामले पर बहुत जबर्दस्त बहस करके उन्होंने अपनी कानूनी योग्यता का पूर्ण परिचय दिया था। देश की लगन और देशवासियों की हीन दशा और पराधीनता ने उनके स्वाधीन-चेता मन को किसी करवट चैन न लेने दिया। उन्होंने जो कुछ किया और जिस ढंग से किया उससे यही भासित होता है कि वे भारतवर्ष की उन विलुप्त शक्तियों के अवतार थे, जो प्रभुता और अधिकार की अस्वाभाविक अठखेलियों का विरोध करने के लिए तुली हुई थीं। वे भारतवर्ष की आधुनिक राष्ट्रीयता के जन्मदाता थे। वे उसके पोषक थे, वे उसके रक्षक थे। उसके निमित्त वे अन्यायियों से लड़े और लड़े अपने देशभाइयों से। खूब लड़े—इंच-इंच लड़े और अन्त में चोटें खाते और आफत सहते हुए भी विजय उनके हाथ रही।''[20]

गाँधी जी के चम्पारण सत्याग्रह की पृष्ठभूमि तैयार करने में विद्यार्थी जी की महत्त्वपूर्ण भूमिका रही। राजकुमार शुक्ल को नीलहों के अत्याचार से मुक्ति हेतु गाँधी जी को चम्पारण ले जाने का सुझाव विद्यार्थी जी ने ही दिया। उन्होंने चम्पारण के सम्बन्ध में अनेक समाचार छापे और कलम के सत्याग्रही पीर मुहम्मद मूनिस के इस विषय पर कई लेख भी 'प्रताप' में प्रकाशित किए। इस सम्बन्ध में अजीत प्रताप सिंह ने लिखा है—''प्रताप प्रेस के कार्यालय में गाँधी जी को चम्पारण के किसानों पर हो रहे अत्याचारों के विषय में तब और अधिक विश्वास हुआ जब उन्होंने चम्पारण पर 'प्रताप' अखबार में छपे हुए लेखों को देखा। उन्हें लगा कि वास्तविक रूप से किसान परेशान हैं और उन्होंने वहीं शुक्ल जी को आश्वस्त किया कि वह चम्पारण अवश्य जाएँगे। ऐसी स्थिति में अगर यह कहा जाए कि चम्पारण सत्याग्रह की पृष्ठभूमि कानपुर में गणेश शंकर विद्यार्थी के 'प्रताप' प्रेस में बनी तो गलत नहीं होगा।''[21]

चम्पारण के किसानों की दुर्दशा और शोषण के खिलाफ 'प्रताप' ने 1914 ई. से ही आवाज उठानी शुरू की। 22 नवम्बर, 1914 के 'प्रताप' में 'चम्पारण में अन्धेर' शीर्षक लेख छपा। गाँधी जी के चम्पारण अभियान की खबर उन्होंने 'प्रताप' में नियमित प्रकाशित की और अग्रलेख भी लिखा। अग्रलेख में उन्होंने लिखा—''पाठक जानते हैं कि चम्पारण के नीलहे गोरों ने कर्मवीर गाँधी के कार्य में जितनी हो सकी, उतनी अड़चनें डालीं और अपनी निर्लज्जता और दुष्टता का खूब परिचय दिया। और इनकी बातों में आकर मोतिहारी के अधिकारियों ने तो मि. गाँधी को एकदम चले जाने की आज्ञा तक दे दी। और जब महात्मा जी ने आज्ञापालन से साफ इनकार कर दिया, तब उन पर मुकदमा तक चला दिया। पर बिहार सरकार ने बुद्धिमानी से काम लिया और उनको नीलहों और रैयत के सम्बन्धों की जाँच करने

की अनुमति दे दी। माननीय मि. मजहरूल हक, सैयद हसन इमाम, मि. सच्चिदानन्द सिंह, बा. ब्रजकिशोर प्रसाद, रामबहादुर पूर्णानन्द सिंह इत्यादि बिहारी नेताओं ने और विशेषत: बा. परमेश्वर लाल इत्यादि उत्साही युवकों ने महात्मा जी का साथ देकर अपना कर्तव्य पालन किया। मि. गाँधी ने गाँव-गाँव घूमकर रैयतों के सात हजार बयान लिये और उनके आधार पर एक छोटी सी प्रारम्भिक रिपोर्ट लिखकर बिहार सरकार को भेज दी। इससे नीलहे गोरों में और खलबली मच गई।''[22]

विद्यार्थी जी ने अपने समय की हर गतिविधि का विश्लेषण किया और निहितार्थ को रेखांकित किया। देश और विदेश, राजनीति और अर्थनीति, समाज और संस्कृति, युद्ध और शान्ति तथा गाँव और नगर सब पर उन्होंने अपनी पैनी दृष्टि रखी और विचारोत्तेजक अग्रलेख लिखे। ऐसे कुछ उल्लेखनीय अग्रलेख हैं—'राष्ट्रीयता की दबी लहर' (3 मई, 1914 ई.), 'हमारे अन्नदाता' (24 एवं 31 मई, 1914 ई.), 'दूसरा संग्राम' (7 जून, 1914 ई.), 'हिन्दू विश्वविद्यालय' (2 अगस्त, 1914 ई.), 'भयंकर महायुद्ध' (9 अगस्त, 1914 ई.), 'युद्ध' (23 अगस्त एवं 11 अक्टूबर, 1914 ई.), 'सभ्यता और युद्ध' (1 नवम्बर, 1914 ई.), 'टर्की के भाग्य का निपटारा' (15 नवम्बर, 1914 ई.), 'स्वदेशी आन्दोलन का वर्तमान रूप' (13 दिसम्बर, 1914 ई.), 'देश का व्यवसाय' (27 दिसम्बर, 1914 ई.), 'नए टैक्स' (18 जनवरी, 1915 ई.), 'कौन्सिल में नई भाषा' (22 मार्च, 1915 ई.), 'रेलों का सरकारी प्रबन्ध' (20 मार्च, 1915 ई.), 'मिसेस बेसेंट की वक्तृता' (5 अप्रैल, 1914 ई.), 'एक राहुग्रस्त राष्ट्र' (3 मई, 1915 ई.), 'सुरापान की भयंकरता' (10 मई, 1915 ई.), 'भारत पर युद्ध का प्रभाव' (17 मई, 1915 ई.), 'रणक्षेत्र में इटली' (31 मई, 1915 ई.), 'पंजाब में अशान्ति' (7 जून, 1915 ई.), 'शिक्षा का विष' (12 जुलाई, 1915 ई.), 'भारतीय मजदूर की शक्ति' (4 अक्टूबर, 1915 ई.), 'स्वराज्य सभा' (11 अक्टूबर, 1915 ई.), 'वैद्यक को फाँसी' (6 दिसम्बर, 1915 ई.), 'भारतीय व्यापार पर जापान का धावा' (13 दिसम्बर, 1915 ई.), 'भारत के लिए स्वराज्य' (20 दिसम्बर, 1915 ई.), 'शिक्षा का प्रश्न' (24 जनवरी, 1916 ई.), 'धन ही क्यों, जन क्यों नहीं' (14 फरवरी, 1916 ई.), 'फिलिपाइन्स की स्वाधीनता' (21 फरवरी, 1916 ई.), 'गाँधी का भाषण' (28 फरवरी, 1916 ई.), 'बजट' (13 मार्च, 1916 ई.), 'मुसलमानों का पृथक् निर्वाचन' (10 अप्रैल, 1916 ई.), 'स्वराज्य की कल्पना' (24 अप्रैल, 1916 ई.), 'आयरलैंड का बलवा' (15 मई, 1916 ई.), 'प्रेस एक्ट के विरुद्ध आन्दोलन' (19 जून, 1916 ई.), 'भारतीय विद्यार्थी' (14 अगस्त, 1916 ई.), 'मारवाड़ियों की राजभक्ति' (28 अगस्त, 1916 ई.), 'गाँवों में पंचायतें' (11 सितम्बर, 1916 ई.), 'लखनऊ की कांग्रेस में स्वराज्य की जयध्वनि' (1 जनवरी, 1917 ई.), 'कुलीप्रथा की क्रूरता' (29 जनवरी, 1917 ई.), 'विलायती कपड़े पर टैक्स' (26 मार्च, 1917 ई.), 'देश के लिए सिपाही बनो' (2 अप्रैल, 1917 ई.), 'गोरों का विरोध' (1 अक्टूबर, 1917 ई.), 'हम क्या चाहते हैं?' (3 दिसम्बर, 1917 ई.), 'सरस्वती का नया मन्दिर' (10 दिसम्बर, 1917 ई.), 'देशी व्यापार की दुर्दशा' (17 दिसम्बर, 1917 ई.), 'भारतवर्ष की नई आशा' (14 जनवरी, 1918 ई.), 'हमारे धन का ह्रास' (28 जनवरी,

1918 ई.), 'प्रयाग का कुम्भ' (25 फरवरी, 1918 ई.), 'प्रेस एक्ट' (4 मार्च, 1918 ई.), 'सरकारी आय-व्यय का लेखा' (11 मार्च, 1918 ई.), 'बम्बई की विशेष कांग्रेस' (9 सितम्बर, 1918 ई.), 'देशी राजाओं की कॉन्फ्रेन्स' (27 जनवरी, 1919 ई.), 'दमन नीति की नई तलवार' (3 फरवरी, 1919 ई.), 'कौन्सिल में रौलट बिल' (10 फरवरी, 1919 ई.), 'संग्राम का आरम्भ' (14 अप्रैल, 1919 ई.), 'मानवीय स्वत्व' (30 जून, 1919 ई.), 'सन्धि : स्वाधीनता और सभ्यता का विकास या नाश' (7 जुलाई, 1919 ई.), 'इंग्लैंड में बोल्शेविज़्म' (11 अगस्त, 1919 ई.), 'अनीति की चरम सीमा' (8 सितम्बर, 1919 ई.), 'इरानी स्वाधीनता की इतिश्री' (29 सितम्बर, 1919 ई.), 'मुस्लिम राष्ट्रीयता की रक्षा' (20 अक्टूबर, 1919 ई.), 'व्यापारी, स्वराज्यवादी बनें!' (3 नवम्बर, 1919 ई.), 'टर्की का भाग्य' (26 जनवरी, 1920 ई.), 'खिलाफत की समस्या' (5 अप्रैल, 1920 ई.), 'हंटर-कमेटी की रिपोर्ट' (7 जून, 1920 ई.), 'असहयोग का प्रश्न' (12 जुलाई, 1920 ई.), 'डायर या ओ 'डायर' (19 जुलाई, 1920 ई.), 'असहयोग आन्दोलन' (21 जुलाई, 1929 ई.), 'लालाजी का भाषण' (13 सितम्बर, 1920 ई.), 'कौन्सिलों का बहिष्कार' (11 अक्टूबर, 1920 ई.), 'विद्यालयों का बहिष्कार' (6 दिसम्बर, 1920 ई.), 'कॉलेज में विद्यार्थियों का कर्तव्य' (25 जनवरी, 1921 ई.), 'जेल के कैदी' (31 मार्च, 1924 ई.), 'हमारा भाग्य विधाता कौन? (21 अप्रैल, 1924 ई.), 'स्वराज्य अपने ही बल से' (23 जून, 1924 ई.), 'मजहबी पागलपन' (21 जुलाई, 1924 ई.), 'अहिंसा की दुर्दशा' (15 सितम्बर, 1924 ई.), 'बम का धड़ाका' (3 नवम्बर, 1924 ई.), 'महात्मा गाँधी का राजनीतिक नेतृत्व' (10 नवम्बर, 1924 ई.), 'सिक्खों का बलिदान' (23 मार्च, 1925 ई.), 'हिन्दुओं की कूपमंडूकता' (20 अप्रैल, 1925 ई.), 'किसानों को पीसने की तैयारी' (27 जून, 1926 ई.) आदि।

इन अग्रलेखों के अतिरिक्त समय-समय पर उन्होंने 'प्रताप' में वैचारिक लेखन भी लिखे। ऐसे लेखों में—'मानव स्वत्व' (17 मई, 1914 ई.), 'राष्ट्रीयता' (21 जून, 1915 ई.), 'विस्मृति' (4 अगस्त, 1919 ई.), 'सुगमता की माया' (3 मई, 1920 ई.), 'हमारा सार्वजनिक जीवन' (28 जून, 1920 ई.), 'मैं नॉनवायलेन्स को शुरू से अपनी पॉलिसी मानता रहा हूँ, धर्म नहीं' (26 मार्च, 1923 ई.), 'सार्वजनिक सदाचार' (17 अप्रैल, 1924 ई.), 'लक्ष्य से दूर' (2 मार्च, 1925 ई.), 'राष्ट्र की नींव' (28 जून, 1915 ई.), 'दूसरा कृपाण' (29 मार्च, 1914 ई.), 'जातीय होली' (18 मार्च, 1914 ई.), 'जातीय सुधार' (14 जून, 1914 ई.), 'दीपमाला' (27 अक्टूबर, 1919 ई.), 'लोक सेवा' (19 अप्रैल, 1915 ई.), 'नगर जीवन' (13 सितम्बर, 1915 ई.), 'देश की गरीबी' (10 मई, 1920 ई.), 'चलिए गाँवों की तरफ' (19 जनवरी, 1925 ई.), 'देश के मजदूरों की दशा' (15 सितम्बर, 1919 ई.), 'शैतान बपतिस्मा ले रहा है' (16 फरवरी, 1920 ई.), 'धर्म की आड़' (27 अक्टूबर, 1924 ई.), 'हिन्दू-मुस्लिम विद्वेष और भारत सरकार' (25 जुलाई, 1926 ई.), 'समुद्र मन्थन' (8 अगस्त, 1926 ई.) उल्लेखनीय हैं। उन्होंने 'प्रताप' के पाठकों के लिए महापुरुषों पर भी जीवनीपरक लेख लिखे। यथा—'कर्मवीर महाराणा प्रताप' (9 नवम्बर,

1913 ई.), 'कर्मवीर गाँधी' (16 नवम्बर, 1913 ई.), 'देवी जोन' (15 जनवरी, 1914 ई.), 'स्वर्गीय महात्मा गोखले' (1 मार्च, 1915 ई.), 'डॉ. जगदीशचन्द्र बोस' (2 अगस्त, 1915 ई.), 'महर्षि दादाभाई नौरोजी' (2 जुलाई, 1917 ई.), 'प्रेसीडेंट विलसन' (23 दिसम्बर, 1918 ई.), 'मैक्सिम गोर्की : स्वाधीनता का रूसी उपासक' (1 सितम्बर, 1919 ई.), 'लोकमान्य तिलक' (9 अगस्त, 1920 ई.), 'महात्मा प्रिन्स क्रोपटकिन' (8 फरवरी, 1921 ई.), 'विक्टर ह्यूगो' (8 अक्टूबर, 1922 ई.), 'मौलाना हसरत मोहानी' (18 अगस्त, 1924 ई.), 'लेनिन' (15 जून, 1925 ई.), 'हेनरी फोर्ड' (14 दिसम्बर, 1925 ई.)। ये जीवनियाँ संक्षिप्त हैं किन्तु इनमें महापुरुष और युगनायकों के उन गुणों का उल्लेख किया गया है, जो उनकी कालजयिता के कारक हैं। साथ ही, इनमें मार्मिक प्रसंगों का समायोजन भी है।

'प्रताप' के अनेक अंकों में विशिष्टताओं के देहावसान पर श्रद्धासुमन भी प्रकाशित हैं। ये श्रद्धा-सुमन पुंय स्मरण ही नहीं, दिवंगत आत्माओं के सुकर्मों का बयान भी हैं। विद्यार्थी जी के द्वारा लिखित इन श्रद्धांजलियों में गहरी मार्मिकता है, संवेदना की गहराई है और पूर्वजों के अवदानों के प्रति निष्ठा भी है। 'प्रताप' में प्रकाशित श्रद्धा-सुमन हैं— 'लाला जी का देहावसान' (25 नवम्बर, 1928 ई.), 'माननीय बाबू गंगाप्रसाद वर्मा' (28 जून, 1914 ई.), 'हा! डॉ. सतीश' (14 जून, 1915 ई.), 'स्वर्गीय राय देवीप्रसाद 'पूर्ण'' (5 जुलाई, 1915 ई.), 'सर फीरोज शाह मेहता का देहान्त' (15 नवम्बर, 1915 ई.), 'सम्पादकाचार्य सुब्रह्मंयम अय्यर' (24 अप्रैल, 1916 ई.), 'स्वर्गीय पं. विशुन नारायण दर' (27 नवम्बर, 1916 ई.), 'स्व. सर विलियम वेडरवर्न' (4 फरवरी, 1918 ई.), 'स्वर्गीय श्रीयुत् लक्ष्मीशंकर अवस्थी' (29 जुलाई, 1918 ई.), 'स्वर्गीय सर शापुरजी बरोचा' (5 जुलाई, 1920 ई.), 'पं. विष्णुदत्त शुक्ल' (17 जून, 1921 ई.), 'स्वर्गीय श्रीयुत् पीर मुहम्मद मूनिस' (15 फरवरी, 1921 ई.), 'वज्रपात' (देशबन्धु दास—22 जून, 1925 ई.) और 'स्वर्गीय श्री सुरेन्द्रनाथ बनर्जी' (10 अगस्त, 1925 ई.)।

'प्रताप' में साहित्यिक रचनाएँ, मुख्यतः कविताएँ प्रायः प्रकाशित होती थीं। पत्र के अनेक विशेषांक भी निकले। सितम्बर, 1914 में इसका पहला विशेषांक राष्ट्रीय अंक के रूप में निकला। साठ पृष्ठों के इस विशेषांक में आचार्य महावीरप्रसाद द्विवेदी, मैथिलीशरण गुप्त, प्रेमचन्द, विद्यावती, सैय्यद हैदर हुसैन, बदरीनाथ भट्ट, सत्यनारायण कविरत्न, श्रीमती बाला, विद्यावती सेठ और जनार्दन भट्ट की रचनाएँ छपीं। प्रेमचन्द की पहली हिन्दी कहानी 'परीक्षा' का प्रकाशन इसी विशेषांक में हुआ। आवरण पृष्ठ पर निम्नलिखित पंक्तियाँ मुद्रित थीं—

''जय अतीत अपूर्व गौरव, ज्ञान-गुण विस्तारणी।
वर्तमान विचारिणी, भावी शुभाशा कारिणी।।
शक्ति और प्रतापपूर्ण, भव्य भाव विहारिणी।
जयति जय सिंह, भारत जननि, भय हारिणी।।''

'प्रताप' में अनेक ऐसी कविताएँ छपीं, जिनमें शासन को राजद्रोह नजर आया। गया प्रसाद शुक्ल 'सनेही' की अनेक राष्ट्रीय कविताएँ कवि त्रिशूल के नाम से 'प्रताप' में छपीं।

'दासता' कविता काफी चर्चित हुई और इसे राजद्रोहपूर्ण बताकर 'प्रताप' से जमानत माँगी गई। कविता की पंक्तियाँ निम्नलिखित हैं—

''हे दासता! तुम हमारा पीछा क्यों नहीं छोड़ती हो?
अब तो हम पर कुछ दया करो, हमारे हृदय को क्यों कचोटती हो?
तुमने हमारे धन और गौरव का अपहरण किया,
और अब हमारी स्वतन्त्रता भी छीन ली है।
हे शापित! अब हमारे पास रह ही क्या गया है?
जो तुम उस पर भी लोलुपता से निगाह लगाए हो।
हम सब तो गरीबी और दरिद्रता का आवरण धारण किए हैं।
हे आततायी! यद्यपि हम सब भुखमरी से पीड़ित हैं,
फिर भी हमारी हत्या क्यों करती हो?''[23]

'प्रताप' में प्रकाशित कुछ महत्त्वपूर्ण कविताएँ हैं—'श्रीकृष्ण विनय' (त्रिशूल, 13 अगस्त, 1917 ई.), 'माँ' (जगन्नाथ जोशी, 24 सितम्बर, 1917 ई.), 'फिदा-ए-वतन' (नानक सिंह 'हमदम', 22 अप्रैल, 1918 ई.)। वर्ष 1917 में 'प्रताप' का राष्ट्रीय अंक निकला। विजयादशमी के अवसर पर प्रकाशित इस विशेषांक में मैथिलीशरण गुप्त की पाँच कविताएँ छपीं—'नवयुग का स्वागत', 'जीवित जोश', 'स्वतन्त्रता का जन्मस्थान', 'स्वतन्त्रता-प्रेम' और 'स्वतन्त्रता का आह्वान'।

आर्थिक कठिनाइयों से जूझते हुए 'प्रताप' की विकास-यात्रा चलती रही। अनेक अवरोध आए, बार-बार शासन के खिलाफ प्रकाशित सामग्री के कारण जमानतें माँगी गईं। अपनी पाँच जेल यात्राओं में से तीन 'प्रताप' के सम्पादन के कारण ही उन्होंने कीं। 'प्रताप' के नियमित प्रकाशन के लिए उन्होंने ट्रस्ट का गठन किया। 13 मार्च, 1919 को ट्रस्ट का पंजीयन हुआ। ट्रस्ट के आरम्भिक सदस्य थे—(1) मैथिलीशरण गुप्त, चिरगाँव (2) डॉ. जवाहरलाल रोहतगी, कानपुर (3) सेठ फूलचन्द, कानपुर (4) शिवनारायण मिश्र वैद्य, कानपुर और (5) गणेश शंकर विद्यार्थी, कानपुर। 23 नवम्बर, 1920 से 'प्रताप' का दैनिक संस्करण शुरू हुआ। 1924 ई. में अमर शहीद भगतसिंह विद्यार्थी जी के पास आए और बलवन्त सिंह के छद्म नाम से 'प्रताप' में काम किया।

बीच-बीच में विद्यार्थी जी के कारावास के कारण श्रीकृष्णदत्त पालीवाल (3 मई, 1921 से 10 सितम्बर, 1923 ई.), बालकृष्ण शर्मा 'नवीन' (11 सितम्बर से 30 सितम्बर, 1923 ई.), माखनलाल चतुर्वेदी (अक्टूबर, 1923 से 3 मार्च, 1924 ई.), प्रकाश नारायण शिरोमणि (9 नवम्बर, 1930 से जनवरी, 1931 ई.) और श्रीनिवास बालाजी हार्डीकर (1 फरवरी से 15 मार्च, 1931 ई.) ने सम्पादन का दायित्व सँभाला। उन सबने विद्यार्थी जी के बनाए मार्ग का ही अनुसरण किया। यह उनके प्रशिक्षण का ही प्रतिफल था कि उनकी अनुपस्थिति में भी 'प्रताप' की तेजस्विता मन्द नहीं हुई। 'प्रताप' के माध्यम से उन्होंने पत्रकारों की एक पूरी पीढ़ी तैयार की। इस सन्दर्भ में सुरेश सलिल का यह कथन पूर्णतः सत्य है—''एक ओर 'प्रताप' ब्रिटिश उपनिवेशवाद, सामन्तवाद, नौकरशाही, पुलिस-भ्रष्टाचार और पुरोहितवाद

से टक्कर ले रहा था, तो दूसरी ओर मूल्यपरक पत्रकारिता का पथ प्रशस्त करने के उद्‌देश्य से पत्रकारों के प्रशिक्षण-संस्थान के रूप में भी महत्त्वपूर्ण भूमिका अदा कर रहा था। प्रारम्भ में बेशक 'प्रताप' का सारा सम्पादन-लेखन का दायित्व अकेले गणेश जी को सँभालना पड़ा, लेकिन धीरे-धीरे ऐसे उत्साही युवाओं का ताँता 'प्रताप' प्रेस में लगता चला गया, जो पत्रकारिता के क्षेत्र में आकर गणेश जी के मार्गदर्शन में पत्रकारिता करना, सीखना चाहते थे। ऐसे लोगों में श्रीकृष्णदत्त पालीवाल, बालकृष्ण शर्मा 'नवीन', दशरथ प्रसाद द्विवेदी, श्रीराम शर्मा, देवव्रत शास्त्री, रमाशंकर अवस्थी, विष्णुदत्त शुक्ल, काकोरी प्रकरण से जुड़े रहे क्रान्तिकारी-द्वय सुरेशचन्द्र भट्टाचार्य व रामदुलारे त्रिवेदी, सुरेंद्र शर्मा, प्रकाशनारायण शिरोमणि, श्रीनिवास बालाजी हार्डीकर, युगल किशोर सिंह शास्त्री व बृजबिहारी मेहरोत्र के नाम प्रमुखता से लिये जा सकते हैं। सुरेश बाबू और रमाशंकर अवस्थी जैसे कुछेक लोग बेशक 'प्रताप' में आने से पहले पत्रकारिता के क्षेत्र में सक्रिय हो चुके थे बाकी लगभग सभी ने गणेश जी के श्रीचरणों में बैठकर 'प्रताप' से ही पत्रकारिता की वर्णमाला सीखी और आगे चलकर हिन्दी-पत्रकारिता के अग्रणी लोगों में गिने गए।''[24]

विद्यार्थी जी ने माखनलाल चतुर्वेदी द्वारा सम्पादित 'प्रभा' के बन्द हो जाने पर जनवरी, 1920 में उसे अपने सम्पादन में शुरू किया। अपने पहले सम्पादकीय में उन्होंने लिखा—''गहरे विश्राम के पश्चात् 'प्रभा' आज फिर कर्मक्षेत्र में पदार्पण करती है। उसका पहला वायुमंडल अत्यन्त उच्च और सात्विक था। इसकी कल्पना तक हृदय को शुद्ध और ओजपूर्ण भावनाओं की ओर अग्रसर करती है। हमारा प्रयत्न होगा कि हम उच्च आदर्शों को लक्ष्य में रखें। परन्तु हम अनुभव करते हैं कि जो स्वच्छ और पवित्र परिस्थिति प्रभा के तत्कालीन संचालक श्रीयुत् माखनलाल चतुर्वेदी ने अपनी मनस्विता और उच्चाशयता से निर्माण की थी, प्रभा को उसी कोटि में स्थिर रखना हमारे लिए अत्यन्त कठिन है। हम पुराने पदचिह्नों को स्मरण रखेंगे और उनका आदर करेंगे और साथ ही उन मार्गों पर चलने का पूरा प्रयत्न करेंगे, जिनमें हमारी शक्तियाँ भलीभाँति लग सकें और जिनकी यात्रा देश के लिए आवश्यक भी हो।... आत्मरक्षा और आत्मविकास के लिए संसार की घटनाओं की क्रिया और प्रतिक्रिया का ज्ञान आवश्यक है। इस देश को ज्ञान की ऐसी ज्योतिशिखा की परम आवश्यकता है जो नाविक को घटनाओं की घटाओं से आच्छादित मार्गों के ढूँढ़ने में सहारा दे, उसे दिशाओं की सूचना दे, आसपास के कगारों की ऊँचाई-नीचाई, भयंकरता और सौम्यता का पता दे, आसपास वालों की घातों और प्रतिघातों का ज्ञान दे और अन्त में, दे उसे पार करने के लिए प्रौढ़ मत, शुद्ध संकल्प और अदम्य उत्साह। 'प्रभा' इस क्षेत्र में कुछ कार्य करेगी। उसका प्रयत्न होगा कि वह पाठकों को घर और बाहर के अनुकूल और प्रतिकूल सामयिक संघर्षणों का परिचय दे, उन्हें अपना मत स्थिर करने में सहायता दे और इस प्रकार उन्हें देश के कल्याण के लिए अग्रसर होने का निमन्त्रण दे। काम उतना ही बड़ा है जितना कि आवश्यक। सन्तोष है कि कई दिशाओं में यह काम हो रहा है। 'प्रभा' भी अपनी अत्यन्त साधारण शक्तियों को लेकर उसमें योग देगी। परमात्मा करें कि वह इस मार्ग में कुछ कर सके।''[25]

'प्रभा' मई, 1915 तक प्रताप प्रेस से नियमित प्रकाशित हुई। सम्पादन में श्रीकृष्णदत्त पालीवाल और बालकृष्ण शर्मा 'नवीन' उनके मुख्य सहयोगी थे। 'प्रभा' ने साहित्यिक कलेवर को बरकरार रखते हुए राजनीतिक चेतना का भी प्रसार किया। प्रेमचन्द की अनेक कहानियाँ इसमें प्रकाशित हुईं। पांडेय बेचन शर्मा 'उग्र', रामचन्द्र शुक्ल, रामचन्द्र गौड़, सैयद मीर अली इसी पत्रिका के माध्यम से व्यापक पाठक वर्ग के बीच उपस्थित हुए। 'प्रभा' ने 'प्रताप' का सहयोग किया, उसकी सहचरी बनी और पाठकों के रचनात्मक और बौद्धिक चिन्तन को परिष्कृत करने का ऐतिहासिक प्रयास किया।

विद्यार्थी जी को लम्बी आयु नहीं मिली, किन्तु अविस्मरणीय योगदान के कारण वे अमर हो गए। उन्होंने केवल पत्रकारिता नहीं की, प्रतिगामी शक्तियों पर निरन्तर प्रहार भी किया। वे कांग्रेस से सम्बद्ध हुए, कौन्सिल के सदस्य निर्वाचित हुए, आन्दोलनों में सक्रिय रहे, मिल मजदूरों की हड़ताल का नेतृत्व किया। कानपुर में साम्प्रदायिक दंगों को शान्त करने के लिए उन्होंने अपने प्राणों की आहुति दे दी। मनुष्यता के संरक्षण और साम्प्रदायिक सद्भाव के लिए 25 मार्च को वे शहीद हो गए। वे सही अर्थों में अनेक मोर्चों पर संघर्ष करनेवाले एक सच्चे योद्धा थे। सुरेश सलिल के शब्दों में—''गणेश शंकर विद्यार्थी का स्मरण सामान्यतया एक पत्रकार और साम्प्रदायिक सद्भाव के लिए शहादत देनेवाले एक राष्ट्रीय व्यक्तित्व के रूप में किया जाता है। लेकिन उनका महत्त्व इससे बहुत बढ़कर है। बीसवीं सदी के स्वाधीनता आन्दोलन के प्रथम चरण में उभरनेवाले वे एकमात्र ऐसे युगान्तकारी व्यक्तित्व हैं, जिन्होंने राष्ट्रीय स्वाधीनता के प्रश्न को विचार से जोड़ा और विचारधारा का भावी पथ प्रशस्त किया। राष्ट्रीय स्वाधीनता और रूस की समाजवादी क्रान्ति को एक समान परिप्रेक्ष्य में देखनेवाले देश के पहले राष्ट्रीय व्यक्तित्व वही थे। गणेश शंकर विद्यार्थी ने एक ओर यदि राष्ट्रीय स्वाधीनता के लक्ष्य को राजनीति सत्तान्तरण से बहुत आगे ले जाकर उत्पादन सम्बन्धों, समाज-दर्शन, आचारशास्त्र, भाषा-शिक्षा-संस्कृति आदि से जोड़ा, तो दूसरी ओर हिंसा-अहिंसा, हिन्दू-मुस्लिम भेदभाव को परे खिसकाकर स्वाधीनता की स्वयंभू वैष्णवी अवधारणा को भी बेदखल करने के प्रभावी प्रयास किए।''[26]

सन्दर्भ

1. आधुनिक भारत के निर्माता : गणेश शंकर विद्यार्थी, प्रकाशन विभाग, नई दिल्ली, तृतीय संस्करण, पृष्ठ 08
2. गणेश शंकर विद्यार्थी, कृष्ण बिहारी मिश्र, साहित्य अकादमी, नई दिल्ली, प्रथम संस्करण, 1996 ई., पृष्ठ 10
3. 'सरस्वती', सितम्बर, 1911 ई.
4. 'सरस्वती', सितम्बर, 1911 ई.
5. गणेश शंकर विद्यार्थी, पृष्ठ 10.11
6. पत्रकारिता के युग निर्माता : गणेश शंकर विद्यार्थी, प्रभात प्रकाशन, नई दिल्ली, प्रथम संस्करण, 2010 ई., पृष्ठ 43

7. गणेश शंकर विद्यार्थी : व्यक्तित्व एवं कृतित्व, गणेश शंकर विद्यार्थी रचनावली, प्रथम खंड, सम्पादक-सुरेश सलिल, पृष्ठ 18
8. 'प्रताप' की नीति (अग्रलेख), 'प्रताप', 9 नवम्बर, 1913 ई.
9. घोर संग्राम (अग्रलेख), 'प्रताप', 16 नवम्बर, 1913 ई.
10. लेकिन भारतीय सरकार, वही।
11. भीषण अत्याचार (अग्रलेख) 'प्रताप', 23 नवम्बर, 1913 ई.
12. वीरों की दृढ़ता (अग्रलेख) 'प्रताप', 28 दिसम्बर, 1913 ई.
13. वीरों की दृढता (अग्रलेख) 'प्रताप' 28 दिसम्बर, 1913 ई.
14. राष्ट्रीय महासभा (अग्रलेख) 'प्रताप', 4 जनवरी, 1914 ई.
15. राष्ट्रीय महासभा (अग्रलेख) 'प्रताप', 4 जनवरी, 1914 ई.
16. एंग्लो-इंडियन पत्रों में खलबली, 'प्रताप', 11 जनवरी, 1914 ई.
17. देश का स्वास्थ्य (अग्रलेख), 'प्रताप', 25 जनवरी, 1914 ई.
18. शिक्षा का माध्यम (अग्रलेख), 'प्रताप', 3 सितम्बर, 1917 ई.
19. महात्मा तिलक का छुटकारा, 'प्रताप', 21 जून, 1914 ई.
20. लोकमान्य तिलक, 'प्रताप', 9 अगस्त, 1920 ई.
21. चम्पारण सत्याग्रह का गणेश, लोकभारती प्रकाशन, इलाहाबाद, प्रथम पेपरबैक्स संस्करण: 2018, पृष्ठ 110
22. चम्पारण की अनुसन्धान कमेटी, 'प्रताप', 18 जून, 1917 ई.
23. 'प्रताप', 19 जून, 1916 ई.
24. पत्रकारिता के युग निर्माता : गणेश शंकर विद्यार्थी, पृष्ठ 63.64
25. कार्यक्षेत्र में पदार्पण (सम्पादकीय), 'प्रभा', जनवरी, 1920 ई.
26. रचनावली का यह खंड, गणेश शंकर विद्यार्थी रचनावली, प्रथम खंड, अनामिका पब्लिशर्स एंड डिस्ट्रीब्यूटर्स (प्रा.) लिमिटेड, नई दिल्ली, प्रथम संस्करण: 2004 ई., पृष्ठ 14

बाबूराव विष्णु पराड़कर

हिन्दी-पत्रकारिता को ओजस्वी स्वर और राष्ट्रवादी चिन्तन से अनुप्राणित करनेवाले कालजयी पत्रकार हैं—बाबूराव विष्णु पराड़कर (16 नवम्बर, 1883.12 जनवरी, 1955)। वे हिन्दी के उन स्वनामधन्य पत्रकारों में अग्रगंय हैं जिन्होंने अपनी साधना से पत्रकारिता को दीप्त किया, अपने संघर्ष से उसे जिजीविषा दी और अपने संकल्प से उसे नया दृष्टिबोध दिया। पराड़कर जी की पत्रकारिता सर्जनात्मकता की एक महत्त्वपूर्ण वैचारिक उपलब्धि है, जिसमें प्रखर कालबोध है और व्यापक सन्दर्भों की प्रस्तुति भी।

किशोर वय में ही पराड़कर जी ने संघर्षों का दामन थाम लिया। 1898 ई. में पिता और 1903 ई. में माता के निधन के कारण चार छोटे भाइयों और दो बहनों के लालन-पालन का पूरा दायित्व उनके कन्धों पर आ गया। प्रारम्भ में ट्यूशन पढ़ाकर और कुछ महीने डाक-तार विभाग में नौकरी करके उन्होंने अपने परिवारिक दायित्वों का निर्वहण किया। 1906 ई. में उनकी पत्रकारिता-यात्रा प्रारम्भ हुई जो अर्द्धशताब्दी तक निरन्तर चलती रही। 1906 ई. के अक्टूबर माह में वे कोलकाता (तब कलकत्ता) से हरे कृष्ण जौहर के सम्पादन में प्रकाशित होनेवाले पत्र 'हिन्दी बंगवासी' के सहायक सम्पादक बने। " 'हिन्दी बंगवासी' का उस समय बहुत प्रचार था। पर यह पत्र था प्रतिक्रियावादी नीति का समर्थक। इस पत्र में राष्ट्रीय कांग्रेस संस्था की खिल्ली उड़ाई जाती थी और उसके नेताओं की चुटकी ली जाती थी। पराड़कर जी को पत्र की यह नीति बिलकुल पसनद न थी। उनके विचार राष्ट्रवादी और क्रान्तिकारी थे। फलस्वरूप प्रारम्भ में ही उन्होंने श्री देउस्कर जी से इस पत्र से सम्बन्ध त्याग की बात कही थी किन्तु उनका आदेश मानकर 'हिन्दी बंगवासी' में काम करते रहे। उन्हीं दिनों कलकत्ते में राष्ट्रीय शिक्षा के विभिन्न बंगाल नेशनल कॉलेज की स्थापना हुई जिसके प्रधान थे महर्षि श्रीअरविन्द घोष। इस संस्था में विनय कुमार सरकार, राधाकुमुद मुखर्जी जैसे देश-प्रसिद्ध विद्वान अध्यापन-कार्य करते थे। पराड़कर जी को भी यहाँ अध्यापन-कार्य सौंपा गया। सप्ताह में दो दिन हिन्दी तथा मराठी की शिक्षा देने उन्हें जाना पड़ता था। यह बात 'हिन्दी बंगवासी' के सम्पादक को अच्छी न लगी। फलतः पराड़कर जी ने कट्टर कांग्रेस-विरोधी पत्र से पद त्याग कर दिया। 'हिन्दी बंगवासी' में पराड़कर जी ने मुश्किल से छह महीने सम्पादन-कार्य किया।"[1]

'हिन्दी बंगवासी' से अलग होकर पराड़कर जी ने 1907 ई. में हिन्दी 'हितवार्ता'[2] का सम्पादन प्रारम्भ किया। यह पत्र 'हितवादी' (बँगला पत्र) के सम्पादक और पराड़कर जी के

मामा सखाराम गणेश देउस्कर[3] की प्रेरणा से निकला। पहले पत्र में जहाँ पराड़कर जी को प्रतिमाह पच्चीस रुपये मिलते थे वहीं इस पत्र में उनका वेतन चालीस रुपये प्रतिमाह निर्धारित हुआ। इस साप्ताहिक पत्र को उन्होंने प्रखर राजनीतिक पत्र बना दिया, जिसमें राष्ट्रवाद की गूँज स्पष्ट सुनाई देती थी। यह हिन्दी-पत्रकारिता में एक नई शुरुआत की पहल थी। स्वयं पराड़कर जी के ही शब्दों में—''उस समय तक हिन्दी के पत्रों में राजनीतिक चर्चा की अपेक्षा साहित्यिक लेखादि ही प्रकाशित करने की परम्परा थी। विरोधियों पर व्यंग्यादि और छींटाकशी प्रायः मिलती थी।... पत्रकारी क्षेत्र बहुत सीमित था। खबरें ही क्या थीं। किसी का लोटा चोरी गया किसी की जेब कटी। साप्ताहिक ही चलते थे।... मैंने हितवार्ता को राजनीतिक प्रधान-पत्र बनाने का प्रयत्न किया। उस समय हिन्दी पत्रों की परम्परा में यह नया प्रयोग किया था।''[4]

'हितवार्ता' में वस्तुतः भारतीय समाज के हित की वार्ता अधिक होती थी। अपने राजनीतिक तेवर के बावजूद यह पत्र हिन्दी भाषा और साहित्य के जटिल प्रश्नों पर नियमित विमर्श करता था। हिन्दी में विभक्ति-प्रयोग पर उस समय जो आन्दोलन चला, उसका सर्वाधिक समर्थ मंच यही पत्र बना। अम्बिका प्रसाद वाजपेयी ने लिखा है— ''हितवार्ता' में शायद सबसे अधिक लेख निकले। इसमें पं. गोविन्द नारायण मिश्र के विद्वत्तापूर्ण लेख प्रकाशित हुए। 'विभक्ति-विचार' और 'प्राकृत-विचार' शीर्षक उनकी लेखमालाएँ 'हितवार्ता' में ही प्रकाशित हुईं। इन्हीं लेखमालाओं ने हिन्दी-जगत में उन्हें प्रसिद्ध किया और इन्हीं के कारण हिन्दी साहित्य सम्मेलन के प्रयागवाले अधिवेशन में सन 1911 में वे सभापति निर्वाचित भी हुए थे। हमने भी कोई 20 लेखों की एक माला प्रकाशित कराई थी। 'हितवार्ता' में कलकत्ते के श्री विशुद्धानन्द सरस्वती विद्यालय के प्रधानाध्यापक पांडेय उमापतिदत्त शर्मा तथा जोधपुर के प्रसिद्ध इतिहासज्ञ मुन्शी देवी प्रसाद मुन्सिफ के लेख भी प्रकाशित होते थे। हमें स्मरण है कि स्वर्गीय गणेश शंकर विद्यार्थी का गुरु गोविन्द सिंह पर जो लेख 'हितवार्ता' में छपा था, उसका संशोधन हमीं ने किया था।''[5]

पराड़कर जी ने इस पत्र को समग्र और सर्वमान्य बनाने के लिए कठिन संघर्ष किया। वे अकेले पत्र की सारी सामग्री का सम्पादन करते, आवश्यकतानुसार पुनर्लेखन करते और प्रूफ भी देखते थे। चार वर्षों तक कड़ा परिश्रम करके इस पत्र को उन्होंने ऊँचाई पर अवश्य पहुँचा दिया, किन्तु उनका स्वास्थ्य प्रभावित होने लगा। वे अपना सेवा-क्षेत्र बदलने पर विचार करने लगे। इस प्रसंग का उल्लेख करते हुए वाजपेयी जी का कथन है—''वस्तुतः दैनिक पत्रों का युग आ गया था और हितवार्ता में पराड़कर जी के सिवा और कोई सम्पादक भी नहीं था। वे अकेले ही बड़े आकार का पत्र भरा करते थे और किसी उन्नति की आशा नहीं थी, काव्यविशारद के सुपुत्र बा. मनोरंजन बनर्जी की इच्छा उसे चलाने की नहीं थी, क्योंकि जितना खर्च उस पर होता था, वह भी उन्हें अधिक जान पड़ता था। पराड़कर जी को वे 501 देते थे, इसलिए ये पंजाब नेशनल बैंक में जाने की सोच रहे थे। इस पर हमने उन्हें दैनिक भारतमित्र में बुला लिया और हितवार्ता बन्द हो गई।''[6]

'भारतमित्र' का प्रकाशन 17 मई, 1878 को कोलकाता से प्रारम्भ हुआ था। इसके आद्य सम्पादक छोटू लाल मिश्र थे। पाक्षिक 'भारतमित्र' नौ अंकों के बाद साप्ताहिक हो गया। 1897 ई. में इसका दैनिक संस्करण निकला, किन्तु वह छह महीने से ज्यादा नहीं चल सका। 16 फरवरी, 1899 ई. को बालमुकुन्द गुप्त इसके सम्पादक बने और 14 सितम्बर, 1907 ई. तक उन्होंने इस दायित्व का निर्वाह किया। उनके बाद अमृतलाल चक्रवर्ती और शिवनारायण सिंह ने इसका सम्पादन किया। 26 जनवरी, 1911 को अम्बिका प्रसाद वाजपेयी ने इसका सम्पादन सम्हाला। 15 नवम्बर, 1911 को इसका दैनिक संस्करण निकला और 19 मार्च, 1912 से यह नियमित रूप से दैनिक हो गया। इसी समय संयुक्त सम्पादक के रूप में पराड़कर जी 'भारतमित्र' में आए। ''भारतमित्र कार्यालय में गद्दी पर बैठकर पराड़कर जी सम्पादन-कार्य करते थे। उनकी तकिया के पीछे एक सनदूक रहती थी। इस सनदूक में पराड़कर जी निरन्तर लिख-लिख कर सामग्री डालते रहते थे। जब कभी कहीं सामग्री कम पड़ती तो इसी सनदूक से लेख-सामग्री निकालकर तत्काल पूर्ति कर देते थे।''[7]

पराड़कर जी ने 'भारतमित्र' में अपने सार्थक लेखन से नई जान डाल दी। अम्बिका प्रसाद वाजपेयी पारखी सम्पादक थे। 'हिन्दी बंगवासी' और 'हितवार्ता' में पराड़कर जी की सेवाओं से वे अभिभूत थे और उन्हें यह स्पष्ट लग रहा था कि पत्र में उनको नई योजनाओं को कार्यान्वित करने में पराड़कर जी से बेहतर कोई दूसरा सहयोगी नहीं हो सकता। ''पराड़कर जी को वाजपेयी जी अपने इस नवीन प्रयास में खींच लाए और दोनों ने मिलकर दैनिक 'भारतमित्र' को एक आदर्श दैनिक बनाया। दो निष्णात पत्र-सम्पादकों का ऐसा सहयोग न इससे पहले देखा गया न इसके बाद। दोनों की योग्यता तथा विद्या-बुद्धि, प्राय: समान ही थी पर अर्थशास्त्र और अर्थव्यवस्था-सम्बन्धी लेखों में पराड़कर जी की विशेष योग्यता मानी जाती है। इस जटिल विषय की जटिलतर गुत्थियों को सुलझी हुई भाषा में समझानेवाला दूसरा कोई पत्रकार हिन्दी में हुआ ही नहीं।''[8]

1916 ई. तक पराड़कर जी 'भारतमित्र' के संयुक्त सम्पादक रहे। ''उनकी सम्पादकीय टिप्पणियों के दायरे में उद्योग, जनसंख्या नियोजन, विधवाविवाह, अर्थनीति, राष्ट्रभाषा आदि प्राय: सभी महत्त्वपूर्ण मुद्दे आते थे। पराड़कर जी का सबसे बड़ा पत्रकारीय योगदान समाचारों के संकलन, सुचारु सम्पादन और सुरुचिपूर्ण प्रस्तुति की परम्परा स्थापित करना था।''[9]

कोलकाता में पराड़कर जी ने जहाँ अपना अध्ययन क्षेत्र विस्तृत किया, वहीं क्रान्तिकारी गतिविधियों में उनकी रुचि भी बढ़ी। वे प्रतिदिन इम्पीरियल लाइब्रेरी (अब नेशनल लाइब्रेरी) जाते थे और अलग-अलग विषयों की पुस्तकों में रम जाते थे। अध्ययन के साथ उन्होंने अपने चिन्तन का भी विकास किया। वहीं पं. गोविन्द नारायण मिश्र और पं. दुर्गा प्रसाद मिश्र जैसे प्रकांड विद्वानों का साहचर्य उन्हें प्राप्त हुआ। क्रान्तिकारी दल में उनकी आस्था 1905 ई. में ही हो गई थी, कोलकाता आने पर वह और बलवती हुई। 1906 ई. की कलकत्ता (कोलकाता) कांग्रेस में वे सम्मिलित हुए। अरविन्द घोष और रास बिहारी बोस से सम्पर्क के बाद उनके क्रान्तिकारी विचार और प्रखर हुए। 1916 ई. में कलकत्ते (कोलकाता) में आरक्षी

उपाधीक्षक बसनत कुमार मुखर्जी की हत्या हुई, जिसके आरोप में वे 1 जुलाई, 1916 ई. को गिरफ्तार कर लिये गए। साढ़े तीन वर्षों तक वे विभिन्न जेलों में कैद रहे। जनवरी, 1920 ई. में उन्हें मुक्ति मिली। उसी समय 'भारतमित्र' के तत्कालीन सम्पादक लक्ष्मण नारायण गर्दे[10] ने उनसे आग्रह किया— ''सम्पादक के स्थान की शोभा उन्हीं से हो सकती है। उनके जेल-प्रवास के दिनों में जैसे-तैसे इसे सँभाला गया; अब जिसकी धरोहर है, उसे समर्पित है। आभारी हृदय से पराड़कर जी ने गर्दे जी से कहा—'आपको भी 'भारतमित्र' में रहना है। आप रहेंगे तभी मैं आऊँगा।' तद्नुरूप श्री गर्दे ने पत्र में घोषणा कर दी कि श्री पराड़कर जी 'भारतमित्र' का सम्पादन करेंगे।''[11]

पराड़कर जी दूसरी बार 'भारतमित्र' में जा न सके। 1 मार्च, 1920 ई. को ज्ञानमंडल में उनकी नियुक्ति हो गई। विश्वभ्रमण कर स्वदेश लौटने के बाद 1919 ई. में शिवप्रसाद गुप्त ने ज्ञानमंडल की स्थापना की थी। उनकी इच्छा थी कि 'लन्दन टाइम्स' जैसा एक प्रभावशाली पत्र हिन्दी में भी प्रकाशित हो। साथ ही, महत्त्वपूर्ण पुस्तकों का प्रकाशन भी किया जा सके। इसके लिए पराड़कर जी सर्वाधिक उपयुक्त व्यक्ति थे। उन्होंने दैनिक पत्र की रूपरेखा तैयार की और मई, 1920 के प्रथम सप्ताह में लोकमान्य बाल गंगाधर तिलक से मिलने पूना गए। ध्यातव्य है कि पराड़कर जी तिलक की पत्रकारिता से सर्वाधिक प्रभावित थे और उन्हें अपना आदर्श मानते थे। उन्होंने लोकमान्य तिलक का मागदर्शन प्राप्त किया। 'आज' के पहले अग्रलेख में उन्होंने स्पष्ट भी किया—'' 'आज' की जो नीति निर्धारित की गई उससे स्वर्गवासी लोकमान्य तिलक की पूर्ण सहानुभूति थी। लोकमान्य का दर्शन करने तथा पत्र की नीति के सम्बन्ध में आपके उपदेश लेने के लिए इसका लेखक गत सौर ज्येष्ठ मास के अन्त में पूना गया था। उस समय 'आज' की नीति के सम्बन्ध में आपसे कुछ बातें हुई थीं। लोकमान्य का सबसे प्रधान उपदेश यही था कि स्वराज्य प्राप्त करने का प्रयत्न करो, लोगों को उनके स्वाभाविक अधिकार समझा दो तथा धर्मत: कर्तत्व-पालन करते हुए भी यदि विघ्न उपस्थित हो तो उसकी परवाह मत करो और ईश्वर के न्याय पर विश्वास रखो। इसी उपदेश का पालन करना हमारे जीवन का उद्देश्य होगा।''[12]

'आज' का पहला अंक 5 सितम्बर, 1920 ई. को प्रकाशित हुआ और इसके सम्पादक बने श्रीप्रकाश। एक विशेष योजना के अन्तर्गत उन्हें सम्पादक बनाया गया। 1 जुलाई, 1920 को प्रोफेसर पंढरीनाथ काशीनाथ तैलंग ने एक योजना प्रस्तावित की। इसके अन्तर्गत 'आज' के सम्पादन का दायित्व उसे सौंपा जाना चाहिए जिसे यूरोपीय पत्रों का ज्ञान हो और जो रायटर आदि के समाचारों को ग्रहण कर सके। इस प्रस्ताव को स्वीकृति देते हुए शिवप्रसाद गुप्त ने 6 जुलाई, 1920 को पराड़कर जी के पास भेज दिया। 12 जुलाई, 1920 ई. को श्रीप्रकाश जी ने भी सहयोग और सद्भाव के लिए पराड़कर जी को एक अनुरोध-पत्र लिखा। 30 अगस्त, 1920 को शिवप्रसाद गुप्त ने भी पराड़कर जी को एक पत्र लिखकर पत्र के सम्पादन में सहयोग का अनुरोध किया। इस प्रकार, पराड़कर जी को 'आज' के सम्पादन-सहयोग के लिए राजी किया गया। उन्हें पत्र में संयुक्त सम्पादक बनाया गया और अग्रलेख लिखने तथा समाचारों को सम्पादित और व्यवस्थित करने का दायित्व सौंपा गया।

पराड़कर जी इस साझेदारी से सन्तुष्ट नहीं थे। उन्होंने प्रबन्धन को पत्र लिखा कि किसी एक व्यक्ति को दायित्व देने से पत्र की नीतियाँ स्पष्ट होंगी और उसका विकास भी होगा। संचालक मंडल में इस पर विचार हुआ और आठ निर्णय लिये गए, जिसकी सूचना प्रबन्धक बाँके बिहारी लाल ने एक पत्र द्वारा पराड़कर जी को दी। पत्र का मूल निम्नलिखित है—

काशी
26 माघ (सौर) 1977

महाशय,

आपके और श्रीप्रकाश जी के अतुल परिश्रम के द्वारा 'आज' को प्रकाशित होते हुए पाँच महीने से ऊपर हो गए। यह आप ही लोगों की विद्वत्ता का फल है कि इस पत्र ने जनता में सम्मान पाया और उसके द्वारा अपनाया गया। इतने थोड़े समय के भीतर इसकी दो सहस्त्र प्रतियाँ प्रतिदिन प्रकाशित होने लगी हैं और बिकने लगी हैं, परन्तु आपके इस विचार पर कि इस पत्र के सम्पादन का कुल भार यदि एक सज्जन पर छोड़ा जाय तो इसकी अधिक उन्नति हो सकती है—संचालक मंडल ने विचार किया और वह आपके इस विचार से पूर्णतया सहमत है। कठिनाई यह है कि मंडल आप दोनों व्यक्तियों में से किसी का भी सम्बन्ध नहीं त्यागना चाहता है और न एक को दूसरे के अन्तर्गत होकर काम करने के लिए कहना उचित समझता है। ऐसी अवस्था में उसने निम्नलिखित बातों का निश्चय किया है, जिसकी सूचना आपकी सेवा में भेजता हूँ, जिनसे आशा है, उपर्युक्त कठिनाई दूर हो जाएगी—

1. निश्चय हुआ है कि 'आज' के प्रधान सम्पादक के पद पर श्रीप्रकाश जी नियुक्त किए जाएँ।
2. श्रीयुत् पं. बाबूराव विष्णु पराड़कर का इस पत्र के सम्पादन-प्रबन्धन तथा उत्तरदायित्व से सम्बन्ध न रहेगा। आप 'आज' के विशेष लेखक नियुक्त किए जाएँ।
3. आपको 150 रु. मासिक पुरस्कार दिया जाये। आपको चार कॉलम प्रतिदिन लेख लिखना होगा। आपको अपने लेखों में पूर्ण स्वतन्त्रता रहेगी कि अपने असली भाव व विचार प्रकट करें। जो लेख आपका सम्पादक की दृष्टि में पत्र की नीति से न मिलेगा अथवा विरुद्ध होगा, वह आपके नाम से प्रकाशित होगा अथवा न छापा जायेगा।
4. लेख लिखकर दे देने ही से पराड़कर जी का कर्तत्व पूरा हो जायेगा। वह छापा जाये अथवा न छापा जाये।
5. पराड़कर जी को प्रतिदिन कम से कम एक घंटे के लिए कार्यालय में जाना होगा, जहाँ आपके लिए पृथक् स्थान का प्रबन्ध रहेगा। प्रधान सम्पादक किसी विशेष विषय पर लेख लिखने के लिए आपसे कह सकेंगे।

6. समिति को अथवा पराड़कर जी को जब कभी भी एक दूसरे का सम्बन्ध त्यागना होगा तो एक महीने पूर्व सूचना देनी होगी।
7. उपर्युक्त परिवर्तन की विशेष बातों को प्रधान सम्पादक 'आज' के आलेख द्वारा जनसाधारण में घोषणा कर देंगे।
8. ये सब निश्चय 1 फाल्गुन सं. 1977 (सौर) से पालन किया जाना आरम्भ हो।

भवदीय

बाँके बिहारी लाल[13]

कुछ दिनों तक पराड़कर जी ने 'आज' में विशेष लेखक के रूप में काम अवश्य किया, किन्तु यह उन्हें अपमानजनक लगा। जनवरी, 1922 ई. में उन्होंने 'आज' से त्यागपत्र दे दिया। 1922 ई. के 12 अगस्त को उन्होंने 'आज' को फिर अपनी सेवा प्रदान की और श्रीप्रकाश के अवकाश में रहने के कारण स्थानापन्न सम्पादक का दायित्व सम्हाला। 28 नवम्बर, 1924 ई. को 'आज' के प्रधान सम्पादक श्रीप्रकाश ने उन्हें पत्र लिखते हुए आग्रह किया—"हिन्दी अखबारनवीसी में जितना नाम आपका है उतना किसी दूसरे का नहीं है। 'आज' ने 4 वर्ष के अपने जीवन में इस श्रेष्ठ पद को प्राप्त किया तो उसमें आपका बहुत बड़ा हाथ है—मुझे अब आशा जरूर है कि आप 'आज' का सम्पादकीय का पूरा भार लेकर मुझे पूरे तौर से मुक्त कर देंगे।"[14]

दिसम्बर, 1924 ई. को पराड़कर जी ने 'आज' के सम्पादन का पूर्ण दायित्व सम्हाल लिया। उन्होंने सम्पादकीय विभाग का पुनर्गठन किया। 'आज' एक महत्त्वपूर्ण हिन्दी दैनिक के रूप में पाठकों की पहली पसनद बना। पत्रकारिता को मिशन माननेवाले पराड़कर जी ने अपने अग्रलेखों से भारतीय जनमानस को उद्वेलित भी किया और उत्प्रेरित भी। उनका लक्ष्य पूर्ण स्वराज्य था। 1929 ई. के कांग्रेस अधिवेशन पर उन्होंने अपने अग्रलेख में लिखा—"प्रत्येक भारत-सनतान को स्वीकार करना ही पड़ेगा कि कांग्रेस का यह अधिवेशन जितने महत्त्व का हो गया है उतने महत्त्व का और कोई अधिवेशन इसके पहले नहीं हुआ। इतिहास में 31 दिसम्बर, सन 1929 का नाम सदा के लिए लिखा गया। इस दिन राष्ट्रीय महासभा में प्राय: एकमत से घोषणा कर दी कि उसका लक्ष्य पूर्ण स्वतन्त्रता है।"15 उनकी यह टिप्पणी भी द्रष्टव्य है—"पर हतभाग्य भारत को तो उसकी सेवा के बदले जलियाँवाला बाग का हत्याकांड नसीब हुआ। उसके युवकों ने रणक्षेत्र में साम्राज्य की रक्षा के लिए अपना खून बहाकर अंग्रेजों के खून में मिला दिया और जेनरल डायर ने शस्त्रहीन स्त्री-पुरुष-बूढ़े और बालक भारत-सनतानों का खून जालियाँवाला बाग में बहाया। वहाँ से जो आह उठी उसने सारे भारत को कँपा दिया—उसकी आँखें खुल गईं। स्वतन्त्रता की कल्पनाओं को जेनरल डायर ने जागृत किया, यह उक्ति अत्युक्ति नहीं है। सौभाग्यवश उसी समय भारत के राजनीतिक आकाश में महात्मा गाँधी के अहिंसा सूर्य का उदय हुआ अन्यथा आज इस

देश की क्या स्थिति होती, यह बताना कठिन है। नागपुर में सन 1920 ईसवी में कांग्रेस का स्वरूप बदल गया। राष्ट्र ने औपनिवेशिक स्वराज्य की कल्पना का त्याग किया। केवल 'स्वराज्य' कांग्रेस का लक्ष्य हुआ। भिक्षा और प्रार्थना का मार्ग कांग्रेस ने छोड़ दिया और स्वावलम्बन का मार्ग ग्रहण किया। नवीन युद्ध में अहिंसा उसका शस्त्र हुआ, महात्मा गाँधी उसके सेनापति हुए। सारे राष्ट्र में ऐसी जागृति हुई, जैसी पहले कभी नहीं हुई थी। भारत के दूर-दूर के कोनों में भी स्वराज्य की ध्वनि होने लगी पर वह अवस्था अधिक दिन तक टिकने नहीं पायी। चौरी-चौरा के हत्याकांड के बाद ही असहयोग स्थगित किया गया। तदनन्तर उसका सार जाता रहा, सिर्फ नाम रह गया। देश के शिक्षितों का ध्यान कौन्सिलों की ओर गया। राष्ट्रीय उद्योग बन्द हो गया।''[16]

पराड़कर जी ने अपने अग्रलेखों में सामयिक प्रश्नों पर गम्भीर विमर्श किया और नई चुनौतियों से जनता को खबरदार भी किया। मुद्रानीति पर 'नकली रुपया' शीर्षक अपने अग्रलेख में उन्होंने स्पष्ट लिखा—''यहाँ नकली रुपया चलाकर भारत पर अप्रत्यक्ष कर बैठाया जाये और उससे उत्पन्न होनेवाली रकम इंग्लैंड में रखकर वहाँ के व्यवसाय-वाणिज्य को उत्तेजन दिया जाये, इस अवस्था का समर्थन कौन विचारशील भारत-सनतान कर सकती है। भारत के सिवा क्या किसी अन्य देश में ऐसी अवैज्ञानिक और हानिकारक मुद्रानीति चलायी गई है... स्मरण रहे कि इस विषय का सम्बन्ध केवल अमीरों से नहीं है। गरीब से गरीब आदमी जो रूखी-सूखी खाकर और चीथड़े पहनकर जीवन-निर्वाह करता है वह भी इस मुद्रानीति का शिकार बन रहा है। हम विदेशी विशेषज्ञों की चालबाजियों के शिकार बनना नहीं चाहते। हम नौकरशाही से इतना ही कहते हैं कि मेहरबानी कर हमारे रुपये को चौपट न करो। आर्थिक शक्तियों के अप्रतिहत आघात-प्रतिघात से हम वैसे ही लाभ-हानि उठाया करेंगे जैसे वृष्टि के होने न होने से उठाते हैं। इसके लिए हम तैयार हैं, पर हम नकली रुपया नहीं चाहते।''[17]

बदलते आर्थिक परिदृश्य पर इतनी पैनी दृष्टि और अँगरेजों के मौद्रिक मायाजाल पर इतना सबल प्रहार पराड़कर जी जैसे सिद्ध सम्पादक से ही सम्भव है। पराड़कर जी ने 'आज' को विचारों की ऊँचाई दी, निष्पक्षता का अमोघ अस्त्र दिया और प्रामाणिकता का विवेक भी। 'आज' पराड़करमय हो गया और पराड़कर आजमय। इस सन्दर्भ में पराड़कर जी के सम्पादकीय सहयोगी रहे विश्वनाथ प्रसाद ने सच ही कहा है—''पत्र-सम्पादन पराड़कर जी का मिशन था। पराड़कर जी का जीवन 'आज' के लिए समर्पित था। घर से कार्यालय और कार्यालय से घर। न किसी से मिलना और न किसी सभा-सोसायटी में जाना। कालान्तर में 'आज' तथा पराड़कर जी समानार्थी हो गए।''[18]

'आज' के अग्रलेखों में ओजस्वी विचारों का समावेश होता था। सरकार को उनमें बगावत की बू आती थी। पराड़कर जी के सहयोगी और 'आज' के परवर्ती सम्पादक कमलापति त्रिपाठी का कथन है— ''इसी सन्दर्भ में मुझे याद आ रहे हैं 'आज' के वे आग उगलते हुए अग्रलेख और चिनगारी जैसी टिप्पणियाँ, जिन्होंने उस युग के जनमन में व्याप्त भय और आतंक के आवरण को मिटाने और भस्म करने का कार्य किया और भारत एवं

भारतीयता के प्राचीन पौरुष एवं मनुजत्व को विद्रोह करने के लिए उत्प्रेरित किया। 'आज' के लेख उस समय के लिए, उस युग के पाठकों के लिए, हिन्दीभाषी जनता के लिए ज्योति और जागरण का सनदेश लेकर आए।''[19]

'आज' पर सरकार की भृकुटि तन गई। 1910 के प्रेस ऐक्ट के तहत उससे जमानत माँगी गई। जमानत नहीं देने के कारण 11 मई से 28 अक्टूबर, 1930 ई. तक 'आज' का प्रकाशन स्थगित रहा। असहयोग आन्दोलन को गति देने के लिए पराड़कर जी ने 'आज के समाचार' नामक साइक्लोस्टाइल बुलेटिन का प्रकाशन किया। इसका प्रकाशन 14 मई से 3 जुलाई, 1930 ई. तक हुआ। कानून द्वारा इसे भी प्रतिबन्धित कर दिया गया। इसके बाद शुरू हुआ गुप्त रूप से 'रणभेरी' का प्रकाशन। इसके प्रकाशन का विवरण देते हुए विश्वनाथ प्रसाद ने लिखा है—'' 'रणभेरी' का प्रकाशन कानूनी रूप से अवैध था परन्तु जनता तक समाचार पहुँचाना भी आवश्यक था। समाचारों का संकलन करके उसे स्टेनसिल पेपर पर लिखा जाता था। स्टेनसिल काटी जाती थी। यह काम मुख्यतया पराड़कर जी करते थे। समय-समय पर सर्वश्री दुर्गाप्रसाद खत्री, दिनेशदत्त झा आदि भी इसमें सहयोग करते थे। हाथ से चलायी जानेवाली गेस्टेटनर डुप्लीकेटर पर इसे छापा जाता था। कागज के एक ओर छपाई हो जाने पर स्टेनसिल बदलकर दूसरी ओर छापा जाता था। 'रणभेरी' फुल स्केप आकार के कागज पर दोनों तरफ छापी जाती थी। मूल्य एक पैसा था। शाम को सूर्यास्त के आसपास इसका वितरण होने लगता था। देखते-देखते सभी प्रतियाँ बिक जाती थीं। वितरण का मुख्य केन्द्र बनारस का लक्खी चौतरा मुहल्ला था। पहले इसका मुद्रण छिपे तौर पर ज्ञानमंडल भवन से होता था। बाद में पुलिस तथा खुफिया सरगरमी बढ़ जाने पर इसके छापने का स्थान बराबर बदला जाता रहा। कुछ समय तक इसका मुद्रण पक्के मुहाल में ग्वालदास साहू लेन स्थित श्री शिवप्रसाद गुप्त के एक मकान में भी हुआ था। पत्र की स्टेनसिल कहीं और कटती थी और डुप्लीकेटर पर छपाई कहीं और होती थी।''[20]

'रणभेरी' भारत की मुक्ति के संकल्प का जयघोष थी। इसने देशवासियों का आह्वान किया—''रणभेरी बज उठी वीरवर पहनो केसरिया बाना।'' पराड़कर जी ने घोषणा भी की—''रणभेरी उसके (पुलिस/सरकार) सर पर बजेगी और तब तक बजती रहेगी जब तक काले कानून रहेंगे और काशी में देशभक्ति रहेगी। डरा-धमकाकर लोगों को देशद्रोही बनाने का जमाना गया।''[21]

29 अक्टूबर, 1930 ई. से आज का प्रकाशन पुनः आरम्भ हुआ। सरकार की दमननीति की परवाह किए बिना पराड़कर जी ने अपना ओजस्वी लेखन जारी रखा। भगतसिंह की फाँसी पर अपनी प्रतिक्रिया देते हुए उन्होंने लिखा—''सरदार भगतसिंह, श्री राजगुरु और श्री सुखदेव सोमवार को सन्ध्या समय फाँसी पर लटका दिये गए। साधारणतः फाँसी सबेरे दी जाती है। इस अवसर पर किसी कारण से शाम को दी गई। सारे देश ने दया के लिए प्रार्थना की। लाहौर के कानून पेशा लोगों ने अन्त तक उन्हें बचाने का यत्न किया, पर सब व्यर्थ हुआ, पर इस पर अधिक कहना-सुनना सब व्यर्थ है। हृदय का रक्त मुँह में लाकर इतना अवश्य कहेंगे कि यह प्रश्न तीन आदमियों के प्राणों का ही नहीं था, प्रश्न था राष्ट्र की प्रार्थना

का, वह प्रार्थना अस्वीकृत हो गई। भारतीय आकाश में प्रेम का जो सूर्योदय हुआ था, वह फिर से मेघाच्छन्न हो गया। हम तो इतना ही कहेंगे कि ब्रिटिश शासकों का हृदय बदलने का जो प्रमाण हम ढूँढ़ रहे थे, वह हमें नहीं मिला। अब भी देश में नौकरशाही प्रथा प्रबल है।''[22]

एक सम्पादक के रूप में पराड़कर जी ने सदैव काले कानूनों का विरोध किया। 'रणभेरी' के कई अंकों में उन्होंने कानून का आश्रय लेकर दमन करने की अँगरेजी नीति का कड़ा विरोध किया। पत्र-पत्रिकाओं से बार-बार जमानत माँगने की भर्त्सना करते हुए उन्होंने टिप्पणी की—''सरकारी खबर है कि 140 पत्र-पत्रिकाओं से जमानत माँगी गई है। अवश्य ही ये सब हिन्दुस्तानियों द्वारा प्रकाशित और सम्पादित पत्र हैं। भिन्न-भिन्न प्रान्तों में इस तरह मारे गए पत्रों की संख्या इस प्रकार है— बम्बई-35, पंजाब-25, दिल्ली-25, मद्रास-18, युक्तप्रान्त-13, बंगाल-9, बर्मा-5, आसाम-4, सीमाप्रान्त-3, मध्य प्रान्त और बिहार-1, इनमें से 63 का प्रकाशन बन्द हो गया, 7 ने जमानत न देकर सत्याग्रह किया, 15 ने जमानत दे दी और 16 की जमानत माफ कर दी गई। असेम्बली सरकार की ओर से बताया गया है कि प्रेस सम्बन्धी काले कानून के मुताबिक कुल-131 पत्र-पत्रिकाओं से जमानत माँगी जा चुकी है और उनमें से 61 का प्रकाशन बन्द हो गया है।''[23]

बंगाल के काले कानून पर उनकी यह टिप्पणी भी द्रष्टव्य है— ''जिस काले कानून के अनुसार बंगाल सरकार नागरिकों को बिना विचार के चाहे जितने दिन जेल में बन्द रख सकती है और विचार को खास प्रहसन बना डालती है, उसका कार्यकाल और पाँच साल बढ़ाने के लिए वहाँ की कौन्सिल में बिल पेश किया गया है। आज 25 वर्षों से बंगाल सरकार काले कानूनों से षड्यन्त्रों को दबाने का यत्न कर रही है पर वे दबने के बदले बढ़ते ही जा रहे हैं। पर नौकरशाही की आँख नहीं खुलती। जब तक देश परतन्त्र रहेगा और नागरिकों का मनुष्यत्व नष्ट न हो जायेगा तब तक षड्यन्त्र और भीषण रक्तपात होता ही रहेगा। यह रुक सकता है शान्तिमय सविनय अवज्ञा से। पर इसका प्रारम्भ होते ही खुद नौकरशाही रक्तपात करने लगती है—और वह भी शान्ति के नाम।''[24]

राष्ट्र की मुक्ति के लिए शहादत देनेवालों और राष्ट्रीय आन्दोलन में सहभागिता करनेवालों के प्रति पराड़कर जी की गहरी आत्मीयता थी। वे युवाशक्ति को जाग्रत करके गुलामी की बेड़ियाँ तोड़ देना चाहते थे। छात्रों और युवाओं के विरोध और उनके त्याग का समाचार वे अपने पत्रों में निश्चित रूप से छापते थे, वह भी अपनी विशेष टिप्पणी के साथ। उदाहरणार्थ—''हिन्दू विश्वविद्यालय के जिन बारह देशभक्त छात्रों को पूना में 4.4 मास कड़ी कैद की सजा दी गई है उनके शुभनाम हैं— श्री तीन करौड़ी मुकर्जी, श्री अजय मुकर्जी, श्री केशव मुकर्जी, श्री सुधीर राय, श्री विजय चौधरी, श्री योगेश्वर पालित, श्री हिरेन्द्र राय, श्री शान्तिजीवन घोष, श्री प्रफुल्ल चक्रवर्ती, नैनीताल वाले श्री दुर्गा और फीजी टापूवाले श्री लक्ष्मण। सब वीर आमार देश (बँगला गान—द्विजेन्द्र लाल राय कृत) गाते, अक्ली काटते हँसते-हँसते यरवदा जेल में चले गए। इनके लिए एक दिन पूना के स्कूल, कॉलेज बन्द रहे और गुरुवार को तिलक मन्दिर में छात्रों की विराट् सभा हुई। श्री सुन्दरम् ने छात्रों को उपदेश दिया कि आप लोग 144 दफा को तोड़कर जेल को अपनाइए। इनके जो सहपाठी महिलाओं

की प्रार्थना की भी उपेक्षा करके नौकरी पाने के लालच में आज भी क्लासों में पन्ने उलट रहे हैं, क्या इस पर भी उनकी आँखें न खुलेंगी। माँ-दुखिया माँ उन्हें कातर कंठ से बुला रही है ओर वे विद्यार्जन कर रहे हैं। कार्य के समय पीछे रहना ही क्या 'विद्या' सिखाती है। क्या महासमर के समय केम्ब्रिज और ऑक्सफोर्ड के युवक भी 'विद्यार्जन' कर रहे थे।''[25]

पराड़कर जी की सम्पादन-दृष्टि उनके व्यापक अध्ययन, गहन मनन और प्रखर चिन्तन से निर्मित हुई थी। सम्पादक की योग्यता के सम्बन्ध में उनका यह कथन इसका साक्ष्य देता है—''मेरे मत से सम्पादक में साहित्य और भाषा-ज्ञान के अतिरिक्त भारत के इतिहास का सूक्ष्म और संसार के इतिहास का साधारण ज्ञान तथा समाजशास्त्र, राजनीतिशास्त्र और अन्तरराष्ट्रीय विधानों का साधारण ज्ञान होना आवश्यक है। अर्थशास्त्र का वह पंडित न हो पर कम-से-कम भारतीय और प्रान्तीय बजट समझने की योग्यता उसमें अवश्य होनी चाहिए। भिन्न-भिन्न उद्देश्यों से निकलने वाले पत्रों के सम्पादकों में उन विषयों का विशिष्ट ज्ञान होना भी आवश्यक है पर ऊपर जो विषय बताये गए हैं, उनका साधारण ज्ञान प्राप्त करके यदि कुछ थोड़े से भी युवक अनुभवी सम्पादकों की अधीनता में कुछ दिन काम करें तो निस्सनदेह वे अपने गुरु से आगे बढ़ जाएँगे और हिन्दी-पत्रों के साथ देश की भी कुछ-न-कुछ उन्नति ही कर जाएँगे।''[26]

19 जून, 1931 ई. को पराड़कर जी दूसरी बार राजद्रोह के आरोप में गिरफ्तार हुए, किन्तु एक सप्ताह बाद जमानत पर छोड़े गए। 1933 ई. में कमलापति त्रिपाठी 'आज' के सम्पादक बनाए गए और पराड़कर जी ने प्रधान सम्पादक का दायित्व सम्हाला। त्रिपाठी के रूप में उन्हें एक सजग सहयोगी अवश्य मिला, किन्तु उन्होंने अग्रलेख लिखना और सम्पादन-सम्बन्धी निर्देश देना जारी रखा। 11 जुलाई, 1988 ई. से 'आज' का साप्ताहिक संस्करण प्रकाशित हुआ। वह भी पराड़कर जी के ही प्रधान सम्पादकत्व में निकला। मार्च, 1938 ई. से उन्होंने महिला मासिक पत्रिका 'कमला' का भी सम्पादन आरम्भ किया। इस पत्र के वे प्रधान सम्पादक बनाए गए, सम्पादक थे शान्तिप्रिय द्विवेदी।

'कमला' को पराड़कर जी ने नारी जागरण की वाहिका बना दिया। साहित्य, शिक्षा, स्वास्थ्य, गृह-प्रबन्ध सारे विषयों की सामग्री इसमें प्रकाशित होती थी। अनेक महिलाओं ने इस पत्रिका में अपनी रचनात्मक भागीदारी की और स्त्री-विमर्श को सर्जनात्मकता से अर्थवान किया। मराठी लेखिका कमलाबाई किबे, कवयित्री महादेवी वर्मा, प्रेमचन्द की पत्नी शिवरानी देवी की रचनाएँ इसमें नियमित छपती थीं। इसी पत्रिका के माध्यम से उन्होंने जनसंख्या-नियन्त्रण का आन्दोलन चलाया। स्त्री-पुरुष समानता पर इस पत्रिका में पराड़कर जी ने निरन्तर संवाद चलाया। अपने एक सम्पादकीय में उन्होंने इस पत्रिका के लक्ष्य को रेखांकित करते हुए कहा—''कमला हृदय से चाहती है नरनारायण की सेवा करना। नारायणत्व प्राप्त करने में नर की सहायता करना। भारतीय समाज की रक्षा और पुष्टि के लिए नारायण का आह्वान करना। पर 'कमला' यह नहीं समझती है कि नारायण का आह्वान स्तोत्र-पाठ या पूजा-वन्दन से होता है। भूमि तैयार कीजिए तो उस पर नारायण का अवतरण आप ही होगा। हृदय शुद्ध होगा तो उसमें राम रमता ही रहेगा। अत: 'कमला' का लक्ष्य भूमि

को तैयार करना होगा। इस व्यापक लक्ष्य को ध्यान में रखते हुए 'कमला' अपने तात्कालिक लक्ष्य को प्राप्त करने का यत्न करेगी। 'कमला' का व्यापक उद्देश्य भारतीय समाज की सेवा करना है और तात्कालिक नारी समाज की सेवा। इससे हम यह बता देना चाहते हैं कि यद्यपि हमारा प्रत्यक्ष उद्देश्य तो नारी-समाज की ही सेवा करना होगा पर वह सेवा नर-नारी के हित की दृष्टि से ही होगी। हम नारी को ऐसी देखना चाहते हैं कि वह नर की सहयोगिनी हो, सहायिका हो और कभी दासी हो तो कभी स्वामिनी भी। दोनों में संघर्ष उत्पन्न करना, एक को दबाकर दूसरे को उठाना 'कमला' कभी न चाहेगी। उसी तरह वह यह भी कभी पसनद न करेगी कि एक सदा दबा रहे और दूसरा सदा उस पर प्रभुत्व करे। दासत्व और प्रभुत्व दोनों ही आवश्यक हैं—एक ही में। एक दास और दूसरा प्रभु होकर नहीं रह सकते। ऐसा होने से दास का विनाश हो चाहे न हो, प्रभु का अवश्य होता है। अत: 'कमला' अपनी बहनों को दासत्व की भी शिक्षा देगी और प्रभुत्व की भी। दासत्व स्वेच्छा से और प्रसननता से, प्रभुत्व कर्तत्वज्ञान से।''[27]

'कमला' के अतिरिक्त 'आज' में भी उन्होंने स्त्री-विषयक अनेक लेख लिखे और समय-समय पर टिप्पणियाँ भी कीं। ऐसे लेखों में उल्लेखनीय हैं—'वीर माता'[28], 'वीर पत्नी'[29] और 'वीर भ्राता'[30], 'विधवा विवाह और बहिष्कार'[31], 'विधवा विवाह'[32]। विधवा विवाह का समर्थन करते हुए उन्होंने लिखा—''जो रिवाज पहले से जारी नहीं है वह कितना ही अच्छा क्यों न हो, एक-न-एक दिन उसका समर्थन सभी या अधिक लोग नहीं करते। परन्तु जब उसके समर्थक घटने के बदले धीरे-धीरे बढ़ते ही जाते हैं तब क्या यह भरोसा नहीं किया जा सकता है कि वह समय बहुत दूर नहीं है जबकि समाज के सभी नहीं तो अधिकांश लोग इसका समर्थन अवश्य करेंगे और समर्थन न करने वालों को भी बहुमत देखकर उन्हीं का साथ देना पड़ेगा और इस तरह सारा समाज विधवा विवाह का समर्थक बन जायेगा।''[33]

अगस्त, 1942 ई. में सरकारी दमन के कारण 'आज' का प्रकाशन पाँच महीनों तक स्थगित रहा। जनवरी, 1943 ई. में जब उसका पुन: प्रकाशन हुआ, तो व्यवस्था में आमूल-चूल परिवर्तन हुआ। अनेक पुराने कर्मचारी 'आज' से चले गए और उन्होंने दैनिक 'संसार' का प्रकाशन प्रारम्भ किया। न चाहते हुए भी पराड़कर जी को 'आज' से अलग होना पड़ा और पहली जनवरी, 1943 ई. से 'संसार' का सम्पादन स्वीकार करना पड़ा। कमलापति त्रिपाठी और मुकुन्दीलाल श्रीवास्तव मुख्य सम्पादकीय सहयोगी थे। ''समाचारों का चयन, विचारों की स्पष्टता और पत्र की साज-सज्जा तथा प्रस्तुति उत्तम होने से 'संसार' को शुरू से ही पाठकों का समर्थन प्राप्त हुआ। इसका एक कारण यह भी था कि 'संसार' के सम्पादक मंडल में दैनिक 'आज' से प्रशिक्षित पारंगत पत्रकारों की टोली कार्यरत थी। 'संसार' के दैनिक संस्करण के साथ-साथ 'साप्ताहिक संसार', 'संसार' का रविवारीय संस्करण और अर्द्धसाप्ताहिक 'ग्राम-संसार' भी प्रकाशित हो रहे थे। साप्ताहिक संसार के सम्पादन में कृष्णदेव प्रसाद गौड़, काशीराम उपाध्याय भ्रमर, ईशदत्त पांडे शीर्ष, माधवप्रसाद श्रीश और रामचन्द्र रघुराज खाडिलकर प्रभृति विद्वानों की भूमिका थी।''[34]

'संसार' को पराड़कर जी ने व्यापक सन्दर्भों का पत्र बनाया। राजनीति, दर्शन, शिक्षा, मनोरंजन से सम्बद्ध सामग्री 'संसार' में भरी रहती थी। संसार की प्रसार संख्या इतनी बढ़ गई कि 1947 ई. में सत्यकाम विद्यालंकार के सम्पादन में इसे मुम्बई से भी निकालना पड़ा। अक्टूबर, 1942 ई. में प्रकाशित साप्ताहिक संसार का 'आजाद हिन्द सेना विशेषांक' अत्यन्त चर्चित हुआ। 1945 ई. में पराड़कर जी ने प्रधान सम्पादक-पद से अवकाश प्राप्त किया और इस पत्र के संरक्षक बनाए गए। संरक्षक के रूप में भी उन्होंने इस पत्र को अपनी महती सेवाएँ दीं। उन्होंने संसार के माध्यम से राष्ट्रीय भावनाओं का प्रसार किया। एक ओर उन्होंने चुनौती के स्वर में कहा—''दलन, दासता, दोहन और दकियानूसी जर्जर अवस्थाओं के विरुद्ध विद्रोह की ध्वजा उड़ाना तो युग-युग में मानव जाति की विशेषता रही है।... दंड और दमन का समय लद चुका है। यदि उसी का आश्रय लिया गया तो एक नहीं, अनेक 'आजाद हिन्द सेना' जन्म ग्रहण करेंगी।''[35] तो दूसरी ओर पूर्ण आशान्वित होते हुए उन्होंने यह भविष्यवाणी भी की कि ''फिर भी हम समझते हैं कि भारत में अरुणोदय होने जा रहा है। इसका कारण यह है कि जब समस्या अत्यन्त जटिल और असह्य हो जाती है तब उसका निपटारा हो ही जाता है। रोग आप अपनी दवा बन जाता है। हमारा विश्वास है कि रोग से भारत मुक्ति पा जाएगा, भय का स्थान आत्म-विश्वास ग्रहण करेगा, जगत् में भारत अपना पद पा जाएगा।''[36]

'संसार' परिवार की ओर से ही दो और पत्रिकाएँ पराड़कर जी के संरक्षण में प्रकाशित हुईं—'युगधारा' और 'आँधी'। 'युगधारा' युवा उद्बोधन की पत्रिका थी और इसका मूल लक्ष्य था—युवाओं को राजनीतिक प्रशिक्षण देना। 'आँधी' मुख्यतः कहानी की पत्रिका थी और इसका लक्ष्य था नए कहानीकारों को प्रकाश में लाना। दोनों मासिक पत्रिकाओं ने राजनीतिक और साहित्यिक वातावरण को जीवन्त करने में ऐतिहासिक योगदान दिया।

पराड़कर जी का शरीर चाहे जहाँ भी रहे, उनकी आत्मा 'आज' में बसी हुई थी। इसलिए 1925 ई. में अधिक वेतन पर मुम्बई से प्रकाशित होनेवाले प्रसिद्ध पत्र 'बेंकटेश्वर समाचार' का सम्पादक-पद उन्होंने स्वीकार नहीं किया। 'आज' के रजतजयन्ती-विशेषांक में उन्होंने स्वीकार भी किया—''आज की इस रजतजयन्ती के शुभ अवसर पर जितना हर्ष मुझे हो रहा है उतना अन्य किसी को होता होगा या नहीं, इसमें सनदेह है। सम्भवतः यह मेरा अभिमान है पर सत्य। यद्यपि घटना परम्परा से बाध्य होकर, जिसके लिए वस्तुतः कोई दोषी नहीं हैं, मुझे 'आज' से शारीरिक सम्बन्ध विच्छेद कर लेना पड़ा पर हृदय जितना 'संसार' के लिए उतना ही 'आज' के लिए भी स्पन्दन करता है। काशी में दो दैनिकों के लिए स्थान हो गया है और मैं आशा करता हूँ कि भविष्य में दोनों भाइयों की तरह फलते-फूलते रहेंगे। स्वभावतः मेरा प्रेम जो 'आज' से पहले था वही आज भी है और मेरे अन्तकाल तक बना रहेगा। परमात्मा उसे हीरकादि अन्य जयन्तियाँ मनाने के भी अवसर दें और वह अपने स्वर्गीय जन्मदाता श्री शिवप्रसाद गुप्त के उज्ज्वल देशप्रेम और हिन्दी प्रेम का झंडा बनकर भारतीय आकाश में सदा फहराता रहे।''[37]

इसी प्रेम के कारण 1947 ई. में पराड़कर जी की 'आज' में वापसी हुई और अपने निधन के दिन (12 जनवरी, 1955 ई.) तक वे प्रधान सम्पादक और ज्ञानमंडल के संचालक मंडल के अध्यक्ष बने रहे। 'आज' में लौटने के बाद अपने पहले ही सम्पादकीय में उन्होंने लिखा—"प्रधान सम्पादक के नाते मेरा यह प्रथम कर्तत्व होगा कि 'आज' की परम्परा बनी रहे। सार्वजनिक सौजन्य के स्थान से वह कभी स्खलित न हो और अन्तरंग और बहिरंग से सदा दूसरों के लिए अनुकरणीय बना रहे। 'आज' के सम्पादक का अधिकार और गौरव अक्षुंण बना रहेगा।"[38]

पराड़कर जी की पत्रकारिता में भारत का आत्मबोध है। वे इस देश की आत्मा के साथ निरन्तर संवाद करते रहे हैं। इसलिए उनमें दैन्य नहीं है, हताशा नहीं है और विवशता की पीड़ा भी नहीं है। वे स्वराज्य चाहते हैं, पूर्ण स्वराज्य, जो आत्मसंयम, आत्मनिर्भरता और आत्मसनधान पर आधारित हो। उनकी दृष्टि में भारत अपराजित देश है क्योंकि इसकी चेतना स्वतन्त्र है, इसका चिन्तन स्वतन्त्र है और इसकी आत्मा भी स्वतन्त्र है। पत्रकार का काम इस स्वतन्त्रता का प्रचार करना है, जनता की आस्था को जगाना है—"हम पराजय स्वीकार करना जानते ही नहीं, हम अपराजित हैं और अपराजित रहेंगे—जनता के जागृत होने पर वह कानून नहीं रह सकता, जो अन्यायमूलक है और जिसका आधार अनीति है... आज हम गौरव के साथ पूछते हैं कि दुनिया में ऐसा कौन-सा देश है जो इतना पुराना हो, इतने शतकों तक पराधीन रहा हो और उसमें यह तेजस्विता दिखायी देती हो... समाज के जीवन में जिन प्रश्नों पर उचित निर्णय की आवश्यकता होती है और जिन निर्णयों पर समाज का जीवन अन्त में निर्भर करता है, उनके बारे में जनता को योग्य जानकारी कराना, उनके सम्बन्ध में जनमत का निर्माण और नेतृत्व करना तथा उस मत को प्रकट करना तथा उससे अधिक से अधिक लाभ जनता को पहुँचाना एक आदर्श पत्रकार का कर्तव्य है।"[39]

पराड़कर जी का पत्रकार-कर्म मूल्यों पर आधारित था। वे भारतीय समाज में प्रगतिशील चेतना के प्रसार के पक्षधर थे और इसके लिए समुचित शिक्षा को अनिवार्य मानते थे। 'आज' के आरम्भिक अग्रलेख में उन्होंने अपने मत और पत्र की नीति दोनों को स्पष्ट करते हुए लिखा—"राष्ट्र का सर्वांग राजनीति ही नहीं है, शिक्षा-विषयक, आर्थिक, सामाजिक और धार्मिक विषयों में हमारी नीति क्या होगी, इसका उत्तर देना आवश्यक है। शिक्षा जिससे मानसिक उन्नति होगी, वाणिज्य-व्यवस्था, कृषि आदि जिनसे आर्थिक उन्नति होगी—इन विषयों की सूची न देकर इतना कहना ही पर्याप्त होगा कि हम देशकाल के अनुकूल उचित शिक्षा के नितान्त पक्षपाती हैं। हम चाहते हैं कि देश में सर्वव्यापक और उपयुक्त शिक्षा हो जिससे लोग अपने कर्तत्व और अधिकार को पूरी तरह समझें, कर्तत्वपालन में अपने अधिकार न भूलें और अधिकारों पर अड़े रहते हुए भी अपने कर्तत्वों से कदापि विमुख न हों। हमारे पत्र में शिक्षा सम्बन्धी सब प्रकार के विचारों को सदा सानन्द स्थान दिया जायेगा। उच्च, माध्यमिक और प्रारम्भिक शिक्षाओं के प्रस्ताव हम सहर्ष छापेंगे। साथ ही साथ हमारा यह उद्देश्य रहेगा कि शिक्षा ऐसी दी जाये जिससे शिक्षित लोगों को उपयुक्त जीविका मिलने में कठिनाई न हो और वे अपना जीवन सानन्द और गौरव के साथ काट सकें। व्यापार,

व्यवसाय, कृषि आदि की उन्नति पर यह पत्र सदा जोर देगा और इनको बढ़ाने के उपायों को बताने का बराबर यत्न करेगा क्योंकि हम यह मानते हैं कि बिना धन के, बिना सम्पत्ति के हमारा राष्ट्रीय जीवन निष्फल है। हमको अपना देश फिर धन-धान्य से परिपूर्ण करना है और प्रत्येक नर-नारी को पर्याप्त अन्न, वस्त्र और उचित आमोद-प्रमोद की सामग्री देनी है।''[40]

पराड़कर जी की पत्रकारिता के केन्द्र में देश था तो उसकी परिधि में विदेश भी था। दूसरे विश्वयुद्ध के दौरान हुए परिवर्तनों और उसके परिणाम पर उनकी यह टिप्पणी कितनी सटीक है—''वह जापान गया, जिसका मुँह तरुण भारत उत्सुकता से देखता था... स्वतन्त्रता की ध्वजा उड़ानेवाला जापान हमें परतन्त्रता की महारात्रि का भय दिखाने लगा।... जापानी जनता ही परतन्त्र हो गई, वहाँ युद्ध-व्यवसायी वर्ग ने उस पर अपना सिक्का जमा लिया।... उसने मंचूरिया पर हमला किया फिर चीन पर आक्रमण कर उसका अंग-भंग करने लगा।... संयुक्त राष्ट्र के तत्कालीन संचालक उसका मुँह देखते रहे, उसका कुछ भी नहीं किया। वस्तुतः वे कुछ करना भी नहीं चाहते थे क्योंकि जापान ने वही नीति अपनायी थी, जो उनकी अपनी नीति थी।... वस्तुतः उस समय यदि जापान को कान पकड़कर मंचूरिया से निकाल दिया गया होता तो आज संसार का इतिहास क्या होता... फासिस्टो और नए साम्राज्यवादियों का उत्साह नष्ट हो गया होता, वे इस मार्ग पर अग्रसर होने का साहस नहीं करते।... और महायुद्ध का प्रारम्भ ही न होता।''[41]

उन्होंने भाषा और हिन्दी भाषा पर भी अपने अग्रलेखों और भाषणों में विचार किया है। राष्ट्रभाषा के सम्बन्ध में उनका यह मत कितना समीचीन है—''यह राष्ट्रीयता का युग है—वह राष्ट्रीयता जिसके बिना कोई देश, कोई जाति, कोई कौम अन्तरराष्ट्रीय क्षेत्र में अपना उचित पद पा ही नहीं सकती। राष्ट्रीयता की एक शर्त यह है कि उसकी एक भाषा हो। यह आवश्यक नहीं है कि राष्ट्रभाषा सबकी मातृभाषा हो। राष्ट्र के अवयवभूत लोगों में बहुजन उसे समझें और उसके द्वारा शासन, व्यापार आदि कार्य करें तो वह राष्ट्रभाषा हो सकती है। मातृभाषा भी राष्ट्रभाषा होती है, पर वह राष्ट्र छोटे होते हैं तथा उसके अवयवभूत सब लोग वही भाषा घर में भी बोलते हैं। भारत अति विशाल देश है तथा इसमें संस्कृत से सम्बद्ध अनेक भाषाएँ बोली जाती हैं। इसके सिवा अनेक अनार्य भाषाएँ भी बोली जाती हैं। अनेक अनार्य भाषाएँ भी बहुसंख्यक लोगों की मातृभाषाएँ हैं। अतः यहाँ की राष्ट्रभाषा किसी एक समूह की मातृभाषा नहीं हो सकती बल्कि वही भाषा राष्ट्रभाषा का पद ग्रहण कर सकती है, जो हिमालय से कन्याकुमारी तक सर्वत्र अल्पाधिक परिमाण में बोली या समझी जाती और अल्प आयास में सीखी जा सकती हो। वह भाषा हिन्दी ही है और हिन्दी ही हो सकती है।''[42]

पराड़कर जी की भाषानीति पूर्णतः स्पष्ट थी। वे हिन्दी के हिमायती ही नहीं, उसके योद्धा भी थे। हिन्दी में पारिभाषिक शब्दावली के अभाव का रोना रोनेवालों को, अनेक नए शब्द गढ़कर, उन्होंने शान्त कर दिया। पत्रकारिता को उन्होंने उसकी स्वाभाविक भाषा दी। उनके सन्दर्भ में आचार्य शिवपूजन सहाय ने सच ही लिखा है—''उनकी भाषा संस्कृतनिष्ठ होती थी, परन्तु सुबोध। 'हिन्दुस्तानी' को वे 'खिचड़ी' के बदले खचड़ी भाषा कहते थे। उनका कहना था कि वह कभी भारतीय सभ्यता और संस्कृति की वाहिनी नहीं हो सकती। उन्होंने

अखबारी दुनिया में अपने गढ़े हुए अनेक नए शब्दों के सिक्के चला दिये। पत्रकारिता के क्षेत्र में उनकी लेखनी एक टकसाल-सी थी।''[43] इस टकसाल से गढ़कर अनेक नए शब्द निकले और सर्वमान्य हुए। ऐसे कुछ प्रचलित शब्द हैं—'सर्वश्री', 'मुद्रास्फीति', 'लोकतन्त्र', 'नौकरशाही', 'अन्तरराष्ट्रीय', 'चालू' आदि।

पराड़कर जी अपने समकालीनों के दुख-दर्द में शामिल रहते थे और उनकी प्रतिभा के प्रदर्शन और मान्यीकरण के लिए तत्पर भी। इसीलिए जब जैनेन्द्र ने उनसे 'हंस' के प्रेमचन्द-स्मृति-अंक के सम्पादन का आग्रह किया तो अपनी व्यस्तता के बावजूद वे तैयार हो गए। काफी मनोयोग से उन्होंने मई, 1937 ई. में प्रकाशित इस विशेषांक का सम्पादन किया और इसे समृति-ग्रन्थ के साथ सन्दर्भ-ग्रन्थ भी बना दिया।

पराड़कर जी का सपना राष्ट्र की मुक्ति का सपना था, पूर्ण स्वराज्य का सपना था और अपनी गौरवशाली विरासत को संरक्षित करते हुए एक नए भारत के निर्माण का सपना था। 'आज' के प्रथम अग्रलेख में ही उन्होंने यह स्पष्ट कर दिया—''हमारा उद्देश्य अपने देश के लिए सर्वप्रकार से स्वातन्त्र्य उपार्जन है। हम हर बात में स्वतन्त्र होना चाहते हैं। हमारा लक्ष्य यह है कि हम अपने देश का गौरव बढ़ावें, अपने देशवासियों में स्वाभिमान का संचार करें, उनको ऐसा बनावें कि भारतीय होने का उन्हें अभिमान हो, संकोच न हो।''[44] स्वतन्त्रता-प्राप्ति के बाद अपने पहले अग्रलेख में उन्होंने यह भी लिखा—''भारत आज नवयुग में प्रवेश कर रहा है। भारतमाता की पराधीनता की शृंखला टूट चुकी है और आज प्रत्येक भारतवासी अपने को स्वतन्त्र अनुभव कर रहा है। इस शुभ अवसर पर केवल हम भारतवासी ही प्रसनन नहीं हैं, सारा विश्व प्रसनन है। संसार के पीड़ित और पददलित देश तो भारत की ओर आशाभरी दृष्टि से देख रहे हैं, रूस और अमेरिका सरीखे बड़े-बड़े राष्ट्र भी मंगलकामना कर रहे हैं।''[45] उन्होंने आगे यह भी लिखा—''भारत आज स्वतन्त्र हो रहा है, यह अत्यन्त आनन्द और प्रसननता का विषय है। इसीलिए आज हम फूले नहीं समाते। हमारी प्रसननता, हमारा उल्लास हमारे प्रत्येक कार्य में स्पष्ट लक्षित हो रहा है। यह स्वाभाविक भी है परन्तु इसके साथ ही हमें यह ध्यान रखना चाहिए कि आनन्द में विभोर होकर कहीं हम अपना कर्तत्व न भूल बैठें। स्वतन्त्र होने के साथ-साथ हमारे कन्धों पर जितना भारी उत्तरदायित्व आ गया है उसे हमें न भूलना चाहिए। हमारी लेशमात्र की असावधानी का परिणाम अत्यन्त घातक हो सकता है। हम जरा-सा चूके नहीं कि सर्वनाश हमारे सम्मुख उपस्थित है।''[46]

पराड़कर जी ने निर्भीक पत्रकारिता का मार्ग प्रशस्त किया। स्वतन्त्रता के पूर्व वे विदेशी सत्ता से लोहा लेते रहे और स्वतन्त्रता के बाद स्वदेशी सरकार को भी खबरदार करते रहे। आजादी के बाद उन्होंने उत्तर प्रदेश के मुख्यमन्त्री गोविन्द वल्लभ पन्त से स्पष्ट कहा—''पन्त जी, मेरी दृष्टि तो सदा यथार्थ देखती रही। मैंने तो शासन की सदा आलोचना की है। यह मेरी आदत-सी बन गई है। आप लोगों ने असहयोग आन्दोलन चलाया है, शासन का अनुभव नहीं है। इसलिए यदि कभी मैं आलोचना करूँ तो आपको बुरा नहीं लगना चाहिए।''[47]

वे आजीवन देश को सजग करते रहे, समाज और व्यक्ति को सजग करते रहे, पत्रकारों को सजग करते रहे और सत्ता को उसके कर्तत्वों के प्रति सजग करते रहे। उनकी पत्रकारिता में अर्धशताब्दी का भारतीय इतिहास मुखरित है। निश्चित रूप से उनकी पत्रकारिता मार्गदर्शन करनेवाली पत्रकारिता है। वह पराधीनता के गहन तिमिर में कभी न बुझनेवाला आस्था दीप है और स्वतन्त्र भारत के लिए नए संकल्प का आलोक भी। उसमें ओज है तो चिन्तन की शीतलता भी है, विद्रोह है तो प्रेम का शाश्वत संगीत भी, क्रान्ति के लिए उद्बोधन है तो मनुष्यता के लिए उत्प्रेरण भी।

सन्दर्भ

1. पराड़कर जी और पत्रकारिता—लक्ष्मीशंकर व्यास, भारतीय ज्ञानपीठ, काशी, प्रथम संस्करण-1960 ई., पृष्ठ 29
2. देउस्कर जी अपने समय के अत्यन्त तेजस्वी सम्पादक और लोकमान्य तिलक से प्रभावित पत्रकार थे। बाँग्ला, मराठी और संस्कृत के वे उद्‌भट विद्वान थे। क्रान्तिकारियों से उनका निकट सम्पर्क था। 1904 ई. में उनकी प्रसिद्ध पुस्तक 'देशेरकथा' कोलकाता (तब कलकत्ता) से बाँग्ला में प्रकाशित हुई। 1908 ई. में उसका पहला हिन्दी अनुवाद मुम्बई (तब बम्बई) के श्री बेंकटेश्वर प्रेस से छपा। दूसरा अनुवाद पराड़कर जी ने किया, जो संवधित भी था और जिसे अधिक प्रामाणिक भी माना गया।
3. 'हितवार्त्ता' का प्रकाशन 1903 ई. में काली प्रसनन काव्यविशारद ने किया। रुद्रदत्त शर्मा इसके आद्य सम्पादक थे।
4. बाबूराव विष्णु पराड़कर (निबन्ध)—ठाकुर प्रसाद सिंह, साहित्य अकादमी, नई दिल्ली, संस्करण-1984, पृष्ठ 16 से उद्धृत।
5. समाचार पत्रों का इतिहास—अम्बिका प्रसाद वाजपेयी, ज्ञानमंडल लिमिटेड, वाराणसी, द्वितीय संस्करण-1986 ई., पृष्ठ 243.244
6. उपरिवत्, पृष्ठ 244
7. पराड़कर जी और पत्रकारिता, लक्ष्मीशंकर व्यास, भारतीय ज्ञानपीठ, काशी, प्रथम संस्करण-1960 ई., पृष्ठ 32
8. बाबूराव विष्णु पराड़कर (विनिबन्ध)—ठाकुर प्रसाद सिंह, साहित्य अकादमी, नई दिल्ली, संस्करण-1984, पृष्ठ 18
9. भारतीय पत्रकारिता कोश—विजयदत्त श्रीधर, वाणी प्रकाशन, दिल्ली, प्रथम खंड, संस्करण-2008 ई., पृष्ठ 244
10. जुलाई, 1919 ई. में गिरते स्वास्थ्य के कारण अम्बिका प्रसाद वाजपेयी ने त्यागपत्र दे दिया और पत्र के मुख्य संवाददाता लक्ष्मण नारायण गर्दे सम्पादक बनाए गए।
11. पराड़कर स्मृति अंक—'आज', 1955 ई.
12. 'आज' दैनिक-प्रवेशांक, 5 सितम्बर 1920 ई., अग्रलेख से।
13. सारिका (पाक्षिक, दिल्ली), अंक-306 (1.15 अप्रैल, 1982 ई.) पत्र विशेषांक, सहायक सम्पादक—अवध नारायण मुद्गल, (यह अंक तत्कालीन सम्पादक कन्हैया लाल नन्दन का विदा अंक था), पृष्ठ 11

14. पराड़कर स्मृति अंक—'आज', 1958 ई.
15. 'आज'—3 जनवरी, 1930 ई. के अग्रलेख से।
16. उपरिवत्।
17. 'आज'—27 दिसम्बर, 1923 ई. के अग्रलेख से।
18. 'आज'—कौस्तुभ जयन्ती वर्ष प्रवेशांक, 29 अगस्त, 1944 ई., पृष्ठ 15
19. 'आज'—स्वर्णजयन्ती विशेषांक, 24 अगस्त, 1970 ई.
20. 'आज'—कौस्तुभ जयन्ती वर्ष प्रवेशांक, पृष्ठ 15
21. 'रणभेरी'—16 अगस्त, 1930 ई. के अग्रलेख से।
22. 'आज'—25 मार्च, 1931 ई. के अग्रलेख से।
23. काले कानून के शिकार—'रणभेरी', 26 जुलाई, 1930 ई.
24. बंगाल का काला कानून—'रणभेरी', 14 अगस्त, 1930 ई.
25. बनारस के बारह वीर—'रणभेरी', 24 अगस्त, 1930 ई.
26. 1925 ई. के वृन्दावन साहित्य-सम्मेलन के प्रथम सम्पादक-सम्मेलन के अध्यक्षीय अभिभाषण से—बाबूराव विष्णु पराड़कर (विनिबन्ध) के पृष्ठ 91 से उद्धृत।
27. 'कमला'—अप्रैल, 1939 ई., पृष्ठ 91
28. 'आज'—7 जुलाई, 1921 ई.
29. 'आज'—20 अगस्त, 1925 ई.
30. 'आज'—17 अक्टूबर, 1925 ई.
31. 'आज'—7 अक्टूबर, 1925 ई.
32. 'आज'—20 दिसम्बर, 1928 ई.
33. उपरिवत्।
34. भारतीय पत्रकारिता कोश—विजयदत्त श्रीधर, वाणी प्रकाशन, दिल्ली, द्वितीय खंड, 2008 ई., पृष्ठ 942
35. साप्ताहिक 'संसार'—आजाद हिन्द सेना विशेषांक, अक्टूबर, 1943 ई.
36. 'संसार' दैनिक—25 मई, 1944 ई.
37. 'आज'—रजतजयन्ती अंक, 8 कार्तिक 2002 वि- (नवम्बर, 1945 ई.) पृष्ठ 29
38. 'आज'—17 अगस्त, 1947 ई.
39. अपराजित भारत—'आज', 10 जनवरी, 1925 ई.
40. 'आज'—प्रवेशांक, 5 सितम्बर, 1920 ई. के अग्रलेख से।
41. 'आज'—13 जुलाई, 1944 ई. के अग्रलेख से।
42. बाबूराव विष्णु पराड़कर (विनिबन्ध), पृष्ठ 75
43. शिवपूजन रचनावली, चौथा खंड, बिहार राष्ट्रभाषा परिषद्, पटना, संस्करण- 1959 ई., पृष्ठ 268
44. 'आज'—प्रवेशांक, 5 सितम्बर, 1920 ई. के अग्रलेख से।
45. 'आज'—15 अगस्त, 1947 ई. के अग्रलेख से।
46. उपरिवत्।
47. 'आज'—कौस्तुभ जयन्ती प्रवेशांक, पृष्ठ 19

माखनलाल चतुर्वेदी

'एक भारतीय आत्मा' के रूप में विख्यात माखनलाल चतुर्वेदी (4 अप्रैल, 1889.30 जनवरी, 1968) एक श्रेष्ठ रचनाकार ही नहीं, एक योद्धा पत्रकार भी हैं। पराधीनता, अन्याय और शोषण के खिलाफ निरन्तर युद्धरत रहनेवाले एक ऐसे पत्रकार, जिनमें लेखनी को ही अस्त्र बना लेने की दक्षता है और लेखन को जागरण का मन्त्र बना लेने का सामर्थ्य भी। उनका व्यक्तित्व बहुआयामी रहा है और कृतित्व कालजयी। उनका सम्पूर्ण जीवन संघर्ष, संकल्प, साधना और उपलब्धि का जीवन्त दस्तावेज है। साहित्य, पत्रकारिता और राजनीति तीनों ही क्षेत्रों में उनके सार्थक योगदान का ऐतिहासिक महत्त्व है। वे राष्ट्रीय भावधारा के सबसे बड़े कवि हैं और राष्ट्रवादी पत्रकारिता के सच्चे पुरोधा। उनकी रचनाशीलता और पत्रकारिता में भारतीय आत्मा का शाश्वत संगीत स्वरित है—मुक्ति, बन्धुत्व और मानव-कल्याण का संगीत। एक कवि के रूप में राष्ट्र की मुक्ति के लिए भारतमाता की आराधना के गीत गाकर जन-मन को अहिंसक क्रान्ति का सन्देश देना ही उनका लक्ष्य रहा था। उनका काव्य जागरण और चेतावनी का राष्ट्रीय काव्य है। उसमें भारतीय अस्मिता की पहचान का विवेक है और सांस्कृतिक मूल्यों के प्रसार की विकलता भी। उनकी पत्रकारिता अग्निधर्मा है—प्रकाश देनेवाली, चैतन्य करनेवाली और प्रतिगामी शक्तियों को भस्म करनेवाली भी।

चतुर्वेदी जी का जन्म एक शुद्ध वैष्णव परिवार में हुआ था। उनका परिवार राधावल्लभ सम्प्रदाय से सम्बद्ध था। उनके पिता पंडित नन्दलाल चतुर्वेदी प्रधानाध्यापक थे और अपनी कर्मठता, अनुशासनप्रियता, असाम्प्रदायिकता और कर्तव्यनिष्ठा के कारण अपने क्षेत्र में उनकी प्रतिष्ठा थी। उनकी बुआ पार्वतीबाई अत्यधिक धार्मिक प्रवृत्ति की थीं। उनका अधिकांश समय वैष्णव पदों के गायन में व्यतीत होता था। बालक माखनलाल पर वैष्णव-पदों का गहरा प्रभाव पड़ा और इससे उनकी रचनाशीलता तीव्र हुई। उनकी माता सुन्दरबाई हनुमान जी की भक्त थीं। इस प्रकार शील और शक्ति के सद्भाव उन्हें विरासत-रूप में अपने परिवार से ही प्राप्त हुए। 1901 ई. में उन्होंने अपनी प्राइमरी स्तर तक की शिक्षा पूर्ण की। 1904 ई. से उनका रचना-कर्म प्रारम्भ हुआ। 1905 ई. में नार्मल ट्रेनिंग के लिए वे जबलपुर गए, जहाँ कुछ तेजस्वी क्रान्तिकारियों से उनका सम्पर्क हुआ। इस सम्पर्क से उनकी राजनीतिक चेतना प्रखर हुई। बंगाली क्रान्तिकारियों के साथ उन्होंने काशी की यात्रा की। वे बंगाल का तिलक कहे जानेवाले क्रान्तिकारी लेखक, इतिहासकार और राष्ट्रधर्मा

पत्रकार श्री गणेश सखाराम देउस्कर के अभियान से प्रभावित होकर उनके दल में सम्मिलित हो गए और दासता से मुक्ति के लिए सक्रिय होने का संकल्प लिया।

1908 ई. में वे 'हिन्दी केसरी' के सम्पादक पंडित माधवराव सप्रे के सम्पर्क में आए। नागपुर से प्रकाशित 'हिन्दी केसरी' में उनका पहला लेख 'बहिष्कार' प्रकाशित हुआ। इससे पूर्व दिसम्बर, 1926 ई. में वे कलकत्ता के कांग्रेस-अधिवेशन में सम्मिलित हो चुके थे। वहाँ दादाभाई नौरोजी, लोकमान्य तिलक, फीरोजशाह मेहता और गोपालकृष्ण गोखले के ओजस्वी सम्बोधनों ने उनके राष्ट्रीय भावबोध को गहरा किया। 1960 ई. में नार्मल ट्रेनिंग उत्तीर्ण कर वे पहले हरदा और फिर खँडवा में अध्यापक हुए। गणित विषय के प्रतिभासम्पन्न शिक्षक के रूप में वे लोकप्रिय हुए। आजीविका के साथ राष्ट्रीय मुक्ति अभियान में भी उनकी सहभागिता बनी रही। खँडवा के जननेता बिहारीलाल दाधीच के सहयोगी के रूप में उन्होंने मुक्ति आन्दोलन को गति दी। 1911 ई. में वे ब्रिटिश पुलिस की नजर में आ गए थे। उनकी गतिविधियों पर कड़ी नजर रखी जाने लगी। इस अवधि में उन्होंने रामलीलाओं का प्रदर्शन कराकर लोकमानस को चैतन्य करने का प्रयत्न किया। सैयद अमीर अली मीर का स्नेह-सान्ध्यि भी उन्हें प्राप्त हुआ। मीर साहब के सौजन्य से वे दैनिक और मासिक पत्रों के सजग पाठक बने। उन्होंने मराठी भाषा में दक्षता प्राप्त की और स्वतन्त्रता के लिए अपने प्रयत्न को और तेज किया।

1910 ई. में माणिकचन्द जैन ने मराठी साप्ताहिक 'सुबोध सिन्धु' के हिन्दी संस्करण के प्रकाशन के लिए पत्र के संचालकों को प्रेरित किया। माणिकचन्द जैन खँडवा के प्रतिष्ठित वकील थे। प्रयाग में अपने अध्ययन के दौरान वे 'अभ्युदय' पत्र के सम्पादन में सहयोग दे चुके थे। 'सुबोध सिन्धु' के हिन्दी संस्करण में सहयोग हेतु उन्होंने माखनलाल जी से अनुरोध किया। उनका अनुरोध स्वीकार कर उन्होंने निःशुल्क उस पत्र को अपनी सेवा दी। पत्रकारिता के क्षेत्र में यह माखनलाल जी का पहला कदम था। वे लिखते हैं—"बिना किसी आर्थिक सहायता के, मैं 'सुबोध सिन्धु' के लेख, समाचार आदि लिखने लगा। अध्यापकी तो करता ही था। दशहरे के अवसर पर (1912) उसमें मेरा एक लेख निकला 'शक्ति-पूजा' पर। तत्कालीन स्थानीय पुलिस सुपरिंटेंडेंट मिस्टर फेयरवैदर को उसमें राजद्रोह की गन्ध मिली और उन्होंने उस लेख के लेखक के बारे में पत्र-संचालकों से पूछताछ की। और यह भी जिज्ञासा की कि तुम्हारे पत्र में राजद्रोह क्यों छपा है? संचालकों ने निर्मल भाव से और निर्दोष रूप से कह दिया कि वह लेख तो माखनलाल जी का लिखा हुआ है। एक पुलिस का सिपाही पुलिस सुपरिंटेंडेंट की ओर से मुझे बुलाने के लिए स्कूल में चला आया।"[1]

माखनलाल जी चिन्तित हुए और भयभीत भी। माणिकचन्द जी से परामर्श लेकर वे पुलिस सुपरिंटेंडेंट से मिलने पहुँचे। अपना पक्ष रखते हुए उन्होंने स्पष्ट किया कि इस लेख में संस्कृति-विमर्श है, राजद्रोह कदापि नहीं। चेतावनी देकर उन्हें छोड़ दिया गया, किन्तु वे अपने क्षेत्र में प्रसिद्ध हो गए। इसी प्रसिद्धि के कारण मासिक 'प्रभा' में उनका प्रवेश हुआ। 7 अप्रैल, 1913 ई. को खँडवा से कालूराम गंगराडे ने अपने सम्पादकत्व में 'प्रभा' का

प्रकाशन प्रारम्भ किया। कालूराम खँडवा में वकालत करते थे और अनन्य हिन्दीप्रेमी थे। वे विदेशी पत्रकार डब्लू. टी. स्टेड की निष्पक्षता, निर्भीकता और जनपक्षधरता से अत्यन्त प्रभावित थे। इसी प्रभाव की परिणति 'प्रभा' के प्रकाशन के रूप में हुई। टाइटेनिक जलपोत की जलसमाधि की घटना और स्टेड के बलिदान की खबरों ने गंगराडे को उद्वेलित किया। साधनहीनता के बावजूद गंगराडे ने पत्र निकालने का निश्चय किया। चतुर्वेदी जी के जीवनी-लेखक ऋषि जैमिनी कौशिक बरुआ के अनुसार—" इस विश्व-घटना ने मध्यप्रदेश में एक नया उद्रेक प्रस्फुटित किया। गंगराडे जी ने अंग्रेजी दैनिकों से इस घटना का विस्तृत समाचार पढ़कर माखनलाल को बताया और उनके मन में यह इच्छा जाग्रत हुई कि भारत में भी स्टेड के आदर्शों की परिकल्पना के अनुसार ऐसा पत्र निकाला जाय, जो देश की वर्तमान विषम परिस्थिति में अधिकाधिक हितकामना सम्पादित कर सके। कालूराम जी स्वयं भी एक साहित्यिक पत्र निकालने की इच्छा मन में धारे बैठे थे। उनके सामने आदर्श स्टेड महाशय थे ही। हिन्दी में इस समय अकेला अच्छा मासिक 'सरस्वती' निकल ही रहा था। तय हुआ कि माखनलाल अध्यापकी से त्यागपत्र दें और इस नए पत्र के सम्पादन में सहयोग दें। अब अवस्था यह थी कि माखनलाल को वेतन के 13 रुपये मासिक मिल रहे थे और ट्यूशनों से उन्हें लगभग 50 रुपये और मिल जाते थे। मैट्रिक के विद्यार्थी हिन्दी पढ़ने घर पर ही आते थे। लेकिन अध्यापकी में जो शक्ति व्यय हो रही थी, उसे शुद्ध रूप से साहित्यिक कार्य में व्यय करने का उन्हें स्वयं उत्साह था। प्रारम्भ में सहायक सम्पादक के रूप में उनका वेतन 30 रुपये मासिक दिये जाने की बात ठहरी। श्री कालूराम जी गंगराडे के नाम से डिक्लेरेशन लिया गया। पत्र का नाम 'प्रभा' रखा गया। सम्पादक भी कालूराम जी ही रहे। मुद्रण पूना की चित्रशाला में होने की व्यवस्था हुई। काम यह जोखिम का था। मासिकों की बिक्री हिन्दी क्षेत्र में सर्वथा नहीं थी। मध्यप्रदेश में जो हिन्दी के नामलेवा थे, वे गरीब, निर्धन अध्यापक थे। विज्ञापनों को बटोरने में जो कष्ट होता था, वह भुक्तभोगी ही जान पाता था। चिन्तनीय स्थिति एक यह भी थी कि खँडवा मुख्य नगरों से दूर, एक कोने में था। फिर भी गंगराडे जी ने उसमें निजी लागत झोंकने का पक्का इरादा कर लिया।"[2]

'प्रभा' का प्रवेशांक पूरी तैयारी के बाद निकला। पत्र का लगभग सारा कार्यभार माखनलाल जी ने अपने ऊपर ले लिया। प्रवेशांक में पत्र-प्रकाशन के उद्‌देश्य को स्पष्ट करते हुए उन्होंने लिखा—"अनेक विचारों का सामना कर आज 'प्रभा' का प्रथम अंक पाठकों की सेवा में उपस्थित किया जाता है। इससे यह अनुमान हो सकेगा कि 'प्रभा' किस रीति से सेवा किया चाहती है। स्वर्गवासी महात्मा स्टेड ने विलायत को आगे रखकर जो कुछ किया है, 'प्रभा' भी भारत को आगे रखकर उक्त महात्मा की अनुकूल कार्य-प्रणाली का महदादर्श मानचित्र अपने सामने लटकाकर कार्य किया चाहती है। वह महात्मा अविश्वासपूर्ण, स्वार्थ-सम्पन्न पश्चिम के होश ठिकाने कर उसे विश्वासी न्यासी भेद-भाव रहित तथा परमार्थी होने की दिशा दे गया है। आशा है, हम अपने भारतीय बन्धुओं की इसी प्रकार सेवा करने की कामना को भारतीय बन्धुओं की स्नेहभरी सहानुभूति पाकर पूर्ण कर सकेंगे।"[3]

'प्रभा' ने अपने आरम्भिक अंकों में स्टेड की धारावाहिक जीवनी छापी। इस जीवनी ने राष्ट्रीय जागरण को बल दिया। अनेक लेखक 'प्रभा' के साथ जुड़े, किन्तु अधिकतर सामग्री माखनलाल जी ही तैयार करते थे। ''प्रथम वर्ष से ही 'प्रभा' को अच्छे लेखकों का सहयोग मिलने लगा, पर उसका अधिकांश लेखन-श्रम माखनलाल ने ही किया। यों समूचे वर्ष किसी भी लेख के साथ उसका नाम नहीं है। वह तो 'श्री गोपाल', 'भारत सन्तान', 'कुछ नहीं', 'भारतीय', 'सुधारप्रिय', 'पशुपति', 'नीतिप्रेमी', 'एक विद्यार्थी', 'एक निर्धन विद्यार्थी', 'एक भारतीय प्रजा', 'एक नवयुवक', 'तरुण भारत', 'एक प्रान्तीय प्राणी', 'एक उच्च शिक्षित', 'एक भारतवासी', 'श्रीयुत् नवनीत', 'श्री विश्वव्याप्त', 'श्री चंचरीक', 'श्री शंकर' और 'एक भारतीय आत्मा' जैसे चित्र-विचित्र नामों से ही लेख लिखता रहा। इन नामों से लिखने की विवशता जो थी। पुलिस का हौल इस मध्यप्रदेश के लोगों पर कम नहीं था। सरकार ने पत्र निकालने की सरल सुविधाएँ अवश्य दे रखी थीं, पर लेखक, स्वतन्त्रचेता लेखक बनने की सुविधाओं पर अपना शिकंजा कस रखा था। यद्यपि यह साहित्यिक मासिक पत्र था, लेकिन पुलिस इन्स्पेक्टर रतनलाल जैसे लोगों से बराबर ही सावधान रहने की जरूरत थी। क्रान्तिवादिता में यह सिद्धान्त पहले से धर्म बना ही लिया गया था कि यशप्राप्ति से सर्वथा दूर रहना और प्रशंसा से बचाकर अपने को रखना। यह एक असह्य स्थिति थी कुल मिलाकर। लेकिन बीहड़ वन को उपजाऊ बनाने का दुस्साहस ऐसी ही असह्य स्थिति में से जन्म लेता है।''[4]

माखनलाल जी 'प्रभा' के माध्यम से अपने राष्ट्र-चिन्तन और युगबोध को सम्प्रेषित कर रहे थे। 'धर्मतत्त्व' शीर्षक के अन्तर्गत उन्होंने 'प्रभा' के प्रारम्भिक अंकों में सटीक टिप्पणियाँ कीं। 'प्रवेशांक' में प्रकाशित यह टिप्पणी द्रष्टव्य है—''एक समय वह था जब हमें नियमितता, स्वास्थ्य-सुधार, गुणज्ञता, रहन-सहन तथा आचरणशीलता आदि सब गुण सद्धर्म-सेवन से प्राप्त थे, किन्तु आज वैसा नहीं है। अब हम स्वार्थी होकर न्यायी बनने का, आलसी होकर सुधारक बनने का, विश्वासहीन होकर सत्यवादी बनने का तथा नीचे, विकारवर्धक, पुराने तथा मलिन विचारों में अधिक रहकर पूज्य बनने का ढकोसला गढ़कर धर्म का असली तत्त्व भूल जाते हैं। यदि हमारा सबसे पहिला आज कोई ईश्वर-प्राप्ति-सूचक धर्म है तो वह सदाचरण है, जिसकी नींव ब्रह्मचर्य है। किन्तु उसकी दशा हमारे यहाँ कैसी है, उसे कौन नहीं जानता? सदाचरणशील ही आस्तिक तथा ईश्वरभक्त है। जगदात्मा के दिखाऊ भक्त आज भारतवर्ष के प्रत्येक गृह की शोभा बढ़ा रहे हैं। वे धर्म के शत्रु हैं।

हाँ, क्या हमारे कर्तव्यनिष्ठ, दृढ़प्रतिज्ञ, श्रद्धालु, धीर एवं वीर पूज्य पूर्वजों को यह स्वप्न में भी स्मरण था कि हम किसी समय आचार्य, उपाध्याय, माननीय, अग्रगंय आदि कई उपाधियों को धारण करके, अनेक शास्त्रों के ज्ञाता तथा निरीक्षक होकर तथा जगद्गुरु बनने के अभिलाषी होकर भी 'ईश्वर' को केवल अक्षर-विशेषों से बना हुआ नीरस शब्द-मात्र समझेंगे? ईश्वर का नाम आजकल के भोजनभट्ट मूर्खानन्द को विज्ञापन का काम देता है। हमारा अधिकांश भोला समाज इन सुबुद्धि के शत्रुओं तथा धर्मघातकों को महात्मा समझता

है। इन्हीं जगद्गुरु बनने के लोभी नर-दानवों द्वारा चोरी आदि बुरे कर्मों का प्रचार हो रहा है। क्या हमारा समाज कृपापूर्वक इस ओर लक्ष देवेगा?''[5]

परम्परा के श्रेष्ठ दाय का रेखांकन और वर्तमान के पाखंड पर प्रहार उनकी प्रगतिशील चेतना का साक्ष्य देता है। उपर्युक्त टिप्पणी जागृति का सन्देश देती है। 'प्रभा' में उन्होंने अनेक स्तम्भ प्रारम्भ किए और उनमें प्रखर टिप्पणियाँ कीं। 'समाज समीक्षा', 'सुधार विचार', 'नीति तत्त्व' ऐसे ही स्तम्भ हैं। कूटनीति, नारी-जागरण, साम्प्रदायिक सद्भाव जैसे विषयों पर 'प्रभा' के अंकों में निरन्तर उनके लेख प्रकाशित हुए। साथ ही, ज्वलन्त मुद्दों पर उनकी गहरी टिप्पणियाँ भी इसमें प्रकाशित होती रहीं। वे रूढ़ियों और अन्धविश्वासों से समाज को मुक्त करना चाहते थे। इस सन्दर्भ में उनकी यह टिप्पणी उल्लेखनीय है—''सबसे प्रथम, समाज के उन बन्धनों को तोड़िए, जो मध्यकालीन मूर्खता या आपत्ति के समय उसने बना डाले हैं। ऐसा करने के लिए आप कर्कशता से कार्य न लीजिए। समाज बिलकुल निर्बल दशा में है। उससे प्रेमपूर्वक कार्य लीजिए। समाज में सननिपात का रोग न फैलने दीजिए। होशियारी से कार्य करना प्रारम्भ कीजिए। समाज के नवयुवकों पर दृष्टि रखिए। उनके हृदय में आनेवाले विचार ही समाज के सच्चे नियम हैं। ऐसा न कभी आप समझिए और न उन्हें समझने दीजिए। प्रथम नवयुवकों को एवं कार्यकारियों को समाज की आंतरिक दशा का अनुभव कराइए, फिर कार्य करने दीजिए। समाज संस्कार का कार्य अधीरता और उच्छृंखलता से न होगा, वह साहस और गम्भीरता से होगा। यह भी न भूल जाइए कि 'समाज सुधार के कार्य में नवयुवक वह कार्य करेंगे जिसे देखकर संसार चकित हो जाएगा।' परन्तु उसके हेतु समाज के हितचिन्तकों को प्रथम भारी प्रयत्न करना होगा।''[6]

'प्रभा' के सम्पादकीय अग्रलेख भी अपनी गहरी वैचारिकता और प्रसंगानुकूलता के कारण महत्त्वपूर्ण हैं। भारत की लिपि के सम्बन्ध में ब्रिटिश विचार का खंडन करते हुए माखनलाल जी ने लिखा—''सुनते हैं, विलायत में यह प्रश्न छिड़ गया है कि भारत में कौन सी लिपि प्रचलित हो। यही नहीं, यहाँ तक सुना गया है कि रोमन लिपि इसके उपयुक्त मान भी ली गई है। विदित नहीं होता कि इस कार्य से कौन सा लाभ सोचा गया है। ग्रियर्सन साहब की, हाँ में हाँ मिलाने की बात सुन, हमें आश्चर्य नहीं। ग्रियर्सन बिचारे यहाँ के कुलियों, किसानों तथा व्यापारियों का हाल क्या जानें? स्मरण रहे, इस कार्य की गड़बड़ से समाज को दुख होगा। भारत की कोई एक लिपि हो सकती है तो वह नागरी लिपि ही हो सकती है। हम 'सरस्वती' सम्पादक के नोट से सहमत होते हुए यह स्पष्ट कहे देते हैं कि इस प्रकार का प्रयत्न अनीति तथा अल्पज्ञता का उदाहरण होगा।''[7]

2 नवम्बर, 1913 को कानपुर से गणेश शंकर विद्यार्थी के सम्पादन में हिन्दी साप्ताहिक 'प्रताप' का प्रकाशन हुआ। 'प्रताप' प्रखर राष्ट्रवादी पत्र था। इसके प्रकाशन का स्वागत करते हुए माखनलाल जी ने 'प्रभा' में लिखा—''कानपुर में भी अब जातीय जीवन का संचार हुआ। यद्यपि वहाँ साहित्य-सेवियों और विद्वानों की कमी नहीं है, तो भी, हमें विदित नहीं कि वहाँ के साहित्य-सेवी जातीय जीवन फूँकने हेतु सामयिक साहित्य द्वारा कुछ अनुकूल प्रयत्न कर रहे हैं। 'प्रताप' नामक साप्ताहिक पत्र अब यहीं से प्रकाशित होने लगा है। इसके

सम्पादक हैं श्रीयुत् गणेश शंकर विद्यार्थी। यही महाशय गत वर्ष कुछ दिन 'अभ्युदय' का सम्पादन-भार भी सँभाल चुके हैं।

'प्रताप' की सम्पादन-शैली अच्छी, बहुत अनुकूल है। हम इस सहयोगी की उन्नति हृदय से चाहते हैं। जिस निष्पक्षपात और निर्भय नीति से 'प्रताप' अपने संकटाकीर्ण एवं कठिन मार्ग पर चल रहा है, उसे देखकर सम्पादक की प्रशंसा करनी पड़ती है। 'प्रताप' मानो मृत 'हिन्दी केसरी' और 'कर्मयोगी' का सगा भाई है। परन्तु अनुकूलता और समय की गति पर इस पत्र की दृष्टि और अत्यधिक रखने की प्रार्थना है कि संसार कर्मयोगी मंडल है। 'प्रताप' अपना उद्‌देश्य एक छन्द द्वारा यों व्यक्त करता है—

जिसको न निज गौरव तथा निज देश का अभिमान है।
वह नर नहीं, नर पशु निरा है, और मृतक समान है।'[8]

'प्रभा' के प्रकाशन में अनेक कठिनाइयाँ थीं। उनसे जूझते हुए पहली बार यह लगभग एक वर्ष तक निकली। इस सन्दर्भ में माखनलाल जी के जीवनी लेखक 'बरुआ' जी ने लिखा है—'' 'प्रभा' यों तो कहने को सारे देश के हिन्दीभाषियों के लिए निकली थी, पर उसमें अकेले मध्यप्रदेश के हिन्दीभाषियों में बैठकर दीर्घ जीवन की फलप्राप्ति की सम्भावना एक और कारण से सम्भव नहीं हो पा रही थी। कोई भी सशक्त हिन्दी प्रेस आसपास ऐसा नहीं था, जो अपना सबसे प्रिय सहयोग इस हिन्दी मासिक को दे पाता। पूना जैसे दूरस्थ नगर से यह छपकर आती और उसमें प्राय: ही हर बार अप्रिय विलम्ब हो जाता। निज के प्रेस की चिन्ता ने गंगराडे जी और माखनलाल जी को बेहाल कर दिया और निपट परिणाम यह निकला कि प्रेस की अव्यवस्थाओं के कारण फरवरी 1914 में 'प्रभा' के प्रथम वर्ष के 12 अंक निकल जाने के बाद इस हिन्दी मासिक का प्रकाशन उस समय तक के लिए स्थगित करना पड़ा, जब तक कि प्रेस की कोई सुनिश्चित व्यवस्था न हो जाय।''[9]

कम ही समय में 'प्रभा' ने पर्याप्त ख्याति अर्जित कर ली। इसके चार अंकों के प्रकाशन के बाद आचार्य महावीरप्रसाद द्विवेदी ने प्रशंसा करते हुए टिप्पणी की—''खुशी की बात है, हिन्दी में एक और सचित्र मासिक पत्रिका का प्रादुर्भाव हुआ है। लेख सभी उत्तम हैं। पत्रिका के रूप-रंग और लेखावली को सुन्दर और उपयोगी बनाने में इसके संचालकों ने यथाशक्ति कोई बात नहीं उठा रखी। इसे हिन्दी-प्रेमियों को अवश्य आश्रय देना चाहिए। महात्मा स्टेड के आदर्श को लेकर इसके सम्पादक ने जो उद्‌देश्य सामने रखा है, उसे देखते हुए यह रिव्यू ऑफ रिव्यूज है।''[10]

माखनलाल जी 26 सितम्बर, 1913 ई. को अध्यापकी से त्यागपत्र देकर इसके प्रत्यक्ष सम्पादक बन गए। इसका प्रकाशन स्थगित होने से उनके सामने बड़ा आर्थिक संकट खड़ा हुआ। इसी बीच उनकी पत्नी का असामयिक निधन हुआ। इस असह्य वेदना के बावजूद वे कर्तव्य-पथ पर डटे रहे। मार्च, 1915 में 'प्रभा' का पुनर्प्रकाशन हुआ। अब यह पत्रिका प्रताप प्रेस कानपुर से मुद्रित होने लगी। मार्च, 1916 तक इसका नियमित प्रकाशन हुआ। माखनलाल जी के गम्भीर रूप से अस्वस्थ हो जाने के कारण इसका प्रकाशन अनियमित हो गया। 1918 ई. में इसका प्रकाशन बन्द हो गया। जनवरी, 1920 से मई, 1925 ई. तक

यह गणेश शंकर विद्यार्थी, कृष्णदत्त पालीवाल और बालकृष्ण शर्मा 'नवीन' के सम्पादन में कानपुर से प्रकाशित हुई।

'प्रभा' को माखनलाल जी ने विशिष्ट पहचान दी। साहित्यिक पत्रिका के रूप में इसे प्रस्तुत करते हुए उन्होंने इसका दायरा सीमित नहीं रखा। साहित्यिक स्वरूप को संरक्षित रखते हुए उन्होंने इसे वैचारिक ऊर्जा दी, राष्ट्रीय जागरण का स्वर दिया। बरुआ जी ने बिलकुल सच लिखा है—''सरस्वती' और 'प्रभा' ये दोनों हिन्दी मासिक ('मर्यादा' और 'लक्ष्मी' आदि हिन्दी मासिकों की बात यहाँ रहने दें) अपने युग के दो पूरक दृष्टिकोणों का प्रतिनिधित्व करते हैं। 'सरस्वती' के माध्यम से आचार्य महावीरप्रसाद द्विवेदी विशुद्ध साहित्यिक व शिक्षाधारित जनहिताय संस्कृति पर लगे अंकुशों से पार मार्ग को प्रशस्त करने में लगे थे। 'प्रभा' के माध्यम से माखनलाल जी उस राष्ट्रीय और सामाजिक चेतना की घायल साँसों का पोषण करने में लगे थे, जो मरण-विनाश से घिरी अबोली और बावरी-सी बनी हुई थी। 'सरस्वती' अध्ययनशील साहित्य की प्रेरक थी, 'प्रभा' राजनीतिक आन्दोलन के क्षणों में प्रेरक वाणी का शंख बजाने में विश्वास करती थी।''[11]

'प्रभा' ने हिन्दी की साहित्यिक पत्रकारिता को ही केवल समृद्ध नहीं किया, बल्कि राजनीतिक चेतना के विकास में भी उसने सार्थक योगदान किया। उस समय के प्राय: सारे महत्त्वपूर्ण लेखक और कवि 'प्रभा' में प्रकाशित हुए। 'प्रभा' ने माखनलाल जी के सम्पादकीय विवेक को पुष्ट किया। इस पत्रिका से उनकी साहित्य-दृष्टि व्यापक हुई। 'प्रभा' के अनेक विशेषांक निकले जिन्होंने सम्पादक की राजनीतिक चेतना की प्रखरता प्रमाणित की। अकाली सत्याग्रह, तिलक स्मृति अंक, झंडा अंक जैसे विशेषांक निश्चित रूप से राष्ट्रीय मुक्ति संघर्ष के संग्रहणीय दस्तावेज हैं। हिन्दी के अकारण विरोध पर भी उन्होंने अपनी आवाज बुलन्द की। अगस्त, 1915 ई. के अंक में 'जनमेजय' नाम से उन्होंने मराठी भाषा के मासिक पत्र 'मनोरंजन' के हिन्दी-विरोध का बड़ा प्रतिरोध किया। उन्होंने राष्ट्रभाषा के रूप में हिन्दी की स्वीकृति के कारणों का सतर्क विवेचन किया। इस लम्बे लेख का यह अन्त द्रष्टव्य है—''जो लोग देश में एक राष्ट्रभाषा चाहते हैं, वे प्रान्तों की मातृभाषाओं का नाश नहीं चाहते। केवल विचार समझने और समझाने के लिए राष्ट्रभाषा का अध्ययन होगा, बाकी सब काम मातृभाषा में होंगे। ऐसे दुरात्माओं की देश को जरूरत नहीं जो मातृभाषाओं को छोड़ दें। पर ऐसा हृदय भी घातकी है, जो देश के मिलते हुए हृदयों को देखकर गड़बड़ मचावे। हम स्वयं एक राष्ट्रभाषा के पक्षपाती हैं, परन्तु श्री महाराष्ट्र कविवर्य मोरोपंत के हम दासानुदास हैं और अपने बालकों को मोरोपन्त की आर्यामणियों की तथा श्री रामदास के काव्य-रत्नों की माला पहिनाने में गौरव समझते हैं। यदि 'मनोरंजन' के सम्पादक काशीनाथ रघुनाथ मित्र श्री प्रात:स्मरणीय कविवर्य मोरोपन्त द्वारा की हुई श्री महाकवि तुलसीदास की वन्दना पढ़ते तो उनका हृदय मोम के समान कोमल हो जाता और वे कभी भी हिन्दी के विरोधी न बनते।''[12]

'प्रभा' के माध्यम से चतुर्वेदी जी ने न केवल पत्रकारिता का प्रशिक्षण प्राप्त किया बल्कि सम्पादन-कला की दक्षता भी प्राप्त की। 'प्रभा' अपने समय की श्रेष्ठ साहित्यिक

पत्रिका थी। इस पत्रिका ने साहित्यिक चेतना के साथ राजनीतिक चेतना का भी प्रसार किया। फरवरी, 1918 तक माखनलाल जी इसके सम्पादन से सम्बद्ध रहे। उन्होंने अनेक कठिनाइयों के बावजूद इस पत्रिका की स्तरीयता को अक्षुंण रखा। 'प्रभा' की तेजस्विता के लिए स्वयं को होम कर दिया। 'प्रभा' ने मध्यप्रदेश में हिन्दी भाषा और साहित्य को प्रतिष्ठित किया। इसने रचनाकारों की एक पूरी पीढ़ी तैयार की। अवरोधों के बावजूद इसने अपनी सार्थक भूमिका का निर्वहण किया। 'प्रभा' के सम्पादन में चतुर्वेदी जी को जो दिशा और दृष्टि मिली उसका प्रतिफलन 'कर्मवीर' में हुआ। 'कर्मवीर' के द्वारा चतुर्वेदी जी एक श्रेष्ठ राष्ट्रवादी सम्पादक के रूप में उपस्थित हुए। 'कर्मवीर' का प्रवेशांक 17 जनवरी, 1920 को जबलपुर से निकला। बीस पृष्ठों का यह साप्ताहिक पत्र प्रत्येक शनिवार को प्रकाशित होता था। माधवराव सप्रे, विष्णुदत्त शुक्ल और ठाकुर छेदीलाल ने जबलपुर में राष्ट्रसेवा लिमिटेड की स्थापना की। इसी संस्था द्वारा 'कर्मवीर' का प्रकाशन हुआ। माधवराव सप्रे लोकमान्य तिलक के अनन्य भक्त थे। 1900 ई. में वे 'छत्तीसगढ़ मित्र' और 1907 ई. में 'हिन्दी केसरी' का सम्पादन कर चुके थे। 'कर्मवीर' के सम्पादन के लिए उन्होंने माखनलाल चतुर्वेदी का चयन किया। माखनलाल जी ने ही पत्र का घोषणापत्र दाखिल किया। अपने संस्मरण में उन्होंने लिखा है— "1920: मैं कर्मवीर निकालने के लिए जबलपुर गया। वहाँ गुरुवर्य पं. माधवराव सप्रे थे, रायबहादुर पं. विष्णुदत्त शुक्ल थे, दीवान बहादुर वल्लभदास जी थे और रायसाहव गोविन्दलाल जी पुरोहित थे तथा मेरे और दीवान बहादुर के वकील श्री कन्छेदीलाल जी जैन थे। जब मैं 'कर्मवीर' का डिक्लेरेशन लेने के लिए जिला मजिस्ट्रेट श्री मिथाइस आई. सी- एस- के पास गया उस समय रायबहादुर शुक्ल जी ने एक पत्र दिया था जिसमें लिखा गया था कि मैं बहुत गरीब हूँ और उदरपूर्ति के लिए कोई रोजगार करने के उद्देश्य से 'कर्मवीर' नामक साप्ताहिक पत्र निकालना चाहता हूँ। किन्तु मुझे यह शर्त स्वीकार नहीं थी। रायबहादुर शुक्ल जी समझते थे कि मेरी घिग्घी बँधेगी और मैं मिस्टर मिथाइस के सामने कुछ बोल न सकूँगा। मिस्टर मिथाइस ने कहा कि एक अँगरेजी वीकली के होते हुए आप हिन्दी क्यों निकालना चाहते हैं? तब मैंने निवेदन किया कि आपका अँगरेजी पत्र तो दब्बू है, मैं वैसा पत्र नहीं निकालना चाहता। मैं ऐसा पत्र निकालना चाहूँगा कि ब्रिटिश शासन चलते-चलते रुक जाए। कहना नहीं होगा कि मिस्टर मिथाइस मेरे इस कथन से बहुत प्रभावित हुए। उन्होंने कहा कि मैं ऐसे पत्र को देखना चाहता हूँ। मैं आयरिश हूँ और आयरिश यह देखना चाहते हैं, आप शासन बिगाड़ें और मैं ब्रिटिश शासन को ठीक से चलाऊँ। इसके पहले मिस्टर मिथाइस कुछ कहें, मैंने 2500 रुपये के नोट उनकी टेबुल पर रख दिये। उनके बंगले पर ही हमारी भेंट हुई थी। मुझे यह 2500 रुपये के नोट दीवान बहादुर वल्लभदास जी ने दिये थे कि जमानत देकर भी मैं 'कर्मवीर' निकालूँ। उस समय 1910 का प्रेस एक्ट प्रचलित था, जिसमें जमानत लेने पर कोई कारण डिस्ट्रिक्ट मजिस्ट्रेट को नहीं बताना पड़ता था और जमानत न लेने पर कारण बताना पड़ता था। मालूम होता था कि मिस्टर मिथाइस उस सबको और प्रेस एक्ट को भी पढ़कर वहाँ बैठे हुए थे। मिस्टर मिथाइस ने मुझसे कहा कि मैं तो आपसे जमानत लूँगा नहीं इसलिए यह रुपया अपनी ही

जेब में रख लीजिए। मैं उस शासन को ठीक बनाऊँगा और आपको आलोचना का मौका न दूँगा।''[13]

पत्र के प्रवेशांक के 'हम' शीर्षक अग्रलेख में उन्होंने पत्र के उद्देश्य और संकल्प को रेखांकित करते हुए लिखा—''हमारी आँखों भारतीय जीवन गुलामी की जंजीरों में कसा दीखता है। हृदय की पवित्रता पूर्वक हम प्रयत्न करेंगे कि वे जंजीरें फिसल जाएँ या टुकड़े-टुकड़े होकर गिरने की कृपा करें। हम जिस तरह भीरुता नष्ट कर देने के लिए तैयार रहेंगे उसी तरह अत्याचारों को भी। किन्तु भीरु और अत्याचारी दोनों ही हमारे होंगे और उनको दुनिया से हटा देने के लिए नहीं, उनकी प्रवृत्तियों को हटा देने के लिए हम उनसे लड़ते रहेंगे। हम स्वतन्त्रता के हामी हैं। मुक्ति के उपासक हैं। राजनीति में या समाज में, साहित्य में या धर्म में जहाँ भी स्वतन्त्रता का पथ रोका जावेगा, ठोकर मारने वाले का पहिला प्रहार और घातक के शस्त्र का पहिला वार आदर से लेकर मुक्त होने के लिए प्रस्तुत रहेंगे। दासता से हमारा मतभेद रहेगा। फिर चाहे वह शरीर की हो या मन की; व्यक्तियों की हो या परिस्थितियों की; दोषियों की हो या निर्दोषियों की; शासकों की हो या शासितों की।''[14]

यह टिप्पणी निस्सन्देह मुक्ति के संकल्प की सबल अभिव्यक्ति है। अहिंसक प्रतिरोध और मुक्ति-अभियान का यह ओजस्वी स्वर एक योद्धा सम्पादक का स्वर है—उस योद्धा का, जो कलम को अस्त्र बना लेने में दक्ष है। चतुर्वेदी जी का यह कथन गाँधीवाद के स्वर को भी बुलंद करता है। सत्याग्रह की शक्ति को उजागर करते हुए उन्होंने अपने अगले अग्रलेख में लिखा है—''सत्याग्रह पवित्र पथ है। वह हर समय काम में लाया जा सकता है। बच्चे भी उसका उपयोग कर सकते हैं, और वह संसार के गुस्से की आग को शान्त कर देने तथा अत्याचारों के ऊधम और मारामार से करोड़ों मनुष्यों के खून से लाल होने वाली माता मेदिनी को साफ बचा सकता है। सत्याग्रह वहाँ भी विजयी होता है जहाँ कमांडरों की क्रूरता, मनुष्यता को रक्तस्नान करा रही हो।''[15]

जलियाँवाला बाग के भीषण नरसंहार पर इंग्लैंड के प्रमुख पत्रों की टिप्पणियों का हिन्दी रूपांतर प्रस्तुत करते हुए उन्होंने हिन्दी पाठकों को न केवल पत्रकारिता की निष्पक्षता से परिचित कराया है बल्कि उन्हें चैतन्य भी किया है—''पंजाब के हत्या-कांड पर और ब्रिटिश जाति के योद्धा जनरल डायर की कार्यवाहियों पर इंग्लैंड के पत्रों के मत यों हैं—इंडिया लिखता है कि अमृतसर के कतल के बाद दूसरी नीचता की बात यह थी कि कतल की खबर पूरे आठ महीने छुपा रखी गई। इसके लिए भारत-सचिव अपनी जवाबदारी किस तरह दूर कर सकता है? इस अत्याचार का विधाता कौन है? या तो जनरल डायर, या भारत का वाइसराय, या भारत-संचिव—अथवा ये तीनों ही। भारत-सचिव कहते हैं कि मुझे 13 दिसम्बर तक कतल की गिनती ही नहीं मालूम थी, डेली एक्सप्रैस पढ़ने से मालूम हुई! सम्राट के मन्त्री का यह उत्तर कितना लज्जाजनक है! यदि इसे मान लें तो हम जनरल डायर को और भारत सरकार को अपराधी पाते हैं। जलियाँवाला का यह जल्लाद, अपने ही मुँह से मरे हुओं का वर्णन करता है, जिनमें 52 छोटे बच्चे, और सात महीने का बालक भी था! क्या वाइसराय ने जान-बूझकर यह खबर छिपा कर रखी? यदि हाँ, तो क्यों? माननीय मालवीय जी ने मृत्यु-

संख्या के प्रश्न पूछे थे। उन्होंने कहा 500 मरे, सरकार ने कहा, 291 मरे!—क्या उस दिन वाइसराय को पता न था! यदि न था, तो मालूम करना था।

भारत-मन्त्री को अपने बिल की जल्दबाजी छोड़कर एक बार भारत जरूर जाना था। भारत अपने उन अधिकारों के लिए व्याकुल है जिनके न होने से डायर, ओडायर और जानसन जैसे नरनाशक मनमानी निरंकुशता कर पाते हैं।

जो भारत के विषय में इतना लापरवाह हो कि कतल की खबर आठ महीनों तक न पा सके और उसे पाने के लिए अखबारों के पन्ने टटोले, उस भारत-सचिव से भारत को क्या लाभ हो सकता है? भारतीय शासन की इस असफलता को छुपाने की जरूरत न थी। यदि भारत में आत्माभिमान का कुछ भी अंश शेष रखना है तो मि- मांटेगु को इस्तीफा दे देना चाहिए!''[16]

इसी सन्दर्भ में उन्होंने अन्य पत्रों की टिप्पणियाँ भी उद्धृत की हैं—''नेशन कहता है कि शिमला सरकार ने जान-बूझकर 9 महीने तक अँधेरे में रखा। अप्रैल में उड़ती-सी खबरें मिलीं। सुनते हैं भारत-सचिव को भी ऐसी ही मिलीं! और अभी भी हंटर कमेटी की गवाहियाँ तार से नहीं (पूरे एक महीने में) डाक से आती हैं! इस तरह ज्यों-ज्यों भेद छिपाने का प्रयत्न किया जावेगा, कड़ी आलोचनाएँ बंद न होंगी। जनरल डायर का नाम भारत में वर्षों तक याद रहेगा और हमारे देश (इंग्लैंड) वासियों को घृणा का पात्र बनाए रहेगा। उसकी गवाहियों को सुनकर एक ऐसे मूर्ख का चित्र सामने आता है जो हुकुम-उदूली के बदले पशु-बल का प्रयोग करना जानता है! उसे शीघ्र ही इंग्लैंड बुला लेना चाहिए। ऐसा न करना ऐसे अत्याचार को दुहराना है। अमृतसर का कतल कराके ब्रिटिश पार्लमेंट खड़ी नहीं रह सकती। उसका कर्तव्य है कि वह इस कतल को आखिरी कतल कर दे।

न्यू विटनेस नामक पत्र कहता है कि अमृतसर का हत्याकांड प्रत्येक अंग्रेज को कँपा देता है। कारण कुछ भी हो, किन्तु यह सत्य है कि जनरल डायर के अधीन एक ब्रिटिश फौज ने बिना सूचना दिये भारतवासियों के एक निरस्त्र जन-समुदाय पर गोली चलायी और तब तक चलायी जब तक बारूद न खतम हो गई! मि. स्माइल्स मंजूर करते हैं कि लोग तब तक शान्त थे जब तक डॉ. किचलू और सत्यपाल हटा नहीं दिये गए, किन्तु जनरल डायर का कहना है कि स्थिति ऐसी हो गई थी कि बलवा हो जाता। यदि सुबूत हो जाय कि बलवा हो जाता तो जनरल डायर माफ कर दिया जाय। और यदि सुबूत न हो तो जनरल डायर गोली से उड़ा दिया जाय... यदि डायर छोड़ दिया जाय तो जिन अधिकारियों ने नेताओं को सजाएँ दीं वे जाँचे जाएँ। यदि उनका कार्य न्याय-युक्त न हो तो भारत-सरकार पर मुकद्दमा चलाया जाय। और यदि यह सिद्ध हो कि भारत का शासन हम इसी तरह करते हैं तो हमें वह देश खाली कर देना चाहिए। जनरल डायर का परिचय तो इतने ही से होता है कि उसने एक सड़क पर जाने वाले सब मनुष्यों को हुक्म दिया कि वे सब घुटनों के बल रेंगे।''[17]

अप्रैल, 1920 ई. में जलियाँवाला बाग की घटना की बरसी पर महात्मा गाँधी ने राष्ट्रीय सत्याग्रह-सप्ताह मनाने का आह्वान किया। इस पर लाला लाजपत राय ने भी देशवासियों से अपील की थी। चतुर्वेदी जी ने 'कमवीर' में इस अपील का हिन्दी रूपान्तर अपनी टिप्पणी

के साथ प्रकाशित की—''महात्मा गाँधी के पवित्र आदेशानुसार गत 6 तारीख से देश-भर में राष्ट्रीय सत्याग्रह-सप्ताह मनाया जा रहा है। लाला लाजपत राय जी ने इस पवित्र सप्ताह के विषय में 'ट्रिब्यून' में निम्नलिखित अपील प्रकाशित कराई है—''वैसाखी निकट है। यह हिन्दुओं का नव-वर्ष दिवस है, जो कि पंचनद की भूमि (पंजाब) में शुभ और पवित्र माना जाता है। अमृतसर पंजाब का तीर्थस्थान है, जहाँ कि वैसाखी के दिन सैकडों (कभी-कभी सैकडों हजार) पंजाबी इकट्ठे होकर पवित्र सरोवर में नहाने के लिए आते हैं। गत वर्ष की क्रूर घटनाओं ने इसे द्विगुण पवित्र बना दिया है। गतवर्ष, यही दिन था, जिस दिन कि अपने भाषण-स्वातन्त्र्य और सभा-स्वातन्त्र्य के जन्मसिद्ध अधिकारों की रक्षा के लिए एकत्र हुए हमारे हजारों भाइयों का कत्ल हुआ था और हजारों घायल किए गए थे। वह यही दिन था कि धर्म पर बली हो जाने वाले बालक मदनमोहन ने अपने प्राण विसर्जन किए थे, यह वही दिन था जबकि हिन्दू-मुस्लिम एकता का सुकुमार पौधा जातियों के सम्मिलित रक्त से सिंचित होकर एक सुदृढ़ वृक्ष के रूप में परिवर्तित हुआ था। अतएव पवित्र वैसाखी एक नवीन संवत् की जन्मदात्री है, जो कि अब से जलियाँवाला संवत् के नाम से पुकारा जाएगा। अब से जालियाँवाला बाग हमारी राजनैतिक एकता का सूचक, हमारे भाग्य का निरन्तर याद दिलानेवाला, भविष्य को उत्तेजना देनेवाला और हमारे स्वतन्त्रता-प्रेम का दर्शक-चिह्न होगा।''[18]

'कर्मवीर' ने हिन्दी-पत्रकारिता को व्यापकता दी। अपने ओजस्वी अग्रलेखों और सटीक सम्पादकीय टिप्पणियों के कारण इसे एक अलग पहचान मिली। राजनीति, समाज, साहित्य, धर्म और संस्कृति-विषयक सामग्री के प्रकाशन के कारण यह हर वर्ग में लोकप्रिय हुआ। हताश जनमानस को इसने आस्था की संजीवनी दी और अकर्मंयता के तिमिर का नाश किया। 12 पृष्ठों के साप्ताहिक के मुखपृष्ठ पर इसका मोटो इस सूत्रवाक्य के रूप में छपता था—'कर्मंयेवाधिकारस्ते मा फलेषु कदाचन।' सम्पादकीय पृष्ठ पर इसका लक्ष्य इस छन्द से उद्घोषित होता था—

'कर्म है अपना जीवन प्राण
कर्म में बसते हैं भगवान
कर्म है मातृभूमि का मान
कर्म पर आओ हों बलिदान।'

'कर्मवीर' के पृष्ठों पर सामग्री के समायोजन से चतुर्वेदी जी की सम्पादन-दक्षता स्पष्ट झलकती है। प्रथम पृष्ठ पर श्री शारदा का विज्ञापन रहता था। दूसरे पृष्ठ पर समीक्षाएँ और विविध विषयों पर लेख छपते थे। पृष्ठ तीन पर राजनीतिक गतिविधियों की सूचनाएँ छपती थीं। सम्पादकीय अग्रलेख और टिप्पणियों का प्रकाशन पृष्ठ चार पर होता था। अन्य पृष्ठों पर समाचारों, कविताओं और अन्य साहित्यिक रचनाओं का प्रकाशन होता था। इसमें एक साथ विदेशी, स्वदेशी और स्थानीय समाचार छपते थे। अन्तिम पृष्ठ पर विज्ञापन छपता था।

'कर्मवीर' के अग्रलेख राष्ट्रवादी चिन्तन के ऐतिहासिक अभिलेख हैं। वस्तुत: ये समग्र मुक्ति की प्रस्तावना हैं। उनकी टिप्पणियों में कितना गहरा यथार्थबोध है, कितनी उन्मुक्त

निर्भीकता है! उदाहरणार्थ ये पंक्तियाँ उल्लेखनीय हैं—"आजादी कितना मीठा शब्द है, पर यह शब्द अपने आप में मीठा नहीं, इसमें मिठास लाती है कुर्बानी, इसमें मिठास लाता है बलिदान, पर यह बलिदान औरों का ना हो, बल्कि उनका हो जो आजादी चाहें।"[19]

'कर्मवीर' ने समय-समय पर भारत के सांस्कृतिक गौरव को उद्घोषित किया, ज्ञान और सभ्यता के विकास में इसके ऐतिहासिक योगदान को रेखांकित किया। काशी हिन्दू विश्वविद्यालय के दूसरे दीक्षान्त समारोह के विवरण के साथ मालवीय जी के अभिभाषण का सारांश प्रस्तुत करते हुए उन्होंने लिखा—"मैं कुछ समय के लिए भूल गया कि मैं आज 26 जनवरी को काशी विश्वविद्यालय का उपाधि-समारम्भ देखने आया हूँ। काशी और विश्वविद्यालय अपने पवित्र तथा सनातन भावों का भुलावा देकर मुझे ऐसे युग में ले गए, जहाँ मैं स्वाधीन भारत के सौम्य प्रकाश में ज्ञानवृद्ध ऋषि, भक्त्यवनत शिष्य, विनयशील शासक और कृतज्ञ जनता के परिवार-स्वरूप समूह को किसी तपोवन में देख रहा था। सहसा वन्देमातरम् का जयनाद हुआ और मैंने चौंककर देखा, कि मेरे उस सुख स्वप्न के महर्षि के समान सौम्य मूर्ति मालवीय जी अन्य कर्मचारियों के सहित हाल में आए। मैंने जाना कि कुछ वर्ष पहले लोग जिसे मालवीय जी का स्वप्न कहकर मुस्कुरा देते थे, वह आज प्रत्यक्ष होकर उस मुस्कराहट को आन्दोल्लास में परिणत कर रहा है। जिन्होंने प्रोवाइस चान्सलर के साथ मंच पर आसन ग्रहण किया, तत्पश्चात् पहले अंग्रेजी में और बाद में हिन्दी में उपाधिदान-वितरण (कन्वोकेशन) का तात्पर्य समझाकर निम्नलिखित प्रतिज्ञाएँ संस्कृत में कहीं—"क्या आप शुद्ध हृदय से वचन देकर कहते हैं कि जिन उपाधियों के लिए आप व्यक्तिश: आए हैं और योग्य समझे गए हैं, उनके प्राप्त हो जाने पर आप इस विश्वविद्यालय के सदस्य के योग्य मन, वचन और कार्य से व्यवहार करेंगे?" "क्या आप प्रतिज्ञा करते हैं कि आप अपनी सम्पूर्ण शक्ति और अवसर के अनुसार धर्म और सच्चे ज्ञान का पक्ष लेंगे और उनकी उन्नति करेंगे? क्या आप प्रतिज्ञा करते हैं कि जहाँ तक हो सकेगा, आप अपने बन्धुओं की सामाजिक व्यवस्था और हित का समर्थन तथा उन्नति करेंगे।" प्रत्येक विद्यार्थी इन्हें स्वीकार करके उपाधिपत्र लेता जाता था। इस प्रकार 102 विद्यार्थियों को उपाधिपत्र देने के बाद मालवीय जी ने वाइस चान्सलर की हैसियत से हिन्दी में पुरातन काल के समावर्तन-संस्कार और कुलपति के अन्तिम उपदेश आदि का वर्णन करके, वर्तमान विश्वविद्यालय-सम्बन्धी विषयों पर व्याख्यान दिया।"[20]

चतुर्वेदी जी ने निष्पक्ष और स्वतन्त्र पत्रकारिता का प्रतिमान प्रस्तुत किया। वे प्रेस की स्वतन्त्रता का दमन करनेवाले प्रेस कानूनों के घोर विरोधी थे। प्रेस की स्वतन्त्रता के लिए वैश्विक स्तर पर जो भी प्रयत्न हो रहे थे, उसका विवरण वे 'कर्मवीर' के अंकों में अवश्य देते थे। इतना ही नहीं, भारत के पत्रकारों और उनकी संस्थाओं के द्वारा उठाई जानेवाली आवाज भी 'कर्मवीर' में स्वरित होती थी। 'प्रेस ऐक्ट' के कुचक्र पर भारतीय प्रेस एसोसिएशन के आवेदनपत्र का सारांश छापकर उन्होंने पत्रकारों में जागृति लाने का प्रयास किया। 'कर्मवीर' में प्रकाशित यह विवरण द्रष्टव्य है—"प्रेस ऐक्ट रद्द करवाने के हेतु से इंग्लैंड की जनता को भारतीय समाचार पत्रों और छापाखानों की कठिनाइयाँ दिखलाने

के लिए गत वर्ष 'भारतीय प्रेस ऐसोसिएशन' ने प्रेस डेपुटेशन द्वारा इंग्लैंड में आवेदनपत्र बँटवाया था। सारांश यह है—भारतवर्ष में ईस्ट इंडिया कम्पनी के शासन-काल में बहुत थोड़े समाचार-पत्र और छापाखाने थे और वे प्राय: सभी पादरियों या अंग्रेजों के थे। उनके लिए कभी-कभी सरकार को कड़े उपायों और भारी दंड से काम लेना पड़ता था। परन्तु न तो लार्ड वेलेजली के 1799 वाले रेगुलेशन और न छापाखानों को काबू में रखने के हेतु जारी 1823 और 1824 के बंगाल और बम्बई के रेगुलेशन इन छापाखानों को दबाने में कृतकार्य हो सके। अन्त में लार्ड ऑफ लैंड ने लाइसेंस और सरकारी देखरेख (सेंसरशिप) के ये पुराने कानून रद्‌द कर दिये और उनके स्थान पर रजिस्ट्रेशन का नियम बनाया। तब से, 1857 के गदर के कुछ समय को छोड़ 1910 तक, भारतवर्ष के छापाखानों के लिए प्राय: वे ही नियम लागू रहे जैसे कि इंगलैंड में थे। परन्तु 1910 के इंडियन प्रेस ऐक्ट ने सभी छापाखानों और पुस्तकों आदि को शासकों की स्वेच्छा के पंजे में बसा दिया है। भारत सरकार, कानून फौजदारी (इंडियन पिनल कोड) में अराजकता (सिडीशन) इत्यादि की नई परिभाषाएँ जोड़कर अपनी क्रूर स्वेच्छाचारिता पहले से ही बढ़ा रही थी परन्तु छापाखानों और विशेषकर देशी भाषाओं के छापाखानों की ओर कुदृष्टि 1878 में पड़ी जब कि उसने लाइसेंस को कानून बनाया। किन्तु यह कानून तीन वर्ष बाद रद्‌द कर दिया गया।''[21]

12 मई, 1921 को 'कर्मवीर' में अपने ओजस्वी और निर्भीक लेखन के कारण चतुर्वेदी जी राजद्रोह के अपराध में गिरफ्तार हुए। महात्मा गाँधी ने 'यंग इंडिया' में और गणेश शंकर विद्यार्थी ने 'प्रताप' के सम्पादकीय में इस गिरफ्तारी की भर्त्सना की। 1922 में वे मुक्त हुए और 4 अप्रैल, 1925 को अपने स्वामीत्व में 'कर्मवीर' का सम्पादन प्रारम्भ किया। इसके पूर्व 'प्रताप' के सम्पादक विद्यार्थी जी की गिरफ्तारी के कारण अक्टूबर, 1923 से मार्च, 1924 तक उन्होंने 'प्रताप' का सम्पादन किया। 'कर्मवीर' के पुनर्प्रकाशन को उसका नया जन्म मानते हुए उन्होंने इसके लक्ष्य को पहले ही सम्पादकीय में रेखांकित किया। उन्होंने लिखा—''प्रान्त के तरुणों से, जिनमें अपने स्वप्नों को सच कर दिखाने का, अपने जमाने को आन्दोलन के बल पर अनुकूल कर लेने का और निष्पाप हृदय होकर देश और प्रदेश की सेवा करने का बल है हम क्या कहें! चाहे लेखक हों या कवि, संवाददाता हों या वक्ता, राष्ट्रीय कार्यकर्ता हों या सामाजिक अथवा साहित्य सेवक, 'कर्मवीर' उनकी अपनी चीज है। राष्ट्र और प्रदेशों का निर्माण करने तथा दोषों के संहार के लिए उनके उड़ते हुए मस्तिष्कों, स्फुरण करती हुई भुजाओं और दलों की दलदल से ऊँचे रहनेवाले पवित्र हृदयों की ओर हम आशाभरी दृष्टि से देख रहे हैं। वे आवें और युग-परिवर्तन में अपने कार्यों से, एक उमड़े हुए उतावले की दृष्टि से नहीं, शान्त कर्मंय की तरह, 'कर्मवीर' का हाथ बटावें।''[22]

माखनलाल जी की पत्रकारिता के अनेक आयाम हैं—देश की स्वाधीनता, सामाजिक कुरीतियों का उन्मूलन, आत्मसम्मान और मर्यादा की रक्षा और जनहित का चिन्तन। अपने पत्रकार-जीवन के लिए उन्होंने कुछ मूल्य निर्धारित कर रखे थे। अपने एक साक्षात्कार में उन्होंने इसका उल्लेख किया है—

1. 'कर्मवीर' सम्पादक और 'कर्मवीर' परिवार की कठिनाइयों का उल्लेख न करना।
2. कभी धन के लिए अपील न निकालना।
3. ग्राहक संख्या बढ़ाने के लिए 'कर्मवीर' के कालमों में न लिखना।
4. सनसनीखेज खबरें कभी न छापना।
5. क्रान्तिवादी पार्टी के खिलाफ गाँधी जी के (भी) वक्तव्य छापने से इनकार करना।
6. विज्ञापन जुटाने के लिए किसी आदमी की नियुक्ति न करना।''[23]

साधनहीनता के बावजूद यह संकल्प निस्सन्देह उनके अदम्य साहस और राष्ट्रमुक्ति के लिए उनकी अटूट निष्ठा का प्रमाण है। संघर्ष करते हुए, विपरीत परिस्थितियों से जूझते हुए, निरन्तर जनसंवाद करते हुए 11 जुलाई, 1959 ई. तक उन्होंने 'कर्मवीर' का सम्पादन किया। दो बार की जेलयात्राओं (1921 और 1930 ई.) ने उनके संकल्प को खंडित नहीं किया, बल्कि उन्हें और साहस दिया, और सबल बनाया। 'कर्मवीर' ने राष्ट्रीय आन्दोलन को तीव्र बनाने में ऐतिहासिक योगदान दिया। 17 फरवरी, 1938 को 'कर्मवीर' को दिये गए सन्देश में नेताजी सुभाषचन्द्र बोस ने भी कहा--''पिछले 14 वर्षों से 'कर्मवीर' ने राष्ट्रीय महासभा के झंडे को ऊँचा रखा है और प्रति सप्ताह हमारे देशवासियों को प्रेरणात्मक सन्देशों से अनुप्रेरित करता रहा है।''[24]

प्रसिद्ध शायर और चिन्तक रघुपति सहाय 'फिराक' का कथन है—''मुझे याद आता है कि अब से कोई तीस-चालीस बरस पहले जब देश गुलाम था तो 'कर्मवीर' में पंडित माखनलाल चतुर्वेदी के लेख मेरे और मेरे जैसे लाखों देशवासियों के दिलों में गुलामी के खिलाफ ऐसा जोश पैदा कर देते थे जिसे भुलाया नहीं जा सकता, कम-से-कम मैं तो अब तक भुला नहीं सका हूँ। जब से देश गुलाम हुआ तब से सत्तर-अस्सी बरसों तक अंग्रेजी भाषा में और भारतीय भाषाओं में देशप्रेम के समर्थन और गुलामी के विरोध में कई करोड़ शब्द बोले गए और लिखे गए लेकिन वह सब हवा में विलीन होकर रह गए और आज किसी के दिल या कानों में गूँज नहीं रहे हैं। माखनलाल जी के लेख अब तक कानों और दिलों में गूँज रहे हैं। उनके लेखों को पढ़ते समय ऐसा मालूम होता था कि आदि शक्ति शब्दों के रूप में अवतरित हो रही है या गंगा स्वर्ग से उतर रही है। यह शैली हिन्दी में नहीं भारत की दूसरी भाषाओं में भी विरले ही लोगों को नसीब हुई। मुझ जैसे हजारों लोगों ने अपनी भाषा और लिखने की कला माखनलाल जी से ही सीखी।''[25]

'कर्मवीर' चतुर्वेदी जी के कुशल सम्पादन में एक साथ ही राजनीतिक और साहित्यिक पत्रकारिता के प्रतिमान के रूप में मान्य हुआ। राजनीतिक चेतना के प्रसार के साथ इसने साहित्यकारों की एक नई पीढ़ी का निर्माण किया। प्रतिनिधि कवि गिरिजाकुमार माथुर के अनुसार—''मैं कैसे भूल सकता हूँ कि तीस वर्ष पूर्व (अब 45 वर्ष) नई प्रतिभाओं की अभिव्यक्ति का प्रथम मंच 'कर्मवीर' बना था, जहाँ न केवल मेरी कविताएँ सर्वप्रथम प्रकाश में आई थीं बल्कि अनेक उदीयमानों की भी जिनका आज हिन्दी में विशेष स्थान बन चुका है। एक पूरी पीढ़ी इस ज्योति केन्द्र के आसपास एकत्र रही थी--- बालकृष्ण शर्मा 'नवीन', सुभद्रा कुमारी चौहान, रमाशंकर शुक्ल 'हृदय', भवानी तिवारी, भवानी प्रसाद मिश्र, प्रभाकर

माचवे, गजानन माधव मुक्तिबोध, वीरेन्द्र जैन, शिवमंगल सिंह 'सुमन', धर्मवीर भारती, यही नहीं राष्ट्रीय सांस्कृतिक उन्मेष के प्रेरणास्रोत के रूप में माखनलाल जी का प्रभाव-वृक्ष सुदूर क्षेत्रों तक था... दिनकर, बेनीपुरी, सोहनलाल द्विवेदी तक इस पीढ़ी की प्रतिभाएँ थीं जिन्होंने बाद में नई प्रवृत्ति की काव्यधारा का समारम्भ किया।''[26]

'प्रभा' और 'कर्मवीर' द्वारा माखनलाल जी ने भारत की अस्मिता का उद्घोष किया, जागरण का शंखनाद किया और भारतीय आत्मा का प्रतीक बन लोकप्रिय हुए। डॉक्टर कैलाश नारद ने उनकी पत्रकारिता की शक्ति, देन और विशेषताओं को रेखांकित करते हुए सच ही लिखा है—''उनकी पत्रकारिता ने बलिदान की पुनीत भावना को जन-जन में भरा और प्रान्त में लेखकों की जो समर्पित पीढ़ी तैयार की उसकी समस्त अनुभूतियाँ, कल्पनाएँ और अभिव्यंजनाएँ भी निरन्तर आग नहाती रहीं, रक्त और विद्रोह के बीच एक गीतात्मक आग्रह स्थापित कर प्रदेश और देश की पत्रकारिता में माखनलाल जी ने आवेग का एक ऐसा सशक्त प्रवाह दिया जो लेखनी को वर्ण-वर्ण के रंगों और रूपों से भरता चला गया। उस व्यापक रसावेग की प्रतीति सम्पूर्ण हिन्दी-पत्रकारिता में कहीं भी नहीं है। जातीय जीवन के प्रतिबिम्ब स्वरूप पत्रकारिता का जो वैभव उन्होंने 'कर्मवीर' और 'प्रभा' के माध्यम से प्रस्तुत किया, उसके आलोक में भविष्यवर्ती प्रभविष्णुता भी माहिमामयी हो गई।''[27]

सन्दर्भ

1. माखनलाल चतुर्वेदी रचनावली, खंड-1, सं. श्रीकान्त जोशी, वाणी प्रकाशन, दिल्ली, आवृत्ति-2011, पृष्ठ 163.164.
2. वही, पृष्ठ 171.172.
3. 'प्रभा का प्रादुर्भाव', प्रभा, 7 अप्रैल, 1913 ई.
4. माखनलाल चतुर्वेदी रचनावली, खंड-1, पृष्ठ 173.
5. 'ईश्वर का नाम', प्रभा, भाग-1, चैत्र शुक्ल-1, संवत्-1970, 7 अप्रैल, 1913 ई.
6. समाज समीक्षा स्तम्भ के अन्तर्गत 'सामाजिक जहाज', प्रभा, वर्ष-2, फरवरी, 1914 ई.
7. 'भारत की लिपि', प्रभा, 7 अप्रैल, 1913.
8. प्रताप—कठिन मार्ग का पथिक, प्रभा, भाग-1, मार्गशीर्ष-1, संवत्-1970, संख्या-9, 23 नवम्बर, 1913 ई.
9. माखनलाल चतुर्वेदी रचनावली, खंड-1, पृष्ठ 188.
10. 'सरस्वती', जुलाई, 1913 ई., पृष्ठ 426.
11. माखनलाल चतुर्वेदी रचनावली, खंड-1, पृष्ठ 192.
12. प्रभा, अगस्त, 1915 ई.
13. भारतीय पत्रकारिता कोश, खंड-2, विजयदत्त श्रीधर, वाणी प्रकाशन, दिल्ली, प्रथम संस्करण-2008, पृष्ठ 647.
14. 'हम' शीर्षक अग्रलेख, कर्मवीर, प्रवेशांक, 17 जनवरी, 1920 ई.
15. महात्मा गाँधी और सत्याग्रह, प्रताप, 24 जनवरी, 1920 ई.
16. पंजाब प्रकरण, कर्मवीर, 24 जनवरी, 1920 ई.

17. पंजाब प्रकरण, कर्मवीर, 24 जनवरी, 1920 ई.
18. हमारा राष्ट्रीय सत्याग्रह-सप्ताह, जलियाँवाला के शहीदों की यादगार देशवासियों का कर्तव्य!, कर्मवीर, 10 अप्रैल, 1920 ई.
19. कर्मवीर, 6 नवम्बर, 1920 ई.
20. महर्षि मालवीय का प्रत्यक्ष स्वप्न : हिन्दू विश्वविद्यालय, कर्मवीर, 7 फरवरी, 1920 ई.
21. 5,00,000 जमानत में—प्रेस ऐक्ट का कुचक्र, कर्मवीर, 13 मार्च, 1920 ई.
22. 'कर्मवीर' का जन्म, कर्मवीर, 4 अप्रैल, 1925 ई.
23. माखनलाल चतुर्वेदी रचनावली, खंड-10, प्राक्कथन से।
24. वही, फ्लैप से।
25. वही।
26. वही।
27. मध्यप्रदेश में हिन्दी-पत्रकारिता, पृष्ठ 122.

बनारसीदास चतुर्वेदी

हिन्दी-पत्रकारिता को दिशा और दृष्टि देनेवाले पत्रकारों में पं. बनारसीदास चतुर्वेदी (24 दिसम्बर, 1992.2 मई, 1985) कई कारणों से विशिष्ट हैं। उनकी पत्रकारिता व्यापक सरोकारों की पत्रकारिता है। उसमें साम्प्रदायिक सद्‌भाव को पुष्ट करने का विवेक है और नवोदित लेखकों को मंच देने की उदारता भी। उसमें प्रवासी भारतीयों की चिन्ता है तो नवयुवकों को कर्तत्व-पथ पर उन्मुख करने की तत्परता भी। आगरा जनपद के फिरोजाबाद में जन्मे चतुर्वेदी जी के पिता गणेशीलाल चौबे प्राथमिक विद्यालय में शिक्षक थे। चतुर्वेदी जी ने 1914 ई. में इंटरमीडिएट किया। कुछ माह गवनेमेंट हाई स्कूल फर्रुखाबाद में अध्यापन किया। उसके बाद डेली कॉलेज, इन्दौर में वे अध्यापक हुए। छह वर्षों तक अध्यापन के बाद वे महात्मा गाँधी के साबरमती आश्रम में आए और उनका सान्निध्य प्राप्त किया। उन्होंने अफ्रीका की यात्रा की और प्रवासी भारतीयों का हालचाल जाना। वे 1920.21 में एंड्रयूज के साथ शान्तिनिकेतन में भी रहे। इस प्रकार पत्रकारिता में प्रवेश के पूर्व उनका अनुभव व्यापक हो चुका था।

पत्रकारिता के क्षेत्र में उनका पदार्पण 1925 में हुआ। प्रवासी भारतीयों की समस्या पर उन्होंने अनेक लेख लिखे। कुछ समय के लिए 'आर्यमित्र' और 'दैनिक अभ्युदय' से भी सम्बद्ध रहे। सम्पादक के रूप में उनकी भूमिका जनवरी, 1928 ई. में 'विशाल भारत' से प्रारम्भ हुई। ''सन 1927 में महान सम्पादक रामानन्द चट्टोपाध्याय ने अपने अंग्रेजी 'मॉडर्न रिव्यू' और बाँगला 'प्रवासी' के साथी-पत्र के रूप में हिन्दी में मासिक 'विशाल भारत' को निकालने का निश्चय किया और पं. सुन्दरलालजी की सलाह पर चतुर्वेदी जी को उसका सम्पादक चुना, जिनकी ख्याति तब तक कुछ खास विषयों पर लिखनेवाले लेखक के रूप में ही थी। लेकिन पहले ही अंक से 'विशाल भारत' ने चतुर्वेदी जी की सम्पादकीय क्षमताओं का परिचय देना शुरू कर दिया। 'सरस्वती', 'माधुरी', 'चाँद' जैसी जमी-जमाई पत्रिकाओं के बीच अपना स्थान बनाने में 'विशाल भारत' को यदि कोई दिक्कत नहीं हुई तो इसके पीछे चतुर्वेदी जी की सुचिन्तित सम्पादकीय दृष्टि और सूझ थी। इस नए मासिक के माध्यम से उन्होंने पाठकों को ज्ञानवर्द्धक लेख और नई रुचि की रम्य रचनाएँ तो परोसी ही, साथ ही उन्हें एक जबर्दस्त आन्दोलनकारी पत्रिका भी दी।''[1]

'विशाल भारत' के सम्बन्ध में शम्भुनाथ ने लिखा है—'' 'विशाल भारत' से हिन्दी-पत्रकारिता का एक नया दौर आरम्भ होता है। 1928 ई. में जब उसका पहला अंक

निकला, हिन्दी में इतनी सुन्दर साज-सज्जा और पठनीय सामग्रीवाला दूसरा कोई पत्र न था। 'सरस्वती', 'माधुरी', 'चाँद', 'सुधा', 'प्रभा' जैसे कुछ गौरवशाली मासिक पत्र पहले से निकल रहे थे और एक साल बाद 'हंस' भी अस्तित्व में आ गया था। फिर भी बनारसीदास चतुर्वेदी के सम्पादन में निकलने वाले पत्र 'विशाल भारत' की एक अलग ही शान थी। इसके माध्यम से हिन्दी-पत्रकारिता में न केवल आधुनिक टेक्नोलॉजी का प्रवेश हुआ, बल्कि यह पत्र हिन्दी और बँगला के बीच एक सांस्कृतिक सेतु भी बना। एक बँगलाभाषी ने यह पत्र निकाला था। इसका एक वैश्विक परिप्रेक्ष्य भी था। राष्ट्रवादी जागरण में जब एक नया ऐतिहासिक मोड़ आ रहा था और पूर्ण स्वाधीनता की आकांक्षा हर भारतीय दिल में सुलग उठी थी—नवजागरण राष्ट्रीय मुक्ति-संग्राम के समुद्र में अपनी सबसे ऊँची हिलोरें ले रहा था, उस समय 'विशाल भारत' का प्रकाशन शुरू हुआ और यह देश भर के लेखकों के वैचारिक संघर्ष का एक प्रमुख मंच बना।''[2]

'विशाल भारत' भारत के गौरव का गान करनेवाली पत्रिका थी। अतीत की गौरवशाली परम्परा का स्मरण कराते हुए वर्तमान को जागृत करना इसका लक्ष्य था। प्रवेशांक के सम्पादकीय में ही चतुर्वेदी जी ने लिखा—''भारतवर्ष 'विशाल' है। केवल जनसंख्या या विस्तार के कारण ही नहीं वरन् अपनी प्राचीन संस्कृति तथा सभ्यता के कारण ही वह 'विशाल' कहा जा सकता है। कभी समय था जब धर्म, साहित्य, अध्यात्म, शिल्पविद्या, गान-विद्या, चित्रकला इत्यादि में वह संसार का गुरु समझा जाता था। उस समय—

''एतद्देश प्रसूतस्य सकासादग्रजन्मन:।
स्वं स्वं चरित्र शिक्षरेन पृथिव्यां सर्वमानव।''

मनु भगवान के ये वचन सार्थक थे। भारतीय संस्कृति का प्रभाव चीन, जापान इत्यादि एशिया के अनेक देशों पर पड़ा था। यूरोप तथा अमरीका भी उसके प्रभाव से नहीं बचे थे। जावा, सुमात्रा, बाली इत्यादि में भारतीय सभ्यता के चिह्न अब भी पाए जाते हैं। ज्यों-ज्यों नए-नए ऐतिहासिक अनुसन्धान होते जाते हैं, भारत के प्राचीन गौरव का पता संसार को अधिकाधिक लगता जाता है। मध्य एशिया में, जो कभी महान सभ्यता का केन्द्र-स्थल था, पाई गई वस्तुओं से भारतीय संस्कृति का प्रभाव स्पष्टतया प्रकट होता है। स्थानाभाव के कारण यहाँ प्राचीन भारत की गौरव गाथाओं के विषय में अधिक नहीं लिखा जा सकता और फिर अपनी वर्तमान दुर्दशा को देखते हुए अधिक लिखें भी क्या?

'शंकर' क्या से क्या हुआ, अटका उलटा काल।
लघुता का बन्दा बना भारतवर्ष विशाल।।

संसार का शिरोमणि आज दासत्व पंक में पड़ा हुआ है। छोटी-छोटी बातों पर हमलोग लड़ते रहते हैं। देश में स्वार्थ का साम्राज्य हो रहा है और भिन्न-भिन्न जातियों में पारस्परिक अविश्वास। पर यह अवस्था चिरस्थायी नहीं हो सकती। भारत के शुभ दिन आनेवाले हैं। वह अपनी दुर्दशा को समझ गया है और अपनी गुलामी की जंजीरों को तोड़ने के लिए उद्योग भी कर रहा है। देश में सामाजिक, राजनीतिक तथा धार्मिक सुधार के जो आन्दोलन हो रहे हैं वे सब उसी उद्योग के भाग हैं। पराधीनता के कारण हमें राजनीतिक आन्दोलन सबसे महत्त्वपूर्ण

भले ही प्रतीत हों, पर वास्तव में सामाजिक तथा शिक्षा सम्बन्धी कार्यों का महत्त्व भी किसी प्रकार कम नहीं है। इसी तरह साहित्य, कला तथा विज्ञान की उन्नति के लिए जो उद्योग हो रहा है, उसे भी हम उपेक्षा की दृष्टि से नहीं देख सकते। जैसे भिन्न-भिन्न वृक्ष अपने-अपने फूल, फल तथा विचित्र सौन्दर्य से ऋतुराज वसन्त का स्वागत करते हैं, उसी प्रकार हमलोगों को भी अपनी सर्वश्रेष्ठ भेंट द्वारा स्वराज्य का स्वागत करने के लिए प्रयत्नशील होना चाहिए। शुद्ध हृदय से किया हुआ छोटे से छोटा सेवा का कार्य भी कुछ महत्त्व रखता है।''[3]

'विशाल भारत' के लिए चतुर्वेदी जी ने एक स्पष्ट नीति तैयार की थी। कोलकाता से निकलनेवाली इस मासिक पत्रिका ने एक व्यापक पाठक वर्ग को ध्यान में रखा। कोलकाता महानगर में उस समय हिन्दी-उर्दू बोलनेवालों की संख्या लगभग सात लाख थी। पत्रिका के लक्ष्य को रेखांकित करते हुए उन्होंने लिखा—''भारत में हिन्दू, मुसलमान, पारसी, ईसाई इत्यादि भिन्न-भिन्न धर्मों के अनुयायी रहते हैं। सम्भवत: परमात्मा ने भारत को ही इस विभिन्नता में एकता का आदर्श उपस्थित करने के लिए चुना है। आखिर हम सबको मिलकर एक-दूसरे की संस्कृति का सम्मान करते हुए इसी देश में रहना है। साम्प्रदायिकता अथवा जातीय विद्वेष 'विशाल भारत' के प्रति ऐसा भयंकर पाप है जिसका प्रायश्चित नहीं। 'विशाल भारत' इस बात को सदा अपने सम्मुख रखेगा। विशाल भारत के भिन्न-भिन्न भाग महाराष्ट्र, गुजरात, तमिल प्रदेश तथा बंगाल इत्यादि की उन्नति के लिए जो उद्योग हो रहे हैं उनका हिन्दी पट्टी जनता के सम्मुख लाना हमारा मुख्य कर्तत्व होगा। प्राचीन 'विशाल भारत' (जावा-सुमात्रा इत्यादि) के विषय में जनता में ज्ञान फैलाने और आधुनिक 'विशाल भारत' (फिजी, मारीशस इत्यादि) के साथ मातृभूमि के सम्बन्ध को दृढ़ करने का हम यथाशक्ति प्रयत्न करेंगे। हिन्दुस्तान की अधिकांश जनता ग्रामों में रहती है अतएव ग्राम निवासियों, किसानों और मजदूरों के हित के लिए उद्योग करना हमारा कर्तव्य होगा। जिन्हें हमलोग भूल जाते हैं (उदाहरणार्थ हमारे वे साहित्य-सेवी और कवि जिन्होंने हमारे लिए मार्ग तैयार किया था) उनकी स्मृति-रक्षा के लिए हम बराबर कुछ न कुछ काम करते रहेंगे। 'विशाल भारत' भारतीय-युवक आन्दोलन का पक्का समर्थक होगा और माताओं और बहनों की जो कुछ सेवा उससे बन सकेगी वह अवश्य करेगा। मातृभूमि के छोटे से छोटे सेवकों का सम्मान करेगा और उनकी सेवा करने में अपना गौरव समझेगा।''[4]

'विशाल भारत' के द्वारा चतुर्वेदी जी ने सत्साहित्य का प्रचार किया और घासलेटी साहित्य की भर्त्सना की। उन्होंने उच्च शिक्षा में हिन्दी की स्थिति पर भी विचार किया और पाठकों के पत्र भी पत्रिका में प्रकाशित किए। इस पत्रिका ने अनेक विशेषांक निकाले और अपने व्यापक कलेवर में प्राय: सारे विषयों को समेट लिया। इसका प्रवेशांक एक सौ चौवालीस पृष्ठों का निकला। विजयदत्त श्रीधर के शब्दों में—'' 'विशाल भारत' का प्रवेशांक 144 पृष्ठों का निकला। साहित्य, समाज-सुधार, राजनीति, इतिहास, अर्थशास्त्र, विज्ञान आदि विषयों पर गवेषणापूर्ण लेखों का प्रकाशन सचित्र 'विशाल भारत' में होता था। आकार 25 गुणित 19 से.मी. और वार्षिक शुल्क छह रुपये था। 'विशाल भारत' का लेखकों से आग्रह रहता था कि चार पृष्ठों से अधिक के लेख नहीं भेजें। लेखों के लिए 'यथाशक्ति

भेंट' दी जाती थी। एक शर्त यह रहती थी कि 'लेख ऐसा हो जिसे भले घरों में निस्संकोच पढ़ा जा सके।' पत्र के प्रत्येक अंक में सादे चित्रों और कार्टूनों के अलावा आर्ट पेपर पर दोरंगे, तिरंगे, चार या अधिक पूरे पृष्ठ के आकर्षक चित्र रहते थे। मुद्रण साफ-सुथरा होता था। भाषा की शुद्धता पर विशेष ध्यान दिया जाता था। महिला मंडल, स्वास्थ्य, प्रवासी भारतीय, हमारे गाँव, तरुण भारत, समालोचना और प्राप्ति स्वीकार आदि स्तम्भ नियमित रूप से प्रकाशित किए जाते थे। कविता, कहानी, व्यंग्य साहित्य का भी प्रकाशन किया जाता था।''[5]

'विशाल भारत' के महत्त्व, इसके योगदान और चतुर्वेदी जी की सम्पादन-दक्षता पर प्रकाश डालते हुए उन्होंने आगे लिखा है—'' 'भारत में अँगरेजी राज' पुस्तक को जब्त करने की कार्रवाई की आलोचना करते हुए 'विशाल भारत' ने लिखा—''हम देखते हैं कि किताबों की जब्ती के विषय में गवर्नमेंट की नीति दिन-प्रतिदिन स्वेच्छाचारितापूर्ण होती जा रही है। गवर्नमेंट की मनमानी कार्रवाई का अन्त नौकरशाही के अन्त के साथ ही होगा, उसके पहले नहीं।'' सामाजिक जागृति के उपक्रमों के प्रति 'विशाल भारत' की प्रतिबद्धता का परिचय अछूतों के मन्दिर-प्रवेश के समर्थन में लिखी गई इस टिप्पणी से मिलता है—''जब दूसरे मजहबवाले आदमी तथा कुत्ते, बिल्ली तक मन्दिरों में जा सकते हैं तो अपने सहधर्मियों को मन्दिर में घुसने से रोकना हद दर्जे का अन्याय है। पर हिन्दू जाति तो महाकवि अकबर के शब्दों में मुर्दा है और उसमें जो न हो जाये सो थोड़ा है।'' 'विशाल भारत' ने पद्मसिंह शर्मा अंक, प्रवासी अंक, यूरोप अंक, ऐंड्रूज अंक, साहित्य-कला अंक, कहानी अंक इत्यादि विशेषांक प्रकाशित कर हिन्दी-पत्रकारिता को समृद्ध किया। 'विशाल भारत' ने कई आन्दोलनों को जन्म दिया। बनारसीदास चतुर्वेदी के अग्रलेख 'कस्मै देवाय' ने यह बहस छेड़ी कि लेखन सोद्देश्य हो अथवा उद्देश्यहीन। 'घासलेटी साहित्य' के विरुद्ध तो 'विशाल भारत' ने जेहाद ही छेड़ दिया था। जब 'चाँद' के सम्पादक मुन्शी नवजादिक लाल श्रीवास्तव को बर्खास्त कर दिया गया तब 'विशाल भारत' ने पत्रकारों की सुरक्षा के सवाल को लेकर आन्दोलन छेड़ा।

सन 1928 से 1937—लगभग दस वर्षों तक 'विशाल भारत' का सुसम्पादन करनेवाले बनारसीदास चतुर्वेदी ने हिन्दी को अनेक लेखक दिये। चतुर्वेदी जी की सम्पादकीय दृढ़ता का एक उदाहरण उल्लेखनीय है। 'विशाल भारत' के संचालक रामानन्द चट्टोपाध्याय सूरत में हिन्दू महासभा के अध्यक्ष चुने गए थे। उन्हीं के पत्र 'विशाल भारत' में उनकी आलोचना छपी। जब रामानन्द जी सूरत से लौटे तब उन्होंने जानना चाहा कि हिन्दी पत्रों में उनके भाषण की क्या प्रतिक्रिया हुई? जवाब में बनारसीदास जी ने अपनी लिखी टिप्पणी उनके सामने रख दी। इस पर चट्टोपाध्याय ने कहा कि वे इसका उत्तर देना चाहते हैं, क्या उसे छाप देंगे। चतुर्वेदी जी ने सहमति दे दी और उसे प्रकाशित भी किया। भारतीय पत्रकारिता में सम्पादकीय स्वतन्त्रता के सम्मान का यह अन्यतम उदाहरण है।''[6]

चतुर्वेदी जी मानवीय मूल्यों के प्रति अत्यन्त सजग थे। उन्होंने सत्साहित्य के प्रसार में महत्त्वपूर्ण योगदान दिया। जो साहित्य सनसनी पैदा करे, सस्ता मनोरंजन करे और मानवीय संवेदना का संस्कार नहीं करे, उसे साहित्य मानने में उन्हें आपत्ति थी। 'विशाल भारत' के

माध्यम से उन्होंने इसके खिलाफ आन्दोलन चलाया। पत्रिका में उन्होंने लिखा—"हमारे अनेक पत्रों में जो गन्दा साहित्य आजकल निकल रहा है, उसे पढ़कर किसी भी गम्भीर प्रकृति के मनुष्य को लज्जा आए बिना नहीं रह सकती। लोग क्रान्ति के नाम पर बुरी से बुरी बातें जनता के सामने रख रहे हैं।... सबसे अधिक दुख की बात यह है कि जिम्मेदार सम्पादक और समालोचक इस प्रवृत्ति की देखी-अनदेखी कर रहे हैं। इससे हिन्दी साहित्य की जो हानि हो रही है, उसकी ओर न जाने से क्यों ध्यान नहीं देते।... हम गन्दे साहित्य का विरोध किसी साधु-महात्मा की हैसियत से नहीं करते, बल्कि एक साधारण चरित्र के मामूली पाठक की हैसियत से करते हैं। साधारण आदमियों की तरह हम स्वयं कमजोर हैं और उस गन्दे साहित्य से जिसकी रचना हमारे कुछ नवयुवक लेखक कर रहे हैं, जब हम अपने ही मन में विकार उत्पन्न होते हुए देखते हैं, तब यह बात हमारी समझ में अच्छी तरह आ जाती है कि इस प्रकार का साहित्य वास्तव में देश के नवयुवकों के लिए कितना विघातक होगा।... कुछ लोग घी में वेजीटेबल घी मिलाकर बेच रहे हैं। वे हमारी समझ में इन साहित्य-सेवियों (?) से बेहतर हैं, क्योंकि वे तो केवल जनता के शारीरिक स्वास्थ्य की हानि करते हैं और ये लेखक उसकी शारीरिक, मानसिक और आत्महानि।"[7]

चतुर्वेदी जी ने दस वर्षों तक 'विशाल भारत' का सम्पादन किया। 'विशाल भारत' को उन्होंने अपने समय की एक अत्यन्त लोकप्रिय और अत्यन्त पठनीय पत्रिका के रूप में स्थापित किया। उन्होंने सम्पादकीय अग्रलेख में उस समय के विचारकों, स्वतन्त्रता-सेनानियों और रचनाकारों की टिप्पणियों को भी प्रस्तुत किया। काकोरी केस में फाँसी पाए हुए युवकों के अन्तिम हृदयोद्गार को 'आज' से उद्धृत करते हुए उन्होंने अपनी टिप्पणी के साथ प्रस्तुत किया—"काकोरी षड्यंत्र के अभियोग का करुणाजनक नाटक समाप्त हो गया। इस नाटक के मुख्य पात्रों ने अपने अन्तिम पत्र लिखे हैं, वे हृदय-बेधक होने के साथ उपदेशप्रद भी हैं। उनके कुछ अंश 'आज' से यहाँ उद्धृत किए जाते हैं। श्री रोशन सिंह ने अपने अन्तिम पत्र में किसी मित्र को लिखा था : "इस सप्ताह के भीतर ही फाँसी होगी। ईश्वर से प्रार्थना है कि वह आपकी मोहब्बत का बदला दे। आप मेरे लिए हरगिज रंज न करें। मेरी मौत खुशी की बायस होगी। दुनिया में पैदा होकर मरना जरूर है। दुनिया में कोई अपने को बदनाम न करे, और मरते वक्त ईश्वर को याद रहे—यही दो बातें होनी चाहिए और ईश्वर की कृपा से यहाँ ये दोनों बातें हैं। इसलिए मेरी मौत किसी प्रकार अफसोस के लायक नहीं है। दो साल से मैं बाल-बच्चों से अलग हूँ। ईश्वर-भजन का खूब मौका मिला। इससे मेरा मोह टूट गया और कोई वासना बाकी नहीं रही। मेरा पूरा विश्वास है कि दुनिया की कष्ट भरी यात्रा समाप्त करके आराम की जिन्दगी के लिए जा रहा हूँ। हमारे शास्त्रों में लिखा है कि जो आदमी धर्मयुद्ध में प्राण देता है, उसकी वही गति होती है, जो जंगल में रहकर तपस्या करनेवालों की। (यहाँ जेलवालों ने काट दिया)।

जिन्दगी जिन्दादिल की जान, ऐ रोशन,
वरना कितने मरते और पैदा होते जाते हैं।

आखिरी नमस्ते।"[8]

पत्रिका में राजेन्द्र लाहिड़ी और रामप्रसाद बिस्मिल के उद्गार के अंश भी उन्होंने प्रस्तुत किए हैं। राजेन्द्र लाहिड़ी के उद्गार के ये अंश द्रष्टव्य हैं—"पूरे छह मास तक बाराबंकी और गोंडा जेल की काल-कोठरियों में बंद रहने के पश्चात् कल मुझे सूचना दी गई कि एक सप्ताह के भीतर ही फाँसी हो जाएगी, क्योंकि वाइसराय ने प्रार्थना-पत्र अस्वीकार कर दिया है। अब मैं अपना यह कर्तत्व समझता हूँ कि उन सब मित्रों के (यहाँ मित्रों के नाम हैं) प्रति अपनी हार्दिक कृतज्ञता प्रकट करूँ, जिन्होंने हम लोगों के लिए तरह-तरह की कोशिश की। आपलोग मेरा अन्तिम नमस्कार स्वीकार कीजिए। हमारे लिए मृत्यु शरीर का परिवर्तन मात्र है, फटे-पुराने कपड़े को फेंककर नए कपड़े पहन लेना है।... कल मैंने सुना कि प्रिवी-कौन्सिल ने मेरी अपील खारिज कर दी। यह मालूम पड़ता है कि देश की बलि-वेदी पर हमारे प्राणों के चढ़ने की ही आवश्यकता है। मृत्यु क्या है? जीवन की दूसरी दिशा के अतिरिक्त और कुछ नहीं। इसलिए मनुष्य मृत्यु के दु:ख और भय क्यों माने? यह तो नितान्त स्वाभाविक अवस्था है। उतनी ही स्वाभाविक, जितना कि प्रात:कालीन सूर्य का उदय होना। यदि यह सच है कि इतिहास पलट जाया करता है, तो मैं समझता हूँ कि हमारी मौत व्यर्थ न जाएगी। मेरा नमस्कार सबको; अन्तिम नमस्कार। आपका—राजेन्द्रनाथ लाहिड़ी।"[7]

उच्च शिक्षा में हिन्दी को समुचित स्थान दिलाने के लिए श्री भुवनेश्वर मिश्र (सीटी कॉलेज, हिन्दी साहित्य समिति के मन्त्री) के अनुरोध-पत्र को भी उन्होंने 'विशाल भारत' में छापा और उनके अनुरोध का समर्थन किया। 'विशाल भारत' में प्रकाशित अनुरोध-पत्र का अंश है—"श्रीमान्! मैं आपका ध्यान एक अत्यन्त आवश्यक विषय की ओर आकर्षित करना चाहता हूँ। वह यह है कि कलकत्ते के कॉलेजों में पढ़नेवाले जिन-जिन विद्यार्थियों ने हिन्दी ले रखी है, उनमें से अधिकांश इस समय बड़े संकट में पड़े हुए हैं। हिन्दी जाननेवाले विद्यार्थियों की संख्या लगभग 150 होगी। इनमें प्रेसिडेन्सी कॉलेज तथा स्काटिश चर्च कॉलेज के विद्यार्थियों के लिए तो पढ़ाई का प्रबन्ध भी किया गया है, पर सिटी कॉलेज, सेंटपाल कॉलेज, सेंट जेवियर कॉलेज और बंगवासी कॉलेज में हिन्दी की पढ़ाई का कुछ भी प्रबन्ध नहीं है। विद्यासागर कॉलेज में नाममात्र का प्रबन्ध किया गया है, जो वह नहीं के ही बराबर है। यहाँ के कॉलेजों के पुस्तकालयों में भी हिन्दी पुस्तकों का अभाव है। कलकत्ते में जहाँ लगभग 4.5 लाख हिन्दी भाषा-भाषी रहते हैं (इतने हिन्दी भाषा-भाषी भारत के किसी भी नगर में नहीं रहते) राष्ट्रभाषा हिन्दी की यह उपेक्षा वास्तव में खेदजनक है। हम कलकत्ता विश्वविद्यालय के वाइस चान्सलर साहब प्रो. यदुनाथ सरकार का ध्यान इस ओर आकर्षित करते हैं। वे हिन्दी के प्रेमी हैं। यही नहीं शुद्ध हिन्दी में लेख भी लिखते हैं, (उदाहरणार्थ, फरवरी के 'विशाल भारत' में 'शिवाजी और औरंगजेब' शीर्षक से उनका हिन्दी लेख छपा है) क्या वे कृपा कर इस अन्याय की ओर ध्यान देंगे? यदि ये पाँच-छह कॉलेज मिलकर दो हिन्दी अध्यापकों का प्रबन्ध कर लें, तो आसानी से काम चल सकता है। यह प्रबन्ध कभी का हो गया होता, यदि कलकत्ते के कॉलेजों में हिन्दी-विद्यार्थी मिलकर आन्दोलन करते पर उनका तो न कोई संगठन है और न वे इस अत्यन्त आवश्यक विषय की ओर ध्यान ही देते हैं। क्या वे अब भी अपना संगठन न करेंगे? हमारा विचार शीघ्र ही सिटी कॉलेज

हिन्दी-साहित्य-समिति की ओर से कलकत्ते के हिन्दी-छात्रों की एक सभा करने का है। इस सभा में हम कलकत्ते के हिन्दी-पत्रकारों और लेखकों को भी बुलाना चाहते हैं, और उनकी उपस्थिति में इसी विषय का एक प्रस्ताव रखना चाहते हैं और तत्पश्चात् एक प्रार्थनापत्र उनके हस्ताक्षरों से वाइस-चान्सलर साहब की सेवा में भेजना चाहते हैं। क्या हम आशा करें कि कलकत्ते के हिन्दी-पत्रकार हमारे पक्ष का समर्थन करेंगे? छात्रों की मीटिंग के स्थान तथा सम्बन्धित सूचना फिर दी जाएगी।''[10]

चतुर्वेदी जी ने इस पत्र के अन्त में यह टिप्पणी की है—''श्री भुवनेश्वर मिश्र के इस पत्र की ओर हम अपने सहयोगी 'स्वतन्त्र', 'विश्वमित्र', 'भारतमित्र' और 'हिन्दू-मंच' इत्यादि का ध्यान आकर्षित करते हैं। अध्यापक यदुनाथ सरकार तो 'विशाल भारत' के प्रतिष्ठित लेखकों में हैं, अतएव वे अवश्य ही इस ओर ध्यान देंगे।''[11]

'विशाल भारत' ने राष्ट्रभाषा के रूप में हिन्दी की व्यापक स्वीकृति के लिए निरन्तर प्रयास किया। इस सन्दर्भ में अहिन्दीभाषी विद्वानों और रचनाकारों के विचारों को पत्रिका में उद्धृत किया गया। इस सन्दर्भ में टिप्पणी के साथ यह उद्धरण ध्यातव्य है—''उन बंगाली सज्जनों के लिए, जो हिन्दी को राष्ट्रभाषा मानने के लिए तैयार नहीं, हम स्वर्गीय बंकिमचन्द्र चटर्जी के 'बंगदर्शन' के पांचवें खंड से निम्नलिखित वाक्य उद्धृत करते हैं: ''अंग्रेजी भाषा द्वारा चाहे कुछ हो, लेकिन हिन्दी सीखे बिना किसी तरह काम नहीं चलेगा। हिन्दी भाषा की पुस्तक और वक्तृता द्वारा भारत के अधिकांश स्थानों का मंगल साधन हो सकता है। केवल बँगला और अंग्रेजी की चर्चा से काम नहीं निकलेगा। भारत के अधिवासियों की संख्या के साथ तुलना करने से पता लग सकता है कि उनमें से कितने आदमी अंग्रेजी बोल और समझ सकते हैं। बँगला की तरह हिन्दी की उन्नति नहीं होती है, तो यह देश के लिए दुर्भाग्य की बात है। हिन्दी भाषा की सहायता से भारतवर्ष के विभिन्न प्रदेशों में ऐक्य स्थापित करने में समर्थ होंगे, वे ही सच्चे भारतबन्धु के नाम से पुकारे जाने योग्य हैं। सब कोई प्रयत्न करिए, चेष्टा करिए, चाहे जितने दिन लगें, यह मनोरथ पूर्ण होगा।''[12]

साहित्यिक और शैक्षिक गतिविधियों का विवरण भी 'विशाल भारत' में प्रकाशित होता था। शान्तिनिकेतन के हिन्दी समाज के वार्षिक उत्सव का यह विवरण द्रष्टव्य है—''इस समय शान्ति-निकेतन में हिन्दी भाषा-भाषी छात्रों तथा छात्रओं की संख्या दस-बारह है और इनके अतिरिक्त दो अध्यापक भी हिन्दीवाले हैं। इन लोगों ने अपना एक हिन्दी-समाज कायम कर लिया है, और उसमें वे प्रति सप्ताह साहित्यिक चर्चा किया करते हैं। 'विशाल भारत' के सुलेखक श्री हजारीप्रसाद द्विवेदी शास्त्राचार्य इस समाज के संचालक हैं और उनकी प्रेरणा तथा श्री ललिताशंकर और श्री भगवती प्रसाद चन्दोला के उत्साह से यह संस्था अधिकाधिक सजीव बनती जाती है। अभी गत 12 और 14 अप्रैल को हिन्दी समाज का प्रथम वार्षिक उत्सव मनाया गया। यद्यपि हिन्दी के 40.50 प्रमुख हिन्दी-सेवियों को इस उत्सव में सम्मिलित होने के लिए निमन्त्रण-पत्र दिया गया था, तथापि इन्दौर सम्मेलन के निकट होने के कारण बाहर से आने की इच्छा रखनेवाले अनेक लेखक तथा कवि उत्सव में सम्मिलित नहीं हो सके, फिर भी कलकत्ते से 20.21 आदमी शान्तिनिकेतन पहुँच गए थे।

आगत सज्जनों में श्री श्यामसुन्दर खत्री, श्री भागीरथ कानोड़िया, श्री ललिता प्रसाद सुकुल, श्रीराम शर्मा, कुमारी सरस्वती देवी, श्रीमती श्यामारानी साहनी, श्री रामनारायण चतुर्वेदी, श्री ब्रजमोहन वर्मा, श्री अयोध्या सिंह आदि थे। उत्सव गोष्ठी के रूप में हुआ। किसी प्रकार के बाह्य शिष्टाचार का वहाँ सर्वथा अभाव था। श्री ललिता प्रसाद सुकुल, एम.ए. (अध्यापक, कलकत्ता विश्वविद्यालय) तथा श्री हजारीप्रसाद द्विवेदी जी ने अपने-अपने निबन्ध पढ़े और श्री श्यामसुन्दर खत्री, श्री वैजनाथ सिंह 'विनोद'—सम्पादक, 'जायसवाल युवक' और श्री रामनारायण चतुर्वेदी ने कविताएँ सुनाईं। श्री ललिता प्रसाद ने लेखक मंडल की आयोजना उपस्थित की और उस पर कुछ देर तक वाद-विवाद भी हुआ। श्रीयुत् श्रीराम शर्मा तथा इन पंक्तियों के लेखक ने इस स्कीम के विषय में अपने विचार प्रकट किए। परिपक्व होने पर यह स्कीम जनता के सम्मुख रखी जाएगी। विश्वभारती के अध्यापक श्री क्षितिमोहन सेन ने घंटे भर तक मध्यकालीन सन्त-कवियों के विषय में मनोरंजक वार्तालाप किया। कविवर श्री रवीन्द्रनाथ ठाकुर ने भी अपने बहुमूल्य समय के 40.50 मिनट देकर हम लोगों को कृतार्थ किया। गत बँगला-वर्ष की अन्तिम सन्ध्या और नवीन-वर्ष के प्रथम दिन के समय कवीन्द्र ने मन्दिर में प्रवचन किया और 14 तारीख को नृत्य भी दिखलाया गया। 15 तारीख को दर्शकगण श्रीनिकेतन देखने गए। उत्सव सान्द समाप्त हुआ।''[13]

हिन्दी-उर्दू विवाद पर 'हिन्दी प्रदीप' के सम्पादक बालकृष्ण भट्ट को उद्धृत करते हुए चतुर्वेदी जी ने लिखा—''हाल में हिन्दी-उर्दू का जो झगड़ा उठ खड़ा हुआ है, वह कोई नया नहीं है—वह बहुत पुराना है। लिपि-भेद को छोड़कर जहाँ तक भाषा का सवाल है, हिन्दी-उर्दू में कोई ऐसा मौलिक अन्तर नहीं है, जो एक दूसरे को एकदम पृथक् भागों में बाँट दे। हमारी समझ में हिन्दुओं और मुसलमानों का यह कट्टरपन, जो एक ही भाषा की दो शैलियों को एक-दूसरे से सर्वथा अलग सिद्ध करने और अलग-अलग राहों पे ले जाने की कोशिश कर रहा है; हिन्दी-उर्दू के झगड़े के सम्बन्ध में अब से 52 वर्ष पहले, फरवरी, सन 1885 में स्वर्गीय पं. बालकृष्ण भट्ट ने अपने पत्र 'हिन्दी-प्रदीप' में लिखा था— ''यह कौन कह सकता है कि उर्दू कोई दूसरी वस्तु है? सच पूछो तो उर्दू भी इसी हिन्दी का एक रूपान्तर है। जब हम हिन्दुओं ने इसका अनादर कर इसे त्याग दिया, तब मुसलमानों ने जेवरों से आभूषित कर इसका दूसरा नाम उर्दू रखा। तात्पर्य यह कि इस नारी का कुल और गोत्र सदा एक ही रहा, समय-समय पर इसका रंग-रूप-भेष अलबत्ता बदलता गया।'' हम भट्ट जी के उपर्युक्त कथन से सहमत हैं।''[14]

शान्तिनिकेतन से चतुर्वेदी जी को गहरा लगाव था। शान्तिनिकेतन में हिन्दी भवन की स्थापना पर 'विशाल भारत' में हर्ष व्यक्त करते हुए कुछ सुझाव भी दिये। उन्होंने लिखा—''हिन्दी संसार को यह जानकर हर्ष होगा कि हलवासिया ट्रस्ट ने शान्तिनिकेतन में हिन्दी-भवन निर्माण के लिए पन्द्रह हजार रुपये का दान किया है। इस सदुपयोग के लिए भगीरथजी कानोड़िया, सीताराम सेकसरिया और प्रभुदयाल हिम्मत सिंह के ऋणी और कृतज्ञ हैं। साथ ही, हमें दीनबन्धु सी.एफ. ऐंड्रूज को भी न भूलना चाहिए, जिनकी निरन्तर प्रेरणा और आशीर्वाद से यह पुंयकार्य सम्भव हुआ है। अनेक वर्षों से उनके हृदय में यह अभिलाषा

रही है कि शान्तिनिकेतन में हिन्दी के अध्ययन-अध्यापन के लिए समुचित प्रबन्ध होना चाहिए। 1910 ई. से तो उनकी इस आकांक्षा से हम भलीभाँति परिचित हैं, और उन्हीं की कृपा से हमें भी 1920.21 में शान्तिनिकेतन में रहकर हिन्दी पढ़ाने का सौभाग्य प्राप्त हुआ था। अपने भाषणों तथा लेखों में भी वे इस प्रश्न पर जोर देते रहे हैं और पिछली बार तो कलकत्ते की यात्रा उन्होंने इसी उद्देश्य से की थी। उस दिन की याद हम भी नहीं भूल सकते, जबकि उन्होंने चौबीस घंटों में सोने के लिए 4.5 घंटे छोड़कर 19.20 घंटे हिन्दी भवन के लिए ही इधर-उधर घूमते बिताए थे। महापुरुषों की आकांक्षाएँ कभी न कभी सफल होती ही हैं और दीनबन्धु ऐंड्रूज की हिन्दी-भवन विषयक आकांक्षा भी सफल हो रही है, यह देखकर हमें अत्यन्त प्रसननता होती है। इस विषय में हमें कुछ निवेदन भी करना है। आशा है कि 'विश्वभारती' के अधिकारी तथा इस विषय से सम्बन्ध रखनेवाले अन्य महानुभाव उस पर ध्यान देंगे। शान्तिनिकेतन एक अन्तरराष्ट्रीय साहित्यिक और शिक्षा-सम्बन्धी संस्था है। उस स्थान पर हिन्दी के अध्ययन-अध्यापन का होना नितान्त आवश्यक है, पर सिर्फ भाषा का प्रचार वहाँ विशेष महत्त्व नहीं रखता। हिन्दी-भवन को साहित्यिक केन्द्र बनाना ही अधिक अच्छा होगा। इसे ऐसा बना सकने के लिए निम्नलिखित कार्य होने चाहिए—

1. हिन्दी-भवन में हिन्दी के प्राचीन और अर्वाचीन साहित्य और साहित्यिकों के अध्ययन करने योग्य ग्रन्थों और सामग्रियों का अच्छा संग्रह होना चाहिए।
2. इस प्रकार की व्यवस्था होनी चाहिए कि बाहर से आने की इच्छा रखनेवाले विद्वानों और विद्यार्थियों को अध्ययन करने की सुविधा मिल सके।
3. स्थायी रूप से रचनात्मक कार्य करने के इच्छुक विद्यार्थियों के लिए स्थान और छात्रवृत्तियों का प्रबन्ध होना चाहिए।
4. ऐसी व्यवस्था होनी चाहिए कि बाहर रहनेवाले साहित्यिक भी, अगर जरूरत हो तो, हिन्दी-भवन की सामग्रियों का उपयोग कर सकें।
5. शान्तिनिकेतन में भाषा और साहित्य के अध्यापक और विद्यार्थीगण नियमित रूप से कुछ रचनात्मक साहित्य-कार्य कर सकें, इसका भी प्रबन्ध होना चाहिए।
6. भाषा के प्रचार के साथ ही हिन्दी के उत्तम साहित्य के प्रचार की योजना भी उसमें होनी चाहिए।''[15]

चतुर्वेदी जी की पत्रकारिता में वैचारिकता और रचनात्मकता का सन्तुलित संयोग है। वे मार्गदर्शन करने और वैचारिक परिवेश को जीवन्त बनानेवाले सम्पादक थे। रचनात्मक परिदृश्य को भी उन्होंने व्यापकता दी। 'विशाल भारत' के द्वारा उन्होंने हिन्दी-पत्रकारिता को ही नहीं, साहित्य के विकास को भी गति दी। ''लेखक क्या लिखें, क्या न लिखें, कैसी भाषा में लिखें इन सब मुद्दों पर चतुर्वेदी जी के अपने सुनिश्चित विचार थे (जिनमें से कुछ आज हमें तनिक संकुचित और रूढ़िवादी भी लग सकते हैं) और जिन रचनाकारों की साहित्यिक दृष्टि और कृतियों को उन्होंने अपने विचारों के प्रतिकूल पाया, उन पर प्रहार करने में तनिक भी संकोच नहीं किया। प्रसाद, निराला, चतुरसेन शास्त्री, उग्र सभी को उन्होंने आड़े-हाथों लिया।

‘विशाल भारत’ चतुर्वेदी जी के सम्पादन में हिन्दी का सबसे व्यापक सरोकारोंवाला मासिक था। ग्राम सुधार और स्त्रियों के अधिकारों से लेकर पत्रकारों की आर्थिक स्थिति तक तमाम विषयों पर उसमें लेख छपते थे। अन्तरराष्ट्रीय मसलों पर उसमें अन्तरराष्ट्रीय ख्याति के लेखक लिखते थे। अगर आन्दोलनकारी राजनीति में उसने अपने को नहीं उलझाया तो सिर्फ इसलिए कि हिन्दी में यह काम ‘प्रताप’, ‘आज’, ‘सैनिक’, ‘अर्जुन’ आदि पत्र अच्छी तरह से कर रहे थे। जिस खासियत के लिए उस दौर का ‘विशाल भारत’ विशेष रूप से याद किया जाता है वह थी नई प्रतिभाओं को तुरन्त पहचानना और सहृदयता व तत्परता के साथ उन्हें आगे बढ़ाना। ‘विशाल भारत’ द्वारा प्रोत्साहित कवियों और लेखकों में से दिनकर, बच्चन, हजारीप्रसाद द्विवेदी, अज्ञेय आदि आगे चलकर हिन्दी के अग्रपंक्ति के साहित्यकार बने। बालकृष्ण शर्मा ‘नवीन’, सियारामशरण गुप्त, शान्तिप्रिय द्विवेदी, मनोरंजन, गुरुभक्त सिंह आदि कवियों को ‘विशाल भारत’ से ख्याति मिली। सत्यवती मलिक और कमला चौधरी ने ‘विशाल भारत’ में ही अपनी कलम माँजी। साहित्यकारों को परस्पर मिलाना चतुर्वेदी जी का प्रिय शगल था, जिसे वे ‘साहित्यिक सगाई’ कहते थे।’’[16]

‘विशाल भारत’ ने साक्षात्कार विधा को लोकप्रिय बनाया। अनेक देशी और विदेशी रचनाकारों, पत्रकारों, सामाजिक कार्यकर्ताओं और राजनेताओं के सारगर्भित साक्षात्कार चतुर्वेदी जी द्वारा सम्पादित ‘विशाल भारत’ में छपे हैं। ‘विशाल भारत’ के सम्पादन-काल में वे रचनाकारों के नियमित सम्पर्क में रहे, उनसे पत्राचार करते रहे, उन पर दूसरे पत्रों में लिखते रहे। अंग्रेजी के प्रमुख पत्र ‘लीडर’ के लिए भी उन्होंने लिखा। इस सन्दर्भ में प्रेमचन्द को लिखा गया उनका यह पत्र उल्लेखनीय है—

102/2 अपर सरकुलर रोड, कलकत्ता
11.5.1930

प्रिय प्रेमचन्द जी,

प्रणाम। कृपापत्र अभी मिला। मैं आपकी कठिनाइयों से भलीभाँति परिचित हूँ। इसलिए बुरा नहीं मानता। जब कभी आपको अवकाश मिले, ‘विशाल भारत’ के लिए कोई कहानी लिखिए।

सुन्दरलाल जी वाला स्केच आपको पसन्द आया, यह पढ़कर मुझे हर्ष हुआ। मेरा उनका साक्षात् परिचय तो सन 1918 में हुआ था पर वैसे अपने विद्यार्थी जीवन में मैंने उनके ‘कर्मयोगी’ से बहुत लाभ उठाया था। मेरे ऊपर उनकी बड़ी कृपा है, बल्कि यों कहना चाहिए कि उन्हीं का भेजा हुआ मैं आज यहाँ ‘विशाल भारत’ में काम कर रहा हूँ।

आपके पत्र (हंस) के विषय में क्या लिखूँ। अंक आते ही आफिस के अन्य मित्र पढ़ने के लिए ले गए और मुझे अभी तक नहीं मिला। अब पढ़कर अवश्य लिखूँगा।

‘हंस’ के लिए अवकाश मिलने पर जरूर कुछ लिखना चाहता हूँ, लेकिन एक शर्त पर, वह यह कि आप अपना चित्र मुझे भेज दें और किसी से biographical notes भिजवा दें।

साथ ही इन प्रश्नों के उत्तर भी दें। मैं किसी अंग्रेजी पत्र (सम्भवत: 'लीडर') में आप पर कुछ लिखना चाहता हूँ।

1. आपने गल्प लिखना कब प्रारम्भ किया?
2. अपनी कौन-कौन-सी गल्प आपको सर्वोत्तम लगती है?
3. आपकी लेखशैली पर देशी या विदेशी किन-किन गल्प-लेखकों की रचना का प्रभाव पड़ा?
4. आपको अपने ग्रन्थों से, रचनाओं से क्या मासिक आय हो जाती है?
5. हिन्दी में गल्प-साहित्य की वर्तमान प्रगति के विषय में आपके क्या विचार हैं?
6. आपकी रचनाओं का अनुवाद किन-किन भाषाओं में हुआ है?
7. आपकी आकांक्षाएँ क्या हैं?

मैं एक बार आपकी (सारी) गल्प पढ़ जाना चाहता हूँ और फिर उसके विषय में अपनी ओर से कुछ लिखना चाहता हूँ। इन प्रश्नों का उत्तर कृपया विस्तारपूर्वक चिट्ठी के रूप में मुझे दीजिए। मैं प्रतीक्षा करूँगा। उत्तर आने पर मैं 'हंस' के लिए कोई लेखन आपकी सेवा में भेजने का प्रयत्न करूँगा। शर्त मैंने इसलिए रक्खी है कि आपसे चित्र माँगते-माँगते वर्षों बीत गए पर आपने अभी तक न भेजा, इसलिए हताश होकर दुकानदारी पर उतर आया हूँ।

कृपा बनी रहे।

विनीत

बनारसीदास चतुर्वेदी

पुनश्च—एक अपना अच्छा चित्र आप 'विशाल भारत' के लिए Specially खिंचवा दीजिए और उसका बिल मेरे नाम भेज दीजिए। चित्र की तीन प्रतियाँ भेजिए। यह arrangement ठीक रहेगा। 'कवच' के 26 रु. 'वि.भा.' से भिजवाऊँगा। तकाजा कर रहा हूँ।''[17]

अनेक पारिवारिक दुर्घटनाओं के कारण चतुर्वेदी जी का कोलकाता रहना सम्भव नहीं था। 1937 ई. के अन्त में वे 'विशाल भारत' के सम्पादन से मुक्त हो गए। दिसम्बर, 1937 ई. का अंक उनके सम्पादन का अन्तिम अंक था। नारायण दत्त लिखते हैं—''लगातार कई पारिवारिक दुर्घटनाओं के कारण जब कोलकाता में रहना चतुर्वेदी जी के लिए कष्टकर हो गया तो उनके पुराने शिष्य ओरछा-नरेश वीरसिंह जू देव आग्रहपूर्वक उन्हें अपने साथ टीकमगढ़ ले गए और वहाँ कुंडेश्वर नामक अत्यन्त रमणीय स्थल पर एक विशाल कोठी में उनके रहने की स्थायी व्यवस्था कर दी। कुछ समय तक चतुर्वेदी जी यहीं से 'विशाल भारत' का सम्पादकीय मार्गदर्शन करते रहे। फिर 1940 में उनके सम्पादकत्व एवं ओरछा नरेश के संरक्षण में 'मधुकर' कुंडेश्वर से निकला। आज की परिभाषा में 'मधुकर' एक लघु पत्रिका थी किन्तु उसका पराक्रम बड़ा था। बुन्देलखंड के समृद्ध लोकसाहित्य से हिन्दी जगत् को परिचित कराने के लिए उसने योजनाबद्ध रूप में बुन्देली लोक कथाएँ, लोकगीत और कहावतें छापीं। बुन्देलखंड के नए कवियों, लेखकों, विद्वानों के लिए उसने अपने पन्ने सदा खुले रखे और पृथक् बुन्देलखंड राज्य की कल्पना प्रस्तुत की।''[18]

'मधुकर' पाक्षिक पत्र था। इसका प्रवेशांक 1 अक्टूबर, 1940 को प्रकाशित हुआ। प्रवेशांक में ही चतुर्वेदी जी की गहरी सम्पादकीय दृष्टि की झलक मिलती है। प्रवेशांक की विषय-सूची निम्नलिखित है—

'विशाल भारत' का फलक अत्यन्त व्यापक था किन्तु 'मधुकर' का अत्यन्त सीमित, एक क्षेत्र-विशेष तक। इसके बावजूद यह एक नया प्रयोग था, एक नई दृष्टि का प्रतिफल। आंचलिक पत्रकारिता को इसने स्वरूप दिया, लोकप्रियता प्रदान की। अपने एक प्रारम्भिक सम्पादकीय में चतुर्वेदी जी ने लिखा—"अपने प्रान्त से प्रेम करने के पहले उसका भली-भाँति परिचय कर लेना नितान्त आवश्यक है और इस परिचय के लिए सुयोग्य पथ-प्रदर्शक का चुनाव अनिवार्य है। बुन्देलखंड जैसे गौरवशाली प्रदेश के लिए तो एक नहीं अनेक पथ-प्रदर्शक चाहिए। इस प्रान्त के ऐतिहासिक महत्त्व को समझने के लिए ऐसे इतिहासज्ञ की जरूरत है, जिसकी विशाल दृष्टि इस प्रदेश के सैकड़ों वर्षों की राजनीतिक, सामाजिक, सांस्कृतिक तथा साहित्यिक प्रगति पर एक साथ पड़ सके। जिसके लिए यहाँ के पुरातन की प्रत्येक चीज समझी हुई हो और जो उसे सीधी-सादी भाषा में साधारण जनता को समझा भी सके।

यहाँ की नदियों, पहाड़ों तथा वनों और वन्य-पशुओं और पक्षियों का परिचय क्या कोई एक व्यक्ति दे सकता है?

अभी तो इस प्रान्त में स्वप्रान्त प्रेम की भावना का पूर्णरूप से उदय ही नहीं हुआ है और अभी यहाँ के अनेक निवासियों को इस बात का पता भी नहीं कि वे प्राकृतिक सौन्दर्य की दृष्टि से कितने सौभाग्यशाली हैं। अत्यन्त मनोहर दृश्यों को नित्यप्रति देखते रहने के कारण यहाँ 'अतिपरिचयादवज्ञा वाली' कहावत चरितार्थ होती है। हम यह भी मानते हैं कि आर्थिक कारणों से ही यहाँ के सहस्रों निवासियों में सौन्दर्य भावना सुप्तावस्था में पड़ी हुई है। पेट भर भोजन मिलने के बाद और अन्य शारीरिक आवश्यकताओं की पूर्ति के अनंतर ही मनुष्य में सौन्दर्य-भावना जाग्रत हो सकती है। इसीलिए हम इस प्रान्त की बहुमुखीन उन्नति के पक्षपाती हैं। हमारी औद्योगिक, राजनीतिक, आर्थिक, साहित्यिक तथा सांस्कृतिक उन्नति के कार्य साथ-साथ चल सकते हैं और चलने चाहिए। ये परस्पर विरोधी नहीं हैं बल्कि एक-दूसरे के सहायक ही हैं। बुन्देलखंड प्रान्त के निवासी अपने प्रान्त के रूप से कुछ-कुछ परिचित हो जावें एतदर्थ 'मधुकर' कार्यालय से एक प्रान्तीय एलबम और कैलेंडर प्रकाशित करने का निश्चय किया गया है।... पहला सिद्धान्त हमने यह निश्चय किया है कि यहाँ की नदियों, पहाड़ों, वनों तथा वन्य-पशुओं और पक्षियों के चुने हुए चित्र इसमें अवश्य रहें। उदाहरणार्थ बेतवा, धसान, जामनेर इत्यादि के चित्रों के साथ-साथ एक चीतल तथा एक तेंदुए का भी चित्र जरूरी है। किसी तालाब की तसवीर जरूर होनी चाहिए, क्योंकि यह प्रान्त सरोवरों तथा झीलों से परिपूर्ण है। दूसरी बात यह है कि इस प्रान्त के प्राचीन महापुरुषों के भी 5.7 चित्र इस एलबम में जरूर होने चाहिए। हरदौलजू, वीरसिंह जू देव, छत्रसाल, केशव इत्यादि के नाम हमारे पाठक सुझा सकते हैं।''[19]

'मधुकर' निस्सन्देह अपनी महत्त्वपूर्ण भूमिका के निर्वहण में सफल हुआ। इसके एक वर्ष पूर्ण होने पर 'विशाल भारत' ने इस पर टिप्पणी की—''यद्यपि 'मधुकर' का क्षेत्र मुख्यत: बुन्देलखंड है, तो भी उसके पिछले इक्कीस अंकों से हमारी धारणा तो यह है कि सांस्कृतिक, साहित्यिक और उपयोगिता की दृष्टि से 'मधुकर' हिन्दी में अपने ढंग का निराला ही समाचार-पत्र है। इस दृष्टि से 'मधुकर' का क्षेत्र काफी व्यापक है। सम्पादन-कला की दृष्टि से 'मधुकर' बहुत ही अच्छा है। जीवन से सम्बन्ध रखनेवाली समस्याओं पर नपे-तुले शब्दों और सरल-सुबोध भाषा में उसमें छोटे-छोटे लेख रहते हैं। कोई भी फालतू चीज उसमें नहीं रहती। कविताओं और लेखों का चुनाव भी 'मधुकर' में बहुत अच्छा होता है। 'आह', 'ऊस' और 'अनन्त की खोज' के कलुषित विचार प्रकट करनेवाली कविताएँ भी उसमें नहीं हैं। यात्राओं, साहसिक घटनाओं और लोगों के दु:ख-दर्दों को मिटानेवाले साहित्य पर 'मधुकर' में बहुत कुछ रहता है। सबसे अच्छी बात है 'मधुकर' में सम्पादक महोदय द्वारा साहित्यिक भद्रता का निर्वाह।''[20]

'मधुकर' के स्वरूप और महत्त्व को रेखांकित करते हुए विजयदत्त श्रीधर ने लिखा है—'' 'मधुकर' ने ग्राम साहित्य के संग्रह, आंचलिक साहित्यकारों को प्रोत्साहन जैसे कार्य तो किए ही आंचलिक भाषाओं, बोलियों के शब्द-संग्रह का महत्त्वपूर्ण कार्य भी

किया। बुन्देलखंडी शब्द-संग्रह नाथूराम प्रेमी, शिवसहाय चतुर्वेदी प्रभृति विद्वानों से कराया गया। 'मधुकर' ने अपने लेखकों और पत्रकारों को प्रेरित किया कि जिन विषयों का जीवन से घनिष्ठ सम्बन्ध है उनको हम सबसे ऊपर स्थान देते हैं। हँसी-मजाक और मनोरंजन को अत्यन्त आवश्यक मानते हुए भी हम उसे पापड़ या चटनी की तरह ही समझते हैं। आचार्य क्षितिमोहन सेन, हजारीप्रसाद द्विवेदी, वृंदावनलाल वर्मा, वासुदेवशरण अग्रवाल, डॉ. श्यामबिहारी मिश्र, मैथिलीशरण गुप्त, यशपाल आदि विद्वानों ने 'मधुकर' में खूब लिखा। समकालीन पत्र-पत्रिकाओं ने 'मधुकर' के उद्‌देश्य, विषय-वस्तु और सुसम्पादन की मुक्तकंठ से प्रशंसा की। 25 गुणित 16 से.मी. आकार के 36 पृष्ठ के इस पत्र का वार्षिक शुल्क दो रुपये था। 1946 में 'मधुकर' पाक्षिक से मासिक हो गया।''[21]

चतुर्वेदी जी मात्र सम्पादक ही नहीं एक संस्थागत व्यक्तित्व भी थे। उनके कर्तत्व का क्षेत्र अत्यन्त व्यापक है। 'मधुकर' के साथ उन्होंने साप्ताहिक 'विन्ध्यवाणी' का सम्पादन भी किया। जनपदीय चेतना को जागृत करने में इन पत्रों का ऐतिहासिक योगदान है। 1944 में उन्होंने 'मधुकर' का 'जनपद आन्दोलन' अंक निकाला। टीकमगढ़ से प्रकाशित 'लोकवार्ता' के सम्पादन में भी उन्होंने सहयोग किया। वे 1943 में अखिल भारतीय हिन्दी पत्रकार संघ के मथुरा अधिवेशन के अध्यक्ष बने। 1955 में अखिल भारतीय श्रमजीवी पत्रकार संघ का उन्हें अध्यक्ष बनाया गया। 1952.1964 तक वे राज्यसभा के सदस्य रहे। एक लेखक के रूप में भी उनकी अत्यन्त सार्थक भूमिका है। संस्मरण, जीवनी, यात्रावृत्तान्त, रेखाचित्र जैसी विधाओं को उन्होंने जीवन्तता दी। निर्विवाद रूप से वे लेखन और पत्रकारिता के क्षेत्र में मील स्तम्भ हैं। उनके सम्बन्ध में डॉ. कपिला वात्स्यायन ने बिलकुल सच लिखा है—''पत्रकारिता चतुर्वेदी जी की रग-रग में समाई हुई थी। यहाँ तक कि कुछ लोग तो उन्हें केवल पत्रकार के रूप में ही जानते हैं। आज जबकि पत्रकारिता में भी छोटे-छोटे क्षेत्रों के विशेषज्ञ हो गए हैं, श्री चतुर्वेदीजी के कार्य को देखने की आवश्यकता महसूस होती है, क्योंकि उनके कार्य का स्वर आदर्शों से भरपूर था और अपने लेखों में वे पत्रकारों को आदर्शों पर जीने की चुनौती देते थे। वे स्वयं उन आदर्शों को जीते भी थे, इसके दस्तावेजी प्रमाण इस संकलन में हैं। यह पत्रकार-जगत् में एक सन्दर्भ की वस्तु है। चाहे मासिक 'विशाल भारत' हो चाहे पाक्षिक 'मधुकर' या साप्ताहिक 'विन्ध्यवाणी' उनकी हर सम्पादकीय टिप्पणी में एक तेज, क्षुरस्य धारा उनकी कलम से बहती थी, जो पत्रकारिता की भाषा को सींचती थी, पल्लवित करती थी और पत्रकारिता को सृजनात्मक दिशा देती थी।''[22]

सन्दर्भ

1. बनारसीदास चतुर्वेदी के चुनिन्दा पत्र, खंड-एक, सम्पादक-नारायण दत्त, राजकमल प्रकाशन, नई दिल्ली, पहला संस्करण, 2006, निवेदन, पृष्ठ 16.17
2. हिन्दी-पत्रकारिता हमारी विरासत, सम्पादक-प्रो. शम्भुनाथ, रामनिवास द्विवेदी, वाणी प्रकाशन, नई दिल्ली, प्रथम (वाणी) संस्करण 2012, खंड-2, दोशब्द, पृष्ठ 525
3. 'विशाल भारत', जनवरी 1928, सम्पादकीय विचार।
4. 'विशाल भारत', जनवरी 1928, सम्पादकीय विचार।

5. भारतीय पत्रकारिता कोश, खंड-दो, पृष्ठ 777
6. वही, पृष्ठ 781
7. विशाल भारत, फरवरी, 1928
8. विशाल भारत, जनवरी, 1928
9. विशाल भारत, जनवरी, 1928
10. वही, जुलाई, 1928
11. वही, जुलाई, 1928
12. स्वर्गीय बंकिमचन्द्र चटर्जी और हिन्दी, वही
13. हिन्दी समाज (शांतिनिकेतन का प्रथम वार्षिकोत्सव), 'विशाल भारत', जनवरी, 1935
14. हिन्दी-उर्दू का झगड़ा, 'विशाल भारत', अगस्त, 1937
15. शान्तिनिकेतन में हिन्दी-भवन, 'विशाल भारत', अक्टूबर, 1937
16. 'बनारसीदास चतुर्वेदी के चुनिन्दा पत्र', खंड-एक, निवेदन, पृष्ठ 17
17. प्रेमचन्द को लिखे पत्र संख्या-7, 'बनारसीदास चतुर्वेदी के चुनिन्दा पत्र', खंड-एक, पृष्ठ 246.247
18. 'बनारसीदास चतुर्वेदी के चुनिन्दा पत्र', खंड-एक, निवेदन, पृष्ठ 17.18
19. मधुकर, 1 जनवरी, 1941
20. 'विशाल भारत', अक्टूबर, 1941, पृष्ठ 410
21. भारतीय पत्रकारिता कोश, खंड-दो, पृष्ठ 914
22. 'बनारसीदास चतुर्वेदी के चुनिन्दा पत्र', खंड-एक, प्राक्कथन, पृष्ठ 11

शिवपूजन सहाय

ज्ञान, शील, कर्मठता और सदाशयता को अपने प्रेरक व्यक्तित्व और व्यापक कर्तृत्व से साकार करनेवाले इतिहास-पुरुष हैं—आचार्य शिवपूजन सहाय (1 अगस्त, 1893 ई.-21 जनवरी, 1963 ई.)। आचार्य जी का जीवन गहरी साधना, कठोर संघर्ष और अदम्य संकल्प का रचनात्मक दस्तावेज है। उनके लेखन में द्विवेदी-युग से लेकर नवलेखन के प्रारम्भ तक की हर साहित्यिक हलचल और नई आहट की स्पष्ट गूँज है। वे बहुआयामी लेखक, मूर्धन्य सम्पादक और सहृदय आचार्य के रूप में सर्वमान्य रहे हैं। उन्नीस वर्ष की अवस्था[1] में अपना लेखन प्रारम्भ करनेवाले शिवपूजन जी ने लगभग आधी शताब्दी तक हिन्दी की अनेक साहित्यिक विधाओं की समृद्धि में अपना सार्थक अंशदान किया। कथा-साहित्य, डायरी, संस्मरण, आत्मकथा, पत्रलेखन, समीक्षा, निबन्ध, जीवनी, बाल-साहित्य जैसी विधाओं को लोकप्रिय और प्रामाणिक बनाने में निश्चय ही उनकी भूमिका ऐतिहासिक महत्त्व की है, किन्तु सबसे महत्त्वपूर्ण है हिन्दी-पत्रकारिता के क्षेत्र में उनका कालजयी अवदान। हिन्दी-पत्रकारिता के कई रूपों और दिशाओं का मार्ग दर्शन करनेवाले, अपने समय के वे प्राय: सबसे भिन्न किन्तु बड़े सम्पादक हैं।

उन्होंने अपना पत्रकार जीवन 1916 ई. में प्रारम्भ किया। कर्मेन्दु शिशिर के अनुसार—"शिवपूजन सहाय के पत्रकारिता-जीवन की शुरुआत अगस्त, 1916 ई. में आरा-भोजपुर में आए भयंकर बाढ़ की रपट से होती है। उन्होंने उक्त बाढ़ का बड़ा ही जीवन्त वर्णन किया है। उक्त विनाशकारी बाढ़ से अस्त-व्यस्त जीवन का उन्होंने ऐसा लोमहर्षक चित्र अंकित किया है कि उसे पढ़कर आज भी पाठक मर्माहत हो उठते हैं। यह रपट तत्कालीन साप्ताहिक 'पाटलिपुत्र' के 16 और 30 सितम्बर के अंकों में प्रकाशित हुई। इसमें भयंकर बाढ़ की चपेट में फँसा जनजीवन, राहत कार्यों की विवरणी के साथ मानवीय अपील भी थी।"[2] इस प्रकार वे पत्रकारिता में रिपोर्टर के रूप में प्रविष्ट हुए और कम ही समय में अपनी प्रखर खोज-दृष्टि, सधी हुई भाषा और रोचक वर्णन शैली के कारण लोकप्रिय हो गए। 'पाटलिपुत्र' अपने समय का अत्यन्त तेजस्वी पत्र था। जुलाई, 1914 ई. में पटना से विविध-विषय-विभूषित साप्ताहिक के रूप में प्रारम्भ हुए इस पत्र का सम्पादन प्रख्यात इतिहासकार और पुरातत्त्ववेत्ता काशीप्रसाद जायसवाल ने किया। इस गौरवशाली पत्र से अपना पत्रकार जीवन प्रारम्भ कर निश्चित रूप से आचार्य जी ने अपनी शक्ति और सामर्थ्य का साक्ष्य दिया।

सम्पादक के रूप में उनकी पहली उपस्थिति 'मारवाड़ी सुधार' नामक पत्र से, 1921 ई. में दर्ज हुई। ''आरा नगर के तीन मारवाड़ी नवयुवकों—श्री नवरंगलाल तुलस्यान, श्री हरप्रसाद जालान और श्री दुर्गाप्रसाद पोद्दार ने सन 1920 ई. में इस समिति (मारवाड़ी सुधार समिति) की स्थापना की थी। वे ही इसके संचालक भी थे। 'मारवाड़ी सुधार' इसी संस्था का मासिक मुखपत्र था। उसके प्रकाशन के लिए सरकारी आदेश मिलने में विलम्ब होने के कारण उसके आरम्भिक दो अंक लेखमाला के रूप में निकले थे।''[3] 'मारवाड़ी सुधार' के सूत्रधार के रूप में उन तीनों नवयुवकों का परिचय देते हुए आचार्य जी ने लिखा है—''स्कूल में मेरे होनहार छात्रों में एक हरप्रसाद जालान भी थे। आगे चलकर वे हिन्दी के बड़े उत्साही लेखक हुए। यदि वे जीते रहते तो नाटक और उपन्यास के क्षेत्र में उनकी कीर्तिलता लहलहाती रहती। उनका पहला हास्य-रसात्मक नाटक 'घरकट सूम' और पहला उपन्यास 'दिल्ली एक्सप्रेस' उन्हीं दिनों छप चुका था। उनको पढ़ाने के लिए जब मैं उनके घर जाता था तब स्कूल की पाठ्य पुस्तकें अलग रखकर वे केवल साहित्यिक पुस्तकें ही पढ़ा करते थे। साथ ही, अपने 'मारवाड़ी समाज को सुधारने की चिन्ता और चर्चा भी प्रायः किया करते थे। उनके दो स्वजातीय बन्धु और भी थे—श्री नवरंगलाल तुलस्यान और श्री दुर्गाप्रसाद पोद्दार। इन्हीं तीन साथियों ने आरा नगर में 'मारवाड़ी सुधार समिति' नामक संस्था कायम की। इसी संस्था का मासिक मुखपत्र हुआ 'मारवाड़ी सुधार' और मैं बना उसका सम्पादक—नया रंगरूट।''[4]

'मारवाड़ी सुधार' वैसे तो जातीय पत्र था किन्तु उसका लक्ष्य व्यापक था। सुधार, जागरण और देशप्रेम उसके मुख्य स्वर थे। प्रारम्भ में ही इस पत्र ने स्पष्ट कर दिया था कि यह जातीय गौरव का मान ही नहीं करेगा बल्कि जागरण और विकास के लिए आलोचक की भूमिका में भी होगा। प्रथम सम्पादकीय में ही शिवपूजन जी ने स्पष्ट कर दिया— ''इसका प्रधान उद्देश्य केवल मारवाड़ी-समाज की कुरीतियों को दूर कर उस समाज का वास्तविक परिष्कार करना ही है। इसके द्वारा समय-समय पर मारवाड़ी समाज की कुप्रथाओं की तीव्र एवं निर्भीक आलोचना की जायेगी। मारवाड़ी जाति की उन्नति को अपना एकमात्र लक्ष्य बनाकर यह सदा निष्पक्ष भाव से अपने मन्तव्य पर डटा रहेगा। यदि इसके द्वारा मारवाड़ी समाज का कुछ भी मंगल-साधन हो सका, तो यह अपना जन्म सार्थक समझेगा।''[5]

'मारवाड़ी सुधार' जातीय पत्रकारिता का ही नहीं, साहित्यिक पत्रकारिता का भी आदर्श बना। शिवपूजन जी ने साहित्यिक समारोहों, घटनाचक्रों, साहित्यकारों और तत्कालीन पत्रों पर भी अपने अग्रलेखों में सटीक टिप्पणियाँ कीं। बिहार प्रादेशिक हिन्दी साहित्य सम्मेलन के अधिवेशन पर उन्होंने पत्र के एक अंक के सम्पादकीय में लिखा—''अक्टूबर (1921) के मध्य में बिहार-प्रादेशिक हिन्दी साहित्य सम्मेलन का अधिवेशन मिथिला-प्रान्त के सीतामढ़ी नामक नगर में बड़े समारोह से सम्पन्न हो गया। स्वागत-समिति के सभापति थे स्थानीय रईस और प्रतिष्ठित मारवाड़ी सेठ बाबू रामविलास रामजी। सम्मेलन के सभापति बिहार के वयोवृद्ध हिन्दी-साहित्य-सेवकों में से एक बाबू शिवनन्दन सहाय प्रसिद्ध व्यक्ति हैं। भारतेन्दु हरिश्चन्द्र और गोस्वामी तुलसीदास की जीवनियाँ लिखकर हिन्दी साहित्य भंडार में आपने

दो अमूल्य रत्न संचित कर दिये हैं। आप ही की लिखी 'सिक्ख गुरुओं की जीवनी' आरा की नागरी प्रचारिणी सभा ने प्रकाशित की है। आपने इन तीनों पुस्तकों की रचना करने में बड़ा परिश्रम और अनुसनधान किया है। आपका भाषण इतना गवेषणापूर्ण था कि उसे एक प्रकार से 'बिहार के हिन्दी-साहित्य का इतिहास' कहा जाय, तो कोई हानि नहीं। वह भाषण प्रत्येक बिहार निवासी हिन्दी प्रेमी को पढ़ना चाहिए।''[6]

आचार्य जी का यह कथन भावुक उद्‌गार अथवा श्रद्धानिवेदन नहीं है। इसमें साहित्य की गहरी समझ भी है और व्यक्तित्व-कृतित्व के महत्त्व का रेखांकन भी। बाबू शिवपूजन सहाय का उक्त भाषण पचास पृष्ठों[7] में मुद्रित है और उसमें भाषा और साहित्य का स्वरूप-विश्लेषण भी है और बिहार की साहित्यिक प्रगति का प्रामाणिक लेखा-जोखा भी। 'मारवाड़ी सुधार' के अग्रलेखों में आचार्य जी का कटाक्ष भी देखने को खूब मिलता है। व्यंग्य और विनोद से सराबोर उनकी भाषा पाठकों को सहज ही आकृष्ट कर लेती थी। दूसरे पत्रों का सन्दर्भ देकर वे अपने कटाक्ष को और भी धारदार बना लेते थे। उदाहरणार्थ—''इस अंक में 'किरानी' नामक लेख अन्यत्र प्रकाशित है। हिन्दी शब्द सागर के अनुसार 'किरानी' अंग्रेजी भाषा का क्रिश्चियन शब्द है। इसका अर्थ है—(1) वह मनुष्य जिसके माता-पिता में से कोई एक यूरोपियन और दूसरा हिन्दुस्तानी हो—यूरेशियन। (2) अंग्रेजी दफ्तर में लिखने-पढ़ने का काम करनेवाला मुन्शी—क्लर्क। बंगाल में यह शब्द बहुत प्रचलित है। बंगाल में इस शब्द पर कई कहानियाँ भी हैं। बँगला के कई उपन्यासों में किरानी-जीवन के प्रकृत चित्र अंकित हैं। मारवाड़ी भाई विदेशी व्यापार में बड़े पटु हैं। अतएव, अंग्रेजी आफिसों से सरोकार होने के कारण, वे इस शब्द से विशेष परिचित हैं। आशा है किरानी जीवन का नग्नचित्र उनके मनोरंजन का कारण होगा। 'मजलिस' नामक बँगला साप्ताहिक में 'किरानी रहस्य' शीर्षक एक लेख निकला है। उस लेख के वाक्यों का अर्थगौरव मन ही मन समझने योग्य है। देखिए—

किरानी की त्रिमूर्ति

प्रथम मूर्ति—सुबह में घर-बाजार करना, रसोई बनाना, कपड़े कचारना, बच्चे-कुच्चों को गोद में लेकर खेलाना, अनेक घरेलू कामों में गृहिणी की सहायता करना। इस प्रकार प्रातःकाल में किरानी स्त्रीलिंग है।

द्वितीय मूर्ति—दस बजते ही रोजी कमाने की धुन में आफिस जाना और वहाँ कोल्हू के बैल की तरह हाड़तोड़ मेहनत करके शाम तक खटते रहना। बीच-बीच में मालिक की कनैठियाँ और झिड़कियाँ तथा सबूट पदाघात सहन करना। इस प्रकार वह दिन में पुँल्लिंग है।

तृतीय मूर्ति—दिन भर खटने और पदाघातपूर्वक अपमान सहते रहने से, रात को बेचारा किरानी देह के दर्द से सुस्त हो जाता है। घर आते ही निर्जीव की तरह सो जाता है। इसलिये वह रात को नपुंसक लिंग है।''[8]

हिन्दी में मारवाड़ी समाज की ओर से अनेक पत्र प्रकाशित हुए—'मारवाड़ी बन्धु' (कोलकाता, 1906 ई., सं. वासुदेव मिश्र), 'मारवाड़ी अग्रवाल' (कोलकाता, 1921 ई.,

सं. तुलसीराम सरावगी), 'मारवाड़ी हितैषी' (यवतमाल, 1920 ई., सं. गोवर्धन शर्मा और विश्वनाथ सारस्वत), 'मारवाड़ी जैन सुधारक' (सिरोही, 1926 ई., सं. वी.पी. सिंघी)। इनमें से कोई भी पत्र स्तरीयता, सामग्री-संचयन और सुरुचिपूर्ण प्रस्तुति में 'मारवाड़ी सुधार' से टक्कर नहीं ले सका। निश्चय ही, यह आचार्य शिवपूजन जी की सम्पादन-दक्षता का जीवन्त प्रमाण है। उनके प्रस्थान में भी कहीं डगमगाहट नहीं है, उनका प्रारम्भ अपरिपक्व नहीं है, उनकी दृष्टि सतही नहीं है। 'मारवाड़ी सुधार' दीर्घजीवी नहीं हो सका। इस मासिक पत्र के मात्र बीस अंक ही प्रकाशित हो सके, किन्तु इसने हिन्दी को भविष्य का एक कुशल और शीर्षस्थ सम्पादक भेंट किया। निर्विवाद रूप से यह इस पत्र का ऐतिहासिक अवदान है।

'मारवाड़ी सुधार' के साथ उन्होंने 'आदर्श' का सम्पादन भी किया। यह पत्र और भी अल्पजीवी रहा। उन्होंने हिन्दी-पत्रकारिता के उत्थान के लिए जो सपने देखे थे, वे असमय ही टूट गए। 'मारवाड़ी सुधार' के अन्तिम अंक के सम्पादकीय में उन्होंने क्षोभ प्रकट करते हुए लिखा—"मेरे हाथ में दो पत्र हैं। एक तो यह और दूसरा 'आदर्श'। दोनों ही के प्रकाशक मारवाड़ी हैं। यह 'सुधार' तो मारवाड़ियों की एक सार्वजनिक संस्था का मुखपत्र है, पर 'आदर्श' एक खास व्यक्ति की निजी सम्पत्ति है। ईश्वर की कृपा से दोनों ही पत्र मुझे ऐसे मिले कि भाग्य कोसने के सिवा और कोई चारा नहीं। मारवाड़ी समाज की उदासीनता से 'सुधार' का बेड़ा शुरू से ही मँझधार में अँटका पड़ा है, और 'आदर्श' का बेड़ा तो तीर ही की रेत में धँस गया। जिस समय 'आदर्श' का सम्पादन मेरे काँपते हुए हाथों में जबरदस्ती सौंपा गया, उस समय ऐसी-ऐसी लम्बी आशाएँ मेरे सामने उपस्थित की गईं कि साहित्य-सेवा के नाम पर, स्वार्थ-सिद्धि का बीड़ा मैंने झट उठा लिया। भावी आशाओं पर विश्वास करके मुझे आग्रह और अनुरोध अंगीकार करना पड़ा। किन्तु नतीजा बुरा हुआ। पाँच अंक निकलकर 'आदर्श' बन्द हो गया। पाँच अंकों में भी एक अंक दो महीने की संयुक्त संख्या के रूप में निकला। छठे और सातवें अंक के फरमे छपे-छपाये पड़े हुए हैं। उन्हें अब सर्वसाधारण के समक्ष उपस्थित होने का सौभाग्य न प्राप्त होगा। इस तरह 'मारवाड़ी घिस-घिस' में पड़कर मेरे दोनों पत्र झूल रहे हैं।"[9]

हिन्दी मासिक के रूप में 'आदर्श' का प्रकाशन नवम्बर, 1922 ई. में कोलकाता से प्रारम्भ हुआ था। इस अत्यल्पजीवी पत्र ने शिवपूजन को गहरी सीख दी। पत्रकारिता के सन्दर्भ में उनका अनुभव परिपक्व हुआ, उनकी अवधारणा स्पष्ट हुई। उन्होंने आत्मचिन्तन करते हुए कहा—"आदर्श-सम्पादक का नियुक्ति-पत्र मेरे पास है। अब वह मेरे पश्चात्ताप को उत्तेजित करने का साधन मात्र रह गया। 'आदर्श' के प्रकाशक शुरू में एक ग्राहक न रहने पर भी 500 ग्राहक फँस जाने का स्वप्न देख रहे थे। ऐसे आदर्श पत्र-प्रकाशक हिन्दी-संसार में बहुत हैं। किन्तु मेरे जैसे बुद्धू और अनाड़ी सम्पादक शायद ही हों। नि:सनतान होकर रहना अच्छा, पर पुत्र-शोक अच्छा नहीं। किसी लेखक को किसी ऐसे पत्र का सम्पादन अपने हाथ में न लेना चाहिए जिसका भविष्य उज्ज्वल न हो। भविष्य उज्ज्वल उसी पत्र का हो सकता है जिसके प्रकाशक के पास पूँजी हो, साथ ही साहित्य के प्रति अटल अनुराग भी। केवल पुस्तकों की विज्ञापनबाजी करने और पाँचवाँ सवार बनने के लिए जो लोग पत्र निकालते

हैं, वे हिन्दी-संसार को धोखा देते हैं। हिन्दी में बरसाती कीड़े की तरह पत्र निकलते हैं, वे हिन्दी-संसार को धोखा देते हैं। हिन्दी में बरसाती कीड़े की तरह पत्र निकलते जा रहे हैं, और इने-गिने लेखक भी सम्पादक बनकर अपनी प्रतिभा का संहार करने के लिए अपकीर्ति के क्षेत्र में उतरते चले जाते हैं। बस साहित्यिक दस ही पत्र रहें तो हिन्दी के गौरव की वृद्धि हो सकती है। केवल गिनती के सैकड़ों पत्र हिन्दी का अपकार के सिवा उपकार नहीं कर सकते। 'आदर्श' के निकलने से हिन्दी को कुछ लाभ नहीं हुआ, मैं जरूर लाभान्वित हुआ। किन्तु उसके बन्द हो जाने से हिन्दी की कुछ तो हानि अवश्य हुई, मेरी चाहे भले ही न हुई हो—क्योंकि कलम और पेट का नाता इस जीवन में छूटता नहीं नजर आता। हिन्दी की कुछ हानि इसलिए हुई कि 'आदर्श' के जो सौ-सवा सौ ग्राहक थे, उन्हें अब शीघ्र किसी नए हिन्दी-पत्र का ग्राहक होने का साहस करना होगा। 'आदर्श' ही जैसे पत्र बड़े-बड़े पत्रों के मार्ग में कंटक-स्वरूप हैं। भगवान ऐसे कंटकों से सबको बचावें।''[10]

इन दोनों पत्रों के सम्पादन से मुक्त होने के बाद वे 'मतवाला' से सम्बद्ध हुए। इस सन्दर्भ में स्वयं उनका कथन है—''मारवाड़ी सुधार बन्द होने पर बालकृष्ण प्रेस के मालिक महादेव प्रसाद सेठ ने मुझसे अपने प्रेस में ही रहने का अनुरोध किया। उनका और मुन्शी नवजादिकलाल जी श्रीवास्तव का आग्रह हुआ कि हास्यरस का एक सुन्दर साप्ताहिक पत्र निकाला जाय। यह प्रेरणा बँगला के एक हास्यात्मक साप्ताहिक 'अवतार' से मिली। मुन्शी जी बँगला के अखबार रोज पढ़ा करते थे। 'अवतार' के अंक भी प्रायः बराबर लाते ओर पढ़ सुनाते। उसके मार्मिक व्यंग्य-विनोदों से हम लोग प्रभावित हुए। दृढ़ निश्चय किया गया कि 'मतवाला' नामक साप्ताहिक पत्र अवश्य ही निकाला जाय।''[11]

'मारवाड़ी सुधार' का मुद्रण कोलकाता के बालकृष्ण प्रेस में होता था और उसमें वहाँ के अनेक मारवाड़ी लेखक नियमित छपते थे। इसी क्रम में शिवपूजन जी के महादेव प्रसाद सेठ और मुन्शी नवजादिकलाल जी श्रीवास्तव से घनिष्ठता हुई। 'मतवाला' के प्रकाशन से इस घनिष्ठता ने रचनात्मक रूप ले लिया। 'मतवाला' के सन्दर्भ में शिवपूजन जी लिखते हैं—''आरम्भ में निर्णय हुआ कि मुखपृष्ठ के लिए निराला जी प्रति सप्ताह अपनी कविता देंगे, मैं अग्रलेख (सम्पादकीय) और 'चलती चक्की' नामक स्तम्भ के लिए विनोदपूर्ण टिप्पणियाँ भी लिखा करूँगा। मुन्शी जी 'मतवाला की बहक' नामक स्तम्भ के लिए व्यंग्यात्मक टिप्पणियाँ लिखा करेंगे। समालोचनाएँ भी निराला जी ही लिखेंगे। अन्य सारी सामग्री का सम्पादन और पूरे पत्र का प्रूफ शोधन मुझे करना पड़ेगा। सम्पादक के रूप में सेठ जी का नाम छपेगा।''[12]

'मतवाला' का पहला अंक रविवार, 26 अगस्त, 1923 ई. को निकला। निकलते ही इस पत्र ने धूम मचा दी। बुद्धि, कौशल, कटाक्ष और भाषा की व्यंजकता के कारण यह पत्र पाठकों में काफी लोकप्रिय हुआ। 'मतवाला' सामूहिक प्रयास की सर्जनात्मक उपलब्धि था। महादेव प्रसाद सेठ, शिवपूजन सहाय, निराला और मुन्शी नवजादिकलाल श्रीवास्तव अपनी-अपनी विधा के सिद्धहस्त व्यक्तित्व थे। उन सबमें कुछ नया करने का उत्साह था, कुछ नया रचने की विकलता थी और सननाटों में गूँज पैदा करने की तत्परता भी थी।

'मतवाला' के प्रवेशांक का अग्रलेख 'आत्मपरिचय' शीर्षक से प्रकाशित हुआ। यह

अग्रलेख निस्सनदेह इस पत्र का घोषणा-पत्र है। इसके लेखक शिवपूजन सहाय ने अन्त में निष्कर्ष देते हुए यह लिखा— "शिव! शिव! नशे की झक में मैं क्या-क्या बक गया। अच्छा, लहर ही तो है। लेकिन इस लहर में आप न पड़िएगा। सिर्फ मेरी यात्रा का लक्ष्य स्मरण रखिएगा। मैं अपनी यात्रा की रिपोर्ट नियमित रूप से प्रकाशित करता रहूँगा। उसमें सच्ची और स्वाभाविक सूचना रहेगी। उसके द्वारा मैं यथेष्ट रीति से इस देश की आन्तरिक दशा बतलाऊँगा। लेकिन बतलाने का ढंग निराला होगा। जो मेरी ही तरह स्वतन्त्र मतवाला होगा वही उस ढंग को समझानेवाला होगा। राष्ट्र, जाति, सम्प्रदाय, भाषा, धर्म, समाज, शासन प्रणाली, साहित्य और व्यापार आदि समस्त विषयों का निरीक्षण और संरक्षण ही मेरी योजना का अभिसन्धान है। मैं उसको पूरा करने के लिए संकोच, भय, ग्लानि, चिन्ता और पक्षपात का उसी प्रकार त्याग कर दूँगा जिस प्रकार यहाँ के नेता निजी स्वार्थ का त्याग करते हैं। इसी अभिवचन के साथ, अब मैं, अपने इष्टदेव का स्मरण करते हुए यात्रापथ पर आरूढ़ होता हूँ—

सीस जटा गंगवारे भूखन भुजंगवारे,
गौरी अरधंगवारे चन्द दुतिवारे हैं।
वृखभ तुरंग वारे मदन अनंगवारे,
अड़बंग ढंगवारे मुंडमाल धारे हैं।
अहा 'मतवारे' तयो दाता हैं उमंगवारे,
भूतन के संगवारे नैन रतनारे हैं।
तान के तरंगवारे डमरू उमंगवारे,
भंग रंग बारे सो हमारे रखवारे हैं।[13]

एक हास्य-व्यंग्य-प्रधान साप्ताहिक के अग्रलेख में इससे अधिक क्या हो सकता है? इसमें व्यंग्य है तो विनोद भी, कटाक्ष है तो फक्कड़पन भी, प्रतिबद्धता है तो स्वस्थ मनोरंजन की पहल भी। इतनी सटीक भाषा और इतनी प्रखर और जीवन्त अभिव्यक्ति निस्सनदेह शिवपूजन जी की पत्रकार-कला की दक्षता का साक्ष्य देती है। उन्होंने 'मतवाला' के अग्रलेखों में सामयिक सन्दर्भों पर बेधड़क टिप्पणियाँ कीं। हास्य-व्यंग्य से सराबोर ये टिप्पणियाँ निश्चित रूप से हिन्दी-पत्रकारिता की धरोहर हैं। कोई भी क्षेत्र उनकी मार्मिक टिप्पणियों से अछूता नहीं रहा। बदलते राजनीतिक परिदृश्य को रेखांकित करते हुए उन्होंने इन पंक्तियों में कितना सटीक व्यंग्य किया है—"अघोरपन्थियों के चेले कहा करते हैं कि लाला जी और मालवीय जी जैसे राजनीतिज्ञ, देशबन्धु और नेहरू जी जैसे स्वार्थत्यागी तथा अलीबन्धु जैसे निर्भीक वीर, संसार में दुर्लभ हैं। भगवान करें, दुर्लभ ही रहें। अभागे भारत को सुलभ भी हुए, तो अन्त में उसी की टाँग पकड़कर उसे ही घसीटने लगे। घसीटते-घसीटते उसी दरवाजे पर ले जाकर उसकी लाश रख आए जहाँ से उसको अधमरा उठाकर 'कांग्रेस अस्पताल' में लाये थे। वाह रे सपूतो! इसी तरह दिन काटते चले जाओ। आखिर तो जिन्दगी भी धीरे-धीरे कट ही जायेगी। तब तक मैं रोज ईश्वर से मना रहा हूँ कि हे भगवान्! इन राजनीतिज्ञों और स्वार्थत्यागियों के जीते जी इस देश की जनता को कभी सत्याग्रह करने

योग्य मत बनाना। नहीं तो जनता को तैयार देखकर ये धुरन्धर वीर आफत मचा देंगे। दुहाई दीनानाथ की। अँगरेजी राज्य में बड़ा सुख है। इन तर्कशास्त्रियों का राज्य होगा तो ये और भी युक्तियों के कोल्हू में पेर डालेंगे।

सचमुच पेर डालेंगे। जनवरी, 1928 से ही पेर रहे हैं। अभी 1924 में भी पेरेंगे। जरा कोकनद-कांग्रेस तो हो जाने दीजिए। वहाँ भी तो मौलाना साहब ही रहेंगे। कहिए तो, भला इस समय देशबन्धु का पैर कैसे जमीन पर पड़े? पिछली हार का सारा दुःख अगली जीत के आनन्द में क्यों न भूल जायँ? दिल्ली-कांग्रेस के कौन्सिल-प्रवेश-प्रस्ताव में जनता की उपस्थिति बहुत कम थी, तो भगवान करें कोकनद में और भी कम हो। जनता की न्यूनता और जड़ता की वृद्धि होने से ही 'दासता का दमामा' बजेगा। किन्तु, इतने पर भी, दिल्ली कांग्रेस की सफलता पर इतराने वाले याद रक्खें, 'हनोज दिल्ली दूरअस्त'।''[14]

कुकुरमुत्ते की तरह उग रही नाट्य मंडलियों और उनके फूहड़ प्रदर्शन पर शिवपूजन जी द्वारा लिखे गए 'मतवाला' के अग्रलेख की ये पंक्तियाँ भी द्रष्टव्य हैं—''कलकत्ते के नाटक-लेखक और नाटक-प्रकाशक तो और भी गजब ढा रहे हैं। लेखक तो इतने सिद्धहस्त हो गए हैं कि चुटकियों में, सुबह-शाम में, नाटक लिख डालते हैं और प्रकाशक भी ऐसे बे-नथे बैल हैं कि, भाषा और भाव की हत्या का रहस्य रेशमी और सुनहली जिल्द के अन्दर ढक देने की जबरदस्ती कोशिश करते हैं। ऐसे निरंकुश लेखकों और अदूरदर्शी प्रकाशकों ने हिन्दी की जो मिट्टी खराब की है उसका सारा दोष इन्हीं नाटक मंडलियों के सिर पर है। क्योंकि इन्हीं मंडलियों ने उन नाटकों को अभिनीत करके उन्हें प्रोत्साहित किया और साहित्य का उपकार करने के बदले उसका संहार कर डाला। जब इन मंडलियों से न तो जनता के हृदय में शुद्ध साहित्य की अभिरुचि ही उत्पन्न हुई, न नाट्य कला के कुछ विशेषज्ञ ही उत्पन्न हुए, न नाट्य कौशल की शिक्षा की ही व्यवस्था हुई, न हिन्दी की नाट्यशाला ही बनी, न हिन्दी में खेलने-योग्य ललित एवं विशुद्ध नाटक ही तैयार हुए और न जनता के विचार में कुछ क्रान्ति ही पैदा हुई, तब फिर ये समझती अपने को किस मर्ज की दवा हैं?''[15]

शिवपूजन जी अग्रलेख के साथ 'मतवाला की चक्की' स्तम्भ भी लिखते थे। यह स्तम्भ अपनी व्यंग्योक्ति के कारण काफी लोकप्रिय हुआ। सामयिक प्रसंगों पर छोटी-छोटी टिप्पणियों में व्यंग्य की इतनी धार होती थी कि पाठक चमत्कृत हो जाता था। जिन पर प्रत्यक्ष और परोक्ष रूप से यह टिप्पणियाँ होती थीं, वे तिलमिलाने लगते थे और आम पाठक खिलखिलाने। यह टिप्पणी द्रष्टव्य है—''एक बड़े बेहिसाब हिसाबी ने यह हिसाब लगाया है कि, भारत में 60 लाख भिखारी हैं। वाह रे अंगेजी राज्य! तुम्हारी जय हो!! उसने फिर लिखा है कि 16 लाख पुरोहित और 6 लाख पुजारी हैं। वाह रे हिन्दू-धर्म। तुम्हारी जय हो!! बोल सनातन धर्म की जय!!! यदि भारत में अंग्रेजी राज्य और सनातन धर्म का प्रभुत्व कुछ दिन और रह गया तो सारे देश में केवल भिखारी ही रह जाएँगे।''[16]

नकली देशभक्ति और कर्तत्व से पलायनवृत्ति पर भी उन्होंने खूब चुटकी ली है—''मौलाना मुहम्मद अली दिल्ली के स्पेशल कांग्रेस में यह प्रस्ताव करेंगे कि आल इंडिया

कांग्रेस कमिटी तथा वर्किंग कमिटी के प्रत्येक सदस्य को एक प्रतिज्ञा-पत्र पर हस्ताक्षर करना होगा कि 'हम देश की स्वतन्त्रता के युद्ध में सर्वस्व समर्पण कर देने के लिए हर हालत में हमेशा तैयार रहेंगे।' सचमुच मौलाना ने कांग्रेस की वेदी पर यह एक ऐसी कसौटी रख दी है कि अब कांग्रेस के अधिकांश महाशयों की ओर से केवल सहानुभूति के तार ही पहुँचेंगे, साथ ही अस्वस्थता के कारण अनुपस्थिति की क्षमा-प्रार्थना भी रहेगी।''[17]

अँगरेजों की शोषण-नीति पर भी 'चलती चक्की' में गहरा कटाक्ष किया गया है। तत्कालीन पत्रों में छपे समाचारों को आधार बनाकर शिवपूजन जी ने सटीक व्यंग्य किया है—''तेजस्वी 'तेज' ने ओजस्वी शब्दों में लिखा है कि दिल्ली से कुछ ही दूर के एक गाँव में डिप्टी-कमिश्नर साहब बहादुर की आज्ञा से एक बुढ़िया की झोपड़ी फूँक डाली गई। बुरा क्या हुआ! अब तक न जाने कितने डिप्टी-कमिश्नरों ने अनेक घर फूँक तापे हैं। कृपा करके भारत-सरकार विलायत की सरकार को सूचना दे दे कि जिन लोगों को इंग्लैंड में अधिक सर्दी मालूम हो, वे दया करके भारत चले आएँ। यहाँ फूँक तापने लायक गरीबों के असंख्य झोपड़े हैं।''[18]

'मतवाला' पहली बार[19] लगभग सात वर्षों तक प्रकाशित हुआ। 1930 ई. में बाबू महादेव प्रसाद सेठ ने इसका प्रकाशन बन्द कर दिया। प्रत्यक्ष रूप में शिवपूजन सहाय लगभग दस महीने ही इस पत्र के सम्पादन से सम्बद्ध रहे—पहली बार सात महीने और 'सुधा' से लौटकर, 1925 ई. में लगभग तीन महीने। ''शिव जी मतवाला के पहले अंक से तीसरे अंक (15 मार्च, 1924) तक लगातार उसमें अग्रलेख लिखते रहे। शिव जी द्वारा सम्पादित अन्तिम अंक होली अंक था। अग्रलेख के अलावा शिव जी 'चलती चक्की' और 'मतवाले की बहक' की व्यंग्य टिप्पणियाँ भी लिखते थे।''[20]

'मतवाला' से अलग होकर वे गंगा पुस्तक ग्रन्थमाला, लखनऊ और उसी के द्वारा संचालित 'सुधा' से सम्बद्ध हुए। मंगलमूर्ति के अनुसार—''शिव जी अप्रैल, 1924 में 'माधुरी' सम्पादक दुलारेलाल एवं पं. रूपनारायण पांडेय के बार-बार बुलावे पर, कुछ मनमुटाव के कारण 'मतवाला'-मंडल को छोड़कर लखनऊ पहुँचे और 'गंगा पुस्तक ग्रन्थ माला' तथा 'माधुरी' के सम्पादन-कार्य में सहयोगी बने। 'माधुरी' के सम्पादक-मंडल में पं. कृष्णबिहारी मिश्र भी थे। शिव जी अमीनाबाद पार्क के पास रॉयल हिन्दू होटल में रहते थे। उनके साथ उसी होटल में उनके सहकर्मी में, शान्तिप्रिय द्विवेदी, श्रीमद्भागवत प्रसाद एवं पं. भगवती प्रसाद त्रिपाठी भी रहते थे। सितम्बर, 24 तक दुलारेलाल के बुलावे पर प्रेमचन्द जी भी लखनऊ आ चुके थे, और उनके प्रसिद्ध उपन्यास 'रंगभूमि' की पांडुलिपि के संशोधन-सम्पादन का कार्यभार शिव जी को मिला था। इस बीच अचानक 13.14 सितम्बर को लखनऊ में भयंकर हिन्दू-मुस्लिम दंगा मच गया और शिव जी को अपना सारा सामान—अनेक पांडुलिपियाँ, डायरियाँ, नोटबुक, चिट्ठी-पत्रों आदि बहुमूल्य साहित्यिक सामग्री—होटल में ही छोड़ जान बचाकर भागना पड़ा। लखनऊ में शिव जी का यह प्रवास कुल छह-सात महीनों का ही रहा, यद्यपि नवम्बर, 1924 में पुनः एक बार कुछ दिनों के लिए वे लखनऊ गए थे।''[21]

1925 ई. के प्रारम्भ में वे एक बार फिर 'मतवाला'-मंडल से जुड़े किन्तु तीन माह बाद ही अलग हो गए। इसी वर्ष उन्होंने 'मौजी' और 'गोलमाल' नामक दो अल्पजीवी हास्य-व्यंग्यपरक पत्रों का सम्पादन किया। बकौल मंगलमूर्ति—''दूसरी बार के कलकत्ता प्रवास में शिव जी 'मतवाला' से जुड़े तो रहे पर अन्यमनस्क भाव से ही। अक्सर अग्रलेख और व्यंग्य टिप्पणियाँ भी लिखते पर इस बार उनका समय ज्यादातर 'मौजी', 'गोलमाल', 'उपन्यास तरंग' और 'समन्वय' आदि पत्रों के सम्पादन में लग रहा था।''[22] वे सीधे इन पत्रों के सम्पादक तो नहीं थे किन्तु सम्पादन का पूरा दायित्व उन्हीं के कन्धों पर था। 'मौजी' और 'गोलमाल' के प्रकाशन के मूल में मतवाला की प्रेरणा थी। 'मौजी'[23] के अंक उपलब्ध नहीं हैं किन्तु 'गोलमाल' के कुछ अंक वरीय पत्रकार और शोधक स्वर्गीय रामजी मिश्र के निजी संग्रह में सुरक्षित थे। 'गोलमाल' 1 अप्रैल, 1924 ई. से हास्यरस-प्रधान साप्ताहिक के रूप में पटना सिटी से प्रकाशित हुआ। दीनानाथ सिगतिया इसके सम्पादक-संचालक थे और शिवपूजन सहाय और रामवृक्ष बेनीपुरी उनके परामर्शक और सम्पादन-सहयोगी। 14 नवम्बर, 1924 को वह कोलकाता स्थानान्तरित हो गया। सोलह पृष्ठों का यह साप्ताहिक 1925 ई. के मध्य में बन्द हो गया। शिवपूजन जी ने इसके लिए भी जमकर व्यंग्योक्तियाँ लिखीं। वैसे वे उनके नाम से प्रकाशित नहीं हुईं किन्तु पढ़नेवाले यह समझ लेते थे कि वे शिवपूजन जी की ही लिखी हुई हैं। उन व्यंग्योक्तियों में सामयिक सन्दर्भों पर विमर्श भी था और विडम्बनाओं पर प्रहार भी। उदाहरणार्थ—''गया म्युनिसिपैलिटी के मनहूस मेम्बरों ने वहाँ के चौक से रंडियों को हटाने का प्रस्ताव आखिर पास कर ही डाला। खुदा न करे, यह खप्ती पटना म्युनिसिपैटिली वालों के सिर पर सवार हो, नहीं तो पटने का परीस्तान—सिटी का चौक—वीरान हो जायेगा, यहाँ के रईसों का अरमान भरा दिल श्मशान हो जायेगा और बेचारे पान और शर्बत की दुकान वालों पर अकस्मात् वज्रपात हो जायेगा। दुहाई है, हमारे कदरदान चेयरमैन साहब राजेन्द्र बाबू की।''[24]

ज्ञानपीठ सम्मान से सम्मानित कथाकार श्रीलाल शुक्ल ने अपने प्रसिद्ध उपन्यास 'राग दरबारी' में मिठाई की मक्खी भिनभिनाती जिन दूकानों का वर्णन व्यंग्यात्मक शैली में किया है, उसकी झलक चालीस वर्ष पूर्व शिवपूजन जी ने अपनी टिप्पणी में दिखा दी थी। श्रीलाल शुक्ल लिखते हैं—''उनमें मिठाइयाँ भी थीं जो दिन-रात आँधी-पानी और मक्खी-मच्छरों के हमलों का बहादुरी से मुकाबला करती थीं। वे हमारे देसी कारीगरों के हस्त-कौशल और उनकी वैज्ञानिक दक्षता का सबूत देती थीं। वे बताती थीं कि हमें एक अच्छा रेजर-ब्लेड बनाने का नुस्खा भले ही न मालूम हो, पर कूड़े को स्वादिष्ट खाद्य पदार्थों में बदल देने की तरकीब सारी दुनिया में अकेले हमीं को आती है।''[25] तो शिवपूजन जी इस प्रकार व्यंग्य करते हैं—''बहुत आदमियों की शिकायत है कि अन्य शहरों की तरह पटने की मिठाई की दुकानों में सीसे की अलमारियाँ रखने की ताकीद म्युनिसिपैलिटी की ओर से नहीं है, जिससे मिठाइयों पर सदा मक्खियाँ भिनभिनाती रहती हैं और टोकड़ियों पर धूल, विशेषतः आजकल, पड़ी रहती है। तो इसमें बुरा क्या हुआ? मक्खियाँ नाबदान से लेकर उन पर अत्यन्त खुशबूदार

अतर छिड़कती हैं, और सड़क की धूल उन पर चाँदी-सोने के वर्क का काम करती है। कैसा बढ़िया तो इन्तजाम है। जाइये और खाइये घमाघम।''[26]

इस प्रकार आचार्य शिवपूजन सहाय ने हिन्दी की हास्य-व्यंग्यपरक पत्रकारिता को नई अर्थवत्ता दी और वास्तविक दिशा भी। फूहड़ मनोरंजन की जगह उन्होंने पत्रकारिता के इस रूप को स्वस्थ मनोविनोद और सामयिक समालोचना का समर्थ माध्यम बनाया। गुलाम भारत के हताशा भरे परिवेश में ऐसी जिन्दादिल पत्रकारिता निर्विवाद रूप से उनकी प्रखरता, सजगता, निर्भीकता और जनपक्षधरता का प्रमाण है।

'उपन्यास तरंग' का पहला अंक सितम्बर, 1925 ई. को कोलकाता से प्रकाशित हुआ। इस सचित्र साप्ताहिक का सम्पादन शिवपूजन जी रमेशचन्द्र त्रिपाठी के साथ मिलकर करते थे। इसमें अनूदित उपन्यासों के साथ मौलिक उपन्यास भी छपते थे। ''इसके उपलब्ध अंकों में सामान्य पाठकीय मनोरंजन की सामग्री के साथ-साथ सहयोगियों का सादर स्वागत नामक स्थायी स्तम्भ भी था। इसके प्रकाशक और मुद्रक थे किशोरीलाल केडिया, जिनके वणिक प्रेस में यह छपता था।''[27]

'समन्वय' विवेकानन्द सोसाइटी के मासिक पत्र के रूप में जनवरी, 1922 ई. से कोलकाता से प्रकाशित हुआ। 48 पृष्ठों की इस पत्रिका में अध्यात्म और धर्म-दर्शन की प्रधानता थी। रामकृष्ण परमहंस और विवेकानन्द के विचारों से हिन्दी पाठकों को परिचित कराने के उद्देश्य से इसका प्रकाशन हुआ। 1925 ई. में आचार्य शिवपूजन सहाय ने इस पत्र के सम्पादन-विभाग में कार्य किया। उनके पूर्व निराला भी इस पत्र को अपनी सेवा दे चुके थे। इस सन्दर्भ में स्वयं आचार्य जी का कथन है—''विवेकानन्द सोसाइटी (कलकत्ता) से जब हिन्दी मासिक समन्वय निकलने का निश्चय हुआ तब उसके योग्य एक सम्पादक की खोज में सोसाइटी के विद्वान संन्यासी स्वामी माधवानन्द सीधे आचार्य द्विवेदी के पास पहुँचे। द्विवेदी जी ने ही निराला जी को चुनकर सोसाइटी में भेजा। कहते हैं, महात्मा गाँधी ने नेहरू-सा नगीना चुना था। महापुरुष सचमुच सच्चे पारखी होते हैं। द्विवेदी जी ने निराला-सा नगीना परखा। प्रतिभा की जो परख उन्होंने की, उसका लोहा कौन न मानेगा? निराला जी को पाकर सोसाइटी धन्य हुई। स्वामी माधवानन्द जी के सामने ज्यों-ज्यों निराला जी का जौहर खुलता गया, त्यों-त्यों वह द्विवेदी जी की सौंपी हुई थाती को अनमोल रतन की तरह जुगाने लगे।''[28]

1925 ई. तक आचार्य शिवपूजन सहाय ने न केवल हिन्दी-पत्रकारिता के अनेक रूपों का पूर्ण प्रशिक्षण पा लिया था बल्कि उनमें अपनी दक्षता भी सिद्ध कर ली थी। जातीय पत्र को उन्होंने बहुमान्य बनाया तो हास्य-व्यंग्यपरक पत्रों को नई ऊर्जा दी। धार्मिक-आध्यात्मिक पत्रकारिता के क्षेत्र में भी उनका सार्थक अंशदान रहा। पत्रकारिता के उपर्युक्त रूपों को दिशा देने के बाद उन्होंने बाल-पत्रकारिता के क्षेत्र में कदम रखा। पुस्तक भंडार के अधिष्ठाता रामलोचनशरण ने रामवृक्ष बेनीपुरी के सम्पादन में लहेरियासराय से बालोपयोगी हिन्दी मासिक 'बालक' का प्रकाशन प्रारम्भ किया। इसके आरम्भिक दो अंक कोलकाता में मुद्रित हुए। इसी क्रम में शिवपूजन सहाय और रामवृक्ष बेनीपुरी का परिचय हुआ। शिवपूजन जी ने सम्पादन में बेनीपुरी जी का पूर्ण सहयोग किया। पत्रिका का तीसरा अंक काशी में मुद्रित

हुआ। पुस्तक भंडार की पुस्तकें भी ज्ञानमंडल प्रेस, काशी में मुद्रित होने लगीं। बेनीपुरी जी के आग्रह पर वे कोलकाता से काशी आ गए और मुद्रण तथा सम्पादन-सम्बन्धी कार्य देखने लगे। 'बालक' का वास्तविक सम्पादन उन्होंने ही किया, किन्तु सम्पादक के रूप में उनका नाम केवल जनवरी, 1930 से अगस्त, 1930 ई. तक छपा।

शिवपूजन जी के मार्गदर्शन में 'बालक' अपने समय का सर्वश्रेष्ठ बाल-मासिक बन गया। विजयदत्त श्रीधर के अनुसार—''48 पृष्ठों की यह सचित्र पत्रिका बच्चों के लिए ज्ञानवर्द्धक, मनोरंजक और प्रेरक सामग्री का प्रकाशन करती थी। इसकी भाषा, विषयों का चयन, चित्रों की प्रस्तुति स्तरीय होती थी और बच्चों की ग्राह्यता की दृष्टि से सम्पादन-संयोजन किया जाता था। 'बालक' के उच्च स्तर के कारण 'अमृत बाजार पत्रिका' ने उसकी तुलना सर्वश्रेष्ठ बँगला बाल-मासिक 'सन्देश' से की थी। 'महाराष्ट्र' ने उसे मराठी बाल पत्रिका 'सुमन' से बेहतर कहा था। 'बालक' के विशेषांक पठनीय और संग्रहणीय होते थे।''[29]

''एक आदर्श बालोपयोगी पत्र होते हुए भी 'बालक' का मूल कलेवर एक साहित्यिक पत्र का था। 'भारतेन्दु अंक', 'द्विवेदी स्मृति अंक', 'साहित्यांक' जैसे विशेषांक इसके प्रमाण हैं। सामान्य अंकों में भी सामयिक साहित्यिक गतिविधियों एवं पुस्तकों, पत्र-पत्रिकाओं सम्बन्धी सूचनाएँ छपा करती थीं। हिन्दी का कोई भी छोटा-बड़ा लेखक ऐसा नहीं था जिसकी रचनाएँ 'बालक' में नहीं छपती थीं। राष्ट्रीय स्तर की सभी प्रमुख हिन्दी पत्र-पत्रिकाओं में 'बालक' की हिन्दी सेवा की भूरि-भूरि प्रशंसा छपा करती थी। बिहार प्रान्त के परवर्ती सभी लेखकों की प्रारम्भिक रचनाएँ 'बालक' में प्रकाशित दृष्टगोचर होती हैं। दिनकर, प्रभात, आरसी, नेपाली, हंसकुमार तिवारी जैसी काव्य-प्रतिभाएँ 'बालक' के पृष्ठों में ही पल्लवित हुईं। 'बालक' को एक आदर्श बालोपयोगी पत्र बनाने का श्रेय मुख्यत: उसके संस्थापक-सम्पादक एवं प्रकाशक रामलोचन शरण को जाता है। उसके प्रकाशन की मूल प्रेरणा रामवृक्ष बेनीपुरी की ही थी। किन्तु उसको एक साहित्यिक स्वरूप और स्तर प्रदान करने का कार्य शिव जी ने किया था, क्योंकि एक श्रेष्ठ सम्पादक एवं भाषा के आचार्य के रूप में वे सम्पूर्ण हिन्दी जगत् में विख्यात हो चुके थे।''[30]

1929 ई. में बेनीपुरी जी 'युवक' का सम्पादक होकर पटना चले आए। अकेले शिवपूजन जी ने 'बालक' के सम्पादन का पूरा दायित्व सम्हाल लिया किन्तु रामलोचनशरण की शोषणवृत्ति ने इस समर्पित मसिजीवी को क्षुब्ध कर दिया। अगस्त, 1930 ई. के अन्त में वे 'बालक' से अलग हो गए। नवम्बर, 1930 ई. में बनैली नरेश कृष्णानन्द सिंह ने सुल्तानगंज से 'मासिक पत्रिका' गंगा का प्रकाशन प्रारम्भ किया। पं. राम गोविन्द त्रिवेदी इसके प्रधान सम्पादक बने और गौरीनाथ झा के साथ शिवपूजन सहाय ने सम्पादक का दायित्व सम्हाला। 'गंगा' हिन्दी की एक श्रेष्ठ पत्रिका के रूप में मान्य हुई। प्रारम्भ के एक-दो अंकों में प्रूफ की अशुद्धियाँ अवश्य थीं किन्तु शीघ्र ही शिवपूजन जी ने इसकी भाषा को मानक और श्रेष्ठ बना दिया। पत्रिका के स्वरूप और शिवपूजन सहाय के योगदान को रेखांकित करते हुए कर्मेन्दु शिशिर ने सच ही लिखा है—''गंगा एक सांस्कृतिक मासिक पत्र था, जिसमें साहित्य

के अलावा धर्म और संस्कृति विषयक लेख भी छपते थे। उसमें 'चारु चयन' के अन्तर्गत विभिन्न पुस्तकों और पत्रिकाओं से ली गई सामग्री छपती थी और सामयिक साहित्य के अन्तर्गत पुस्तक समीक्षाएँ। 'भट्टनायक' नाम से लिखी उनकी दो समीक्षाएँ विशेष रूप से ध्यातव्य हैं। एक तो श्यामसुन्दर दास की पुस्तक 'हिन्दी भाषा और साहित्य' की और दूसरी रामचन्द्र शुक्ल की प्रसिद्ध पुस्तक 'हिन्दी साहित्य का इतिहास' की। ये दोनों समीक्षाएँ आज भी गौर करने योग्य हैं। उनका तीसरा स्तम्भ 'व्यंग्य-विनोद' का था। 'मतवाला' में व्यंग्य-लेखन की परम्परा को वे लगातार कायम रखे रहे और बाद के सम्पादित पत्रों में भी इसका निर्वाह किया। 'गंगा' के जिन तीन विशेषांकों को ऐतिहासिक गौरव मिला, वे थे 'गंगांक', 'वेदांक' और 'पुरातत्त्वांक'। इसमें 'पुरातत्त्वांक' का विशेष सम्पादन राहुल सांकृत्यायन ने किया था। दरअसल, इस अंक के प्रकाशन से पूर्व ही शिवपूजन सहाय का डेरा-डंडा सुल्तानगंज से उठकर काशी चला आया।''[31]

शिवपूजन जी ने नवम्बर, 1931 ई. तक 'गंगा' का सम्पादन किया। एक वर्ष की अल्पावधि में उन्होंने 'गंगा' को लोकप्रिय और प्रतिष्ठित पत्र बना दिया। 'गंगा' के प्रवेशांक में उन्होंने प्रकाशक, प्रधान सम्पादक पं. रामगोविन्द त्रिवेदी और सम्पादक पं. गौरीनाथ झा के महत्त्व और गौरव का रेखांकन ही नहीं किया, अपने बारे में भी यह कहा— '' 'नदी-नाव-संयोग' से मैं भी आकर पाँचवाँ सवार बन गया। दो सुयोग्य विद्वानों के सम्पर्क से मुझे जो लाभ होगा, उसका मूल्य मैं ही आँक सकता हूँ। लक्ष्मी और सरस्वती के लीला क्षेत्र में जिस 'गंगा' का उद्गम हुआ है, उसकी सेवा के लिए मुझ जैसे अकिंचन और अल्पज्ञ का कटिबद्ध हो जाना दुस्साहस तो है ही, दयनीय भी है।''[32]

ऐसी विनयशीलता और इतनी निष्ठा निश्चय ही दुर्लभ है। सबकुछ करके भी श्रेय दूसरों को देना शिवपूजन जी की विशेषता रही है। सम्पादकीय लेखों में वे रचनात्मक परिदृश्य का रेखांकन भी करते थे और उसका मूल्यांकन भी। 'हिन्दी में आत्म कथाएँ' (गंगा, प्रवाह-1, तरंग-2, दिसम्बर, 1930 ई.), 'हिन्दी की व्यवसायी नाट्य कम्पनियाँ' (गंगा, प्रवाह-1, तरंग-5, मार्च, 1931 ई.), 'कराँची काँगरेस में हिन्दी' (गंगा, प्रवाह-1, तरंग-6, अप्रैल, 1931 ई.), 'आत्म कथाएँ और संस्मरण' (गंगा, प्रवाह-1, तरंग-10, अगस्त, 1931 ई.), 'हिन्दी नाट्य उपसमिति' (गंगा, प्रवाह-1, तरंग-11, सितम्बर, 1931 ई.) जैसी सम्पादकीय टिप्पणियाँ उनकी जागरूकता और प्रखरता का साक्ष्य देती हैं। गणेश शंकर विद्यार्थी की शहादत पर उन्होंने 'गंगा' के अग्रलेख में लिखा—''कानपुर के कट्टर हिन्दी साप्ताहिक 'प्रताप' के स्वनामधन्य सम्पादक श्री गणेश शंकर विद्यार्थी, कानपुर के भीषण हिन्दू-मुस्लिम दंगे में, वीरगति को प्राप्त हो गए—यह लिखते हुए प्राण छटपटा रहे हैं, कलेजा काँप रहा है, आत्मा कलप रही है, लेखनी थरथराने लगती है। मन में अनेक प्रकार के भाव बाहर आने के लिए उद्विग्न हो रहे हैं, पर उन्हें कलमबन्द करने की हिम्मत नहीं होती। हम विद्यार्थी जी के पवित्र बलिदान का महत्त्व समझते हुए भी अत्यन्त अधीर हो रहे हैं। बड़े-बड़े प्रतिष्ठित नेता उनकी वीरगतिप्राप्ति और उनके बलिदान की प्रशंसा कर रहे हैं, फिर भी हमारे चित्त में शान्ति नहीं टिकती, हमारे मन का उद्वेग शान्त नहीं होता।''[33]

शिवपूजन जी ने 'गंगा' को मासिक का मानक बनाने के लिए कठोर श्रम किया, कठिन साधना की। रचनाओं का संशोधन-परिमार्जन करके उन्होंने उन्हें श्रेष्ठ बना दिया। 'गंगा' में उनका कार्यकाल अधिक नहीं रहा किन्तु कम ही समय में उनकी सम्पादन-कला ने उसके प्रवाह को तीव्र कर दिया। इस सन्दर्भ में 'गंगा' के तत्कालीन प्रधान सम्पादक पं. राम गोविन्द त्रिवेदी का यह कथन उल्लेखनीय है—''शिव जी लेखों का सम्पादन बड़ी सतर्कता से करते थे। किसी लेख के खटकने वाले शब्दों और वाक्यांशों अथवा वाक्यों को हटाकर नए, अनूठे और प्रभावशाली शब्दों, वाक्यांशों अथवा वाक्यों को रखकर लेख में नगीना जड़ देते थे। किसी-किसी लेख के अनगढ़ और लँगड़े पैराग्राफ को काटकर और उस स्थान पर चमत्कारपूर्ण पैरा जोड़कर लेख को मणि-माणिक्य-समन्वित कर देते थे। किसी-किसी लेख का तो कलेवर तक बदलकर उसे ऐसी जानदार और शानदार भाषा में लिख डालते थे कि तबीयत फड़क उठती थी। किसी-किसी लेख का पुनर्लेखन करके उसे अपनी सिद्धहस्त लेखनी और टकसाली भाषा की अभिरामता और रमणीयता से समलंकृत कर देते थे। क्या मजाल कि किसी लेख में अक्षर, मात्रा अथवा बिन्दु-विसर्ग की भी त्रुटि या अशुद्धि रह जाए। वस्तुत: शिव जी को सम्पादन-कला पर कमाल हासिल था। आचार्य महावीरप्रसाद द्विवेदी के बाद शिव जी के समान सजग, सतत सावधान, निरन्तर सतर्क और प्रतिभाशाली मासिक पत्रिका सम्पादक मैंने तो कम ही देखे।''[34]

यह भी एक संयोग है कि जिस समय आचार्य द्विवेदी जी ने पत्रकारिता से अवकाश लिया, लगभग उसी समय पत्रकारिता के क्षेत्र में आचार्य शिवपूजन सहाय का पदार्पण हुआ। उन्होंने न केवल उनकी विरासत सम्हाल ली बल्कि उसमें अपनी ओर से भी बहुत कुछ जोड़ा। उनकी सम्पादन और संशोधन-शैली बहुत हद तक आचार्य द्विवेदी जी से मिलती थी। इस सन्दर्भ में पं. राम गोविन्द त्रिवेदी का यह कथन पूर्णत: सटीक है—''लेख हो या पुस्तक की पांडुलिपि, उसे सर्वांग सुन्दर बनाने के लिए उसको काट-कूटकर लाल स्याही से इस तरह रंग डालते थे कि उसकी भाषा पुष्ट और सबल तथा भाव परिष्कृत और प्रांजल हो उठते थे, उसे बिल्कुल अभिनव और अभिराम बना डालते थे। अपनी कृतियों में भी काट-छाँट खूब करते थे। इतनी तत्परता से संशोधन करनेवाला सम्पादक मैंने तो नहीं देखा।''[35]

वे जितने योग्य और कर्मठ सम्पादक थे, उतने ही संकोची और विनम्र भी। उचित से बहुत कम पारिश्रमिक मिलने पर भी वे हो-हल्ला नहीं करते थे बल्कि चुपचाप नई आजीविका की तलाश में निकल पड़ते थे। इसी क्रम में 'गंगा' से अलग होकर वे काशी आए और विनोद शंकर व्यास की प्रकाशन संस्था से प्रकाशित पाक्षिक 'जागरण' के संस्थापक सम्पादक बने। 'जागरण' का पहला अंक वसनत पंचमी, 11 फरवरी, 1932 ई. को प्रकाशित हुआ। दूसरा अंक 22 फरवरी, 1932 को, तीसरा 7 मार्च, 1932 को और चौथा 'होली अंक' 22 मार्च, 1932 को छपकर पाठकों के बीच आया। दूसरे अंक में जयशंकर प्रसाद की कविता 'सागर संगम' और कहानी 'देवरथ' प्रकाशित हुई। साथ ही प्रवेशांक में उनके उपन्यास 'तितली' का जो धारावाहिक प्रकाशन प्रारम्भ हुआ, उसका एक अंश इसमें भी छपा। अन्य प्रकाशित रचनाएँ थीं— 'विक्टर ह्यूगो की प्रेम कहानी' (विनोद शंकर व्यास), 'बिहारी और सौन्दर्य

विज्ञान' (बाबू गुलाब राय), 'मनोरंजक चुटकुले' (बाबू महावीरप्रसाद गहमरी)। पत्रिका में 'मधुसंचय', 'रंगमंच', 'समाचार संकलन', 'साहित्य संसार' और 'क्षणभर' शीर्षक स्थायी स्तम्भ भी थे। तीसरे अंक से एक नया स्थायी स्तम्भ जुड़ा—'स्वाध्याय-सामग्री'। इसके अन्तर्गत पत्र-पत्रिकाओं में पढ़ने योग्य मनोरंजक और महत्त्वपूर्ण सामग्री की सूचना रहती थी।

पाक्षिक 'जागरण' के प्रथम अंक में ही सम्पादक ने पत्र के उद्‌देश्य को रेखांकित करते हुए लिखा—''जागरण को शुद्ध साहित्यिक पत्र बनाने की इच्छा है। अभी हमारी दृष्टि से ही इसमें बहुत-सी त्रुटियाँ हैं। पर विश्वास है कि ईश्वर की दया से निकट भविष्य में ही वे दूर हो जाएँगी। मन में जो कुछ है, सब उसी भक्त-कल्पद्रुम के चरणों में अर्पित है। हिन्दी में अनेक पत्र-पत्रिकाओं के होते भी 'जागरण' की आवश्यकता थी—इस बात पर अगर हम आपका विश्वास जमा सके, तो हम अपने को सफल मनोरथ समझेंगे। यह किसी दल-विशेष का पत्र नहीं है। ईश्वर की दया से भविष्य में भी यह ऐसा ही रहेगा। साहित्यिक दलबन्दी और ईर्ष्या-द्वेष को मिटाने में कभी कोताही न करेगा। ईश्वर से प्रार्थना है कि यह साहित्य संसार में पारस्परिक बन्धुत्व और सौहार्द फैलाने में समर्थ हो। आशा है, आपलोग भी इस ईश्वर प्रार्थना के स्वर में स्वर मिलायेंगे।''[36]

शिवपूजन सहाय ने 'जागरण' के मात्र बारह अंकों का सम्पादन किया। उनके द्वारा सम्पादित इस पत्र का अन्तिम अंक 17 जुलाई, 1932 ई. को प्रकाशित हुआ। लगभग पन्द्रह सौ रुपयों का घाटा उठाकर व्यास जी ने यह पत्र प्रेमचन्द को सौंप दिया। शिवपूजन सहाय द्वारा सम्पादित 'जागरण' के बारह अंक हिन्दी साहित्य और पत्रकारिता की अमूल्य निधि हैं। चौबीस पृष्ठों के अपने लघु कलेवर में इस पत्र ने साहित्य-सागर को समेटने का सार्थक प्रयत्न किया। नई रचनाधर्मिता को प्रोत्साहित करने और स्थापितों के बीच रचनात्मक संवाद बनाने में निश्चित रूप से इसकी ऐतिहासिक भूमिका है। इसमें प्रसाद, निराला, पन्त, बनारसीदास चतुर्वेदी, विनोदशंकर व्यास, महावीरप्रसाद गहमरी, बेढब बनारसी, गोपाल राम गहमरी, लक्ष्मी नारायण सुधांशु जैसे स्थापित और गोपाल सिंह 'नेपाली', कमला कुमारी, सुरेन्द्र, रघुनाथ सिंह जैसे नवोदित रचनाकार एक साथ प्रकाशित हुए। सुभद्रा कुमारी चौहान, राहुल सांकृत्यायन, प्रो. मनोरंजन प्रसाद सिंह, राधाकृष्ण, सद्‌गुरु अवस्थी, रामनाथ सुमन, विश्वनाथ प्रसाद मिश्र की रचनाओं से 'जागरण' को विशेष प्रतिष्ठा मिली। आत्मकथा को साहित्य का अंग मानने के प्रश्न पर तत्कालीन 'भारत' सम्पादक पं. नन्ददुलारे वाजपेयी और 'हंस' सम्पादक प्रेमचन्द का शास्त्रार्थ इसी पत्र के मंच पर हुआ। सीमित पाठक वर्ग के बावजूद इस पत्र ने कभी अपने स्तर से समझौता नहीं किया। यह आचार्य शिवपूजन सहाय की सुरुचि-सम्पन्नता, मूल्यनिष्ठा और सम्पादकीय प्रतिबद्धता का ही प्रमाण है।

'जागरण' के अग्रलेख अपने समय-सन्दर्भों के प्रति शिवपूजन की पैनी दृष्टि का साक्ष्य देते हैं। कविता और संगीत के अन्त:सम्बन्धों पर विचार करते हुए वे लिखते हैं—''यह देखा जाता है कि उर्दू ग़ज़लों और शेरों में संगीत की सुगमता होने से ही जनता में उनका अधिक प्रसार है। किन्तु आधुनिक हिन्दी कविता में संगीत का बहुत कुछ अभाव होने से

वह सर्वसाधारण जनता में अधिक प्रचार नहीं पाती। हिन्दी के उत्तम कवियों को इधर ध्यान देना चाहिए। कुछ दिनों से हिन्दी की आधुनिक कविताओं में कुछ गेय पद देखने को आ रहे हैं। पर अधिकांश कविताएँ संगीत से शून्य ही देखने में आती हैं। जनता में यदि आधुनिक कविताओं का बहुत प्रचार अभीष्ट है, तो उसमें संगीत का समावेश होना अत्यावश्यक है। संगीत के प्रयोग से आधुनिक कविताओं के सार्वजनिक उपयोग में जो विशेष-विशेष सुविधा होगी, उससे वर्तमान युग के सनदेश का तो विस्तार होगा ही, कवियों की लोकप्रियता के साथ-साथ सामूहिक जागृति की भी वृद्धि होगी। आधुनिक काल के प्रसिद्ध कवियों के लिए यह एक प्रकार से देशसेवा का भी अच्छा मार्ग बन सकता है।''[37]

काशी से 'जागरण' का प्रकाशन उस समय प्रारम्भ हुआ, जब काशी में ही प्रेमचन्द का विविध-विषय-विभूषित 'हंस' प्रतिष्ठित हो चुका था। एक बड़े संस्थान से 'सरस्वती' नियमित प्रकाशित हो रही थी। इलाहाबाद से नन्ददुलारे वाजपेयी के सम्पादन में 'भारत' अपने ओजस्वी स्वर में राष्ट्रीयता का गान कर रहा था। कोलकाता का 'विशाल भारत' अपनी अलग पहचान बना रहा था। उस समय के महत्त्वपूर्ण पत्र थे— 'माधुरी', 'चाँद', 'सुधा', 'सहेली', 'वीणा', 'माया', 'प्रेमा', 'बाँसुरी', 'वाणी', 'आर्य महिला', 'आज', 'वर्तमान', 'अर्जुन', 'भारत', 'प्रताप', 'स्वराज्य', 'विजय', 'भारतमित्र', 'श्री बेंकटेश्वर समाचार', 'गंगा', 'बालक', 'हिन्दी बंगवासी' आदि। 'जागरण' इन सबसे भिन्न था— पूर्णतः साहित्यिक। साहित्य की प्रायः समस्त छोटी विधाओं का समावेश करनेवाला पाक्षिक। सीमित साधन के बावजूद इसने दौड़ने की कोशिश की, साहित्यिक परिवेश को जीवन्त करने का प्रयत्न किया और स्वयं को रचनात्मक संवाद का प्रतिनिधि मंच बनाने की पहल भी। साहित्यकारों ने इसे उल्लास के साथ स्वीकार किया किन्तु पाठकों की उदासीनता ने इसे अल्पजीवी बना दिया। इसके ग्राहकों की संख्या दो सौ से आगे नहीं बढ़ सकी, अपने अन्तिम सम्पादकीय में शिवपूजन जी ने आहत मन से यह स्वीकार भी किया—''पाक्षिक 'जागरण' का जो रूप-रंग था, उसे सभी साहित्यिकों और सहयोगियों ने तो पसनद किया, पर सर्वसाधारण पाठकों ने उसे कैसा समझा—यह जानने का हमें विशेष अवसर न मिला। अब तक की स्थिति ने तो यही सुझाया कि शुद्ध साहित्यिक, पाक्षिक पत्र के पाठक हिन्दी-संसार में गिने-चुने हैं। ईश्वर हिन्दी-पाठकों की रुचि को परिष्कृत करे कि 'जागरण' फिर अपने असली रूप को धारण करने में समर्थ हो।''[38]

अगस्त, 1932 ई. से जनवरी, 1946 तक वे किसी पत्रिका के सम्पादन से सम्बद्ध नहीं रहे। 1932 के अन्त में वे पुस्तक भंडार, लहेरियासराय से पुनः जुड़े और उसकी बाल-पत्रिका 'बालक' के प्रकाशन-सम्पादन में परोक्ष रूप से सहयोग किया। 1932.33 में प्रयाग से प्रकाशित हुए 'द्विवेदी अभिनन्दन ग्रन्थ' का सम्पादन किया। 1939 ई. में राजेन्द्र कॉलेज, छपरा में हिन्दी प्राध्यापक के रूप में उनकी नियुक्ति हुई। 1944 ई. में कॉलेज की सेवा में रहते हुए उन्होंने पुस्तक भंडार के 'जयन्ती स्मारक ग्रन्थ' का सम्पादन किया। 1947 ई. में उन्होंने 'आरा नागरी प्रचारिणी सभा' की ओर से प्रकाशित 'राजेन्द्र अभिनन्दन ग्रन्थ' का भी सम्पादन किया। दिसम्बर, 1949 को कॉलेज सेवा से मुक्त होकर पटना आ गए। पटना से

उनका सम्पर्क बराबर बना रहा। 1946.47 ई. में उन्होंने पटना से प्रकाशित 'हिमालय' का रामवृक्ष बेनीपुरी के साथ सम्पादक का दायित्व सम्हाला।

फरवरी, 1946 ई. में मासिक 'हिमालय' का पहला अंक प्रकाशित हुआ। 'हिमालय' को अपनी स्तरीय सामग्री और सटीक अग्रलेखों के कारण शीघ्र ही राष्ट्रीय स्तर पर प्रसिद्धि मिल गई। यह मासिक साहित्य के प्रतिनिधि संकलन के रूप में मान्य हुआ। प्रथम अंक का मुख्य सम्पादकीय बेनीपुरी जी ने लिखा था किन्तु भाषा और साहित्य से सम्बद्ध अन्य टिप्पणियाँ शिवपूजन जी ने लिखी थीं। इस पत्रिका के प्रारम्भिक पाँच अंकों में राजेन्द्र बाबू की आत्मकथा के अंश छपे। जयप्रकाश नारायण की दो कहानियाँ—'दूज का चाँद' और 'टामी पीर'—इसमें प्रकाशित हुईं और उनका गम्भीर लेख 'हमारा प्राचीन वाङ्मय' भी इसमें छपा। विश्वेश्वर प्रसाद कोइराला की कहानी 'होड़' भी इसमें प्रकाशित हुई। वस्तुतः इस पत्रिका ने राजनेताओं को भी सर्जनात्मक मंच दिया और उनकी रचनाधर्मिता से पाठकों का परिचय कराया। बेनीपुरी की अनेक प्रसिद्ध रचनाएँ पहले 'हिमालय' में ही छपीं। जैसे—'माटी की मूरतें' के अनेक शब्दचित्र, 'अम्बपाली' नाटक, कीट्स की कविताओं के अनुवाद आदि।

अक्टूबर, 1946 ई. के बाद बेनीपुरी इससे अलग होकर 'जनता' का सम्पादन करने लगे। राजेन्द्र कॉलेज की व्यस्तता के कारण और अकारण प्रकाशकीय हस्तक्षेप के कारण शिवपूजन जी बहुत दिनों तक इसे सम्हाल नहीं पाए। पहले 'हिमालय' अनियमित हुआ और अन्ततः 1948 ई. में बन्द हो गया। इसके अन्तिम कुछ अंकों का सम्पादन प्रो. जगन्नाथ प्रसाद मिश्र ने किया।

'हिमालय' अपनी उत्कृष्ट साहित्य-सामग्री के कारण ही नहीं अपनी सामयिक और सटीक टिप्पणियों के कारण भी उल्लेखनीय है। शिवपूजन सहाय की टिप्पणियों में विचारों की परिपक्वता भी थी, सन्दर्भों की प्रामाणिकता भी थी, अभिव्यक्ति का लालित्य भी था और संवादपरकता भी थी। राजगोपालाचारी का सन्दर्भ देते हुए उन्होंने राजनेताओं के हिन्दी के प्रति रवैये पर कड़ी आलोचना की है। वे हिन्दी और हिन्दुस्तानी के मुद्दे पर राजनेताओं की प्रवृत्ति पर टिप्पणी करते हुए लिखते हैं—"हमारे आदरणीय राजनेताओं की यही मनोवृत्ति हिन्दी-हितैषियों को सशंक और अधीर बनाती है। हिन्दी-प्रेमियों को 'यकीन' पर भी 'विश्वास' है और वे युगों से 'यकीन' को अपना चुके हैं, किन्तु वे 'यकीन' को गले लगाकर 'विश्वास' को ठोकर मारना पसनद नहीं करते। वे तो 'देश' और 'मुल्क', 'दुनिया' और 'संसार', 'रोज' और 'दिन', 'पुस्तक' और 'किताब' सबको हिन्दी ही समझते हैं, और बोलते-लिखते समय अपने मन में कभी भेद-भाव नहीं रखते। वे तो निस्संकोच 'टिप्पणी' के बदले 'नोट' और 'वर्ग' या 'श्रेणी' के बदले 'क्लास' भी लिखा करते हैं। किन्तु जब वे यह सुनते हैं कि हमारे नेता 'हिन्दी' नाम या शब्द से ही चिढ़ते या भड़कते या डरते हैं, तब उनका हृदय आशंकाओं से भर जाता है। हिन्दीवालों ने अरबी-फारसी-तुर्की के असंख्य प्रचलित शब्दों को पचा डाला है, और दिन-दिन पचाते चले जा रहे हैं। मगर 'हिन्दी' नाम के प्रति उनके मन में जो मोह-ममता है, उसे जबरदस्ती रौंदकर यह कहा जाने लगा कि

'हिन्दी' नाम मात्र से छान-पगहा तुड़ानेवालों के लिए, हिन्दीवाले उदारतापूर्वक त्याग का भाव प्रदर्शित करें।''[39]

अपने अग्रलेखों में उन्होंने 'रेडियो नीति'[40], 'पत्रकार विद्यालय'[41], 'भाषा संस्कार'[42], 'पत्र-सम्पादन और प्रूफ-संशोधन'[43], 'हिन्दी के दैनिक पत्र'[44] जैसे विषयों पर गम्भीर विमर्श किया। साथ ही 'कृष्णायन'[45], 'नया साहित्य' का 'निराला अंक'[46], 'प्रेमी-अभिनन्दन-ग्रन्थ'[47] जैसी कृतियों की महत्ता और प्रासंगिकता पर भी टिप्पणी की। रचना के नाम पर छप रही कुरुचिपूर्ण सामग्री पर उन्होंने अपनी बेबाक प्रतिक्रिया इन शब्दों में दी—''हिन्दी-साहित्य-सरिता में कविताओं और कहानियों की बाढ़ देखकर जितनी प्रसनन्नता होती है, उतनी ही चिन्ता भी। प्रसनन्नता इसलिए कि हमारी भाषा का काव्य-साहित्य और कथा-साहित्य दिन-दिन विस्तृत और सम्पन्न होता जा रहा है। चिन्ता इसलिए कि विस्तार तो बढ़ रहा है और भांडार भी भर रहा है किन्तु वास्तविकता और गम्भीरता घट रही है। हमारे चिन्तित होने से न तो साहित्य का कुछ बनता-बिगड़ता है और न वह प्रवाह ही रुक सकता है। हम प्रवाह का पथावरोध करना भी नहीं चाहते। हम तो अपने उगते हुए कलाकारों की संख्या-वृद्धि से उत्साहित होनेवालों में है। हिन्दी-माता के मन्दिर में पुजारियों की भीड़ देखकर कौन-कौन भक्त आनन्दमग्न न होगा? किन्तु यह अनुभूत सत्य है कि भीड़ में सब-के-सब पुजारी नहीं होते। ग्रहण और शिवरात्रि की भीड़ में बहुत-से पूजार्थी भगवान् कपाली के कपाल पर ही मिट्टी की गंगाजली फोड़ते हैं। ऐसे उतावले पूजार्थी से किसी भक्त की सहानुभूति नहीं हो सकती। हिन्दी के बहुत से पुजारियों में ऐसा उतावलापन स्पष्ट दीख पड़ता है। इसके कारण हिन्दी के सिर जो बीत रहा है, वह खुली आँखों से देख सकना असह्य-सा है। आज के सम्पादक और प्रकाशक अन्धाधुन्ध रचनाएँ और पुस्तकें प्रकाशित करते चले जाते हैं। पर उन्हें परिमार्जित और परिष्कृत रूप में प्रकाशित करने पर यथोचित ध्यान नहीं देते।''[48]

निश्चय ही, अल्पजीवी होने के बावजूद 'हिमालय' अपनी भव्यता, सम्पादन-कला की श्रेष्ठता और सत्साहित्य के संरक्षण और संवर्धन के कारण हिन्दी की साहित्यिक पत्रकारिता के इतिहास में अपना विशिष्ट स्थान रखता है। इसका पूरा नहीं तो अधिकांश श्रेय निस्सनदेह आचार्य शिवपूजन सहाय को है, उनकी तपश्चर्या और समर्पित आस्था को है। अभाव में भी उन्होंने अपने भाव के सुमन को म्लान नहीं होने दिया, अपने मानदंड नीचे नहीं किए। वनमैन आर्मी की तरह अकेले लड़ते रहे किन्तु मूल्यों को पराजित नहीं होने दिया।

शिवपूजन जी द्वारा सम्पादित अन्तिम पत्र 'साहित्य' है। बिहार हिन्दी साहित्य सम्मेलन के मुखपत्र के रूप में त्रैमासिक 'साहित्य' का प्रकाशन पटना से 1936 ई. में आरम्भ हुआ। इसके प्रारम्भिक तीन अंकों का सम्पादन पं. जनार्दन झा 'द्विज' और लक्ष्मीनारायण सुधांशु ने किया। चौथे अंक से इसके सम्पादक बदरीनाथ वर्मा हुए। 1938 के मध्य में इसका प्रकाशन बन्द हो गया। मार्च, 1950 में इसका पुनर्प्रकाशन आचार्य शिवपूजन सहाय के सम्पादन में हुआ। आचार्य नलिनविलोचन शर्मा ने संयुक्त सम्पादक के रूप में उनका सहयोग किया। 1956 ई. में यह पत्र मासिक हुआ और 1956 ई. में पुन: त्रैमासिक। अपने जीवन के अन्तिम

दिनों तक शिवपूजन जी इसके सम्पादक बने रहे। अतएव, सम्पादक के रूप में उनका सब से लम्बा कार्यकाल 'साहित्य' ही रहा।

'साहित्य' वस्तुत: शोधपरक पत्र था। इसका उद्देश्य था हिन्दी शोध के स्तर को ऊँचा उठाना और लुप्त साहित्य की खोज करना। अपने सम्पादन-काल में शिवपूजन जी ने इसे मानक शोध-पत्रिका के रूप में प्रतिष्ठित किया। इसमें उच्चस्तरीय शोध-आलेख प्रकाशित होते थे और महत्त्वपूर्ण पुस्तकों की समीक्षाएँ भी। उनके अग्रलेख भी आलोचनापरक होते थे और शोधदृष्टि से परिपूर्ण भी। हिन्दी-पत्रकारिता के गिरते स्तर पर उनकी यह टिप्पणी कितनी धारदार है—''हिन्दी में पत्र-पत्रिकाओं की संख्या दिन-रात बढ़ती नजर आती है। दैनिक, साप्ताहिक, पाक्षिक, मासिक, त्रैमासिक आदि नित्य नए दीख पड़ते हैं। इनमें कुछ तो बहुत ही अच्छे हैं। पर अधिकांश ग्लानिकारक ही हैं। सम्पादन-कला से बहुत कम पत्रों का सम्बन्ध है। कुछ अच्छे पत्रों का बाहरी रूप-रंग तो बड़ा आकर्षक है। पर उनमें छपे महत्त्वपूर्ण लेख भी सुसम्पादित नहीं होते। अधिकांश में छपाई की गलतियाँ बहुत रहती हैं। ऐसा जान पड़ता है कि छपाई की शुद्धता पर ध्यान देना हमारे अधिकतर सम्पादक पसनद नहीं करते। पत्र-संचालक या प्रकाशक तो शुद्ध छपाई की चिन्ता करना अनावश्यक समझते हैं। खेद है कि भाषा की शुद्धता भी बहुतों के द्वारा उपेक्षित है।... हमारे अधिकतर पत्र-संचालक जितना अपने आर्थिक लाभ का ध्यान रखते हैं, उतना अपने पत्र के गौरव का नहीं। यदि कोई साहित्यिक सम्पादक स्वयं ही पत्र-संचालक भी होता है, तो पूँजी के अभाव में वह अपने पत्र को मनचाहे ढंग से सर्वांग सुन्दर नहीं बना पाता, और यदि बनाने का दुस्साहस करता भी है, तो आर्थिक हानि के कारण पत्र को नियमित एवं स्थायी नहीं बना सकता। फिर एक बात यह भी है कि कोई पूँजीपति अथवा धनाढ्य प्रकाशक अगर सर्वांग सुन्दर एवं सुसम्पादित पत्र निकालता और चलाता भी है, तो उसके शान-गुमान का कभी अन्दाज ही नहीं मिलता, उसके मिजाज और दिमाग का पारा हमेशा चढ़ा ही रहता है। वह धरातल पर खड़े साहित्यिक सम्पादक पर सातवें आसमान से नजर डालता है। वह पत्रकार को चाँदी का चेरा समझता है। ऐसे संकुचित दृष्टिकोण के पत्राध्यक्षों से हिन्दी-पत्रों की मर्यादा नहीं बढ़ सकती। वर्तमान परिस्थिति से यही अनुमान होता है कि हिन्दी में अब न कोई चिन्तामणि घोष होगा, न महावीरप्रसाद द्विवेदी, न शिवप्रसाद गुप्त, न बाबूराव विष्णु पराड़कर, न शिवनारायण मिश्र, न गणेश शंकर विद्यार्थी, न रामानन्द चटर्जी, न बनारसीदास चतुर्वेदी। पत्र-संचालक और सम्पादक का आदर्श सम्बन्ध उन्हीं लोगों के साथ चला गया। सम्पादक की वास्तविक प्रतिष्ठा समझने वाले पत्र-संचालक अब नहीं रहे। यदि कहीं एकाध हों भी, तो उनसे केवल अनामिका सार्थवती होती है।''[49]

'साहित्य' के अनेक अंकों में पत्रकारिता के बदलते स्वरूप और कारक तत्त्वों पर प्रखर सम्पादकीय टिप्पणियाँ हैं, अँगरेजी-पत्रकारिता के मायाजाल पर प्रहार है, हिन्दी-पत्रकारिता की शक्ति और जनपक्षधरता का उद्घोष है और हस्तलिखित पत्र-पत्रिकाओं की खोज का विवरण भी। शोध की दशा और दिशा तथा साहित्यिक आयोजनों पर शिवपूजन जी की टिप्पणियों में पूरे परिदृश्य को जीवन्त कर देने की अपार शक्ति है। उनका सांस्कृतिक बोध,

उनकी नवोन्मेषशालिनी प्रज्ञा, उनकी दृष्टि की व्यापकता और उनका साहित्य-विवेक—सबकी अभिव्यक्ति का व्यापक मंच था—'साहित्य'। उनका 'साहित्य और गाय'[50] शीर्षक अग्रलेख उनके गहरे सांस्कृतिक बोध का प्रमाण है। 'बिहार के कवियों की गद्य-रचनाएँ'[51] में शोधप्रज्ञा और समीक्षा-दृष्टि की प्रौढ़ता है, 'हिन्दी में साहित्यिक शोध के साधनों की कमी'[52], 'बिहार में प्राचीन हस्तलिखित ग्रन्थों का शोध'[53] जैसे अग्रलेख अपनी वैचारिकता और अनुशीलनवृत्ति के कारण महत्त्वपूर्ण हैं।

शिवपूजन सहाय की पत्रकारिता व्यापक सन्दर्भों और विविध आयामों की पत्रकारिता है। जातीय, हास्य-व्यंग्यपरक, बाल और साहित्यिक पत्रकारिता के क्षेत्र में उनका अवदान अपना ऐतिहासिक महत्त्व रखता है। उनकी पत्रकारिता में सम्पादन-कला का चरम उत्कर्ष है, साधारण को विशिष्ट बना देने की दक्षता है और वातावरण को जीवन्त बना देते की क्षमता भी। उनमें आचार्यत्व का आतंक नहीं है बल्कि भावक की सहृदयता है और यही सहृदयता उन्हें आधुनिक हिन्दी-पत्रकारिता में अभिभावक के रूप में सर्वमान्य बनाती है। वे आचार्य की तरह मौलिक उद्भावनाएँ करते हैं, रचनाकार की तरह रचते हैं और कलाकार की तरह स्वप्नों का साक्षात्कार करते हुए उन्हें रूप-रंग देते हैं।

सन्दर्भ

1. 1912 ई. में उनका पहला लेख 'होली में सभ्यता का नाश' 'शिक्षा' (सं. सकल नारायण शर्मा, खड्ग विलास प्रेस, पटना, 1887 ई. से प्रकाशित) में छपा। इसी वर्ष उनका दूसरा लेख 'लक्ष्मी' (सं. लाला भगवानदीन, गया, 1905 ई. से प्रकाशित) में प्रकाशित हुआ। वैसे, उन्होंने अपने लेखन का प्रारम्भ 1910 ई. से ही माना है।
2. पत्रकारिता के युग-निर्माता शिवपूजन सहाय, प्रभात प्रकाशन, दिल्ली, प्रथम संस्करण-2011 ई., पृष्ठ 41
3. आचार्य शिवपूजन सहाय रचनावली, चौथा खंड, बिहार राष्ट्रभाषा परिषद्, पटना, संस्करण-1959, पृष्ठ 321
4. मेरा जीवन, शिवपूजन सहाय साहित्य समग्र, खंड-दो, सं. मंगलमूर्त्ति, अनामिका पब्लिशर्स एंड डिस्ट्रीब्यूटर्स, दिल्ली, प्रथम संस्करण-2011, पृष्ठ 92
5. मासिक 'मारवाड़ी सुधार' (लेखमाला), प्रवेशांक (वर्ष-1, अंक-1, चैत्र 1978 वि-, 1921 ई.), सम्पादकीय, शिवपूजन सहाय रचनावली, चतुर्थ खंड, पृष्ठ 322
6. मासिक 'मारवाड़ी सुधार', वर्ष-1, अंक-7, आश्विन 1978 वि., 1921 ई., सम्पादकीय, शिवपूजन सहाय साहित्य समग्र, खंड-3, पृष्ठ 403
7. बिहार की साहित्यिक प्रगति, प्रकाशक-बिहार हिन्दी साहित्य-सम्मेलन, पटना, 1956 ई., मुद्रित पृष्ठ 49 से 99
8. 'मारवाड़ी सुधार', वर्ष-2, अंक-3, अग्रहायण, 1979 वि., 1922 ई., शिवपूजन सहाय साहित्य समग्र, खंड-3, पृष्ठ 409
9. उपरिवत्, वर्ष-2, अंक-8, वैशाख, 1980 वि., 1923 ई., शिवपूजन सहाय साहित्य समग्र, खंड-3, पृष्ठ 411

10. उपरिवत्, पृष्ठ 411.412
11. मेरा जीवन, शिवपूजन सहाय साहित्य समग्र, खंड-2, पृष्ठ 101
12. उपरिवत्, पृष्ठ 102
13. 'मतवाला', प्रवेशांक, 26 अगस्त, 1923 ई., शिवपूजन सहाय साहित्य समग्र, खंड-4, पृष्ठ 27
14. उपरिवत्, 22.09.1929, शिवपूजन सहाय साहित्य समग्र, खंड-4, पृष्ठ 32
15. उपरिवत्, 6.10.1923, साहित्य समग्र, खंड-4, पृष्ठ 37
16. उपरिवत्, प्रवेशांक (26.8.1923 ई.), नवजागरण कालीन पत्रकारिता और मतवाला, खंड-2, सं. कर्मेन्दु शिशिर, अनामिका, दिल्ली, प्रथम संस्करण-2012, पृष्ठ 141
17. मतवाला, 01.09.1923 ई., उपरिवत्
18. उपरिवत्, पृष्ठ 141.142
19. बाबू महादेव प्रसाद सेठ ने 1930 ई. में 'मतवाला' का प्रकाशन बन्द कर दिया। चन्द्रशर्मा ने 1936 में लाहौर से इसे पुनः प्रकाशित किया। 1947 में विभाजन के बाद इसका प्रकाशन बन्द हो गया किन्तु 1948 में जोधपुर से फिर प्रकाशित हुआ। द्रष्टव्य—'चन्द्रशर्मा और उनका मतवाला', 'गंगा' सं. ऋषि कुमार मिश्र, सलाहकार सम्पादक-कमलेश्वर, दिल्ली, फरवरी, 1988 ई., पृष्ठ 68.72
20. शिवपूजन सहाय (विनिबन्ध)-मंगलमूर्त्ति, साहित्य अकादमी, दिल्ली, प्रथम संस्करण-1994 ई., पृष्ठ 8
21. शिवपूजन सहाय साहित्य समग्र, खंड-2, सम्पादकीय टिप्पणी, पृष्ठ 141
22. शिवपूजन सहाय (विनिबन्ध), पृष्ठ 16
23. फ्'दिल्लगी प्रधान पत्र' कोलकाता से महादेव सिंह शर्मा के सम्पादन में प्रकाशित हुआ। इसकी टिप्पणियाँ लेख, कहानियाँ, कविताएँ सभी अच्छी होती थीं।य्—विजयदत्त श्रीधर, भारतीय पत्रकारिता कोश, खंड—2, वाणी प्रकाशन, दिल्ली, प्रथम संस्करण-2008 ई., पृष्ठ 725
24. 'गोलमाल', 7 अप्रैल, 1924 (वर्ष—1, अंक—2), बिहार में हिन्दी-पत्रकारिता का विकास, पं. रामजी मिश्र 'मनोहर', प्रकाशक-काशी प्रसाद जायसवाल शोध संस्थान, पटना, संस्करण-1998 ई., पृष्ठ 93
25. 'राग दरबारी' (पेपरबैक संस्करण), राजकमल प्रकाशन, दिल्ली, चौदहवीं आवृत्ति, 2008 ई., पृष्ठ 5
26. 'गोलमाल', 7 अप्रैल, 1924 ई., बिहार में हिन्दी-पत्रकारिता का विकास, पृष्ठ 93.94
27. शिवपूजन सहाय (विनिबन्ध), पृष्ठ 95
28. मेरा जीवन, साहित्य समग्र, खंड—2, पृष्ठ 106.107
29. भारतीय पत्रकारिता कोश, खंड-2, पृष्ठ 756
30. शिवपूजन सहाय (विनिबन्ध), पृष्ठ 96
31. पत्रकारिता के युगनिर्माता शिवपूजन सहाय, पृष्ठ 54
32. 'गंगा', प्रवाह-1, तरंग-1, नवम्बर, 1930 ई., साहित्य समग्र, खंड-2, पृष्ठ 416
33. गंगा, प्रवाह-1, तरंग-6, अप्रैल, 1931 ई., साहित्य समग्र, खंड-2, पृष्ठ 419
34. हिन्दी भूषण शिवपूजन सहाय, 'साहित्य' (त्रैमासिक), सं. केसरी कुमार, बिहार हिन्दी साहित्य सम्मेलन, पटना, 'स्मृति अंक', जनवरी, 1964, पृष्ठ 115
35. उपरिवत्, पृष्ठ 115

36. पाक्षिक 'जागरण', 11 फरवरी, 1932 ई., साहित्य समग्र, खंड-3, पृष्ठ 427
37. 'जागरण', 3 जुलाई, 1932 ई., साहित्य समग्र, खंड—3, पृष्ठ 436
38. 'जागरण', 17 जुलाई, 1932 ई., साहित्य समग्र, खंड-3, पृष्ठ 437
39. मासिक 'हिमालय', वर्ष-1, अंक-1, फरवरी, 1946 ई., साहित्य समग्र, खंड-3, पृष्ठ 438
40. 'रेडियो की भाषानीति रहस्यपूर्ण है', अग्रलेख, हिमालय, मार्च, 1946
41. अग्रलेख, 'हिमालय', अप्रैल, 1946
42. उपरिवत्, मई, 1946
43. उपरिवत्
44. उपरिवत्, अक्टूबर, 1946
45. उपरिवत्, सितम्बर, 1946
46. उपरिवत्
47. उपरिवत्, अगस्त, 1946
48. 'कविताओं और कहानियों की बाढ़' (अग्रलेख), 'हिमालय', मई, 1946, साहित्य समग्र, खंड-3, पृष्ठ 445
49. 'हिन्दी में पत्रों की बाढ़' (अग्रलेख), त्रैमासिक 'साहित्य', अप्रैल, 1951, साहित्य समग्र, खंड-3, पृष्ठ 475.476
50. मासिक 'साहित्य' (अग्रलेख), जुलाई, 1953
51. त्रैमासिक 'साहित्य (अग्रलेख), जुलाई, 1956
52. उपरिवत्, अप्रैल, 1957
53. उपरिवत्।

रामवृक्ष बेनीपुरी

हिन्दी गद्य की अनेक विधाओं को एक नई भंगिमा, एक नया भावबोध और एक नई भाषिक संरचना देनेवाले कलम के जादूगर रामवृक्ष बेनीपुरी (23 दिसम्बर 1899 ई.-6 सितम्बर 1968 ई.) एक अत्यन्त तेजस्वी, क्रान्तिकारी और युगनिर्माता पत्रकार हैं। उनकी पत्रकारिता में गहरी वैचारिकता है, विलक्षण रचनात्मकता है और व्यापक संवादपरकता भी। समाजवादी विचारों के प्रवक्ता बेनीपुरी जी ने हिन्दी-पत्रकारिता को व्यापकता दी है, उसे स्वस्थ जनमत के निर्माण के लिए सबल बनाया है। हिन्दी-पत्रकारिता को उनकी देन अविस्मरणीय है और ऐतिहासिक भी। इस देन के पीछे उनका गहरा संघर्ष है, अदम्य साहस है और अथक परिश्रम है। उन्हें विरासत में कुछ नहीं मिला। उन्होंने जो भी प्राप्त किया, अपने संकल्प और संघर्ष से प्राप्त किया।

बेनीपुर के एक साधारण किसान परिवार में उनका जन्म हुआ। जब वे चार साल के थे तभी उनकी माँ स्वर्ग-सिधार गईं। नौ वर्ष की उम्र में वे पिता के स्नेह से भी वंचित हो गए। पिता की छाया उठ जाने पर उनकी एक नई शुरुआत हुई। उन्होंने लिखा है—''पाँच वर्ष के बाद, मेरे आँगन से, आधी रात को एक और अरथी उठी और यदि वह अरथी न उठी होती, तो मैं आज क्या होता! वह अरथी मेरे पिताजी की थी। यदि वह जीवित रहते तो मुझे न ननिहाल जाना पड़ता, न मेरे जीवन में परिवर्तन होता, न मैं वह सब कुछ हो पाता, जो आज हूँ। आज मैं एक छोटा-सा अनपढ़ किसान होता, खेती-बारी करता, बाल-बच्चों के साथ खेत-खलिहान में मरता-खपता होता, जैसी कि मेरे चचेरे भाइयों की हालत है। किन्तु ये न समझिए कि पिताजी की मृत्यु से मुझे आनन्द हुआ था। घर-घर रोया था, मैं भी रोया था।''[1]

पिता की मृत्यु के बाद वे ननिहाल बंशीपचरा चले आए। ननिहाल में ही उनकी प्राथमिक शिक्षा पूरी हुई। माध्यमिक शिक्षा के लिए उनका आगमन मुजफ्फरपुर हुआ। मुजफ्फरपुर के बी.बी. कॉलेजिएट स्कूल में उनका नामांकन हुआ। विद्यालय में अपने शिक्षक मथुरा प्रसाद दीक्षित से वे प्रभावित हुए। इसी प्रभाव ने उन्हें साहित्य और देश-सेवा के लिए उन्मुख किया। आठवीं कक्षा में पढ़ते हुए उन्होंने हिन्दी साहित्य सम्मेलन प्रयाग से विशारद की परीक्षा उत्तीर्ण की। 1916 ई. में उनकी पहली कविता प्रसिद्ध राष्ट्रवादी पत्र 'प्रताप' में छपी। इसका उल्लेख करते हुए बेनीपुरी जी ने लिखा है-''उन दिनों श्री गणेश शंकर विद्यार्थी जी के 'प्रताप' की धूम थी। 'प्रताप' में एक पृष्ठ कविताओं का होता। ये कविताएँ प्राय: राष्ट्रीय होतीं। राष्ट्रीयता मेरी नसों में घर कर चुकी थी, कविता भी उसी रंग में सराबोर होती। मैंने

एक कविता लिखी और 'प्रताप' में भेज दी।... फिर 'प्रताप' की बड़ी धूम थी। हर राष्ट्रीय विचार का आदमी 'प्रताप' पढ़ना अपना धर्म समझता। उसी 'प्रताप' में मेरी कविता, इतनी प्रमुखता से छपी। कसर सिर्फ एक रह गई थी, रामवृक्ष की जगह रामकृष्ण छपा था। शायद उसके विद्वान प्रूफरीडर ने सोचा होगा, रामवृक्ष भी कोई नाम हुआ, शुद्ध करके रामकृष्ण बना दिया था, किन्तु बेनीपुरी लगा था, इसलिए यह किसी को भ्रम नहीं हुआ कि यह कविजी कोई दूसरे हैं। यह कविता काफी प्रसिद्ध हुई। उन दिनों कई पत्र-पत्रिकाओं में यह प्रकाशित हुई।''[2]

असहयोग आन्दोलन में अपनी सक्रिय सहभागिता के लिए बिना मैट्रिक किए ही बेनीपुरी जी ने विद्यालय का परित्याग कर दिया। वे गाँव-गाँव घूमकर असहयोग आन्दोलन का प्रचार करने लगे। इस प्रचार के दौरान उनकी मुलाकात अपने गुरु मथुरा प्रसाद दीक्षित से हुई। वे असहयोग आन्दोलन का योद्धा बनकर पटना में पत्रकारिता कर रहे थे। दीक्षित जी ने अपने सहयोगी के रूप में उनका चुनाव कर लिया। बेनीपुरी जी के शब्दों में—''कुछ दिनों तक असहयोग की आँधी में देहात-देहात की खाक छानता एक दिन मैं मुजफ्फरपुर आया। वहाँ अपने श्रद्धेय गुरुवर पं. मथुरा प्रसाद दीक्षित जी से भेंट हुई, जो असहयोगी बनकर अब पटना से एक पत्र का सम्पादन कर रहे थे। उन्होंने मुझे अपना सहकारी बनाने का प्रस्ताव रखा; मैं उनके पीछे हो लिया!''[3]

'तरुण भारत' गाँधी जी के 'यंग इंडिया' के तर्ज पर निकला। बेनीपुरी जी ने पूरे मनोयोग से इस पत्र के सम्पादन में अपने गुरु दीक्षित जी का सहयोग किया किन्तु लम्बे समय तक वे इस पत्र में नहीं रह सके। दो बार कुछ-कुछ माह के लिए वे इससे सम्बद्ध रहे। दूसरी बार जब वे इस पत्र में आए तब तक दीक्षित जी चले गए थे। बटुकदेव शर्मा सम्पादक का दायित्व निभा रहे थे। वे ईर्ष्यालु और पक्षपाती व्यक्ति थे। कांग्रेसी नेताओं की मानहानि करने में उन्हें हार्दिक सन्तोष होता था। साप्ताहिक 'देश' के सम्पादक राजेन्द्र बाबू पर उन्होंने आपत्तिजनक टिप्पणियाँ कीं। इससे क्षुब्ध होकर बेनीपुरी जी ने अपने समय के इस यशस्वी साप्ताहिक से स्वयं को अलग कर लिया। इस सन्दर्भ में राधाकृष्ण प्रसाद ने लिखा है—''यह पत्र शुरू में जितना यशस्वी और लोकप्रिय था, राजेन्द्र बाबू पर अनावश्यक प्रहार करने के कारण उतना ही अलोकप्रिय हो गया तथा अपयश का भागी बन गया और अपयश का भारी बोझ लादे मौत के घाट उतरा।''[4]

'तरुण भारत' के पूर्व बेनीपुरी जी ने मुजफ्फरपुर (बिहार) से निकलनेवाले साप्ताहिक पत्र 'किसान' में कुछ समय तक काम किया था। यह पत्र 1921 ई. के प्रारम्भ में निकला था। मुजफ्फरपुर के वकील और किसान नेता धरीक्षण सिंह ने यह पत्र निकाला था। यह पत्र किसानों की समस्याओं से शासन को परिचित कराने और समाधान के लिए जोरदार पहल करने के उद्देश्य से निकला था। किसान-पुत्र बेनीपुरी जी ने इस पत्र के माध्यम से दयनीय हो रही कृषि-व्यवस्था को निकट से जाना, किन्तु एक पत्रकार के रूप में उनका वास्तविक प्रशिक्षण 'तरुण भारत' में ही हुआ। वे लिखते हैं—''उस पत्र में गाँधीजी के लेखों का अनुवाद अधिकतर छपता। अंग्रेजी अधिक जानता नहीं था। हाँ 'विशारद' परीक्षा में अंग्रेजी

से अनुवाद मेरा एक विषय था; अतः उस ओर खास ध्यान दिया था। गाँधीजी की भाषा भी बड़ी सरल और मधुर होती थी। कोशों से भी सहायता लेता था। फिर दीक्षितजी थे ही। किन्तु उसी समय मुझे मालूम हुआ; गुजराती में 'नवजीवन' निकलता है; गाँधीजी के लेख उसमें छपते हैं। झट एक सज्जन से थोड़ी गुजराती सीख ली और यों वह काम आसान बन गया। बँगला पहले सीख रखी थी, उर्दू तो बजाप्ता पढ़ी थी। इसका ज्ञान भी पत्रकार जीवन में सहायक बना। प्रूफ देखने का महत्त्व भी यहीं आकर मुझ पर प्रकट हुआ। किन्तु आज तक इसमें माहिर नहीं हो सका हूँ, स्पष्ट कह दूँ। अनुवाद के साथ ही, समाचार संकलन करना, टिप्पणी लिखना और कभी-कभी अग्रलेख तक लिखना पड़ता था। एक उपनाम से कविता भी लिखता था। एक तरह यों कहिए कि अधिकांश काम अपने ऊपर लेकर मैंने अपने गुरु-सम्पादक को बहुत कुछ निश्चिंत कर दिया था।''[5]

1922 ई. में पटना से निकलनेवाले साप्ताहिक 'किसान मित्र' के सहकारी सम्पादक के रूप में भी उन्होंने कुछ समय तक काम किया। शीघ्र ही उन्हें यह लग गया कि इस पत्र के पीछे कुछ जमींदारों का हाथ है। वे पत्र से मुक्त हो गए। इस मुक्ति से उन्हें आत्म-सन्तोष तो हुआ किन्तु बेरोजगारी की यातना ने उन्हें अस्वस्थ कर दिया। लगभग दो वर्षों के अन्तराल के बाद 1924 ई. में वे 'गोलमाल' के माध्यम से पत्रकारिता से पुनः जुड़े। 'गोलमाल' से ही उन्हें प्रसिद्धि मिली। ''व्यंग्य-विनोद साप्ताहिक पत्र 'गोलमाल' दीनानाथ सिगतिया ने अप्रैल 1924 ई. में पटना से निकाला। रामवृक्ष बेनीपुरी, शिवपूजन सहाय ने साप्ताहिक 'गोलमाल' का सम्पादन किया। 14 नवम्बर, 1924 में 'गोलमाल' पटना से कोलकाता स्थानान्तरित हो गया। 'गोलमाल' के हिस्से में प्रशंसा तो आई किन्तु वह ज्यादा दिनों तक जीवित नहीं रह सका।''[6]

इस पत्र से अपने जुड़ने के सम्बन्ध में बेनीपुरी जी ने लिखा है—''शरीर अच्छा हुआ, तो मन क्लान्त रहने लगा। क्या करूँ, कहाँ जाऊँ। असहयोग समाप्त हो गया था। फिर स्कूल-कॉलेज भरने लगे थे। वकीलों ने फिर अपने कन्धों पर चोगे डाल लिए थे। नेताओं में कुछ चरखा चलाने लगे थे, कुछ कौन्सिलों और बोर्डों की कुरसियाँ तोड़ रहे थे। पत्रकार जीवन का अनुभव भी कोई लुभावना नहीं था—'सिर मुँड़ाते ही ओले पड़े' की कहावत चरितार्थ हुई थी। कुछ मित्रों ने सलाह दी, फिर पढ़ो। किन्तु थूक फेंककर फिर उसे चाटने की मेरी आदत नहीं रही। अजीब पेशोपेश में था। कई मित्रों और परिचितों को पत्र लिखा और उत्सुकता से उत्तर की प्रतीक्षा करने लगा। एक दिन अचानक एक पोस्टकार्ड मिला, लाल रोशनाई से लिखा हुआ। सोचता हूँ, उस दिन वह कार्ड नहीं मिला होता, तो मैं कहाँ होता? सच कहता हूँ कभी-कभी ऐसी ग्लानि होती थी कि हत्या कर लेने का जी चाहता—उपफ़ गाँधी की आँधी में मैं सचमुच उड़ गया! किन्तु इस पत्र ने जीवन को एक निश्चित धारा दी। यह पत्र भाई शिवपूजनजी का था, जो उन दिनों कलकत्ता के 'मतवाला मंडल' के शृंगार थे। शिवजी ने लिखा था, पत्र देखते आप पटना सिटी आइए, वहाँ आपके लिए एक काम है। पत्र में ब्योरे के साथ उस स्थान का पता था। मैं उसी का सूत्र पकड़े वहाँ पहुँचा। शिवजी ने गले लगाया। उनके एक मारवाड़ी मित्र एक हास्य-व्यंग्य का पत्र पटना से निकालना

चाहते थे। उसका 'गोलमाल' नाम रखा था। उसके सभी शीर्षक शिवजी ने ही ठीक किए। प्रथम अंक की सामग्री भी उन्होंने जुटाई। फिर मुझे समझा-बुझाकर, उसके सम्पादन का पूरा भार देकर वह कलकत्ता चले गए। 'गोलमाल' में मुझे पूरी स्वाधीनता थी। शिवजी के बताए रास्ते पर चलता। जहाँ त्रुटि होती, शिवजी लंबा पत्र लिखते। यही नहीं, मेरी सफलता पर भी पीठ ठोकते।''[7]

'गोलमाल' ने हास्य-व्यंग्य को एक नई अर्थवत्ता दी। कटाक्ष, मनोविनोद और बुद्धिकौशल से सम्पन्न इसके स्तम्भ अत्यन्त लोकप्रिय हुए। ''गोलमाल में 'गृद्धदृष्टि', 'लोकमत', 'अफीमची की पिनक', 'हमारा टेलीफोन' तथा 'पारखी की परख' आदि शीर्षकों के अन्तर्गत समाचार एवं व्यंग्योक्तियाँ छपती थीं। इसके मुख्य लेखकों में निम्नलिखित व्यक्तियों के नाम उल्लेखनीय हैं-

श्री मोहनलाल महतो 'वियोगी', श्री ए.पी. क्यूलियर, श्री श्याम, श्री लतीफ हुसैन, प्रबुद्ध, कमलदेव नारायण (कहानी लेखक), कर्मशील, चक्र, मन्द-मलयानिल, धनराजपुरी, बेदिल, शान्तिप्रिय द्विवेदी, प्रेमपथिक, अनिरुद्ध लाल, पं. रामगोविंद त्रिवेदी, बाबा बाल्टीदास, ईश्वरी प्रसाद शर्मा, नारायण प्रसाद 'बेताब' आदि। शिवजी तथा बेनीपुरीजी अधिकतर छद्म नाम से ही लिखा करते थे।''[8] इसमें प्रकाशित एक कविता का यह अंश बानगी के तौर पर देखा जा सकता है—

''क्या खूब मचाया गोलमाल!
'शंकर', 'जगन्नाथ' का देखा झगड़ा आँख पसार।
'उग्र' 'दीन' में सुना चल रहा गोलमाल व्यवहार।।
'देव' 'बिहारी' को लेकर—
'मिश्र' और 'शर्म्मा'जी करते हैं नित नव तकरार।
ये दोनों हैं बंटाधार
बता 'चन्द' को 'रवि' सा सुन्दर।
'गौड़' महाशय ने 'जोशी' से खूब सुनी फटकार।
सही फुलझड़ियों की बौछार।।
क्या खूब मचाया गोलमाल!
--- --- ---
मतवाला का प्याला पीकर
प्रिया 'माधुरी' सुख-बुध खोकर, शिव-शिव करे पुकार
कैसा निर्लज्जाचार।
'प्रभा' देख यह घटना जी भर—
छोड़ वेश संन्यासिन का अब करती है श्रृंगार।
'सरस्वती' उसे रही ललकार।।
क्या खूब मचाया गोलमाल!
--- --- ---

और 'अकाली' गोली खाकर करते हैं प्रतिकार।
कौंसिल की कुरसी पर बैठ
दास देश को दिला रहे हैं प्रेम पैक्ट उपहार
राम रहमान करे उद्धार।
'मोती', 'मदन' बेतरह ऐंठे—
'गोलमाल' पर गोलमाल करने को हैं तैयार।
'बंग', 'सी.पी.' करते संहार।।
क्या खूब मचाया गोलमाल।
---　　　　---　　　　---
तोड़ खिलाफत का तुर्की ने किया 'कमाल' अपार।
भाई 'शौकत' इस सदमे से पड़े तुरत बीमार।
उधर शुद्धि-संग्राम छेड़कर
स्वामी जी ने मौलाना से किया राड़ बेकार।
सहें अब वे लट्ठों की मार।।
इधर शब्दों को जोड़-तोड़कर-
हमने तुकबंदी का अच्छा खोल दिया है द्वार।
तुक्कड़ो! पकड़ो कलम-कुठार
क्या खूब मचाया गोलमाल।''[9]

यह कविता 'हँसोड़ शर्मा' छद्म नाम से स्वयं बेनीपुरी जी ने लिखी थी। अपने समय-सन्दर्भों पर इतना गहरा कटाक्ष, इतनी गहरी व्यंग्योक्ति बेनीपुरी जी की विकसित पत्रकारिता-दृष्टि का प्रमाण है। इस पत्र का 'अफीमची की पिनक' स्तम्भ भी अपनी व्यंग्यात्मकता के कारण पाठकों के मनोविनोद का साधन बना। इसके अन्तर्गत की गई ये टिप्पणियाँ द्रष्टव्य हैं—

''सुनते हैं सेवा-समिति वालों ने स्टेशन-मास्टर से यात्रायों को पानी पिलाने की आज्ञा माँगी थी, किन्तु स्टेशन-मास्टर ने 'नाही' कह दी। ठीक तो है, हिन्दुस्तानियों के जान-माल की रक्षा का ठेका तो ईश्वर ने अंग्रेजों के हाथ सौंप दिया है। फिर वे अपनी ठेकेदारी को इन सेवा-समिति वालों को सुपुर्द कर ईश्वर के घर से गुनहगार बनें तो कैसे।''

और—''यहाँ के पोस्ट-ऑफिस के पियुन ने भी 'गोलमाल' के साथ अच्छा गोलमाल मचा रखा है। 'गोलमाल' कार्यालय की जितनी चिट्ठियाँ आती हैं उन पर 'गोल' लिखकर दे जाते हैं। अरे यार 'गोल' दे जाते हो और 'माल' हड़प जाते हो? यह गोलमाल तो अच्छा नहीं।''[10]

'गोलमाल' में खबरें भी अलग अंदाज में छपती थीं। 'तरुण भारत' पर राजद्रोह के मुकदमे की खबर इस शैली में छपी—''तरुण भारत के मुकदमे का फैसला हो गया। सम्पादक पं. नागेश्वर प्रसाद शर्मा को दो वर्ष की सादी कैद और एक हजार जुर्माने की सजा मिली है। सम्पादक पं. गणेश पांडेय तथा प्रकाशक हनुमान उपाध्याय एक और डेढ़ वर्ष

जेल मे ठूँसे गए हैं। हम अपने सहयोगी पर किए गए प्रहार को देखते हुए इतना ही कहकर सांत्वना दे सकते हैं—

लाई हयात आए, कजा ले चली चले।
न अपनी खुशी से लाये, न अपनी खुशी से चले।।''[11]

'गोलमाल' से बेनीपुरी जी का सम्बन्ध मात्र सात महीनों का रहा। नवम्बर, 1924 को यह कोलकाता चला गया और बेनीपुरी जी इसके सम्पादन से अलग हो गए। 'गोलमाल' के द्वारा उनके सम्पादन का निखरा हुआ रूप सामने आया। इसके द्वारा उन्होंने सरकार की जनविरोधी नीतियों पर प्रहार किया और चाटुकारों की अच्छी खबर ली। कम ही समय में राष्ट्रीय स्तर पर इसकी पहचान बन गई। तत्कालीन पत्रों ने इसकी खूब तारीफ की। दिल्ली के 'माहेश्वरी' ने 26 मई, 1924 के अंक में इसका स्वागत करते हुए लिखा—''पटने में 'गोलमाल' शुरू हो गया। यह गोलमाल राजनैतिक, धार्मिक और जातीय नहीं वरन् पत्रों का गोलमाल है। अगर यह गोलमाल सालभर भी चलता रहा तो पटनेवाली प्रजा और गर्वीली गवर्मेन्ट की बड़ी बदनामी होगी।'' उसी समय काशी के 'भूमिहार ब्राह्मण' ने लिखा—''यह भी आलोचनात्मक हिन्दी का साप्ताहिक समाचार पत्र है। 'मतवाला' के बाद यही एक पत्र है जो उसके मत का समर्थन करता है। उसकी 'गृद्ध-दृष्टि' और 'अफीमची की पिनक' वास्तव में निराली है। भाषा और विचार की प्रौढ़तां के साथ ही साथ अग्रलेख के व्यंग और अन्योक्ति साहित्य की पुष्टि का समर्थन करते हैं। ऐसे व्यंग्यपूर्ण पत्रों की वास्तव में आवश्यकता थी। हम पत्र की सतत उन्नति चाहते हुए इसके पाठकों से अनुरोध करते हैं कि वे इसके प्रचार में योग दें।''[12]

लोकप्रियता के बावजूद 'गोलमाल' घाटे में चल रहा था। पटना से उसको निकालना कठिन हो गया। उसके संचालक चुपचाप उसे कोलकाता ले गए। बेनीपुरी जी के अनुसार— '' 'गोलमाल' घाटे में चलता था, 'तरुण भारत' घाटे में चलता था। दोनों के संचालकों को मैंने अपने पत्रों के लिए घर के जेवर बेचते हुए देखा है। जब 'युवक' का संचालन स्वयं प्रारम्भ किया; मुझे इस कटु अनुभव से पार होना पड़ा। उन दिनों पत्र-पत्रिका निकालना कोई खेल नहीं था। किन्तु उन दिनों धनी लोगों, धूनी रमाने वाले लोगों की भी कमी नहीं थी। घाटे के प्रहार से आहत होकर एक दिन 'गोलमाल' के संचालक चुपचाप पटना से अन्तर्धान हो गए। कोलकाता जाकर उन्होंने पत्र लिखा, आप यहीं आ जाइए, अब यहीं से उसे निकालूँगा। किन्तु बिहार की ममता, घर की ममता, कभी मुझे प्रान्त से बाहर नहीं जाने दे सकी।''[13]

उनके सामने दूसरी बार बेरोजगारी का संकट उठ खड़ा हुआ। मित्रों में से कुछ ने राजेन्द्र बाबू के 'देश' में जाने का सुझाव दिया, कुछ की राय थी कि उन्हें खड्गविलास प्रेस में जाना चाहिए। कुछ ने सूचना दी कि लहेरियासराय के हिन्दी पुस्तक भंडार में एक स्थान रिक्त है। उन्हें वहाँ जाना चाहिए। बेनीपुरी जी ने तीनों ही जगह पर नियुक्ति के लिए आवेदन-पत्र भेजा। पहली स्वीकृति हिन्दी पुस्तक भंडार से पत्रोत्तर के रूप में मिली। वे लहेरियासराय पहुँचे। वहाँ से 'बालक' नामक एक मासिक पत्रिका निकालने की योजना थी। वहाँ उन्होंने जिला बोर्ड में विक्रय हेतु अनेक बालोपयोगी और शैक्षिक पुस्तकें तैयारी कीं, जिनके नाम

हैं—'बगुलाभगत', 'सियार पाँड़े', 'कविता-कुसुम' और 'बिहारी सतसई की टीका'। लेखन के साथ ही उन्होंने सचित्र बाल-मासिक 'बालक' का सम्पादन शुरू किया। 'बालक' का पहला अंक जनवरी, 1926 को पूरी तैयारी के साथ निकला। इस सन्दर्भ में बेनीपुरी जी ने लिखा है—"बड़ी लगन, बड़ी धूम से 'बालक' के सम्पादन-कार्य में लगा। मैंने तय किया ऐसा पत्र निकालूँ कि जिसका जोड़ नहीं मिले। अंग्रेजी, उर्दू, बँगला, मराठी, गुजराती की बालोपयोगी पत्र-पत्रिकाएँ मँगाईं। बालोपयोगी साहित्य के कई सन्दर्भ ग्रन्थ मँगाए। लगातार एक साल तक तैयारी की। तीन अंकों की अधिकांश सामग्री स्वयं लिख ली। चूँकि एक नए ढंग की चीज देनी थी, अतः उसका नमूना स्वयं जुटाना था। किन्तु एक ही नाम से सारी चीजें कैसे जाएँ? अतः कुछ मित्रों के नाम दे दिये।... 'बालक' निकला, खूब निकला, धूम से निकला। हिन्दी के सभी आचार्यों ने उसे हिन्दी का सर्वश्रेष्ठ बालोपयोगी मासिक माना ही, कलकत्ता और पूना के पत्रों ने उसे बँगला और मराठी के बालोपयोगी पत्रों के समकक्ष कहा। 'बालक' की सबसे बड़ी खूबी यह रही कि हिन्दी के सभी महारथियों ने उसके लिए बालोपयोगी लेख लिखे— प्रसादजी, प्रेमचन्दजी, पद्मसिंहजी शर्मा, गौरीशंकर हीराचन्द ओझा, कामता प्रसाद गुरु, रघुवर प्रसाद द्विवेदी, अमीर अली 'मीर', लाला भगवानदीनजी, हरिऔधजी। मैं तो अपनी इस सफलता पर फूला नहीं समाता।"[14]

'बालक' के सम्पादन में बेनीपुरी जी आचार्य शिवपूजन सहाय से भी परामर्श करते थे। शिव जी उन दिनों कोलकाता में थे और पत्रिका के आरम्भिक अंक वहीं छपे थे। तीसरे अंक से पत्रिका काशी में छपने लगी। शिवपूजन जी भी कोलकाता छोड़कर काशी चले आए थे। बेनीपुरी जी का अधिकतर समय काशी में व्यतीत होने लगा। यहाँ प्रेमचन्द, प्रसाद, दीन जी, हरिऔध जी के साथ उग्र, सुमन, द्विज, मनोरंजन, लक्ष्मीनारायण 'सुधांशु' जैसे नवोदित रचनाकारों का साहचर्य मिला। 'बालक' के सम्पादक के रूप में बेनीपुरी जी ने तीन वर्षों तक अपनी अथक सेवा दी। पत्रिका को स्तरीय बनाए रखने के लिए उन्होंने कठोर श्रम किया। इस सचित्र पत्रिका के सारे चित्र प्रसिद्ध चित्रकार रामेश्वर प्रसाद वर्मा से बनवाए। अड़तालीस पृष्ठों की इस सचित्र पत्रिका में उन्होंने मनोरंजनपूर्ण ज्ञानवर्धक सामग्री छापी। इसके दूसरे वर्ष का पाँचवाँ अंक उदाहरणस्वरूप देखा जा सकता है।

1. माता की वन्दना (कविता)-दराव खाँ अभिलाषी
2. कहाँ और क्या (स्तम्भ)-हिन्दू विश्वविद्यालय-रामलोचन शर्मा
3. नीति और धर्म (स्तम्भ)-स्मरणीय उपदेश-प्रो. अक्षयवट मिश्र
4. वह कौन है (स्तम्भ)-श्री सच्चिदानन्द सिंह (सचित्र)-जगन्नाथ प्रसाद
5. इतिहास (स्तम्भ)-न्याय का सिंहासन-छविनाथ पांडेय
6. बुढ़िया की कहानी (कहानी)-सरयू पंडा गौड़
7. विज्ञान (स्तम्भ)-कुछ विचित्र साइकिलें-दिनेश प्रसाद
8. भोला-भाला लाल (कविता)-अयोध्या सिंह उपाध्याय 'हरिऔध'
9. पंचमेल मिठाई-सुख और शान्ति के 15 सुन्दर नियम-रामवतार शर्मा, डॉ. गोपाल शरण, गिरीन्द्र नारायण लाल, दामोदर सहाय

10. जापान के नए सम्राट-प्रो. सम्राट मोहन सिंह 'दीवाना'
11. बालचर-श्रीमद्भागवत प्रसाद वर्मा 'दुखित'
12. स्वदेश (कविता)-स्वर्ण सहोदर
13. कैलाश दर्शन-बाबू शिवनन्दन सहाय
14. हँसी-खुशी-पं. ब्रजनन्दन शर्मा
15. बड़ों का बचपन-श्रीचन्द्र पांडेय
16. बालक की बैठक (स्तम्भ)-नए प्रश्न और बुझौवल, बालकों की रचनाएँ, कुत्ते की बुद्धि, ईर्ष्या का फल
17. कबूतर (कविता)-चन्द्रभानु सिंह।''[15]

बेनीपुरी जी ने जिस उत्साह से 'बालक' के सम्पादन की शुरुआत की थी, वह लंबे समय तक बना नहीं रहा। काशी में उनके प्रवास के कारण उनके कतिपय ईर्ष्यालु सहयोगियों को अवसर मिल गया। उन्होंने संचालक के कान भरने शुरू कर दिये। उन पर कुछ आरोप भी लगाए गए। संचालक ने उनको अपने घर पर रहकर काम करने के लिए बाध्य किया। एक तरह से यह उनकी विदाई का सन्देश था। उन्होंने तुरत त्यागपत्र दे दिया। इस प्रसंग का उल्लेख करते हुए बेनीपुरी जी ने लिखा है—''सबसे बुरा मुझे यह लगा कि मेरे चरित्र पर लांछन लगाया जा रहा था। मैं स्पष्ट कहूँ, मुझे सबसे अधिक गर्व किसी पर है तो अपने चरित्र पर। अगर कोई भगवान हो भी तो उसके सामने खड़ा होकर मैं कबीर की तरह गर्व से कह सकूँगा—'दास कबीर जतन से राखी, जस की तस धर दीनी चदरिया!' मैंने अपने चरित-चादर को कभी मैला नहीं होने दिया; उस पर दाग नहीं लगने दिया। शुरू से ही मैं एक देहाती कहावत का कायल हूँ—'भर माँग सेनुर, न त पट दे राँड़।' बीच की स्थिति मुझे पसन्द नहीं। तुरत मैंने तय कर लिया, मुझे लहेरियासराय छोड़ देना है। उसके संचालक ने मेरे साथ पूरी शिष्टता दिखाई, कहा, घर पर ही रहो, पुस्तकें लिखा करो, मैं रुपये भेज दिया करूँगा। किन्तु यह सब बातें क्षणिक थीं, इतना समझने को अक्ल तो थी ही। तुरत इस्तीफा दिया, बालक के लिए विदाई का एक सम्पादकीय लिख दिया, सारा दोष अपने ऊपर मढ़ लिया और अपने सामान तक को वहीं छोड़कर चल दिया।''[16]

जनवरी, 1929 ई. से बेनीपुरी जी ने अपने मित्रों—गंगाशरण सिंह, जगदीश नारायण, अम्बिकाकान्त सिंह, और रामनन्दन मिश्र के सहयोग से क्रान्तिकारी मासिक 'युवक' का प्रकाशन शुरू किया। 'युवक' शान्ति, साहस और साधना के संकल्प के साथ एक ओजस्वी पत्र के रूप में पाठकों में लोकप्रिय हुआ। रामवृक्ष बेनीपुरी के अनुभवसिद्ध सम्पादन में साठ पृष्ठीय यह 'युवक' प्राय: सारे विषयों को अपने कलेवर में समेट लेता था। ''युवकों को मर्यादा, राष्ट्रप्रेम, चरित्र, आरोग्य की प्रेरणा देनेवाले इस पत्र के विषयों में विज्ञान, तकनीकी, राजनीति, सामाजिक, धार्मिक सभी विषयों का समावेश रहता था।''[17]

'युवक' ने आरम्भ से ही क्रान्ति का स्वर बुलन्द किया। प्रवेशांक की विषय-सूची से इसका अनुमान किया जा सकता है। प्रवेशांक में प्रकाशित रचनाओं का अनुक्रम निम्नलिखित है—

1. उमंग (कविता)-केदारनाथ मिश्र 'प्रभात'
2. कस्मै देवाय हविषा विधेम-श्री विद्रोही
3. पहलवान बनो-साधु वास्वानी
4. युवक आन्दोलन-शिवनारायण टंडन
5. प्रताप (कविता)-शम्भुदयाल सक्सेना
6. बिहार से पर्दे की विदाई-श्री देवराज उपाध्याय, बी.ए.
7. क्रान्ति की वेदी-प्रो. विश्वमोहन, एम.ए.
8. टहलना सर्वोत्तम व्यायाम है-श्री जगदीश नारायण
9. कल्पना और सेवा (कविता)-श्री रामनरेश त्रिपाठी
10. हमारा राष्ट्रीय झंडा कैसा हो-प्रो. ज्ञान साहा, एम.ए.
11. सर्वतोमुखी क्रान्ति की आवश्यकता-श्री देवदत्त शास्त्री
12. वाल्टेयर के अन्तिम दिन-श्री लक्ष्मीनारायण मिश्र, बी.ए.
13. सन्ध्या (कविता)-श्री सत्यव्रत शर्मा
14. एक पत्र-श्री वीर बहादुर सैनिक
15. क्रान्तिकारी विज्ञान-श्री रमेश प्रसाद
16. वीर सतसई-प्रो. जनार्दन मिश्र
17. कृष्णार्पणम्-श्री मुकुट बिहारी वर्मा
18. लगा दे आग (कविता)-श्री वियोगी वर्मा
19. अवतार-श्री उग्र
20. जवाहर के टुकड़े-श्री हरिद्वार प्रसाद चौधरी
21. बाघ से भिड़ंत-श्री राम शर्मा
22. चाह (कविता)-श्री स्वर्ण सहोदर
23. साठ वर्ष का हेनरी फोर्ड जवान है क्यों?-श्री व्यायाम प्रेमी
24. युवक जगत
25. युवक युग
26. हम क्यों आए? (सम्पादकीय)

'युवक' ने निस्सन्देह क्रान्ति की मशाल को जलाए रखा। स्वतन्त्रता-संग्राम में सक्रिय भागीदारी के लिए इसने युवाओं को उत्प्रेरित किया। 'विशाल भारत' ने लिखा—''युवक आन्दोलन भारत में जोर पकड़ रहा है। इसके लेखों में जोश, जिंदादिली, अल्हड़पन और स्पष्टवादिता है।''[18] 'युवक' सरकार की दमनकारी नीतियों पर जोरदार प्रहार करता था। वह लोगों को जागृत करने में अत्यन्त सार्थक पहल कर रहा था। सरकार की लगातार तीखी आलोचना करने के कारण 1930 ई. के प्रारम्भ में बेनीपुरी जी को जेल की सजा हो गई। जेल में उन्होंने 'कैदी' नामक हस्तलिखित पत्रिका निकाली। हजारीबाग जेल से मुक्त होने के बाद उन्होंने 'युवक' को फिर से निकालना प्रारम्भ किया। विजयदत्त श्रीधर लिखते हैं—''13 माह बाद जेल से रिहा होते ही रामवृक्ष शर्मा बेनीपुरी और गंगाशरण सिंह ने 'युवक' का

पुनः प्रकाशन मई, 1931 में किया। इसी अंक में बेनीपुरी का 'इंकलाब जिंदाबाद' शीर्षक लेख छपा। सरदार भगतसिंह, राजगुरु और सुखदेव जिन्हें 23 मार्च, 1931 को फाँसी की सजा दी गई थी, की शहादत पर केंद्रित मई 1931 का अंक बिहार सरकार ने जब्त कर लिया। अदालत में 'इंकलाब जिंदाबाद' लेख पढ़कर सुनाया गया और उन्हें सजा सुना दी गई। 'प्रताप' कानपुर ने टिप्पणी लिखी—''युवक में जो लेख, कविताएँ, चित्र आदि दिये हैं वे दरअसल नौजवानों में जान फूँकने वाले हैं। इसके सम्पादक बेनीपुरी जी उत्साही, निर्भीक और धुन के पक्के व्यक्ति हैं।'' 'युवक' के मत्थे पर लिखा रहता था—'शक्ति, साहस और साधना का सचित्र मासिक' और 'युवक' जितने भी दिन प्रकाशित हुआ उसने इस घोष को अक्षरशः चरितार्थ किया।''[19] दोनों बार के समय को मिला दिया जाय तो 'युवक' का प्रकाशन-काल मात्र एक वर्ष का ही ठहरता है किन्तु अल्प समय में ही वह धूमकेतु की तरह अपनी प्रखरता से दंग करके विलीन हो गया।

दूसरी बार जेल से छूटने के बाद उन्होंने 'लोक संग्रह' का सम्पादन शुरू किया। 'लोक संग्रह' प्रसिद्ध किसान नेता स्वामी सहजानन्द सरस्वती ने 1933 ई. में निकाला था। बेनीपुरी जी लिखते हैं—''पटना कैंप जेल से लौटने के बाद मैं मुजफ्फरपुर के 'लोक संग्रह' में काम करने लगा। 'लोक संग्रह' की स्थापना स्वामी सहजानन्दजी ने की थी। स्वामी जी ने पीछे उसे अपने प्यारे अनुयायी पं. यमुना कार्यी को दे दिया था। कार्यी जी उसे पटना से उठाकर मुजफ्फरपुर ले आए थे। उन्होंने मुझे सहयोग देने का निमन्त्रण दिया, मैं उसमें सम्मिलित हो गया। अभी मेरे अधिकांश साथी जेल में थे। अतः सोचा, घर के निकट रहकर कुछ काम करता चलूँ।''[20] यह पत्र भूकम्प के कारण असमय ही काल-कवलित हो गया और बेनीपुरी जी फिर से बेरोजगार हो गए। अपने लिए उन्होंने फिर आजीविका की खोज शुरू की। वे पत्रकारिता के क्षेत्र में ही आजीविका चाहते थे। उन्होंने लिखा है—''भूकंप के बाद मेरे घर की आर्थिक स्थिति बहुत बुरी थी। मुजफ्फरपुर के एक स्थानीय पत्र में काम करता था, उस पत्र के प्रेस आदि मलबे के नीचे दब गए। 'युवक' को फिर से निकालूँ यह हिम्मत नहीं रह गई थी। भूकंप पीड़ित बिहार में अपने लिए कोई गुंजाइश नहीं देखकर मैंने जयप्रकाशजी से बात की कि यदि वह मुझे किसी ऐसे पत्र में लगवा दें, जिसका विचार समाजवाद के अनुकूल हो तो मेरे लिए अच्छा होगा। उस समय तक कांग्रेस समाजवादी पार्टी की स्थापना हो चुकी थी और उसके प्रधानमन्त्री की हैसियत से जयप्रकाश देश के कोने-कोने में दौरे कर रहे थे। बहुत दिनों तक उनका कोई पत्र नहीं मिला तो मैं अपने गाँव से चल पड़ा कलकत्ता के लिए। सोचा, उस महानगरी में कहीं कोई जगह मिल ही जाएगी। वहाँ कितने मित्र थे, हिन्दी-पत्रकारिता का वह प्रमुख क्षेत्र भी रहा है। किन्तु ज्यों ही मुजफ्फरपुर पहुँचा, वहीं के पते से भेजा जयप्रकाशजी का एक पत्र मिला। उसमें लिखा था, मैं खँडवा गया था तो पं. माखनलाल चतुर्वेदीजी ने स्वयं एक अच्छे सहकारी की आवश्यकता बताई और यह भी कहा कि वह बिहार के हों तो और भी अच्छा। आपका नाम लिया तो बहुत प्रसनन हुए और कहा है, आप वहाँ रहें या नहीं, एक बार उनसे मिल अवश्य लीजिए— आने-जाने का खर्च वह आपको दे देंगे। बस, मेरी गाड़ी पूरब रुख नहीं जाकर पश्चिम-दक्षिण की ओर मुड़ गई।''[21]

'कर्मवीर' में सहकारी सम्पादक के रूप में छह माह तक बेनीपुरी जी ने काम किया। एक सुयोग्य सहयोगी को पाकर माखनलाल चतुर्वेदी बहुत हद तक निश्चिंत हो गए। 'कर्मवीर' में उनकी भूमिका को रेखांकित करते हुए डॉ. प्रभाकर माचवे ने लिखा है—''रामवृक्ष बेनीपुरी सन 1934 में 'कर्मवीर' साप्ताहिक के सह-सम्पादक होकर बिहार से खँडवा आए थे। श्री माखनलाल चतुर्वेदी के आग्रह से वे वहाँ पधारे थे। मेरी पहली हिन्दी कविता और कहानी 'कर्मवीर' में ही छपी, बेनीपुरीजी ने उसमें संशोधन किए थे। बाद में प्रति सप्ताह मेरी छोटी कहानियाँ और गद्यगीत जैसे टुकड़े बराबर छापते रहे।''[22]

छह महीने बाद बेनीपुरी जी फिर वापस आने के लिए घर लौटे। इस बार उन्हें सपरिवार खँडवा आना था किन्तु नियति को कुछ और मंजूर था। बेनीपुरी जी ने स्वयं इसका उल्लेख किया है—''मैं 'कर्मवीर' के सम्पादन काल के छः महीनों की मधुर स्मृतियाँ लिये घर लौटा। स्टेशन तक दादा पहुँचाने आए थे, कहा था, पहुँचकर तार दे देना और बाल-बच्चों के साथ ही लौटना। तार तो दे दिया, किन्तु लौट नहीं सका। गाँव से आकर जब बोरिया-बिस्तर लिये पटना स्टेशन पहुँचा, वहीं 'योगी' के संचालक नारायण बाबू से भेंट हो गई। कुशलक्षेम के बाद उन्होंने पूछा, कहाँ जा रहे हैं? और जो मैं टिकट कटाने जा रहा था, वह उनके साथ 'योगी' कार्यालय में लौट आया। दादा से वेतन का कुछ अग्रिम ले आया था, वह तार से भिजवा दिया। न जाने दादा को कितना दुख हुआ होगा; मैं तो कई दिनों तक खोया-खोया-सा रहा।''[23]

'योगी' का प्रकाशन 20 जनवरी, 1934 को साप्ताहिक पत्र के रूप में हुआ था। 'कर्मवीर' से लौटने के बाद बेनीपुरी जी के सम्पादन में यह अत्यन्त लोकप्रिय हुआ। उन्होंने लगभग दो वर्षों तक इसका सम्पादन किया। मार्च, 1936 ई. में उन्होंने इसका 'शहीद अंक' निकाला। 'शहीद अंक' के प्रकाशन पर 'योगी' से जमानत माँगी गई। तत्काल जमानत देने की स्थिति नहीं बनी। बेनीपुरी जी 'योगी' से अलग हो गए। अपने समाजवादी मित्रों के साथ मिलकर उन्होंने 'जनता' निकाली। 'जनता' का पहला अंक विजयदशमी 1937 को प्रकाशित हुआ। 'जनता' के सम्बन्ध में बेनीपुरी जी ने लिखा है—''जनता तूफान की तरह आनन-फानन बिहार के कोने-कोने में छा गई और उसने हर जगह हलचल मचा दी। 'जनता' के हर अंक के लिए उत्सुकता-सी बनी रहती और जहाँ प्रकाशित हुई हाथोंहाथ बिक जाती। समाजवादी विचारधारा के साथ वह किसान आन्दोलन का सन्देश घर-घर पहुँचाती। नए विचार के युवक उसे अपना प्रतिनिधि साप्ताहिक मानते थे और किसानों के लिए वह ढाल और तलवार दोनों थी। उन दिनों कांग्रेसी मन्त्रिमंडल की स्थापना हो चुकी थी। मन्त्रिमंडल के माननीय सदस्य भी हर सप्ताह के अन्त में उत्सुकता से प्रतीक्षा करते कि देखें, देखें इस सप्ताह 'जनता' क्या लिखती है?''[24]

'जनता' के प्रवेशांक की दो हजार प्रतियाँ छपीं किन्तु अत्यधिक माँग के कारण इसका पुनर्प्रकाशन हुआ और इसकी पाँच हजार प्रतियाँ हाथोंहाथ बिक गईं। बेनीपुरी का निर्भीक, निष्पक्ष और जनपक्षधर पत्रकार रूप प्रखरता के साथ 'जनता' के माध्यम से जन-जन को मान्य हुआ। रामवचन राय ने ठीक ही लिखा है—''बेनीपुरी ने समर्पित और निर्भीक

सम्पादक के रूप में 'जनता' के 'किसान अंक' और 'शहीद अंक' जिस तरह से निकाले उसकी सर्वत्र धूम मच गई। यही कारण है कि ब्रिटिश सरकार की कोप-दृष्टि उन पर पड़ी और वे गिरफ्तार कर हजारीबाग जेल भेज दिये गए। कहते हैं, इस बार जेल में उन्होंने 'तूफान' नामक एक हस्तलिखित पत्र का सम्पादन किया। एक पत्रकार के रूप में 'बेनीपुरी' ने 'जनता' साप्ताहिक के द्वारा राजनीति और साहित्य दोनों क्षेत्रों में अपनी विशेष छाप छोड़ी। राजनीति के क्षेत्र में यह पत्र जहाँ प्रगतिशील और समाजवादी विचारों का प्रवक्ता था, वहीं साहित्य के क्षेत्र में नई प्रवृत्तियों को प्रोत्साहित और प्रतिष्ठित भी कर रहा था। राजनीति और साहित्य में बिहार से कर्पूरी ठाकुर और फणीश्वरनाथ रेणु—इन दो शिखर व्यक्तित्वों के निर्माण में 'जनता' की उल्लेखनीय भूमिका रही। कर्पूरीजी के विचारों, वक्तव्यों और समाचारों को 'जनता' में प्रमुखता के साथ प्रकाशित किया जाता था और उन्हें एक भावी नेता के रूप में प्रस्तुत किया जाता था। दूसरी तरफ फणीश्वरनाथ रेणु के लेख और रिपोर्ताज 'जनता' में ही प्रकाशित हो रहे थे और बड़े लेखक की सारी सम्भावनाओं के साथ उन्हें पेश किया जा रहा था। 'डायन कोशी' शीर्षक उनका रिपोर्ताज पहली बार 'जनता' में ही प्रकाशित हुआ था और हिन्दी पाठकों का ध्यान उनकी ओर आकृष्ट हुआ था। इसके बाद निरन्तर उनकी रचनाएँ 'जनता' में छपती रहीं। एक समाजवादी राजनीतिक कार्यकर्त्ता को साहित्यकार में रूपांतरित करने का श्रेय 'जनता' को जाता है और इस तरह फणीश्वरनाथ मंडल हिन्दी साहित्य में फणीश्वरनाथ रेणु बन गए।''[25]

'दिनकर', रामदयाल पांडेय की अनेक ओजपूर्ण कविताएँ प्रथमतः 'जनता' में ही छपीं। 'दिनकर' की प्रसिद्ध कविता 'हाहाकार' इसमें 1937 ई. में ही प्रकाशित हुई और 1939 ई. में प्रकाशित उनके काव्य-संग्रह 'हुंकार' में संकलित हुई। 'दिनकर' की इस कविता में राग और आग दोनों हैं—हृदय की पुकार भी और विषमता से उत्पन्न हाहाकार भी। रामदयाल पांडेय की प्रसिद्ध रचना 'झंडागान' का प्रकाशन भी 'जनता' में ही हुआ। कविता की पंक्तियाँ निम्नलिखित हैं—

''बढ़ो किसान, बढ़ो मजूर
दुनिया वाले देखें नूर
चूर-चूर हो जाय गरूर
जालिम हो जाय मजबूर
पीकर खून चूसकर हड्डी
कौन हुआ है मालामाल
झंडा लाल : झंडा लाल।
ले लो अपना खेत किसान,
काटो गेहूँ, काटो धान,
मुट्ठी में लो अपनी जान
पूरा करने को अरमान।
मौत खड़ी है तो क्या डर है

सीना खोलो, ठोको ताल
झंडा लाल : झंडा लाल।''[26]

'जनता' के अग्रलेखों में हुंकार है, चेतावनी है और जनता को उद्‌बोधित करने की अपार शक्ति भी। ब्रिटिश सरकार ही नहीं, तत्कालीन कांग्रेसी मन्त्रिमंडल की जन-विरोधी नीतियों पर जमकर फटकार लगाने में भी बेनीपुरी जी ने कोई कोताही नहीं की है। राहुल सांकृत्यायन के अपमान और सरकार की दमननीति के खिलाफ उनकी आवाज कितनी सबल और ललकारभरी है। वे लिखते हैं—''जिस विषवृक्ष की जड़ आज से दो वर्ष पहले कांग्रेस ने अपनी उर्वर मिट्टी में डाली थी, आज वह अपनी जवानी पर आकर फूलने-फलने लगा है। उससे निकली हलाहल की गंध हमारे चारों ओर बहनेवाली हवा के अणु-अणु से लिपटकर हमारे प्राणों का घात कर रही है। उस विषपान से आज राष्ट्र का प्राण मरणशील हो उठा है। दलीलें तो बहुत दी गई थीं, लेकिन हमारा विश्वास है उस दिन देश की तरुण पीढ़ी उन्हें थोड़ी भी समझ नहीं पाई। फिर उसका घोर अनादर कर बाहर-बाहर ही जो थोड़ी चमक रखती थी, मन्त्रित्व की उन गद्‌दियों पर हमारी पुरानी पीढ़ी जा बैठी। उस दिन हम समझ गए थे—कोई तर्क नहीं, किन्तु अधिकार-आकर्षण ही इसकी समस्त प्रेरणा है। हमें सच कहने दीजिए— ईमानदारी आपके पास नहीं है। आप कहकर आए थे, हम वहाँ से जनता की क्रान्ति-भावना को जगाएँगे, बाहर वाली उनकी दिन-दिन की लड़ाई को भीतर से सम्बद्ध कर हम उसे बढ़ाएँगे और गुलामी की इस नई सनद—इंडिया एक्ट—का भीतर से विनाश करेंगे। लेकिन देखें, क्या इस पथ पर एक इंच भी आप बढ़ पाए हैं? दो वर्ष वहाँ रहकर भी आप इसे न समझेंगे, यह भी हम जानते हैं। लेकिन वस्तुत: हो क्या रहा है? कांग्रेस के नाते गली-गली घूमकर हमने डेढ़ युगों में जिस देशभक्ति, जन-जागृति, क्रान्ति-भावना और अग्रगामी नीति को जन्म दिया था, आज उसके विध्वंस का तरह-तरह के नीच षड्यंत्र रचकर, उस पथ पर चलनेवालों को शत्रु समझा जा रहा है और कल तक के कांग्रेस के दुश्मनों और देश के घातकों के साथ गलबाँही डाल देश की मस्तानी तरुणाई को बेड़ियों में डाले, उसका अपमान और अनादर किया जा रहा है।''[27]

नहीं तो क्या, राहुल सांकृत्यायन ऐसे महापुरुष तपस्वी का बिहार का निकम्मा मन्त्रिमंडल इस नीचता के चरम पर उतरकर अपमान करता। यह राहुलजी का अपमान नहीं, देश की समस्त तरुणाई का अपमान है, जिसे वह क्षमा तो नहीं ही करेगी। जिनका आदर कर दुनिया की कोई भी सरकार अपना श्रृंगार करती, उन पर हमारी सरकार ने अपनी आँखों के सामने लाठी चलवाई, उन्हें पाँच बार हाथों में हथकड़ी और कमर में रस्से बाँध बारह बजे जलती लू में मीलों पैदल चलाया और जिनके प्राणों के साथ, जो राष्ट्र की गौरवपूर्ण धरोहर हैं—दो-दो बार खिलवाड़ किया।''[28]

'जनता' के सम्पादकीय संघर्ष और राष्ट्रीय जागरण के जीवन्त दस्तावेज हैं। उनमें उस युग की हर हलचल पर दृष्टि है, हर आहट पर ध्यान है। राजनीति, किसान-समस्या, अर्थनीति, साहित्य और संस्कृति सब पर इसके सम्पादकीय में धारदार टिप्पणियाँ हैं। स्वामी सहजानन्द सरस्वती पर यह टिप्पणी कितनी सजीव और सशक्त है—''कुछ ठिगना कद,

ताँबे का रंग, मुंडित मस्तक, हाथ में दंड, शरीर पर गेरुआ वस्त्र— अपनी स्वाभाविक चाल में भी जो डबल मार्च करता दिखता है, वही है आज सम्पूर्ण भारत का एकछत्र किसान नेता—स्वामी सहजानन्द सरस्वती। कमर से ऊपर बिलकुल खुला बदन, भुजाओं को अपनी वाणी के ताल पर उछालते शोषण और उत्पीड़न के खिलाफ अपनी घोर घृणा को भवों के बल पर लादे, जब वह समूचा मुँह खोलकर—जिससे उसके आगे के दाँत एक-एक कर अंदर दिख पड़ते हैं—बोलने लगता है, मालूम होता है हिन्दुस्तान का क्रान्ति देवता अपना पैगाम दे रहा है। उस दिन उसके व्याख्यान के बाद लौटते समय एक वकील मित्र को कहते सुना—साधारण समय के सभामंच पर जो कोई अपना रंग जमा ले, क्रान्ति के दिनों में तो अकेला यही आदमी जनता को अपने साथ ले चलने में समर्थ होगा। जनता को अपने साथ ले चलने में समर्थ होगा—क्योंकि वह जनता का अपना आदमी है। वह रहता है जनता के बीच, उसी तरह। वह बोलता है जनता की बात उसी की वाणी में।''[29]

1940 ई. में अपनी प्रखर पत्रकारिता और सक्रिय राजनीतिक गतिविधियों के कारण वे गिरफ्तार हुए। उन्हें विभिन्न जेलों में बंदी के रूप में रखा गया। अगस्त, 1942 से जुलाई, 1945 ई. तक वे हजारीबाग जेल में रहे। उस समय वहाँ अनेक समाजवादी नेता भी बंदी के रूप में रखे गए थे। ऐसे नेताओं में जयप्रकाश नारायण, योगेंद्र शुक्ल, सूर्यनारायण सिंह, गुलाबचन्द, रामनन्दन मिश्र और शालिग्राम सिंह विशेष रूप से उल्लेखनीय हैं, जो मुक्ति-आन्दोलन को गति देने के लिए दिवाली की रात, 09 नवम्बर, 1942 को जेल से भाग निकले थे। उनको भगाने में बेनीपुरी जी की महत्त्वपूर्ण भूमिका थी। जेल से मुक्त होने के बाद बेनीपुरी जी ने 'जनता' साप्ताहिक का पुनः सम्पादन प्रारम्भ किया। 1951 ई. में इसका दैनिक संस्करण भी निकला किन्तु वह लंबे समय तक नहीं चल सका।

'जनता' सही अर्थों में जनता का पत्र था, उसके संघर्ष और संकल्प को पूरी तीव्रता के साथ मुखर करनेवाला एक अत्यन्त जागरूक और प्रतिगामी शक्तियों पर निरन्तर प्रहार करनेवाला पत्र। अपने तीसरे वर्ष (1939) के आरंभ पर बेनीपुरी जी ने सम्पादकीय में लिखा—'' 'जनता' अपनी जिंदगी के दूसरे वर्ष को विदाई दे रहा है। सोचा गया था, पहले वर्ष की कठिनाई के बाद यह दूसरा वर्ष सुगम और सुखकर होगा, सानन्द कटेगा। किन्तु ऐसा नहीं हुआ। शायद होना भी नहीं चाहिए था। 'जनता' कोई व्यापाराना उद्देश्य तो रखता नहीं। इसका जन्म तो एक खास आदर्श पर चलने के लिए, एक खास कर्तव्य पालन करने के लिए हुआ था और आज की दुनिया में आदर्श का पथ तो काँटों से बिद्ध है, कर्तव्य की पुकार सिंहासन के बदले वनवास का पैगाम देती है। 'जनता' के लिए सन्तोष की बात यही है कि उसने आदर्श को नहीं छोड़ा, कर्तव्य के पालन में कोई कसर नही की।

दूसरा वर्ष शुरू हुआ बकाश्त संघर्ष के बीच। बकाश्त संघर्ष बिहार के इतिहास में वही स्थान रखेगा जो पंजाब के इतिहास में गुरु का बाग का है। जमींदारों ने गोलियाँ चलाईं, लाठियाँ बरसाईं। बरछे की नोक और गँड़ासे की धार ने जमीन को खून से रंग डाला। भयानक-से-भयानक उत्तेजना के बीच भी किसान पूर्ण अहिंसक बने रहे, कांग्रेस मन्त्रिमंडल इनकी रक्षा को न दौड़ा। उलटे उसने किसानों, उनकी स्त्रियों, बूढ़ों और बच्चों को जेलों में

ठूँसा। राहुलजी जैसे विश्ववंद्य विद्वान के साथ चोर-डाकुओं का-सा व्यवहार हुआ। फलतः 'किसान बंदी—राजबंदी' इस माँग के साथ राहुलजी ने अनशन-यज्ञ आरंभ किया, वह कल तक जारी ही था। कितना मांस गला, कितना खून सूखा—लेकिन अहिंसात्मक सिंहासन न डोला, न डोला। इस इतिहास को लिपिबद्ध करने में 'जनता' ने जो कुछ किया है, उसके लिए वह कम गर्व अनुभव नहीं करता। प्रान्त के मजदूरों में जो महान् जागरण हुआ—डेहरी, झरिया, गया, पटना, हरिनगर, बिहटा, सरकी, मुंगेर, जमशेदपुर आदि के मजदूरों ने अपनी गई-गुजरी स्थिति को सुधारने के लिए जो हड़तालें कीं, जिनमें से अधिकांश हड़तालों ने बड़े ही भीषण रूप धारण किए—उनका इतिहास लिखने में भी 'जनता' पीछे नहीं रहा। विद्यार्थियों और नौजवानों की हलचलों की कहानी से अपने कलेवर को रँगने का सौभाग्य भी इसे प्राप्त है। इस दूसरे वर्ष ने 'जनता' का यह दावा सिद्ध कर दिया कि बिहार के जन-आन्दोलन का एकमात्र मुखपत्र यही है। और अब तीसरा संघर्षमय वर्ष उसका दरवाजा खटखटा रहा है।''[30]

निस्सन्देह हिन्दी की जनोन्मुखी पत्रकारिता के इतिहास में जनता का विशिष्ट स्थान है। इसने साम्राज्यवाद, उपनिवेशवाद की घोर भर्त्सना की, नेपाल की राणाशाही के खिलाफ जनमत को जागृत किया, समतामूलक समाज के निर्माण के लिए जागरूक करनेवाले साहित्य को प्रकाशित किया, किसान-आन्दोलन को गति और दिशा दी तथा नवयुवकों में जोश का संचार किया। कवि केदारनाथ मिश्र प्रभात ने लिखा है—''जनता की दो विशेषताएँ थीं। नेपाल की सामाजिक व्यवस्था और राणाशाही के खिलाफ खुलकर विद्रोह फैलाना उसकी उग्र राजनीति का परिचायक था। इसी प्रकार साहित्यिक स्तम्भ के अन्तर्गत विचारोत्तेजक टिप्पणियाँ छापकर वातावरण को आंदोलित करते रहना उसका स्वभाव था।''[31]

हिन्दी की साहित्यिक पत्रकारिता के क्षेत्र में बेनीपुरी जी की वास्तविक उपस्थिति 'हिमालय' (मासिक) के प्रकाशन के साथ 1946 ई. में हुई। 'हिमालय' का प्रवेशांक फरवरी, 1946 ई. में निकला। आचार्य शिवपूजन सहाय के साथ मिलकर बेनीपुरी जी ने इसका सम्पादन किया। इसमें सभी प्रकार की साहित्यिक रचनाएँ छपती थीं। इसके प्रवेशांक में डॉ. राजेन्द्र प्रसाद, आचार्य नरेन्द्रदेव, रामधारी सिंह 'दिनकर', आचार्य जानकीवल्लभ शास्त्री जैसे नामवर लोगों की रचनाएँ छपीं। बेनीपुरी जी के नाटक 'अम्बपाली' का धारावाहिक प्रकाशन इसके अंकों में हुआ। उनके अनेक शब्दचित्र भी इस पत्रिका में छपे। आचार्य शिव जी की लिखित अनेक जीवनियाँ भी इसमें प्रकाशित हुईं। यह एक समग्र साहित्यिक पत्रिका के रूप में लोकप्रिय हुई किन्तु लंबे समय तक इसका प्रकाशन नहीं हो सका। प्रवेशांक का सम्पादकीय लिखते हुए बेनीपुरी जी ने इसके उद्देश्य को रेखांकित किया—''यह 'हिमालय' भी हिन्दी-साहित्य में स्थायित्व और उच्चता, जीवन और यौवन, प्रवाह और प्रगति का प्रतिनिधित्व करे, हमारी यही आकांक्षा है। प्रचलित राजनीति की धूल-धूसरित दुनिया के बहुत ऊपर, विचारों और भावनाओं के विशुद्ध वायुमंडल में ले जाकर पाठकों के मन-प्राण को आप्यायित करना ही हमारा प्रमुख उद्देश्य है। जो 'वाद' सिर्फ विवाद का घर है, हमारा उससे वास्ता न होगा, हाँ, हम 'वादे वादे जायते तत्त्वबोधः' के हमेशा हिमायती बने रहेंगे।

हम 'हिमालय' को कलात्मक कृतियों और आलोचनाओं का मुख पत्र बनाना चाहते हैं, हम निबन्ध वे ही देना चाहते हैं, जो विचारों की किसी नई दिशा के सूचक हों और उनके योग्य अधिकारियों के द्वारा लिखे गए हों। स्वभावतः 'हिमालय' में निबन्ध कम होंगे और कविता, कहानी, शब्दचित्र (स्केच), एकांकी, नाटक, संस्मरण और आलोचना अधिक। हम अपने पाठकों को विश्व साहित्य की उत्तमोत्तम चीजों से परिचित कराते रहेंगे। हमें पूरी आशा है, हिन्दी के मान्य आचार्यों और कलाकारों का पूरा सहयोग हमें इस शुभ प्रयत्न के लिए प्राप्त होता रहेगा।''[32]

बेनीपुरी जी ने 'हिमालय' के माध्यम से साहित्यिक गतिविधियों से पाठकों को परिचित भी कराया और उन पर प्रासंगिक टिप्पणियाँ भी कीं। महादेवी वर्मा को 'मंगला प्रसाद पारितोषिक' प्रदान करने पर उन्होंने लिखा—''इस साल के मंगला प्रसाद पारितोषिक के बारह सौ रुपये सुप्रसिद्ध कवयित्री श्रीमती महादेवी वर्मा को मिले हैं। महादेवीजी को यह पुरस्कार कबका न मिल जाना चाहिए था! हिन्दी की कविता को जो उनकी देन है, उस पर ऐसे कितने पुरस्कार निछावर किए जाने चाहिए। किन्तु इस पुरस्कार का यह दुर्भाग्य रहा है कि वह समय पर किसी कलाकार को नहीं प्राप्त हो सका। आधुनिक हिन्दी के सर्वश्रेष्ठ कलाकार प्रेमचन्दजी जीवन-भर इससे वंचित रखे गए! और 'प्रसाद'जी को भी यह मिला उनके स्वर्गीय होने पर। यदि महादेवीजी को यह मिला भी है तो बुरे ढंग से और गणना की गलती से। पन्त, निराला और भारतीय आत्मा की कविताओं के समक्ष रखकर महादेवीजी की कविता का जो शव-परीक्षण कराया गया है, वह सिर्फ दर्दनाक ही नहीं, सर्वथा अनुचित भी कहा जाएगा। ये चारों के चारों कवि ऐसे हैं, जिन्हें आदर के साथ बुलाकर यह पुरस्कार अर्पित किया जाना चाहिए था—इन्हें पारस्परिक प्रतियोगिता में रखना तो असहृदयता और अनौचित्य की पराकाष्ठा है। फिर, इस प्रतियोगिता के फल की भी सही गणना नहीं की गई! दस परीक्षकों में से चार ने महादेवीजी को, तीन ने निरालाजी को, दो ने पंतजी को और एक ने भारतीय आत्मा को प्रथम मत दिये हैं। किन्तु ऐसे परीक्षणों में सिर्फ प्रथम मत से ही निर्णय नहीं किया जा सकता, द्वितीय और तृतीय मत भी निर्णय को बहुत प्रभावित करते हैं। और यहाँ तो द्वितीय मत ही इतने स्पष्ट हैं कि महादेवीजी को न मिलकर यह पुरस्कार निरालाजी को मिलना चाहिए था—जहाँ निरालाजी को चार द्वितीय मत मिले हैं, वहाँ महादेवीजी को सिर्फ एक और तृतीय मत दोनों को बराबर मिले हैं।''[33]

यह स्पष्टता, यह न्यायोचित टिप्पणी बेनीपुरी जी की गहन सम्पादकीय दृष्टि का साक्ष्य देती है। शिवपूजन जी के साथ मिलकर उन्होंने 'हिमालय' को अपने समय की श्रेष्ठ साहित्यिक पत्रिका बना दिया। सामग्री चयन और पाठकों की रुचि का विवेक उन्हें श्रेष्ठ साहित्यिक सम्पादक के रूप में भी प्रतिष्ठित करता है। पत्रिका के एक अंक की विषय सूची द्रष्टव्य है—

1. रंगों की बोली (गद्यसंग्रह)-पंडित माखनलाल चतुर्वेदी
2. प्रसाद की याद (संस्मरण)-श्री राय कृष्णदास
3. गीत-उदय शंकर भट्ट

4. अम्बपाली (नाटक) दूसरा अंक-श्री रामवृक्ष बेनीपुरी
5. मिलन यामिनी (कविता)-प्रो. हरिवंश राय 'बच्चन'
6. जनता का अन्तःस्पन्दन (निबन्ध)-आचार्य हजारीप्रसाद द्विवेदी
7. समानांतर रेखाएँ (कहानी)-श्री राधाकृष्ण प्रसाद
8. कामदेवी की चिन्ता (कविता)-श्री लक्ष्मीनारायण मिश्र
9. वर्तमान साहित्य और रसानुभूति-श्री शिवनाथ
10. होड़ (कहानी)-श्री विश्वनाथ प्रसाद कोइराला
11. दो कविताएँ-प्रो. रामेश्वर शुक्ल 'अंचल'
12. महादेवी वर्मा-प्रो. विश्वमोहन कुमार सिंह
13. भारतीय फारसी साहित्य-श्री ब्रजरत्न दास
14. अच्छी हिन्दी-श्री रामचन्द्र वर्मा
15. दो गद्यगीत-श्री नन्दकिशोर तिवारी
16. एक चिट्ठी-प्रो. विश्वनाथ मिश्र
17. हमें यह कहना है (सम्पादकीय)

1945 ई. में उन्होंने काशी से प्रकाशित मासिक 'जनवाणी' के सम्पादक-मंडल में रहकर आचार्य नरेन्द्रदेव का सहयोग किया। जून, 1948 ई. तक इस पत्रिका को पूरा समय देकर इसे समाजवादी विचारों का मुखपत्र बना दिया। 1950 ई. में वे 'नई धारा' साहित्यिक मासिक और 'चुन्नू मुन्नू' बालोपयोगी मासिक के सम्पादक बने। 1 अप्रैल, 1950 को पटना से 'नई धारा' का प्रवेशांक निकला। इसका प्रकाशन राजा राधिकारमण प्रसाद सिंह के सुपुत्र उदयराज सिंह ने किया। पत्रिका के लक्ष्य को रेखांकित करते हुए बेनीपुरी जी ने लिखा—"लीजिए, यह 'नई धारा'। मैं इसके सम्बन्ध में क्या कहूँ? अपने तीस वर्षों के पत्रकार जीवन की परिणति के रूप में इसे हिन्दी-संसार के समक्ष पेश करना चाहता हूँ। किन्तु पहले अंक में ही कई स्थायी शीर्षक छूट गए, कई उपयोगी लेख छूट गए। समय और स्थान की खींचातानी। इसके बावजूद यह जो कुछ है, आप लोगों की सेवा में है। 'नई धारा' के लिए यह सौभाग्य की बात है कि हिन्दी के सुप्रसिद्ध कलाकार श्रीमान् राजा राधिकारमण प्रसाद सिंहजी ने इसे अपनी साधन-सम्पन्नता की उर्वर भूमि से होकर प्रवाहित होने का सुअवसर दिया है। इसलिए अर्थचिन्ता से यह मुक्त है और मैं भी इस बार बचा हुआ हूँ सम्पादक-जीवन के उस अभिशाप से जब वह एक ही साथ 'पीर, बावर्ची, भिस्ती, खर' बन जाता है। किन्तु कारूँ का खजाना भी किसी पत्र-पत्रिका को जीवित नहीं रख सकता, जब तक गुणग्राही जगत उसे दिल खोलकर नहीं अपनाते। क्या आशा करूँ, अब राष्ट्रभाषा हिन्दी के हितैषियों और सेवकों में गुणग्राहिता की कमी नहीं रह गई है!"[35]

बेनीपुरी जी राष्ट्रीय मुक्ति-संग्राम के दुर्धर्ष योद्धा हैं। वे स्वतन्त्र देश का समग्र विकास चाहते हैं। गेहूँ और गुलाब दोनों उन्हें प्रिय हैं। दोनों की चिन्ता उन्हें है। किन्तु वे मानते हैं कि राजनेताओं और सत्ताधारियों की मूल चिन्ता में गेहूँ है, आर्थिक विकास है। सांस्कृतिक विकास की चिन्ता से वे मुक्त हैं। यह चिन्ता साहित्यकारों और पत्रकारों को करनी है।

संस्कृति के गुलाब को उन्हें ही रक्षित करना है। प्रवेशांक के सम्पादकीय द्वारा बेनीपुरी जी ने इस ओर भी संकेत किया है—''हाँ, मैं स्पष्ट कह दूँ, 'नई धारा' द्वारा मैं गुलाब का गीत गाना चाहता हूँ। हमें वादों और विवादों से कुछ लेना-देना नहीं है। जीवन का उनसे सम्बन्ध है, गहरा सम्बन्ध है, मानता हूँ, जानता हूँ, देखता हूँ। उनसे दिलचस्पी भी है। किन्तु क्या एक स्थान ऐसा नहीं हो सकता, जहाँ वाद-विवाद भूलकर हम मिलें, मिलाएँ, रस में भीगें, भिगाएँ? कलाकार भी धरती का प्राणी है- धरती के सुख-दुख उसे भी प्रभावित करते हैं। किन्तु जिस तरह फुहारा सूर्य की किरणों का एक खास अन्दाज से विक्षेप पाकर इन्द्रधनुष बन जाता है, वही हालत इन सुख-दुखों की कलाकार-हृदय पर होती है। जो सिर्फ बिन्दु-बंन्दु हैं, वे ही सतरंगी बन जाते हैं वहाँ। भगवान के नाम पर उस सतरंगी पर कोई दूसरा रंग चढ़ाने की दया न कीजिए। जरा गहरे देखिए, आँखों के पर्दे हटाकर देखिए—वहाँ वह सब कुछ है जो धरती दे सकती है। उसे अपने ही रूप में, रंग में निखरने दीजिए। आइए, जब कभी इन वादों और विवादों से आपको थकावट मालूम हो, अवसाद का अनुभव हो, तो इस गुलाब की दुनिया में—रस की सतरंगी दुनिया में आ जाइए। मेरा विश्वास है, हम आपको रंग और गन्ध ही नहीं देंगे, जीवन और ज्योति भी देंगे।''[36]

'नई धारा' ने नए साहित्य पर बल दिया, नई साहित्यिक प्रवृत्तियों को पुष्ट किया। लकीर का फकीर बनने में उसकी रुचि नहीं रही। बेनीपुरी जी ने प्रवेशांक में यह स्पष्ट कर दिया—''हिन्दी राष्ट्रभाषा हो चुकी। किन्तु छाती पर हाथ रखकर कहिए, क्या हमारा साहित्य इस पद के अनुरूप सभी अंगों से पूर्ण है? सन्तों की वाणी को ही बानगी में पेश करके हम कब तक सन्तोष करते रहेंगे? हमारी भूमि में कविता के पौधे आपसे पैदा होते हैं, खूब बढ़ते हैं। किन्तु यहाँ भी क्या जंगली घास का दृश्य नहीं है? और, कहानी, उपन्यास, नाटक, निबन्ध आदि का क्या हाल है? टेकनिक के ख्याल से तो हम बहुत ही पिछड़े हुए हैं। बस लकीर पीटते जा रहे हैं। मालूम होता है, हमारे साहित्य-स्रष्टाओं में दम नहीं कि वे विद्रोही की तरह खम ठोककर खड़े हो सकें। समाज को विद्रोही होना चाहिए, उससे अधिक विद्रोही चाहिए साहित्य को, कला को। 'नई धारा' ऐसे विद्रोहियों की वाणी कहकर जिस दिन बदनाम हो जाएगी, हमारी चरम सफलता का दिन तब होगा। वह दिन निकट आए, यही आशीर्वाद दीजिए।''[37]

'नई धारा' की यह प्रतिबद्धता बनी रही। उसने साहित्यिक परिवेश को जीवन्त रखा। उसने अनेक महत्त्वपूर्ण और सर्वथा नए स्तम्भों के द्वारा साहित्य के व्यापक परिप्रेक्ष्य से पाठकों को रू-ब-रू कराया। नई प्रतिभाओं को मंच दिया। प्रवेशांक में श्यामनन्दन किशोर की कविता छपी। उस समय वे स्नातक के छात्र थे। प्रवेशांक की यह विषय-सूची देखी जा सकती है—

स्थायी स्तम्भ	रचना का शीर्षक—रचनाकार
उन्हीं की लेखनी से	आशीर्वाद—मैथिलीशरण गुप्त
"	धारा जबकि धरा पर आती—प्रभाकर माचवे
हम इनसे मिले थे	गणतन्त्र के प्रथम राष्ट्रपति—रामधारी सिंह 'दिनकर'

भ्रमण	डिरी डोलमा—डॉ. सत्यनारायण
भारत भारती	तेलुगु साहित्य—बारणासि राममूर्ति 'रेणु'
वेद-वाणी	मधुसूक्त—मामय
जानी सुनी देखी	पूरब और पश्चिम—राजा राधिकारमण प्रसाद सिंह
चिन्तन-मनन	महर्षि रमण
	मैं की खोज—साँवलिया बिहारीलाल वर्मा
नौ कविताएँ	पिंजरे का पंछी—द्विज
	कैकेयी—प्रभात
	शबनम की जंजीर—दिनकर
	गोमुखी—जानकीवल्लभ शास्त्री
	शब्द-बेध—रुद्र
	कवि की चिन्ता है चिर नवीन—नारायण
	अकेला पंछी—कन्हैया
	कल्पना और रूप—राम संजीवन
	ज्वार-भाटा—किशोर
समीक्षा	आलोचना के नाम पर—प्रो. देवेन्द्रनाथ शर्मा
डायरी के पन्ने	आठ दिन—मोहनलाल महतो 'वियोगी'
कोणार्क	भग्न रागिनी—श्री जगदीशचन्द्र माथुर
विश्वभारती	आन्द्रे जींद—प्रो. नलिनविलोचन शर्मा
आपकी चिट्ठी	सर्वश्री हजारीप्रसाद द्विवेदी, बनारसीदास चतुर्वेदी, जनार्दन झा 'द्विज', मोहनलाल महतो
वियोगी और हरिवंशराय बच्चन	
सबसे प्यारी कृतियाँ	प्रिय शेष बहुत है रात—हरिवंशराय बच्चन
	प्यार न बाँधा जाय—भवानी प्रसाद तिवारी
पत्रंजलि	दो पत्र—पं. बनारसीदास चतुर्वेदी
हमें यह कहना है (सं.)	'नई धारा'—रामवृक्ष बेनीपुरी

'नई धारा' में आगे चलकर 'फूल और कलियाँ' शीर्षक स्तम्भ शुरू हुआ, जिसमें नए और पुराने कवि एक साथ प्रकाशित होते थे। प्रतिभा संरक्षण और उत्प्रेरण की यह पहल निश्चित रूप से अत्यन्त महत्त्वपूर्ण सिद्ध हुई। अनेक नवोदित कवि इसी स्तम्भ के माध्यम से पाठकों के बीच आए। उस युग का शायद ही कोई स्थापित या उदीयमान रचनाकार रहा होगा, जिसकी रचनाएँ बेनीपुरी जी के सम्पादकत्व में इस पत्रिका में न छपी हों। महाप्राण निराला की कई रचनाएँ—'दो गीत' (वर्ष-1, अंक-2, मई, 1950 ई.), 'होली' शीर्षक कविता (वर्ष-2, अंक-1.2, अप्रैल-मई, 1951 ई.), 'दो गीत' (वर्ष-2, अंक-3, जून, 1951 ई.) इसमें प्रारम्भ में ही प्रकाशित हुईं। पत्रिका के दूसरे वर्ष के तीसरे अंक (जून, 1951 ई.) में मैक्सिम गोर्की के लेख का अनुवाद छपा—'मैंने लिखना क्यों शुरू किया?' रोम्या रोलाँ

की डायरी का अंश (मृत्यु से पहली भेंट) इसके जुलाई, 1951 ई. के अंक में प्रकाशित हुआ। जनवरी, 1951 ई. में बेनीपुरी ने इसका 'बर्नार्ड शॉ अंक' (वर्ष-1, अंक-10) निकाला। इस प्रकार हिन्दी ही नहीं, साहित्य के वैश्विक परिवेश से पाठकों को परिचित कराने में इस पत्रिका की अत्यन्त सार्थक भूमिका रही।

'नई धारा' के सम्पादकीय भी ऐतिहासिक महत्त्व के हैं। युगबोध और सार्थक रचनात्मक हस्तक्षेप के कारण ये जनसंवाद करने में और साहित्यिक परिदृश्य को सजीव करने में सफल रहे। बेनीपुरी जी के सम्पादकीय के ये शीर्षक ध्यातव्य हैं—'साहित्य सम्मेलन क्यों?' (मई, 1950), 'साहित्य सम्मेलन को प्रतिष्ठा दिलाएँ' (जून, 1950), 'नए कवियों से' (जुलाई, 1950), 'हिन्दी: सरकार की भी जिम्मेदारी' (अगस्त, 1950), 'टंडन जी को बधाई!', 'रेडियो और साहित्यकार' तथा 'महादेवी का स्नेह' (सितम्बर, 1950), 'बालमुकुन्द गुप्त', 'शिवपूजन सहाय का बिल' तथा 'भारतेन्दु की जन्मशती' (अक्टूबर, 1950), 'विजयोत्सव या संगीतोत्सव!', 'पटना के प्राचीन कला-उत्सव', 'राष्ट्रीय रंगमच काशी में हो', 'सिनेमा : कहाँ, किधर?', 'लेखक या निंदक' (नवम्बर, 1950), 'स्वर्गीय उस्ताद फयाज खाँ!', 'स्वर्गीय जॉर्ज बानार्ड शॉ', 'स्वतन्त्र लेखक क्यों नहीं पनपते' और 'प्रकाशक चाहिए, ग्राहक चाहिए' (दिसम्बर, 1950), 'स्वर्गीय होमवती देवी', 'सम्मेलन : विकेन्द्रीकरण', 'बिहार सम्मेलन : स्वावलम्बी संस्था' और 'राष्ट्रभाषा का स्वरूप' (जनवरी, 1951), 'जो हो न सका', 'अगला कदम' (फरवरी, 1951), 'मौलाना आजाद और हिन्दी' (अप्रैल-मई, 1951), 'हिन्दी के कोश और भाषा की समस्याएँ' (जून, 1951)। ये शीर्षक स्पष्ट करते हैं कि बेनीपुरी जी की साहित्य-दृष्टि कितनी गहरी और सम्पादन-कला कितनी विशिष्ट थी। 1959 ई. के अन्त में वे पक्षाघात के शिकार हो गए और लम्बी साधना के बाद उनकी सक्रियता का अन्त हो गया। नौ वर्षों के अपने सम्पादन-काल में उन्होंने 'नई धारा' को जो साहित्यिक ऊँचाई दी, वह विस्मित करनेवाली है।

1950 ई. में ही बेनीपुरी जी ने बाल पत्रिका 'चुन्नू-मुन्नू' का सम्पादन शुरू किया। 'बालक' के सम्पादन का अनुभव इस पत्रिका के कलेवर को रोचक बनाने में स्पष्टतः परिलक्षित हुआ। इस सचित्र बाल-पत्रिका को शीघ्र ही राष्ट्रीय पहचान मिली। आचार्य शिवपूजन सहाय का संस्मरण 'जब मैं बच्चा था' इसी पत्रिका में धारावाहिक रूप में प्रकाशित हुआ। दिनकर की रचना 'मिर्च का मजा' इसी में छपकर चर्चित हुआ। अनेक स्वनामधन्य साहित्यकारों को इस पत्रिका ने बाल साहित्य लिखने के लिए प्रेरित किया।

इस प्रकार बेनीपुरी जी की पत्रकारिता चार दशकों की विचार-यात्रा को रचनात्मक परिणति देनेवाली है। इसमें संवादपरकता है, ओजस्वी उद्बोधन है, आन्दोलित जनमानस की अभिव्यक्ति है और क्रान्ति की प्रखर गूँज भी। यह पत्रकारिता राजनीतिक भी है, साहित्यिक भी है और बालबोधपरक भी है। इसके कई रंग हैं, कई भंगिमाएँ हैं किन्तु हर रंग में मनुष्यता की झलक है, हर भंगिमा में प्रतिरोध करनेवाले योद्धा की साहसिक मुद्रा है। यह पत्रकारिता क्रान्तिधर्मा है और दिशाबोध करानेवाली भी। इसलिए आज यह प्रासंगिक है, प्रेरक है और हमारी विचार-यात्रा और प्रगति-यात्रा को पाथेय देनेवाली भी।

सन्दर्भ

1. मेरी माँ, मुझे याद है; बेनीपुरी ग्रन्थावली; चतुर्थ खंड, सम्पादक-सुरेश शर्मा, राधाकृष्ण प्रकाशन, नई दिल्ली, पहला संस्करण: 1998 ई., पृष्ठ 20
2. कविता, वही, पृष्ठ 36.37
3. पत्रकार, वही, पृष्ठ 41
4. बिहार की हिन्दी पत्र-पत्रिकाएँ, जयन्ती स्मारक ग्रन्थ, लहेरियासराय, पृष्ठ 578
5. पत्रकार, बेनीपुरी ग्रन्थावली, चतुर्थ खंड, पृष्ठ 41.42
6. भारतीय पत्रकारिता कोश, द्वितीय खंड, विजयदत्त श्रीधर, पृष्ठ 725
7. बेनीपुरी ग्रन्थावली, चतुर्थ खंड, पृष्ठ 43
8. बिहार में हिन्दी-पत्रकारिता का विकास, पं. रामजी मिश्र 'मनोहर', काशी प्रसाद जायसवाल शोध संस्थान, पटना, संस्करण: 1998 ई., पृष्ठ 91
9. 'क्या खूब मचाया गोलमाल' (कविता), 'गोलमाल', वर्ष-1, अंक-2, 7 अप्रैल, 1924 ई.।
10. 'अफीमची की पिनक', गोलमाल, 7 अप्रैल, 1924 ई.।
11. 'गोलमाल', 21 जून, 1924 ई.।
12. 'बिहार में हिन्दी-पत्रकारिता का विकास' के पृष्ठ 95.96 से उद्धृत
13. बेनीपुरी ग्रन्थावली, चतुर्थ खंड, पृष्ठ 44
14. वही, पृष्ठ 45
15. बालक, वर्ष-2, अंक-5 जेठ, संवत् 1984 (मई, 1927 ई.)
16. बेनीपुरी ग्रन्थावली, चतुर्थ खंड, पृष्ठ 46
17. भारतीय पत्रकारिता कोश, द्वितीय खंड, पृष्ठ 793
18. मई, 1929 ई.।
19. भारतीय पत्रकारिता कोश, द्वितीय खंड, पृष्ठ 795
20. बेनीपुरी ग्रन्थावली, चतुर्थ खंड, पृष्ठ 77
21. वही, पृष्ठ 81.82
22. 'नई धारा', बेनीपुरी स्मृति अंक, वर्ष-20, अंक-1.5, अप्रैल-अगस्त, 1969 ई., पृष्ठ 132
23. बेनीपुरी ग्रन्थावली, चतुर्थ खंड, पृष्ठ 83
24. वही, पृष्ठ 91
25. रामवृक्ष बेनीपुरी (विनिबन्ध), साहित्य अकादमी, नई दिल्ली, प्रथम संस्करण: 1995 ई., पृष्ठ 49
26. रामदयाल पांडेय,' झंडागान, 'जनता'।
27. 'जनता', 18 मई, 1939 ई.।
28. मत्रित्व का अभिशाप (सम्पादकीय), 'जनता' 18 मई, 1939 ई.।
29. किसानों का यह नेता (सम्पादकीय), 'जनता' 4 मई, 1937 ई.।
30. विदा, दूसरा वर्ष (सम्पादकीय), 'जनता', 25 अक्टूबर, 1939 ई.।

31. 'नई धारा', बेनीपुरी-स्मृति-अंक, वर्ष-20, संयुक्तांक-1.5, अप्रैल-अगस्त, 1969 ई.।
32. हिमालय का प्रकाशन (सम्पादकीय), हिमालय, वर्ष-1, अंक-1, फरवरी, 1946 ई.
33. मंगला प्रसाद पारितोषिक (सम्पादकीय टिप्पणी), वर्ष-1, अंक-7, अगस्त, 1946 ई.
34. वर्ष-1, अंक-7, अगस्त, 1946 ई.
35. 'नई धारा' (सम्पादकीय), वर्ष-1, अंक-1, अप्रैल, 1950 ई.
36. 'नई धारा' (सम्पादकीय), वर्ष-1, अंक-1, अप्रैल, 1950 ई.
37. 'नई धारा' (सम्पादकीय), वर्ष-1, अंक-1, अप्रैल, 1950 ई.

अज्ञेय

आधुनिक हिन्दी-साहित्य की प्राय: सारी विधाओं को नया जीवन-बोध, नई सौन्दर्य-भंगिमा और नूतन प्रयोग-शिल्प देनेवाले सच्चिदानन्द हीरानन्द वात्स्यायन 'अज्ञेय' (7 मार्च, 1911 ई.-4 अप्रैल, 1987 ई.) एक बड़े चिन्तक रचनाकार हैं। अपनी प्रखर वैचारिकता, सूक्ष्म वैज्ञानिक दृष्टि और अनवरत प्रयोगधर्मिता के कारण वे लगभग अतुलनीय रहे हैं तो विवादास्पद भी। उनकी वैचारिकता सर्जनात्मक रूप लेकर और भी जीवन्त हो उठती है। विवाद को संवाद बना देने की कला में वे अत्यन्त दक्ष हैं। उनकी यह दक्षता उनकी सम्पादन-कला में पूरी तीव्रता से निखरकर सामने आई है।

सम्पादक के रूप में अज्ञेय का कर्तृत्व दो क्षेत्रों में द्रष्टव्य है— पत्रकारिता के क्षेत्र में और साहित्य-संकलनों, अभिनन्दन-ग्रन्थ के संयोजन-प्रकाशन के क्षेत्र में। बचपन में चित्र-संग्रह के क्रम में उन्होंने एक हस्तलिखित पत्रिका निकाल दी—'आनन्द बन्धु'। अज्ञेय ने इस सन्दर्भ में कहा भी है—"इसी एकान्त काल में मैंने पहले चित्र-संग्रह करना शुरू किया—मुख्यतया अवनीन्द्रनाथ ठाकुर और उनके नव-बंग सम्प्रदाय की शिष्य परम्परा के चित्र—और उनके एलबम बनाए। यहीं सहसा पाया कि मैंने एक हस्तलिखित पत्रिका निकाल दी है—'आनन्द बन्धु' और इस पत्रिका में पहले पृष्ठ पर कविता से लेकर अन्त में सम्पादकीय के बाद चित्र परिचय तक सब कुछ था—जैसा कि उससे पहले की 'सरस्वती' में हुआ करता था—स्वर्गीय महावीर प्रसाद द्विवेदी के सम्पादकत्व में।"[1]

'आनन्द बन्धु' अज्ञेय की बालसुलभ चेष्टा की परिणति नहीं है, इसमें रचनात्मक आस्था है, स्वयं को अभिव्यक्त करने की विकलता है और अपने समय के रचनात्मक सन्दर्भों से जुड़ने की आकांक्षा भी। ख्यातिलब्ध अज्ञेय ने इसके कुछ अंकों को सम्हालकर रखा और उन्हें कौतूहलप्रद मानते हुए कहा—" 'आनन्द बन्धु' के कुछ अंक अभी मेरे पास हैं। जब कॉलेज आया तो कॉलेज विद्यार्थी की नई अहम्मन्यता के कारण मैंने कई अंक नष्ट कर दिये, केवल कुछ एक रखे जो 'अच्छे' समझे। बाद में कई वर्ष बाद उन्हें फिर देखा तो कुछ ऐसे कौतूहलप्रद लगे कि फिर रख ही छोड़े। इनमें एक अंक में एक रचना पर पिता जी के बन्धु रायबहादुर हीरालाल से पुरस्कार मिला था—लेकिन यह रचना गद्य-पद्यमयी थी, और इसमें अपने ही परिवार के सब लोगों का कौतुकपूर्ण परिचय दिया गया था। 'आनन्द बन्धु' का पाठकवृत्त पीछे काफी बढ़ गया था—और वह दो भाषाओं में निकलने लगा था—अँगरेजी

अंश तो टाइप भी जाता था। इन पाठकों में पितो जी के कुछ मित्र और सहयोगी भी थे, जिनकी समालोचनाओं से मुझे बड़ी सहायता मिली।''[2]

इस प्रकार अज्ञेय ने बचपन में ही पत्रकारिता के क्षेत्र में अपनी उपस्थिति जता दी थी और सम्पादन का पूर्वाभ्यास कर लिया था। पच्चीस वर्ष की अवस्था में, सन 1936 ई. में, वे 'सैनिक' के सम्पादक मंडल में सम्मिलित हुए और अपनी सम्पादन-दक्षता का लोहा मनवा लिया। 'सैनिक' 1925 ई. में प्रारम्भ हुआ और 1958 ई. तक प्रकाशित होता रहा। अपने क्रान्तिकारी व्यक्तित्व के कारण ही अज्ञेय 'सैनिक' से सम्बद्ध हुए और उससे अलग भी हुए। इस सन्दर्भ में अज्ञेय के जीवनी-लेखक रामकमल राय का कथन द्रष्टव्य है—''उसके बाद लाहौर षड्यन्त्र केस के वकील लाला श्यामलाल के प्रयत्न से आगरा के 'सैनिक' पत्र में सहायक सम्पादक का काम उपलब्ध हुआ। 'सैनिक' के मालिक सम्पादक श्री कृष्णदत्त पालीवाल थे। वे आगरे के जाने-माने कांग्रेस नेता थे। गाँधीवाद, अर्थशास्त्र के विशेषज्ञ माने जाते थे। वे प्रखर और मुखर व्यक्तित्ववाले नेता थे। लाला श्यामलाल ने पालीवाल जी को वात्स्यायन के स्वभाव के विषय में पहले ही से संकेत कर दिया था कि वे हस्तक्षेप नहीं सहन करेंगे। खैर, 'सैनिक' के दिनों में वात्स्यायन को व्यावहारिक अनुभव हुआ।''[3]

'सैनिक' में रहते हुए अज्ञेय ने राजनैतिक महत्त्वाकांक्षा का अनैतिक रूप देखा। कृष्णदत्त पालीवाल चुनाव लड़ रहे थे। उनकी इच्छा थी कि उनका पत्र उनकी प्रशंसा छापे और उनका प्रचार करे। अज्ञेय इसके लिए तैयार नहीं हुए। ''पालीवाल जी ने योजना बनायी कि वात्स्यायन के अनजाने ही उनकी प्रशंसावाला लेख पत्र में छप जाये। उन्होंने ऐसी व्यवस्था भी कर ली कि जब वात्स्यायन प्रेस में नहीं थे, वह लेख कम्पोजिंग के लिए प्रेस में आ गया। परन्तु कहीं से वात्स्यायन को पता चला और वे भागे-भागे प्रेस पहुँचे। उन्हें पालीवाल जी और उनकी जैसी राजनीतिक महत्त्वाकांक्षा वाले व्यक्तियों के प्रति वितृष्णा हो उठी। उन्होंने तुरन्त प्रेस से उस मैटर को बाहर कराया। लेख नहीं छपा। क्या फिर उसके बाद अधिक दिनों 'सैनिक' में रहना सम्भव था।''[4]

अज्ञेय ने अल्पकाल में ही 'सैनिक' को लोकप्रिय और वास्तविक पत्र बना दिया। अपनी निर्भीकता, निष्पक्षता और वैचारिकता के कारण वह प्रशंसित हुआ। पालीवाल नाम के सम्पादक थे किन्तु पत्र का पूरा सम्पादन अज्ञेय ही करते थे। अग्रलेख लिखना, सामग्री का चयन कर सम्पादन करना, समाचारों को महत्त्व के अनुसार स्थान देना, पाठकीय अभिरुचि को ध्यान में रखते हुए पत्र की गुणवत्ता को बनाए रखना 'सैनिक' के सहायक सम्पादन अज्ञेय की सम्पादन-कला की दक्षता के ही प्रमाण हैं। अज्ञेय लगभग एक वर्ष तक इस पत्र से जुड़े रहे।

'सैनिक' से अलग होने के बाद अज्ञेय एक वर्ष तक मेरठ में रहे, फिर 'विशाल भारत' का सम्पादक होकर कलकत्ता (अब कोलकाता) चले गए। ''एक जनवरी, 1928 को कोलकाता से 'मॉडर्न रिव्यू' के सम्पादक-प्रशासक रामानन्द चट्टोपाध्याय ने हिन्दी मासिक पत्रिका 'विशाल भारत' का प्रकाशन शुरू किया। बनारसीदास चतुर्वेदी पत्रिका के आद्य सम्पादक थे।... 'विशाल भारत' का प्रवेशांक 144 पृष्ठों का निकला। साहित्य,

समाज सुधार, राजनीति, इतिहास, अर्थशास्त्र, विज्ञान आदि विषयों पर गवेषणापूर्ण लेखों का प्रकाशन सचित्र 'विशाल भारत' में होता था। आकार 25 गुणित 19 सेमी और वार्षिक शुक्ल छह रुपये था।''[5]

अज्ञेय सन 1938 के प्रारम्भ में 'विशाल भारत' के सम्पादक बने। उसके पूर्व वे पत्र की सम्पादन-नीति से परिचित हो चुके थे। चतुर्वेदी जी की साहित्यिक पसनद अत्यन्त सख्त थी। उग्र का साहित्य उनकी दृष्टि में घासलेटी था। निराला उनको जँचते नहीं थे और अज्ञेय की कविताएँ उन्हें बकवास लगती थीं। वे कविता में विचार की जगह तुक और लय को महत्त्व देते थे। '' 'विशाल भारत' से कई बार कविताओं के वापस आने पर अज्ञेय को एक परिहास सूझा। उन दिनों 'बच्चन' अपनी कविताओं को लेकर अपने पाठक समाज, विशेषकर श्रोता समाज में बहुत प्रिय थे। अज्ञेय ने अपने स्वर से हटकर 'बच्चन' की तर्ज पर एक कविता लिखी—'पूछ लूँ मैं नाम तेरा'। उसे छपने को 'विशाल भारत' में भेजा। मन में यह निश्चय कर चुके थे कि यदि यह कविता 'विशाल भारत' में छप गई तो आगे फिर कोई कविता 'विशाल भारत' में नहीं भेजेंगे। पूरा विश्वास था कि कविता 'विशाल भारत' के सम्पादकों को पसनद आएगी और छपेगी। हुआ भी यही।''[6]

अज्ञेय ने 'विशाल भारत' को रचना और विचार का खुला मंच बनाया। ''राजनीति पर अधिक स्पष्ट और तीक्ष्ण सामग्री छपने लगी। कलात्मकता पर लेख आदि छपने लगे। कहानी, कविता का चुनाव और सतर्कता से होने लगा। बल्कि नए लेखकों को काफी प्रोत्साहन दिया जाने लगा।''[7] यह पत्रिका एक सम्पूर्ण पत्रिका के रूप में मान्य हुई। इसने पाठकों के बोध को गहरा किया और उन्हें सुरुचि सम्पन्न बनाया। डॉ. कृष्णबिहारी मिश्र के अनुसार—''वात्स्यायन में विशिष्ट साहित्य प्रतिभा और विद्या की विभिन्न सरणियों की अपेक्षित अभिज्ञता थी। नए-पुराने विद्याव्रतियों से आत्मीय सम्पर्क था। स्वकीय सम्पादन दृष्टि और ऊँचा रुचिबोध था। सम्पादन सम्बन्धी पूरी स्वतन्त्रता थी। सहज उपलब्ध इस शक्ति से अज्ञेय जी ने 'विशाल भारत' को समृद्ध किया था। उनके सम्पादन में निकले 'विशाल भारत' के अंकों की मुद्रा पर उनके व्यक्तित्व की छाप मुखर है।''[8]

अपने पहले ही सम्पादकीय में उन्होंने लिखा—''हमसे लोग पूछते हैं, 'विशाल भारत' की नीति क्या होगी? क्या वह पहली नीति से भिन्न होगी? साहित्य में हम किस मतवाद का पोषण करेंगे? कैसे और किस हद तक पोषण करेंगे? 'खुदाई फौजदारी' के बारे में हमारा क्या दृष्टिकोण रहेगा? इत्यादि। ये प्रश्न ऐसे हैं, जिनका सहसा कोई बँधा-सधा उत्तर नहीं दिया जा सकता—शायद एकाएक उत्तर देने की जरूरत भी नहीं है। हमारी स्थिति क्या है, यह पाठक स्वयं देख लेंगे। वैसे मोटे शब्दों में हम प्रश्नों का उत्तर दे भी सकते हैं। नीति क्या होगी, इसके बारे में पाठकों को यह आश्वासन हम दे सकते हैं कि नीति कुछ भी हो, वह अनीति कदापि नहीं होगी। और हम समझते हैं कि अश्रद्धा के इस युग में यह आश्वासन एक बहुत बड़ी बात है। 'विशाल भारत' स्वस्थता का आदर करेगा, और स्वस्थता अनीति की राह पर नहीं जा सकती।''[9]

अज्ञेय ने राष्ट्रभाषा के रूप में हिन्दी के महत्त्व और उसकी उपादेयता पर बल देते हुए 'विशाल भारत' में लिखा—"किसी भारतीय भाषा का वर्तमान इतना प्रस्फुटनशील नहीं है, जितना हिन्दी का, क्योंकि हिन्दी ग्रहणशील रही है। बँगला के सभी प्रतिष्ठित और यहाँ तक कि तीसरे दर्जे के लेखक भी अनूदित हुए हैं। हिन्दी का लेखक अपनी शिक्षा तब तक अपूर्ण समझता है, जब तक वह दूसरे प्रान्त का साहित्य कुछ न कुछ पढ़ ले। बंगाल में दूसरे प्रान्त का साहित्य पढ़नेवाला द्रोही समझा जाता है।"[10]

अज्ञेय 'विशाल भारत' में भी बहुत दिनों तक टिक नहीं सके। 1939 ई. के मध्य में उन्होंने वह पत्र छोड़ दिया। कारण मुख्यतया दो थे। एक तो सम्पादन-दायित्व से मुक्त हो जाने के बाद भी बनारसीदास चतुर्वेदी का हस्तक्षेप और दूसरा पत्र-मालिक रामानन्द चट्टोपाध्याय से मतभेद। चतुर्वेदीजी "जाते-जाते उत्तराधिकार में कुछ महत्त्वपूर्ण निर्देश दे रहे थे। उन्होंने एक सूची ऐसे लेखकों की अज्ञेय को दी जिनकी रचनाएँ न छापी जाएँ क्योंकि वे चतुर्वेदी जी के विरोधी लेखक थे। अज्ञेय ऐसी कोई विरासत स्वीकार करने को तैयार नहीं थे।"[11]

रामानन्द चट्टोपाध्याय ने बँगला 'प्रवासी' तथा अँगरेजी 'मॉडर्न रिव्यू' में कुछ हिन्दी विरोधी टिप्पणियाँ कीं। अज्ञेय ने 'विशाल भारत' में उनका खंडन किया। इससे क्षुब्ध होकर रामानन्द जी ने अज्ञेय को पत्र लिखा। अज्ञेय के अनुसार—"टिप्पणी के प्रकाशन के सप्ताह भर बाद मुझे रामानन्द बाबू का आठ-दस पन्नों का हाथ का लिखा पत्र मिला। उन्होंने मेरे तर्कों का जवाब तो दिया ही था, पत्र के अन्त में उन्होंने दो बातें और लिखी थीं। एक तो मुझे याद दिलाया था कि वह स्वयं बंगाली होकर हिन्दी का साहित्यिक पत्र निकाल रहे हैं और लगातार उस पर घाटा उठा रहे हैं। उन्होंने मुझसे पूछा था कि बहुत से हिन्दी भाषी धार्मिक और सेठ भी तो हैं, क्या एक भी ऐसा हिन्दी भाषी व्यक्ति है, जो बाँग्ला का पत्र निकाल रहा हो—उस पर घाटा उठाना तो दूर! दूसरे उन्होंने मुझे स्मरण दिलाया था कि 'विशाल भारत' प्रवासी प्रेस में निकलता है जिसके मालिक वे स्वयं हैं। क्या कोई दूसरा ऐसा मालिक भी होगा जो अपने संगठन के किसी कर्मचारी को यह अधिकार दे कि वह उसी के पत्र में उसकी आलोचना करें।"[12]

'विशाल भारत' के लगभग डेढ़ वर्षीय सम्पादन-काल में जहाँ एक ओर अज्ञेय ने विचारपरक साहित्यिक पत्रकारिता का प्रतिमान प्रस्तुत किया, वहीं दूसरी ओर अपने को प्रशिक्षित भी किया। अज्ञेय ने स्वयं कहा है—" 'विशाल भारत' में रहते हुए हिन्दी साहित्य जगत् और पत्रकारिता के बारे में बहुत कुछ जाना और सीखा: उस अवसर के लिए अब भी अपने को ऋणी मानता हूँ।"[13]

अगस्त, 1940 ई. में अज्ञेय ने पटना से प्रफुल्लचन्द्र ओझा 'मुक्त' के साथ 'आरती' का सम्पादन किया। 'आरती' का भी हिन्दी साहित्यिक पत्रकारिता के इतिहास में महत्त्वपूर्ण स्थान है। अल्पजीवी होने के बावजूद इस मासिक पत्रिका में अज्ञेय की प्रयोगधर्मी सम्पादन-कला का साक्ष्य दिया।

जून, 1947 ई. में अज्ञेय ने इलाहाबाद से द्विमासिक साहित्यिक पत्र 'प्रतीक' का सम्पादन-प्रकाशन प्रारम्भ किया। छह भारतीय ऋतुओं के नाम पर प्रतिवर्ष इसके छह अंक प्रकाशित करने की योजना थी। पहला अंक ग्रीष्म अंक के रूप में प्रकाशित हुआ। सम्पादक मंडल में अज्ञेय के अतिरिक्त नगेन्द्र नगाइच, श्रीपतराय और नेमिचन्द्र जैन थे। अज्ञेय ने पत्र के उद्देश्य की घोषणा करते हुए लिखा—''प्रतीक आधुनिक हिन्दी के समूचे साहित्यिक कृतित्व का प्रतिनिधित्व करेगा और इस एक दायित्व को इतना बड़ा मान लेगा कि साहित्येतर विविध विषयों की लुभावनी सामग्री ढूँढ़ने नहीं जायेगा। हाँ, साहित्य के निर्माण, रूप-संस्कार और विकास के साथ जिन मानवीय उद्योगों का सम्बन्ध है, उनकी ओर अवश्य ध्यान दिया जायेगा। हम साहित्य को आकाश-बेल नहीं मानते, जिस धरती से वह उगता है, जिस मिट्टी से रस ग्रहण करता है, जिस पानी से लहलहाता है, जिस आतप से हरा होता है, जिस समीकरण से फूलता है—और जिस लू में वह झुलसता, जिस पाले से मरता अथवा व्याधियों से ग्रसित होता है—वे सब सृष्टि से सम्बद्ध हैं और उनका अध्ययन, विवेचन, मापन, ग्रहण, प्रचार, प्रसार, नियमन और निराकरण साहित्य कर्म का अनिवार्य अंग है। इसीलिए हम 'प्रतीक' के लिए विशुद्ध साहित्यिक विषयों से आगे बढ़कर साहित्य के भौतिक, दार्शनिक, आर्थिक, मनोवैज्ञानिक आदि परिपार्श्वों से सम्बन्ध रखनेवाली सामग्री प्राप्त करेंगे और इनसे तथा लौकिक जीवन से मिलनेवाली प्रेरणाओं का अभिनन्दन करेंगे।''[14]

'प्रतीक' के पहले अंक में मैथिलीशरण गुप्त, शिवमंगल सिंह 'सुमन', गिरिजाकुमार माथुर, बच्चन, माचवे, नेमिचन्द्र जैन, नरेन्द्र शर्मा, सुमित्रनन्दन पन्त और अज्ञेय की रचनाएँ प्रकाशित हुईं। दूसरे अंक में इलाचन्द्र जोशी, मुक्तिबोध, देवराज, बच्चन, बालकृष्ण शर्मा 'नवीन', भगवतशरण उपाध्याय, भवानीप्रसाद मिश्र, भारतभूषण अग्रवाल, रांगेय राघव, वृन्दावनलाल वर्मा, शमशेरबहादुर सिंह, वत्सराज, सत्येन्द्र 'शरत' और सेठ गोविन्द दास हैं। पत्रिका के दूसरे अंक से सियारामशरण गुप्त भी सम्पादक-मंडल में सम्मिलित हुए।

'प्रतीक' अवरोधों के बावजूद 1952 ई. तक प्रकाशित हुआ। 1949 ई. में इसका प्रकाशन स्थगित रहा। फिर यह दिल्ली से प्रकाशित हुआ। एक अन्तराल के बाद 1973 ई. में उन्होंने 'नया प्रतीक' निकाला। इसका प्रवेशांक दिसम्बर में निकला और यह 1978 तक प्रकाशित हुआ। इसके सम्बन्ध में रमेशचन्द्र शाह ने लिखा है—''नया प्रतीक के इन अंकों को देखने पर पता चलता है कि उसे सभी तरह के लेखकों-विचारकों का सहयोग मिला था। केवल एक गुट विशेष से बँधे और उसी से संरक्षित-पोषित और मान्यताप्राप्त युवा लेखकों का एक छोटा सा वर्ग ही था, जो 'नया प्रतीक' से दूरी बरतता और परहेज करता रहा। इसी मार्च (1974 ई.) अंक में ओम प्रभाकर और माहेश्वर तिवारी के गीत भी हैं और असद जैदी और अशोक अग्रवाल सरीखे नए-नए उभरे तथा नामचीन होने की ओर अग्रसर कवियों-कथाकारों की कविताएँ-कहानियाँ भी छपी हुई हैं। अज्ञेय, शिवप्रसाद सिंह और रामकुमार की कहानियाँ भी। एक बिलकुल विरल और अलग किस्म का लेख भी इस अंक में शामिल किया गया है—'हिन्दी पाठक—आलोचक की भूमिका में'।''[15]

'प्रतीक' और 'नया प्रतीक' प्रकाशन की दृष्टि से अल्पजीवी पत्र थे किन्तु हिन्दी में साहित्यिक पत्रकारिता को उन्होंने नए आयाम दिये। रचना और विचार की संगति से एक बौद्धिक साहित्यिक परिदृश्य निर्मित हुआ। 'प्रतीक' के दूसरे अंक के सम्पादकीय में अज्ञेय ने जोरदार शब्दों में यह कहा भी—" 'प्रतीक' के दोनों अंकों में जो लेख छपे हैं, उनमें से कुछ एक अवश्य आपको सोचने के लिए चुनौती देंगे। भगवतशरण उपाध्याय ने गीता के नए अध्ययन द्वारा हमारे प्राचीन साहित्य को एक नए ढंग से परखने का प्रयत्न किया है जो सर्वथा अनूठा है। नगेन्द्र ने मनोविज्ञान की आधुनिक गवेषणा के आधार पर रस सिद्धान्त के एक पक्ष का विवेचन किया है। 'लोकवार्ता की वैज्ञानिक पृष्ठभूमि' में सत्येन्द्र और 'सन 57 और परवर्ती साहित्य' में लक्ष्मीसागर वार्ष्णेय दोनों ही हमारी सांस्कृतिक सम्पत्ति को नई दृष्टि और सूक्ष्मता से जाँचते हैं। विष्णु दे का लेख मार्क्सीय कला समीक्षा की कुछ मौलिक उद्भावनाओं को सामने रखता है।"[16]

अज्ञेय ने राजनीतिक पत्रकारिता का जो प्रशिक्षण 'सैनिक' में प्राप्त किया था, उसकी सार्थक परिणति 'दिनमान' में हुई। 'दिनमान' अज्ञेय की सम्पादन-कला का निकष भी है और प्रतिमान भी। "हिन्दी-पत्रकारिता में अहम योगदान देने और समाचार साप्ताहिकों में नया मानदंड स्थापित करनेवाले 'दिनमान' का प्रकाशन टाइम्स ऑफ इंडिया ने 21 फरवरी, 1965 से शुरू किया।" अज्ञेय ने पत्रिका के उद्देश्य को रेखांकित करते हुए कहा—" 'दिनमान के लिए 'अमरीकी टाइम' नमूना नहीं है। हाँ, समाचार-संग्रह के लिए जितना बड़ा संगठन 'दिनमान' कर सकेगा, करेगा। विदेशी मामलों पर लिखनेवाले हिन्दुस्तानियों की संख्या के अलावा एक कमी यह भी रहती है कि उनके सोचने पर अँगरेजी की छाप बहुत गहरी रहती है, वे भारतीय भाषाओं में नहीं सोचते, अनुवाद में सोचते हैं—चाहे वे अँगरेजी विरोधी ही क्यों न हों। 'दिनमान' ऐसी भाषा में ऐसे चिन्तन का प्रयत्न करेगा कि उसमें न तो 'हिन्दुस्तान के चिन्तन की नासमझ पूजा' दिखेगी न हिन्दुस्तान की किसी भाषा का कम समझ मलीदा।"[17]

अज्ञेय ने 'दिनमान' को अपनी सम्पादकीय अवधारणा के अनुरूप विकसित किया। उन्होंने अपनी सम्पादन टीम बनाई और रघुवीर सहाय, मनोहरश्याम जोशी जैसे भविष्य के सम्पादकों को इसमें सम्मिलित किया। 'दिनमान' ने जीवन के हर क्षेत्र और रूप को छूने का प्रयत्न किया। हिन्दी-पत्रकारिता को वैश्विक सन्दर्भ देने में निर्विवाद रूप से इस पत्रिका का ऐतिहासिक योगदान है। अपनी प्रखर राजनीतिक दृष्टि, गहरी अन्तरराष्ट्रीय समझ के साथ अपने साहित्य-संस्कृति-बोध के कारण भी दिनमान यशस्वी हुआ। "अज्ञेय जी मूलतः साहित्यकार और सांस्कृतिक व्यक्ति थे, इसलिए उनके सम्पादन काल में 'दिनमान' में सांस्कृतिक समाचारों पर ज्यादा ही जोर रहता था। 'दिनमान' के 1965 से 1969 तक के अंक इसके साक्षी हैं। इन दिनों 'दिनमान' के पन्नों पर सांस्कृतिक विषयों पर गम्भीर लेख व टिप्पणियाँ प्रकाशित होती रहीं। इस दौर में 'दिनमान' कभी मैथिलीशरण गुप्त पर केन्द्रित होता तो कभी रामचन्द्र वर्मा के हिन्दी कोश की यात्रा पर आलेख छापता। उनके ही सम्पादन काल में चुनावों के दौरान राज्य सरकारों के कामकाज का लेखा-जोखा धारावाहिक रूप

में प्रस्तुत हुआ, तो राजनीतिक दलों की अन्दरूनी राजनीति समझाने वाली लेख शृंखलाएँ प्रकाशित हुईं, दलित वर्ग की दशा और साम्प्रदायिकता जैसे विषयों पर सर्वेक्षण प्रकाशित किए गए। इस दौरान अन्तरराष्ट्रीय राजनीति पर भी महत्त्वपूर्ण और बेहतरीन सामग्री प्रकाशित की गई।''[18]

'दिनमान' में अज्ञेय ने स्वयं को सम्पादन तक ही सीमित नहीं रखा बल्कि कई महत्त्वपूर्ण विषयों पर खुद रिपोर्टिंग की। 1966 में बिहार में पड़े भीषण सूखे की रिपोर्टिंग करने वे खुद गए और रेणु के साथ प्रथम साक्ष्य रिपोर्ट तैयार की। 9 दिसम्बर, 1966 को 'पानी खो गया, पानी उतर गया' शीर्षक से यह रिपोर्ट 'दिनमान' में प्रकाशित हुई। इस प्रकार 'दिनमान' ने हिन्दी-पत्रकारिता को दृष्टि दी और दिशा भी। पाठकों को प्रशिक्षित करने, उन्हें विश्व-घटनाचक्रों से परिचित कराने, उनकी रुचि विकसित और परिष्कृत करने में अज्ञेय ने इस पत्रिका को एक जोरदार माध्यम बनाया। उन्होंने इसके अत्यन्त महत्त्वपूर्ण विशेषांक भी निकाले, जिनमें 'साहित्य विशेषांक' (7 जनवरी, 1966 ई.) और 'स्वाधीनता दिवस विशेषांक (13 अगस्त, 1967 ई.) उल्लेखनीय हैं।

'दिनमान' में अज्ञेय ने अनेक स्तम्भ प्रारम्भ किए। ऐसे स्तम्भों में 'पत्रकार संसद', 'चिट्ठी-पत्री', 'राष्ट्रीय व्यापार', 'राज्यों के समाचार', 'विश्व के समाचार', 'विज्ञान', 'रंगमंच', 'कला', 'साहित्य', 'धर्म-दर्शन' काफी लोकप्रिय हुए। 'दिनमान' का मूल लक्ष्य था—'राष्ट्र की भाषा में राष्ट्र का आह्वान'। सर्वेश्वर दयाल सक्सेना का स्तम्भ 'चरचे और चरखे' अपने समय-सन्दर्भों का सटीक विश्लेषण करने के कारण अत्यन्त सराहा गया। 'दिनमान' में अज्ञेय ने सबको साथ लेकर चलने और समस्त सहयोगियों की प्रतिभा का सम्यक् सदुपयोग करने का अभूतपूर्व कार्य किया। यह उनके सम्पादन का लोकतांत्रिक स्वरूप था। कृष्णदत्त पालीवाल ने लिखा है—''दिनमान का सम्पादन करने के पहले अज्ञेय जापान और यूरोप की यात्रा कर चुके थे। यूरोप-यात्रा में कार्ल यास्पर्स से विचार-विमर्श करके एक नया बौद्धिक पक्ष आत्मसात किया। उनकी भेंट पाल पासीन्दो से हुई, जिन्होंने सहारा के रेगिस्तान में तपस्या केन्द्र या मठ बनाया था और सूफी-साधक अलगजाली से प्रेरणा लेकर ईसाइयत से बाहर जाकर साधना का पथ ग्रहण किया था। फ्रांस में वे कैथोलिक पादरी पियेर दानिएलू से मिले थे और एक माह तक पियेर-क्विवीर के मठ में भी रहे। मौन साधना की और पाया कि ईसाइयत का सबसे बड़ा प्रदेय है कि दूसरे के पाप का फल अपने ऊपर ओढ़ना ही परम पुरुषार्थ है। फिर अस्तित्ववादी चिन्तन में डूबकर उन्होंने वरण की स्वतन्त्रता का अर्थ जाना-पहचाना। भारत में आकर आनन्द कुमार स्वामी, मानवेन्द्रनाथ राय, गाँधी, रामकृष्ण परमहंस, टैगोर, विवेकानन्द के प्रभावों को फिर से मथा और साहित्य तथा पत्रकारिता के लिए एक नवीन विचार ऊर्जा का पुनराविष्कार किया। 'दिनमान' के सम्पादन में इसी ऊर्जा का उपयोग कई रूपों में हुआ।''[19]

अज्ञेय ने 20 सितम्बर, 1969 ई. तक 'दिनमान' का सम्पादन किया। फेलोशिप लेकर विदेश जाने के कारण वे इसके सम्पादन से मुक्त हुए और रघुवीर सहाय कार्यकारी सम्पादक बने।

अक्षय कुमार जैन के अवकाश ग्रहण करने के बाद अज्ञेय ने 1977 ई. में टाइम्स समूह के दैनिक पत्र 'नवभारत टाइम्स' के सम्पादन का दायित्व सम्हाला। अपने दो वर्षों के सम्पादन-काल में उन्होंने इस दैनिक को नई ऊँचाई दी। समाचारों को अधिक सम्प्रेष्य और उनके शीर्षकों को अधिक आकर्षक बनाया। सम्पादकीय टिप्पणियाँ अधिक धारदार हुईं और प्रत्येक वर्ग के पाठक पत्र की ओर उन्मुख हुए। इस सन्दर्भ में अमरेन्द्र कुमार राय का यह कथन द्रष्टव्य है—''अज्ञेय जी के आते ही समाचारों और लेखों का स्वरूप बदल गया। अखबार में साहित्य को जगह मिलना स्वाभाविक था, लेकिन इनके समय में साहित्य के अलावा कला, कानून, सिनेमा और टीवी प्रसारण आदि कई विषयों पर स्तम्भ शुरू किए गए। पहली बार किसी अखबार में हास्य-व्यंग्य का दैनिक स्तम्भ 'कुल्हड़ में हुल्लड़' शुरू हुआ। शानी के नेतृत्व में रविवारीय संस्करण को नया रूप मिला। अज्ञेय कम बोलने वाले व्यक्ति थे, पर जो बोलते थे, वह अन्तिम होता था। उसमें बहस या असहमति की कोई गुंजाइश नहीं होती थी। अच्छे फोटोग्राफर भी थे, इसलिए उन्हें तस्वीरों की अच्छी समझ थी। वे अखबार में छपनेवाली तस्वीरों और कार्टून का चयन खुद करते थे। उनके कार्यकाल में 'नवभारत टाइम्स' में कई यादगार तसवीरें छपीं।''[20]

अज्ञेय ने 'नवभारत टाइम्स' को बौद्धिक पत्र बनाया। इसके माध्यम से समाचार-पत्र की भाषा को एक नई ताजगी दी। निश्चित रूप से हिन्दी में 'सम्पूर्ण अखबार' बनने का गौरव 'नवभारत टाइम्स' को अज्ञेय के सम्पादन-काल में ही प्राप्त हुआ। उन्होंने विशेषांकों की परम्परा प्रारम्भ की और पाठकों के साथ सीधा संवाद किया।

1950 से 1952 ई. तक 'वाक्' के माध्यम से अज्ञेय अँगरेजी-पत्रकारिता से जुड़े। पाँच सौ रुपये प्रतिमास वेतन पर उन्होंने पत्रिका के साहित्यिक अनुभाग के सम्पादन का दायित्व सम्हाला। इसमें प्रतिनिधि हिन्दी रचनाओं का अँगरेजी अनुवाद छपता था। 'वाक्' के सम्पादक-मंडल में मार्टिन रसेल और रामसिंह पहले से थे। इसी समय उन्होंने अँगरेजी पत्रिका 'वाक्' का प्रकाशन-सम्पादन भी किया। अँगरेजी पत्रकारिता को अपने अल्पकालीन कार्यकाल में अज्ञेय ने बौद्धिक आतंक से मुक्त कराया और उसे भारतीय समाज की अभिव्यक्ति का सार्थक माध्यम बनाया। इस प्रकार अज्ञेय ने हिन्दी-अँगरेजी पत्रकारिता को एक नया बोध दिया—भारतीयता के सन्दर्भ में आधुनिकता का बोध; एक नई व्यापक दृष्टि दी, जीवन के हर क्षेत्र को गहराई से देखने की दृष्टि; और एक नई दिशा दी, अपनी विरासत को सम्हालते हुए नए ज्ञानानुशासनों की ओर बढ़ने की दिशा।

पत्रकारिता के अतिरिक्त अज्ञेय की सम्पादन-कला का दूसरा रूप अभिनन्दन-ग्रन्थ और साहित्य-संकलनों के समायोजन में देखने को मिलता है। उन्होंने 'नेहरू अभिनन्दन ग्रन्थ' (1949 ई.) का सम्पादन किया और सप्तकों के द्वारा काव्य की प्रयोगधर्मिता का साक्ष्य प्रस्तुत किया। उनके द्वारा सम्पादित ग्रन्थ इस प्रकार हैं—तार सप्तक (1943), दूसरा सप्तक (1951), तीसरा सप्तक (1969), चौथा सप्तक (1979), पुष्करिणी-दो भाग (1953), रूपाम्बरा (1960), आधुनिक हिन्दी साहित्य (1942), नए एकांकी (1952), हिन्दी की प्रतिनिधि कहानियाँ (1966), सर्जन और सम्प्रेषण (1984), साहित्य का परिवेश (1985),

सामाजिक यथार्थ और कथाभाषा (1986), समकालीन कविता में छन्द (1987), भारतीय कला दृष्टि (1985), स्मृति के परिदृश्य (1987), साहित्य और समाज परिवर्तन (1986) और भविष्य और साहित्य (1989)। इनमें कतिपय कृतियाँ उनके मरणोपरान्त प्रकाशित हुईं।

इस प्रकार सम्पादक अज्ञेय का कैनवास बहुत बड़ा है। एक सम्पादक के रूप में वे सजग, मननशील और प्रयोगधर्मी रहे हैं। इस क्षेत्र में उनके महत्त्व को रेखांकित करते हुए नन्दकिशोर आचार्य ने सच ही लिखा है—''रचनात्मक लेखन के साथ-साथ अज्ञेय की पत्रकारिता ने भी हिन्दी के अभिव्यक्ति-सामर्थ्य को नए आयाम दिये हैं। 'दिनमान' के माध्यम से हिन्दी-पत्रकारिता और उसकी भाषा को जो तराश और गरिमा अज्ञेय के सम्पादन में मिली, वह भी अद्वितीय महत्त्व की है। समाचार और विचार की एकान्विति, बारीक तर्क प्रणाली के साथ संवेदनशील भाषा और सत्य की प्रस्तुति के साथ समाज के प्रति उत्तरदायित्व का गहरा बोध अज्ञेय की पत्रकारिता की वे विशेषताएँ हैं जिन्होंने हिन्दी-पत्रकारिता को इस देश की अभिव्यक्ति बनाने में अप्रतिम भूमिका का निर्वहण किया है। हिन्दी में सांस्कृतिक पत्रकारिता के तो वह मुख्य प्रवर्त्तक ही थे।''[21]

सन्दर्भ

1. मेरी पहली कविता, आत्मनेपद, भारतीय ज्ञानपीठ, दिल्ली, पुनर्नवा संस्करण, 2003 ई., पृष्ठ 17.18
2. उपरिवत्, पृष्ठ 18.19
3. शिखर से सागर तक, रामकमल राय, नेशनल पब्लिशिंग हाउस, दिल्ली, प्रथम संस्करण, पृष्ठ 59
4. उपरिवत्।
5. भारतीय पत्रकारिता कोश, खंड-दो, विजयदत्त श्रीधर, वाणी प्रकाशन, दिल्ली, प्रथम संस्करण, 2008 ई., पृष्ठ 777
6. शिखर से सागर तक, पृष्ठ 61
7. प्रभाकर माचवे, हिन्दी साहित्य : बंगीय भूमिका, सं. डॉ. कृष्णबिहारी और रामव्यास पांडेय, पृष्ठ 227
8. हिन्दी-पत्रकारिता-जातीय चेतना और खड़ीबोली साहित्य की निर्माणभूमि, भारतीय ज्ञानपीठ, नई दिल्ली, द्वितीय संस्करण, पृष्ठ 378
9. सम्पादकीय विचार, 'विशाल भारत', जनवरी, 1938 ई.
10. वही, जुलाई, 1938 ई.
11. शिखर से सागर तक, पृष्ठ 62
12. कलकत्ते की याद, अज्ञेय, हिन्दी साहित्य : बंगीय भूमिका, पृष्ठ 399
13. प्रतीक, ग्रीष्म अंक, 1947 ई., पृष्ठ 2 (संयोजना)
14. प्रतीक, अंक-2, पृष्ठ 5
15. पत्रकारिता के युगनिर्माता : स.ही. वात्स्यायन 'अज्ञेय', प्रभात प्रकाशन, नई दिल्ली, प्रथम संस्करण: 2010 ई., पृष्ठ 98.99

16. उमेश चतुर्वेदी, सुधांशु मिश्र-हिन्दी के प्रमुख समाचार-पत्र और पत्रिकाएँ, सं.-अच्युतानन्द मिश्र, सामयिक प्रकाशन, नई दिल्ली, प्रथम संस्करण- 2010 ई., पृष्ठ 203
17. दिनमान, 28 फरवरी, 1965, सम्पादक की टिप्पणी।
18. हिन्दी के प्रमुख समाचार-पत्र और पत्रिकाएँ, भाग-1, पृष्ठ 207
19. उपरिवत्, भाग-3, पृष्ठ 32
20. अज्ञेय होने का अर्थ, वाणी प्रकाशन, नई दिल्ली, प्रथम संस्करण: 2012 ई., पृष्ठ 191.192
21. संचयिता (अज्ञेय), सं. नन्दकिशोर आचार्य, राजकमल प्रकाशन, दिल्ली, पहला संस्करण-2001, पृष्ठ XXXII (भूमिका)

धर्मवीर भारती

स्वातन्त्र्योत्तर हिन्दी-पत्रकारिता को सार्थक दिशा और व्यापक दृष्टि देनेवाले शीर्षस्थ पत्रकारों में धर्मवीर भारती (25 दिसम्बर, 1926 ई.-4 सितम्बर, 1997 ई.) विशिष्ट हैं। भारती की पत्रकारिता सूचनाओं की प्रस्तुति की कलाबाजी नहीं है, उसका एक गहरा वैचारिक पक्ष है जो अपनी सर्जनात्मकता के कारण बोधगम्य होकर जन सामान्य और अभिजनों से एक साथ सहज संवाद करने में सक्षम है, समर्थ है। उनके पास दूर तक देखने की पैनी दृष्टि रही है, समय-सन्दर्भों तक जाने का विवेक रहा है और भाषा को अधिक सम्प्रेष्य बनाने की क्षमता भी रही है। पत्रकारिता उनकी साहित्य-साधना की प्रस्तावना भी है और उपसंहार भी। भारती के साहित्य में उनकी पत्रकारिता का श्रेष्ठ रूप है तो उनकी पत्रकारिता में उनकी व्यापक रचना-दृष्टि। निर्विवाद रूप से भारती ने हिन्दी-पत्रकारिता की सम्भावनाओं का विस्तार किया है। उद्योग के रूप में विकसित पत्रकारिता की व्यावसायिकता पर चोट किए बिना उन्होंने उसकी जातीय अस्मिता की रक्षा की है, मिशन और कला की उसकी विरासत को बचाए रखने का पूरी ईमानदारी से प्रयत्न किया है। एक सम्पादक के रूप में भारती नई रचनाधर्मिता के संरक्षक और मागदर्शक रहे हैं। नए पत्रकारों को दृष्टि-सम्पन्न बनाने में उनकी भूमिका ऐतिहासिक महत्त्व की रही है। उन्होंने अपने समय की हलचलों को पत्रकार की तरह देखा और जनोन्मुख साहित्यकार की तरह लिखा है। इसीलिए सन्दर्भ चाहे राजनीतिक हो, आर्थिक हो अथवा सामाजिक, उनकी प्रखरता कहीं मन्द नहीं हुई है। वे अपनी सम्पादकीय टिप्पणियों में, अपने लेखों में और अपनी पत्रिकाओं के लिए चयनित रचनाओं में अपनी प्रखरता, स्पष्टता, चयन-दक्षता और जनपक्षधरता का साक्ष्य देते रहे हैं।

धर्मवीर भारती ने अपनी पत्रकारिता छात्र-जीवन में ही प्रारम्भ की। एम.ए. में अध्ययन करते हुए उन्होंने 'अभ्युदय' में पार्ट टाइम उपसम्पादक के रूप में सेवा प्रारम्भ की। 'अभ्युदय' का प्रकाशन राष्ट्रवादी साप्ताहिक पत्र के रूप में 1907 ई. में प्रयाग से हुआ था। मदनमोहन मालवीय इसके सम्पादक थे। 1946 ई. में इसके तत्कालीन सम्पादक पद्मकान्त मालवीय ने उनकी प्रतिभा से प्रभावित होकर पत्र के सम्पादन-विभाग में अंशकालीन सेवा के लिए आमन्त्रित किया। यहाँ उन्होंने सम्पादन का प्रारम्भिक प्रशिक्षण प्राप्त किया। 'अभ्युदय' के सुभाष अंक की अधिकांश सामग्री भारती जी ने ही तैयार की थी। 1947 ई. के अन्त में 'अभ्युदय' का प्रकाशन स्थगित हो जाने के कारण वे 'संगम' से जुड़े। ध्यातव्य है कि

1948 ई. में उन्होंने एम.ए. कर लिया। पुष्पा भारती ने लिखा है—''भारती जी का सम्पादक के रूप में नाम सबसे पहली बार 21 अप्रैल, 1947 को पद्मकान्त मालवीय के 'अभ्युदय' अखबार में आया था। बाद में जब 15 अगस्त, 1947 से श्री इलाचन्द्र जोशी ने इलाहाबाद से 'संगम' नामक पत्रिका निकाली तो वह कुछ समय बाद संगम में काम करने लगे थे।''[1]

'संगम' में उनकी भूमिका को रेखांकित करते हुए कृष्णबिहारी मिश्र ने लिखा है—''संगम में उपसम्पादक का कार्य धर्मवीर भारती की व्यावहारिक कठिनाइयों का प्रीतिकर समाधान था। 'संगम' के सम्पादक थे हिन्दी के श्रेष्ठ कथाशिल्पी पंडित इलाचन्द्र जोशी। उनके सहयोगी थे गंगाप्रसाद पांडेय, धर्मवीर भारती, ओंकार शरद और रमानाथ अवस्थी। यद्यपि 'संगम' का कार्य एक व्यक्तिगत व्यवस्था के विकल्प के रूप में भारती ने स्वीकार किया था, किन्तु उनकी परवर्ती वैचारिक भूमिका और साहित्यिक व्यक्तित्व-निर्माण में उससे अपेक्षित आनुकूल्य मिला। 'संगम' के सम्पादन के मूल में पंडित इलाचन्द्र जोशी की ही दृष्टि थी, उन्हीं की परिकल्पना के अनुसार 'संगम' निकलता था, किन्तु भारती की प्रतिभा और कार्य-दक्षता से पूर्णत: आश्वस्त होकर जोशी जी ने उन्हें 'संगम' के आयोजन-सम्पादन का स्वतन्त्र दायित्व सौंपा।''[2]

'संगम' को स्तरीय साहित्यिक पत्रिका बनाने और उसके माध्यम से हिन्दी पाठकों की रुचि परिष्कृत करने में उनका अवदान उल्लेखनीय है। 'संगम' के सम्बन्ध में उन्होंने स्वयं कहा है—''महसूस किया कि सामान्य पाठक में भी सूझबूझ वाली पत्रकारिता के द्वारा साहित्यिक सूझ जगाई जा सकती है। तब से यह विश्वास मन में बैठ गया कि हिन्दी के सामान्य पाठक को और उसकी क्षमताओं को सामान्यतया लोग सही-सही नहीं आँकते। खास तौर से अंग्रेजी वाले यह व्यंग्य करने में नहीं चूकते कि हिन्दी के समाचार-पत्र और पत्रिकाओं में कला-संस्कृति, साहित्य, राजनीति, चिन्तन तथा विज्ञान के पाठक लगभग नहीं हैं। उन्हें केवल राजनीतिक विवाद, सनसनीखेज समाचार, फिल्म ग्लैमर आदि में ही दिलचस्पी है। मेरे मन की यह दबी हुई कामना भी थी कि कभी मौका मिला तो प्राणपण से यह चेष्टा करूँगा कि हिन्दी के पाठक पर लगे इस झूठे कलंक को निराधार सिद्ध कर सकूँ और सांस्कृतिक रुचि बनाए रखकर पत्रिका को लोकप्रियता के शिखर पर पहुँचा सकूँ।''[3]

'संगम' में उन्होंने लगभग दो वर्षों तक काम किया और इस पत्रिका को एक मानक साहित्यिक पत्रिका के रूप में मान्यता दिलाई। कुछ दिनों तक उन्होंने हिन्दुस्तानी एकेडमी में उपसचिव के रूप में अपनी सेवा दी। 1951 ई. में वे इलाहाबाद विश्वविद्यालय के हिन्दी विभाग में नियुक्त हुए। साहित्य-साधना के लिए उन्हें अनुकूल वातावरण मिला। प्रारम्भ में वे प्रगतिशील लेखक संघ के स्थानीय मन्त्री भी रहे। बाद में वे 'परिमल' से सम्बद्ध हुए।

धर्मवीर भारती की सम्पादन-दक्षता 'आलोचना' के माध्यम से मान्य हुई। 'आलोचना' का प्रकाशन राजकमल प्रकाशन, नई दिल्ली ने किया। इसका प्रवेशांक शिवदान सिंह चौहान के सम्पादन में अक्टूबर, 1951 में निकला। तत्कालीन मैनेजिंग डायरेक्टर देवराज जी ने एक अलोचनापरक पत्रिका के रूप में इसकी शुरुआत की। 1953 ई. में ओमप्रकाश

जी राजकमल के मैनेजिंग डायरेक्टर हुए। राजकमल की एक शाखा इलाहाबाद (अब प्रयागराज) में खुली और 'आलोचना' का सम्पादन वहीं से होने लगा। डॉ. धर्मवीर भारती के नेतृत्व में एक सम्पादक-मंडल गठित हुआ, जिसके सदस्य थे—डॉ. रघुवंश, डॉ. व्रजेश्वर वर्मा और श्री विजयदेव नारायण साही। पत्रिका के सातवें अंक से इस मंडल ने सम्पादन का जिम्मा लिया। इस अंक के सम्पादकीय 'हिन्दी समीक्षा का गहन दायित्व' में डॉ. भारती ने हिन्दी समीक्षा की दशा और दिशा को रेखांकित करते हुए उसकी सम्भावनाओं को भी उजागर किया। यह अंक अपनी स्तरीय और प्रासंगिक सामग्री के कारण सराहा गया। अंक की समृद्धि और स्तरीयता का बोध इसमें प्रकाशित सामग्री की विषय-सूची से हो जाता है—

निबन्ध

- भारतीय सौन्दर्य-चिन्तन का क्रमिक विकास—डॉ. हरद्वारीलाल शर्मा
- सिन्धु सभ्यता से रीतिकाल तक साहित्य और मनोविज्ञान—सी.जे. युंग, प्रस्तुतकर्ता : आत्मन
- हिन्दी कथाशिल्प में कथानक का ह्रास—डॉ. लक्ष्मीनारायण लाल
- समकालीन आलोचना : कुछ खतरे—डॉ. देवराज
- अंग्रेजी काव्यधारा : बीसवीं शताब्दी—डॉ. एस. पी. खत्री

प्रस्तुत प्रश्न

- नई कविता में रस और बौद्धिकता—जगदीश गुप्त
- मराठी नव-काव्य और रस-विचार—आत्माराम रावजी देशपांडे 'अनिल', अनु. बालाजी राव जोशी
- नई कविता में वर्ग उन्मूलन और वैयक्तिक कुंठाएँ—लक्ष्मीकान्त वर्मा

प्रादेशिक साहित्य

- तमिल भाषा और साहित्य की समस्याएँ—ति. शेषाद्रि

साहित्य और ललित कलाएँ

- शान्तिनिकेतन—कला-शैली—असित कुमार हालदार, अनु. सुशील दीक्षित
- शान्तिनिकेतन की कला-शैली और छायावादी काव्य—शम्भुनाथ मिश्र
- रवीन्द्र-गद्य-साहित्य में रहस्य-चेतना और कथा-तत्त्व (मेरा बचपन, चतुरंग, दो बहनें, फुलवाड़ी, नट की पूजा: रवीन्द्रनाथ ठाकुर)—इलाचन्द्र जोशी
- हिन्दी गीत-परम्परा का नया उत्थान (सोपान: हरिवंशराय बच्चन; अग्निमा: गिरधर गोपाल एम.ए.; आग और पराग: रमानाथ अवस्थी; जीवनतरी: श्री श्रीपाल सिंह 'क्षेम'; चाणक्य: शान्ति एम.ए.)— विजयदेव नारायण साही
- 'छायावाद युग': शम्भुनाथ सिंह—बच्चन सिंह

- नए युग में पुराने सन्देह (यथार्थ और कल्पना, युगदीप: उदयशंकर भट्ट)—रांगेय राघव
- यशपाल की समस्यामूलक कहानियाँ (चित्र का शीर्षक: यशपाल)—गंगा प्रसाद मिश्र
- हिन्दी काव्यधारा में प्रेम-भावना का विकास (हिन्दी काव्यधारा में प्रेम-विवाह, मध्यकालीन प्रेम-साधना: परशुराम चतुर्वेदी)—डॉ. उदयनारायण तिवारी
- हिन्दी साहित्य का आदिकाल: हजारीप्रसाद द्विवेदी—डॉ. दशरथ शर्मा

परिचय

- बांधवी: देवनाथ पांडेय 'रसाल'—सम्पादकीय विभाग
- सवेरा और साया: विद्याभास्कर अरुण—सम्पादकीय विभाग
- झपकियाँ: ओंकार शरद—सम्पादकीय विभाग
- चरितनायक: एम. लरमनतोव (अनु. ओंकार शरद)—सम्पादकीय विभाग

अवलोकन

- हिन्दी साहित्य के आदिकाल पर शोधकार्य—डॉ. व्रजेश्वर वर्मा

अनुशीलन

- 'बीसलदेव रास' की पाठ-समस्या—डॉ. माताप्रसाद गुप्त
- मानस की हेतु कथाएँ—परशुराम चतुर्वेदी
- भाषा का प्रश्न—राहुल सांकृत्यायन

डॉ. भारती ने 'आलोचना' को नया स्वरूप दिया। इसमें 'आलोचना' के साथ शोध को भी स्थान मिला। सहभागी सम्पादक का यह नया प्रयोग बहुत हद तक सफल रहा। भारती की लोकतान्त्रिक प्रवृत्ति ने सम्पादक-मंडल के अन्य सदस्यों की मेधा और दक्षता को मान देते हुए उनका अपेक्षित सहयोग लिया। डॉ. भारती ने अपने सम्पादक-मंडल के साथ 'आलोचना' के ग्यारह अंकों (अंक-7, अप्रैल, 1953 से अंक-17, जनवरी, 1956 तक) का सम्पादन किया। उन्होंने अपने सम्पादन-काल में दो विशेषांक निकाले—'आलोचना विशेषांक' (अंक-9, अक्टूबर, 1953) और 'उपन्यास विशेषांक' (अंक-13, अक्टूबर, 1954)। उनके कार्यकाल में अनेक नए लेखक 'आलोचना' से जुड़े। पुराने लेखकों का सहयोग भी पत्रिका को मिलता रहा। उनके सम्पादकीय भी गम्भीर, ज्ञानवर्धक और तत्त्वान्वेषी माने गए। उनकी सम्पादकीय टिप्पणी के शीर्षक हैं—साहित्य में गतिरोध (अंक-8, जुलाई, 1953), मूल्य संक्रमण और समीक्षा का मानदंड (अंक-9, अक्टूबर, 1953), हिन्दी साहित्य का इतिहास: मध्य युग (अंक-10, जनवरी, 1954), साहित्यकार और उसका परिवेश (अंक-11, अप्रैल, 1954), इतिहास का पुनर्नवीकरण (अंक-12, जुलाई, 1954), समकालीन उपन्यास: सीमाएँ और सम्भावनाएँ (अंक-13, अक्टूबर, 1954), जनवादी साहित्य-(1) (अंक-14, जनवरी, 1955), जनवादी साहित्य-(2) (अंक-15, अप्रैल,

1955), दायित्व और स्वातन्त्र्य : अविच्छिन्न मूल्य-(1) (अंक-16, नवम्बर, 1955) और दायित्व और स्वातन्त्र्य : अविच्छिन्न मूल्य-(2) (अंक-17, जनवरी, 1956)।

'आलोचना' के सम्पादकीय में उन्होंने साहित्य के ध्येय, अभिव्यक्ति-स्वातन्त्र्य और मानवीय मूल्यों के संरक्षण के मुद्दों पर अपनी स्पष्ट राय दी। एक सम्पादकीय की ये पंक्तियाँ इस सन्दर्भ में उल्लेखनीय हैं—''मानवीय स्वाधीनता मौलिक प्रतिमान है; अतः मानवीय नैतिकता का आधार यही है कि प्रत्येक व्यक्ति अपनी स्वाधीनता चाहता हुआ दूसरों की समान स्वतन्त्रता की कामना करे। साहित्य के प्रतिमान मूल मानवीय प्रतिमानों से भिन्न या विरोधी नहीं हो सकते। स्वाधीनता साहित्य का भी मौलिक प्रतिमान है। साहित्य के द्वारा उस स्वाधीनता को निरन्तर विकसित करते चलना, मानव को स्वाधीन बनाते चलना, उसकी असीम सम्भावनाओं को परस्पर उपलब्ध करते चलना साहित्यकार का दायित्व है।''[4]

'आलोचना' के सम्पादन में उनकी मौलिक देन का रेखांकन करते हुए कृष्णबिहारी मिश्र ने लिखा है—''शिवदान सिंह के हाथ से निकलकर 'आलोचना' भारती और उनके मित्रों—रघुवंश, व्रजेश्वर वर्मा, विजयदेव नारायण साही—के हाथ में आई और इस प्रकार 'परिमल' के मंच से जो विचार-दृष्टि उठाई जा रही थी, उसकी प्रस्तुति का एक अनुकूल माध्यम मिल गया। 'आलोचना' का इतिहास इस दृष्टि से भी रोचक और महत्त्वपूर्ण है कि वह विपरीत राहों-घाटों से चलती रही है। स्वाभाविक था कि डॉ. भारती और उनके समानधर्मा मित्रों के सम्पादन में 'आलोचना' व्यक्ति-स्वतन्त्रता के पक्षवाले विचारों को प्राथमिकता के साथ प्रस्तुत करती। भारती के सम्पादन में 'आलोचना' ने साहित्य के सामाजिक और आधुनिक ज्वलन्त प्रश्नों पर अनेक महत्त्वपूर्ण निबन्ध प्रस्तुत किए। सम्पादकीय वक्तव्यों द्वारा भारती उन तमाम स्थापनाओं-धारणाओं को निरस्त करते रहे जो नवीनता और प्रगतिशीलता की आड़ में साहित्यिक मूल्यों और लेखकीय स्वतन्त्रता के महत्त्व को कमजोर करने के लिए क्रियाशील थीं।''[5] इसी सन्दर्भ में वे आगे लिखते हैं—''आलोचना की सामग्री की चयन-दृष्टि और सम्पादकीय दृष्टिकोण इस धारणा का प्रमाण है कि भारती व्यक्ति-स्वतन्त्रता के पक्ष-समर्थन द्वारा आत्मरति की हिमायत नहीं करते। जिस स्वतन्त्रता का वे आग्रह करते हैं वह सामाजिक सत्य को नकारती नहीं, पुष्ट करती है। सामाजिक सत्य की संरचना और गत्वरता के लिए ही वे व्यक्ति-स्वतन्त्रता को आवश्यक शर्त मानते हैं। भारती की स्पष्ट मान्यता है कि मानवीय मूल्यों की रक्षा और गतिशीलता के लिए मनुष्य की मनीषा का स्वाधीन होना जरूरी है। जरूरी है साहित्य को विजातीय हस्तक्षेपों-प्रमाणों से मुक्त रखना। 'आलोचना' से उठनेवाली आवाज के मूल में यही साहित्यिक प्रेरणा थी, जो साहित्यकार को शिविरबद्ध होने या व्यक्ति-गुहालोक में समाने-सिमटने से टोकती थी। साहित्य-चिन्तन की यह प्रगतिशील भूमिका थी, जो भारती और उनके मित्रों द्वारा सम्पादित 'आलोचना' के माध्यम से सामने आई।''[6]

'आलोचना' के अपने पौने तीन साल (अप्रैल, 1953.जनवरी, 1956) के कार्यकाल में उन्होंने रचनात्मक संवाद के लिए उपयुक्त वातावरण बनाया। मूल्यांकन-पुनर्मूल्यांकन की प्रक्रिया को उनके समय प्रामाणिकता मिली। पाठकीय अभिरुचि के परिष्कार पर भी उन्होंने

पूरा ध्यान दिया। इसके बावजूद उन्हें आलोचनाएँ झेलनी पड़ीं। वामपन्थी रुझान के लेखकों ने इसे लक्ष्य से भटकाव माना। बहुत बाद में भारत यायावर ने यह टिप्पणी की—''भारती और साही ने उसे शीतयुद्ध की विचारधारा को वहन करनेवाला पत्र या मंच बनाया। मार्क्सवादी समीक्षा की कम्युनिस्ट परिणति से चिन्तित इन सम्पादकों ने 'आलोचना' को उस विचारधारा का प्रतिनिधि बनाया जिसे कृत्रिम, गूढ़ पश्चिमोन्मुख आधुनिकता या आधुनिकतावाद कहेंगे। नामवर सिंह की आरम्भिक पुस्तक 'इतिहास और आलोचना' की टिप्पणियाँ उसी समय की 'आलोचना' की सम्पादकीय दृष्टि या विचारधारा से संघर्ष का परिणाम हैं।''[7]

1955 ई. में डॉ. भारती ने नवलेखन के प्रतिनिधि पत्र 'निकष' का सम्पादन शुरू किया। इसमें उनके सहयोगी थे लक्ष्मीकान्त वर्मा। 'निकष' की योजना अर्धवार्षिक साहित्य-संकलन के रूप में निकालने की थी। इसके महज चार अंक ही प्रकाशित हो सके, किन्तु नई रचनाशीलता के प्रतिनिधि मंच के रूप में इसे व्यापक मान्यता मिली। इसके उद्देश्य और इसकी मूल प्रेरणा को रेखांकित करते हुए डॉ. भारती ने लिखा—''यथार्थ के नए स्तर, नैतिकता की नई चेतना, उदार मानवीय प्रतिमान से पृथक् नहीं हो सकते। नया मानवीय यथार्थ टुकड़ों में नहीं, समग्रता में उभारा जाना चाहिए, यह नई साहित्यिक मर्यादा की एक महत्त्वपूर्ण मान्यता है।''[8]

इसी क्रम में उन्होंने आगे लिखा—''नए लेखक की मुख्य शक्ति तो इस बात में है कि इस बार वह मात्र मनोविश्लेषण या राजनीतिशास्त्र पढ़कर सीधे आपको नहीं आँकता, वरन् आपकी कसौटी पर सारे ज्ञान-विज्ञान को जाँचता है, सीधे आपके जीवन को, नई-से-नई पृष्ठभूमि में परखकर, आपके व्यक्तित्व के तमाम आयामों को मापकर आपकी तमाम निहित सम्भावनाओं को समझकर, वह उसे खोजना चाहता है, जो आपका श्रेष्ठतम है। चारों ओर टूटते हुए कगारों और खिसकते हुए धरातलों में वह आप में क्या है जो खुद भी टिका रहता है, आपको भी टिकाए रखता है। उन स्थायी मानव-मूल्यों को वह निरन्तर बदलनेवाली नई से नई भूमिका में खोजकर प्रतिष्ठित करने के लिए यत्नशील है। इसीलिए नए लेखक का दायित्व जितना गहन है उतना ही साहसपूर्ण भी है। वह आधुनिकतम सन्दर्भ में स्थायी मानव-मूल्य के नए अनुपात और नए सन्तुलन खोज रहा है ताकि मनुष्य की असीम सम्भावनाएँ मुक्त हो सकें, प्रतिफलित हो सकें। मानव-मुक्ति ही उसके सृजन-अभियान का लक्ष्य है।''[9]

'निकष' निस्सन्देह नए साहित्य का निकष सिद्ध हुआ। इसने एक नई साहित्य-दृष्टि विकसित की। अल्पजीवी होने के बावजूद इसकी एक अलग पहचान बनी। कृष्णबिहारी मिश्र के शब्दों में—''यथार्थ को एक दी हुई दृष्टि से देखनेवाला साहित्यकार जाने-अनजाने मनुष्य के मंगल की सारी सम्भावना के संहार पर तुल जाता है। इसके विरुद्ध जिस उन्मुक्त दृष्टि का आग्रह भारती ने 'आलोचना' में प्रकट किया, उसी दृष्टि को नए साहित्य के निकष के रूप में 'निकष' के माध्यम से प्रकट किया। यह नया 'निकष' परम्परा-विच्छिन्न न होते हुए भी यथार्थ पर आधृत होने के कारण, आज के मनुष्य की वेदना-संवेदना से सीधे सम्पृक्त होने के कारण नया है। कुछेक सामान्य रचनाओं के अलावा 'निकष' के माध्यम से भारती ने कई पीढ़ियों और कई वर्गों के रचनाकारों की उत्कृष्ट रचनाएँ प्रस्तुत कीं, जिनका व्यापक

स्तर पर स्वागत किया गया। 'निकष' में प्रकाशित अज्ञेय की 'साँप' शीर्षक कविता, डॉ. विद्यानिवास मिश्र के ललित निबन्ध, रेणु, भारती और केशव प्रसाद मिश्र की कहानियाँ उस समय की उत्कृष्ट रचनाएँ थीं, जिनकी काफी दिनों तक चर्चा रही।''[10]

'निकष' के दूसरे अंक में डॉ. लक्ष्मीनारायण लाल की ग्रामकथा 'सूने आँगन रस बरसे' छपी। यह ग्रामकथा नई कहानी का एक नया रूप थी, एक नई भंगिमा, एक नया शिल्प। इसमें राजेन्द्र यादव, श्रीलाल शुक्ल, श्री नरेश मेहता, रघुवीर सहाय, मालती परुलकर, मनोहर श्याम जोशी, शान्ता सिन्हा, राजेन्द्र किशोर, केशवचन्द्र वर्मा और सुधीर कुमार की कहानियाँ और मैथिलीशरण गुप्त, नरेश, दुष्यन्त कुमार, अज्ञेय, शम्भुनाथ सिंह, त्रिलोचन, केसरी कुमार, शकुन्त माथुर, अजित कुमार, रामावतार चेतन, सर्वेश्वर दयाल सक्सेना, अनन्त कुमार पाषाण, उमाकान्त मालवीय, परमानन्द श्रीवास्तव, नर्मदेश्वर प्रसाद, भुवनेश्वर, विजयदेव नारायण साही, प्रयागनारायण त्रिपाठी, कुँवर नारायण, अनाम, हरिमोहन, रमा सिंह, केदारनाथ सिंह, ओंकारनाथ श्रीवास्तव, श्रीकान्त वर्मा, भवानीप्रसाद मिश्र, नलिनविलोचन शर्मा, भारतभूषण अग्रवाल, गिरिजाकुमार माथुर और बालकृष्ण राव की कविताएँ छपीं। मोहन राकेश का नाटक 'दूध और दाँत', रेणु का उपन्यास-अंश 'परिवर्तन' का भी इस अंक में प्रकाशन हुआ। हरिशंकर परसाई की लघुकथाएँ, अल्बर्ट कृष्ण अली, प्रभाकर माचवे और मदन वात्स्यायन की व्यंग्य रचनाएँ, इलाचन्द्र जोशी की आत्मकथा, वीरेन्द्रकुमार जैन की डायरी भी इसमें प्रकाशित हुई। इस अंक में केशवप्रसाद मिश्र के रेखाचित्र, वृन्दावनलाल वर्मा के संस्मरण, माखनलाल चतुर्वेदी और नचिकेता के निबन्ध, विद्यावती कोकिल के पत्र और शिवप्रसाद सिंह के यात्रा-वृत्तान्त जैसी विधाओं का भी इसमें प्रकाशन हुआ। इसमें जगदीश गुप्त के चार चित्र भी छपे और विपिन अग्रवाल द्वारा लिखित उनका परिचय भी इस अंक में प्रकाशित हुआ।

'निकष' का अन्तिम अंक (संयुक्तांक 3.4) 1959 में प्रकाशित हुआ। इस अंक में साहित्य की प्रायः सारी विधाओं की महत्त्वपूर्ण रचनाएँ सम्मिलित हैं। इसकी विषय-सूची देखी जा सकती है—

- लघु उपन्यास—डार से बिछुड़ी—कृष्णा सोबती
- सम्पूर्ण नाटक—मादा कैक्टस—लक्ष्मीनारायण लाल
- प्रबन्ध काव्य—मन्वन्तर—राजेन्द्र किशोर
- कहानियाँ—

    मरुस्थल—देवेन्द्र इस्सर
    निकटतम अवस्था—नर्मदेश्वर प्रसाद
    ठंढ, रात और छिपकली—राधाकृष्ण सहाय
    मेरी भाभी—श्रीलाल शुक्ल
    नरू का निर्णय—शेखर जोशी
    झुकी गर्दन वाला ऊँट—अजित कुमार
    आर्द्रा—मोहन राकेश

पानी की तसवीर—कमलेश्वर

अँधेरे की आँखें—श्रवण कुमार दिव्य

- रूपकथा—विषकारा—भारतभूषण अग्रवाल
- शब्दचित्र—स्टिल लाइफ—फणीश्वरनाथ रेणु
- व्यंग्य-चित्र—

ईश्वर—मदन वात्स्यायन

विक्कु जी, मेरे पड़ोसी—विजयदेव नारायण साही

- शिशुकथा—कहो—मालती परुलकर
- रेखाचित्र—मनीषी जी—हरिशंकर परसाई
- एकालाप—डाकमुन्शी की एक शाम—अमृतराय
- लघुकथा—शिखर पर दो आत्माएँ—सत्य
- संस्मरण—माँ और उनकी अन्तरंग गोष्ठी—रघुवंश
- जर्नल के अंश—आत्मदान: वेदना: स्वातन्त्र्य—अज्ञेय
- आत्मकथ्य—सीधे अपने पाठक से—शमशेर बहादुर सिंह
- ललित लेख—निर्माल्य—विद्यानिवास मिश्र
- एकांकी—

आदमी का जहर—लक्ष्मीकान्त वर्मा

लमसेना—कृष्णकिशोर श्रीवास्तव

- उपन्यास का अंश—परख—अनन्त कुमार पाषाण
- कविताएँ—

सतीशचन्द्र चौबे, कुँवर नारायण, मुद्राराक्षस, वसन्तदेव, सर्वेश्वर दयाल सक्सेना, राजेन्द्र प्रसाद सिंह, मदन वात्स्यायन, जगदीश गुप्त, अनन्त कुमार पाषाण, लक्ष्मीकान्त वर्मा, सत्येन्द्र श्रीवास्तव, अनिल कुमार, रामबहादुर सिंह मुक्त, श्रीराम वर्मा, वीरेन्द्रकुमार जैन, गजानन माधव मुक्तिबोध, धर्मवीर भारती, रामदरश मिश्र, प्रमोद गुप्त, मलयज, सुरेन्द्र दीक्षित, रवीन्द्र भ्रमर, भुवनेश्वर, जगदीश गुप्त, राजेन्द्र माथुर, दुष्यन्त कुमार, मार्कंडेय, नित्यानन्द तिवारी, उपेन्द्रनाथ अश्क, गिरिजाकुमार माथुर, अज्ञेय, सियारामशरण गुप्त तथा माखनलाल चतुर्वेदी।

- रेखाकृतियाँ—

युग्म, पालने के पास, मत्स्य कथाएँ—भाऊ समर्थ

इस प्रकार 'निकष' ने अपने समय की समग्र रचनाशीलता को पुष्ट किया। नए-पुराने रचनाकारों को एक मंच पर उपस्थित किया। एकांकीकार भुवनेश्वर अपने कवि-रूप में पाठकों के बीच आए। पत्रकार राजेन्द्र माथुर का कवि-रूप प्रथमत: इसी में प्रकट हुआ। 'तीसरा सप्तक' के कवि मदन वात्स्यायन की व्यंग्य रचनाएँ इसी के माध्यम से पाठकों के बीच आईं। कथाकार मार्कंडेय पहली बार कवि के रूप में इसी पत्रिका में उपस्थित हुए।

'निकष' ने नवलेखन को प्रतिष्ठित किया। अनेक विचारधाराओं के रचनाकार इसमें एक साथ उपस्थित हुए। धर्मवीर भारती ने लिखा है—''निकष की संकलन-योजना में वे सभी लेखक मिल सके, यह केवल निकष की सम्पादन-नीति की उदारता को ही प्रमाणित नहीं करता, बल्कि इसको अधिक प्रमाणित करता है कि सिद्धान्त और अप्रोच की विभिन्नता के बावजूद हिन्दी नवलेखन में कोई ऐसा धरातल उभर रहा है, जहाँ प्रत्येक धारा बिना अपने वैशिष्ट्य का बलिदान किए, अपना सार्थक प्रतिनिधित्व कर सकती है। हिन्दी नवलेखन की सर्वतोमुखी उपलब्धियों को अधिकाधिक गहन और मूल्यवान बनाने के लिए यह आवश्यक था कि उसी सर्वाश्रयी धरातल को उभारा जाए और समस्त वैविध्य की अन्तर्निहित एकसूत्रता की ओर एक रचनात्मक निर्देश किया जाए।''[11]

धर्मवीर भारती की पत्रकारिता का श्रेष्ठतम रूप 'धर्मयुग' के सम्पादन में सामने आया। 'धर्मयुग' का प्रकाशन एक सम्पूर्ण साप्ताहिक पत्र के रूप में 1960 ई. में प्रारम्भ हुआ। '' 'धर्मयुग' के अन्तिम सम्पादक विश्वनाथ सचदेव बताते हैं कि 'धर्मयुग' 'टाइम्स ऑफ इंडिया समूह' के मालिक शान्ति प्रसाद जैन की पत्नी रमारानी जैन की कल्पना थी। वे हिन्दी में एक बहुआयामी पत्रिका निकालना चाहती थीं। आजादी के बाद देश में विशिष्ट राजनीतिक, सामाजिक और सांस्कृतिक माहौल था, जिसे बेहतर ढंग से समाज में लाने की आवश्यकता थी। धर्मयुग इसी उद्देश्य को लेकर शुरू किया गया। यह अपनी तरह का पहला साप्ताहिक था जिसमें सब तरह की विषय-सामग्री शुरू से ही दी जाने लगी थी।''[12]

'धर्मयुग' के आद्य सम्पादक इलाचन्द्र जोशी थे। हेमचन्द्र जोशी ने भी इसका सम्पादन किया। तत्पश्चात् सत्यकाम विद्यालंकार इसके सम्पादक बने। प्रारम्भ में इसका प्रकाशन बत्तीस पृष्ठों के श्वेत-श्याम सचित्र साप्ताहिक के रूप में हुआ। प्रत्येक रविवार को प्रकाशित होनेवाले 'धर्मयुग' का कवर पृष्ठ रंगीन होता था। 1960 ई. में धर्मवीर भारती इसके सम्पादक बने। इसके पूर्व 'धर्मयुग' में उनकी अनेक रचनाएँ प्रकाशित हो चुकी थीं। 'वियतनाम का रहस्यमय जननायक: हो-चि-मिन्ह' (रविवार, 4 फरवरी, 1951 ई.) शीर्षक से उनकी इस पत्रिका में पहली रचना छपी, जिसे पाठकों ने काफी पसन्द किया। जनवरी, 1960 में वे सम्पादक के रूप में 'धर्मयुग' में आए। उनके सम्पादन में 'धर्मयुग' का पहला अंक 6 मार्च, 1960 को प्रकाशित हुआ। पहले ही अंक में उन्होंने 'धर्मयुग' के कलेवर में परिवर्तन किया और पठनीयता को ध्यान में रखते हुए उपयोगी सामग्री का चयन और संयोजन किया। अपने एक साक्षात्कार में उन्होंने कहा भी है—''धर्मयुग इलाचन्द्र जोशी ने शुरू किया था। उसी समय उसके पास रंगीन छपाई की सुविधा थी। लेकिन वे दिन हिन्दी के बुरे दिन थे। आजादी की लड़ाई में गाँधी जी ने हिन्दी को उसकी जगह दिलाने में जो संघर्ष किया उसे नेहरू जी की पाखंडी भाषानीति ने समाप्त कर दिया। हिन्दी नष्ट हो रही थी और लोहिया जी के तमाम विरोध हवा में जा रहे थे। इस चक्कर में 'कर्मवीर', 'विशाल भारत' जैसे चलते हुए पत्र बहुत तेजहीन हो गए थे। उनकी जीवन्तता स्थगित हो गई। पहले 'धर्मयुग' जब निकला तो उसमें बौद्धिक भारीपन था। उसके बाद जब सत्यकाम विद्यालंकार आए तो उसे कैलेंडर पत्रिका बना दिया। उसमें सीता, राम, गणेश के ऐसे फोटो छपते थे जो अचानक पान की दुकानों पर

लटके रहते हैं। मेरे मुम्बई आने के बाद जब मैं मुल्कराज आनन्द से मिला तो उन्होंने मुझे बहुत हतोत्साहित किया। पूरे मुम्बई में हिन्दी को लेकर एक 'स्नॉबरी' तब भी थी और अब भी है। मैंने थोड़ी हिम्मत से 'धर्मयुग' को सांस्कृतिक और विचार की ओर झुकी हुई पत्रिका बनाया। पहले ही सम्पादकीय में बौद्धिकता से आतंकित न होने की बात कही। जब पत्रिका चल निकली तो ज्ञान, विज्ञान सब डाला। चाँद पर मनुष्य के उतरने की रिपोर्ट अमेरिका से मँगा कर दी। मैं आपको अपनी जीवन-यात्रा नहीं बता रहा, लेकिन यह कह रहा हूँ कि हिन्दी में सर्व-स्वीकार की एक परम्परागत उदारता है।''[13]

'धर्मयुग' में प्रारम्भ से ही राष्ट्रीय-अन्तरराष्ट्रीय परिदृश्य को रेखांकित किया जाता था। धर्मवीर भारती ने इस रेखांकन को और स्पष्ट, और प्रामाणिक, और सम्प्रेष्य बनाया। सुधांशु मिश्र ने इस पर प्रकाश डालते हुए लिखा है—''धर्मवीर भारती के सम्पादन के प्रारम्भिक दशक (1960 से 1969) के 'धर्मयुग' पर दृष्टिपात करें तो स्पष्ट होता है कि एक ओर अन्तरराष्ट्रीय परिदृश्य को सटीक अभिव्यक्ति देने का प्रयास था तो दूसरी ओर नेहरू की मृत्यु के बाद राष्ट्रीय राजनीति में हो रहे बदलाव का स्वर मुखर था। इनके बीच भारत के पड़ोसी देशों की हलचल और राष्ट्रीय उथल-पुथल की चर्चाएँ थीं। 1966.67 के पूर्व सामयिक सामग्री के अन्तर्गत चीन, पाकिस्तान और भाषा के प्रश्न पर लेख तथा टिप्पणियाँ दी जाती थीं।''[14]

इस अवधि में चीनी आक्रमण के कारण भारतीय जीवन-पद्धति में हुए परिवर्तन पर 'धर्मयुग' में लेख छपे। विश्व-राजनीति में हो रहे बदलावों से पाठकों को परिचित कराया गया था। 'अणुबम और भारत' पर महत्त्वपूर्ण परिचर्चा भी 'धर्मयुग' ने आयोजित और प्रकाशित की। मुद्रास्फीति, अर्थतन्त्र, कर-व्यवस्था, विदेशी-व्यापार, चुनाव, बेरोजगारी जैसे विषयों पर 'धर्मयुग' में वैचारिक और प्रासंगिक लेख छपे। चुनाव में विभिन्न दलों के घोषणा-पत्रों पर भी इसमें यथोचित विचार छपे। विश्व और भारत में तेजी से बदल रहे राजनीतिक परिदृश्य को भी 'धर्मयुग' में समग्रता से रेखांकित किया गया। यह धर्मवीर भारती की सम्पादन-दक्षता और सूझ के कारण ही सम्भव हो सका। भारत में हो रहे राजनीतिक ध्रुवीकरण पर सर्वाधिक सटीक टिप्पणी 'धर्मयुग' ने ही की। भारती के वैश्विक बोध, राजनीतिक समझ, आर्थिक ज्ञान और प्रखर रचनाशीलता ने 'धर्मयुग' को अपने समय का सर्वाधिक तेजस्वी और समग्र पत्र बना दिया।

'धर्मयुग' ने इतिहास, संस्कृति, साहित्य और शिक्षा जैसे विषयों पर भी पाठकों से निरन्तर संवाद किया। 'विश्व में छिपी हुई सभ्यताओं की खोज' (डॉ. भगवतशरण उपाध्याय), 'क्या आदिवारा ने मध्यप्रदेश में डेरा डाला था' (डॉ. हँसमुख सांकलिया), या 'हमारे इतिहास के रोचक अध्याय' जैसे-'क्या नेपोलियन भारत पर आक्रमण करना चाहता था' लेख-शृंखलाएँ काफी चर्चित रहीं। नई पुस्तक पर चर्चा और समीक्षा नियमित रूप से की जाती थी। प्रसिद्ध लोगों के संस्मरण, यात्रा-वृत्तान्त, डायरी, रेखाचित्र जैसी साहित्यिक विधाओं को भी 'धर्मयुग' में स्थान मिला। विशिष्ट व्यक्तियों, साहित्यकारों और प्रतिभाओं के जन्म-दिवस, पुंय-तिथि, षष्टिपूर्ति पर याद करने और बधाई देने का सिलसिला शुरू हुआ। इन

मौकों पर उनके सम्बन्ध में आलेख, रोचक संस्मरण आदि प्रकाशित किए गए। 'धर्मयुग' ने उत्तर भारत के ही नहीं, दक्षिण भारत के भी साहित्य, अध्यात्म, इतिहास, संस्कृति के भूले-बिसरे व्यक्तियों को हिन्दी पाठकों के सामने लाने का काम किया; तेलुगु के आदिकवि नन्यन भट्ट, मलयालम के महाकवि कुंज नप्पियार, महाराष्ट्र की हिन्दी सन्त कवयित्री बहिणाबाई (गणेश त्र्यम्बक कुलकर्णी)। 'समकालीन चिन्तन के प्रवर्तक और नवचिन्तन' जैसे धारावाहिक लेख-शृंखलाओं के माध्यम से उस युग के पश्चिमी चिन्तकों जैसे फ्रायड, काफ्रका, एजरा पाउंड सहित विभिन्न चिन्तन-धाराओं का परिचय 'धर्मयुग' के माध्यम से हिन्दी पाठकों को हुआ।''[15]

डॉ. भारती के पास अनुभव भी था, दृष्टि भी थी, परिकल्पना भी थी और पाठकों की नब्ज पहचानने का विवेक भी। अपने पहले ही सम्पादकीय में उन्होंने लिखा—''यह तो हिन्दी-पत्रकारिता का काम है कि वह पाठकों के मर्म तक पहुँचने के सही रास्ते खोज निकाले। केवल सस्ते और भौंडे तरीके से आसान रास्ते खोजना, या सिर्फ बौद्धिक असमंजस में पाठक वर्ग से मुँह मोड़कर बैठे रहना, ये दोनों गलत रास्ते हैं। पाठक तक पहुँचना, पहुँचकर उसकी जरूरतों को सहानुभूति से समझना और कुशलता से अपनी बात समझाना, चाहे वह कितना ही श्रमसाध्य हो, पर यह एक नैतिक जिम्मेदारी है।''[16]

डॉ. भारती ने 'धर्मयुग' के माध्यम से भारत के सांस्कृतिक वैशिष्ट्य को भी निरन्तर रेखांकित किया। डॉ. राममनोहर लोहिया का प्रतिनिधि लेख 'आदर्श भारतीय नारी सावित्री ही क्यों, द्रौपदी क्यों नहीं' डॉ. भारती के 'धर्मयुग' में ही पहली बार छपा। उन्होंने अनेक महत्त्वपूर्ण विषयों और ज्वलन्त मुद्दों पर 'धर्मयुग' में परिचर्चाओं का समायोजन किया। लोक-संस्कृति और लोक-जीवन को भी 'धर्मयुग' में यथोचित स्थान मिला। शिक्षा और उसकी समस्याओं पर भी 'धर्मयुग' ने विचारोत्तेजक आलेख छापे। ऐसे आलेखों में—'विचार स्वातन्त्र्य और ये विश्वविद्यालय', 'शिक्षा-पद्धति में परिर्वतन और युवा पीढ़ी की समस्याएँ', 'छात्र-आन्दोलन : समस्या और सुझाव' विशेष रूप से उल्लेखनीय हैं। पी. बी. पीताम्बरम का आलेख 'शिक्षा-क्षेत्र में अंग्रेजी का प्रभुत्व मिटाए बिना राष्ट्र की मौलिक प्रतिभा का विकास नहीं हो सकता' और धर्मवीर भारती का आलेख 'सामंजस्य की खोज में असन्तुष्ट छात्र बरक्स पुरानी पीढ़ी' का प्रकाशन 'धर्मयुग' में डॉ. भारती के सम्पादन-काल के प्रारम्भ में ही हुआ। सहशिक्षा, युवापीढ़ी के असन्तोष और विद्रोह जैसे मुद्दों पर उन्होंने अत्यन्त सार्थक परिचर्चाओं के द्वारा जागृति की सफल पहल की।

हिन्दी-विरोध की ओछी राजनीति पर भी 'धर्मयुग' ने करारा प्रहार किया। रामधारी सिंह दिनकर के लेख 'इतिहास, हिन्दी और राजनीति' और समाजवादी नेता जॉर्ज फर्नांडिस के लेख 'इस देश में अंग्रेजी शोषण एवं लूट का जबर्दस्त हथियार' द्वारा उन्होंने हिन्दी के जनपक्ष को प्रतिष्ठित किया। 1967 ई. में जब राजभाषा संशोधन विधेयक के विरोध में अनेक प्रख्यात साहित्यकारों ने अपने राजकीय अलंकार वापस किए, तो 'धर्मयुग' ने उनके पक्ष को आम जनता के बीच रखा और बौद्धिक संवाद के लिए 'हम इस विधेयक से असहमत क्यों' शीर्षक परिचर्चा आयोजित की। अनेक प्रतिनिधि साहित्यकारों के विचार धर्मयुग में

छपे, जिनमें हिन्दी विरोध की भर्त्सना करते हुए राष्ट्रभाषा के रूप में उसकी शक्ति और सम्भावनाओं को उजागर किया गया था।

कला और सिनेमा पर भी भारती ने अपने सम्पादन-काल के पहले दशक में उपयोगी और अपेक्षाकृत नई सामग्री पाठकों को भेंट की। विभिन्न ललित कलाओं की नवीनतम प्रवृत्तियों से उन्होंने पाठकों को परिचित कराया। चित्र-प्रदर्शनों और कला-क्षेत्र की अन्य गतिविधियों पर नियमित समाचार और प्रतिवेदन छपे। सिनेमा पर भी 'धर्मयुग' में सटीक टिप्पणियाँ छपती रहीं। वासु चटर्जी, भगवतीचरण वर्मा, मनोहर श्याम जोशी और मुद्राराक्षस की टिप्पणियों ने स्वस्थ मनोरंजन के प्रति दर्शकों को उत्प्रेरित किया। अनेक फिल्मी कलाकारों के साक्षात्कार भी इसमें प्रकाशित हुए। कला के साथ विज्ञान और खेल से सम्बद्ध सामग्री भी डॉ. भारती लगातार 'धर्मयुग' में छापते रहे। ''धर्मयुग विज्ञान, चिकित्सा, तकनीकी की अधुनातन जानकारी को बहुत ही रोचक और सरल अन्दाज से प्रस्तुत करने में अग्रणी रहा। चन्द्रमा पर मानव के कदम रखने की कोशिश इस दशक की महत्त्वपूर्ण वैज्ञानिक उपलब्धि मानी जा सकती है। 'धर्मयुग' ने अमेरिका की अपोलो योजना 'जब पृथ्वी के दो मानव चाँद पर उतरेंगे', 'चन्द्रयात्रा मानव इतिहास की सबसे साहसिक घटना', 'चाँद की मिट्टी कैसी है' या 'घर बनेंगे नील गगन के पार' जैसे लेखों से इस विषय की जानकारी पाठकों को दी। 21 जुलाई, 1969 को चन्द्रमा पर कदम रखनेवाले अन्तरिक्ष-यात्री आर्मस्ट्रांग और एल्ड्रिन के चन्द्रमा की सतह पर चहलकदमी करते हुए चित्र 'धर्मयुग' पाठकों के लिए विशेष उपहार के रूप में छपे थे। इसके अलावा चन्द्रविजय के कुछ रंगीन चित्र भी प्रकाशित किए थे। हिन्दी विज्ञान-साहित्य-परिषद् द्वारा हिन्दी में प्रस्तुत वैज्ञानिक लेखों की श्रृंखला के माध्यम से 'शक्ति चाहिए परमाणु से लीजिए', 'भारत में परमाणु ईंधन कैसे बनाया जाता है', 'डॉ. भाभा की भविष्यवाणी', 'बड़वानल बनाम न्यूक्लीक संलयन ऊर्जा', 'परमाणवीय विकिरण उर्फ किरणों की कारीगरी' और 'परमाणु परीक्षण और भय से काँपता संसार' जैसे लेखों से जटिल विषयों को हिन्दी में प्रस्तुत किया।''[17]

डॉ. भारती ने 'धर्मयुग' में हर वर्ग के पाठक के लिए उपयोगी सामग्री दी। 'महिला सरोकार' स्तम्भ में महिला-जीवन से सम्बद्ध विषय रहते थे। गृह-सज्जा, पाककला, परिधान, सौन्दर्य-प्रसाधन, बागवानी, शिशु स्वास्थ्य आदि पर महत्त्वपूर्ण लेखों का प्रकाशन 'धर्मयुग' में नियमित रूप से होता था। महिला समस्याओं पर अनेक परिचर्चाओं का आयोजन भी 'धर्मयुग' ने समय-समय पर किया। प्रख्यात महिलाओं के संस्मरण और उनके जीवन के मार्मिक और रोचक प्रसंगों को भी 'धर्मयुग' ने छापा। 'बहन जी सुनिए' इसका अत्यन्त महत्त्वपूर्ण कालम था। 'बाल जगत्' के अन्तर्गत बाल मनोरंजन और नैतिक बोध की सामग्री का संयोजन होता था। प्रसिद्ध साहित्यकारों, यथा अमृतलाल नागर, भवानीप्रसाद मिश्र आदि ने 'धर्मयुग' के लिए बाल-साहित्य की रचना की। बाल कविता, कहानी, पहेली के द्वारा बालकों को सुसंस्कृत बनाने की दिशा में 'धर्मयुग' की पहल का अपना ऐतिहासिक महत्त्व है। 1963 ई. में बच्चों के लिए प्रारम्भ हुआ 'कार्टून-कोना' काफी दिलचस्प हुआ।

'धर्मयुग' में धर्मवीर भारती ने पाठकीय प्रतिक्रियाओं को पर्याप्त महत्त्व दिया। 'आपका पत्र मिला' स्तम्भ के अन्तर्गत पत्रिका में प्रकाशित सामग्री पर पाठकों की प्रतिक्रियाएँ छपती थीं। 'आँखों देखी खबर' के अन्तर्गत प्रमुख राष्ट्रीय-अन्तरराष्ट्रीय घटनाओं पर सचित्र टिप्पणियाँ दी जाती थीं। इसके सारे स्तम्भ—'एक दिन की बात', 'दिल्ली की डायरी', 'विविधा', 'कुछ तीर कुछ तुक्का', 'झलकियाँ', 'पंखुरियाँ', 'चौपाल'—अत्यन्त लोकप्रिय हुए। अपने सम्पादन के पहले ही दशक में डॉ. भारती ने पत्रिका के रूप-रंग को अधिक सम्मोहक बना दिया। उनके पूर्व पत्रिका 32 पृष्ठों की निकलती थी, उनके समय पृष्ठ संख्या 64 हो गई। प्रसार-संख्या में भी काफी वृद्धि हुई। 1955 ई. में इसकी प्रसार-संख्या 57,667 थी[18] जबकि 1966 में वह 1,25,584 हो गई।[19] भारती ने 'धर्मयुग' में 'चित्रवीथी' शुरू की। 1968 से 1971 के मध्य इस श्रृंखला के अन्तर्गत 100 प्रसिद्ध चित्रकारों के चित्रों का प्रकाशन हुआ। आधुनिक चित्रकला को पत्रिका में स्थान उनके सम्पादन के आरम्भिक काल से ही मिलने लगा। चित्र के साथ उस पर टिप्पणी भी दी जाती थी। पत्रिका में छपे रिजनाल्ड मार्श के चित्र पर यह सारगर्भित टिप्पणी द्रष्टव्य है—"प्रस्तुत चित्र की विराटता जीवन की विराटता का प्रतीक बनकर उभरी है, जिसमें अदृश्य परेशानियाँ, भीमकाय हाथों की तरह व्यक्ति-समूह की आशाओं पर पानी फेर देती हैं। चित्र की अस्त-व्यस्तता जीवन की अस्त-व्यस्तता का प्रतीक है, जिसमें मानव प्राणी अपने को सही रूप में तौल न पाने के कारण भयंकर रूप से बिखरकर टूट जाते हैं—कुछ भय से त्रस्त होकर, कुछ भाग्य के भरोसे बैठने पर।"[20]

1970 ई. के बाद 'धर्मयुग' में कुछ नए स्तम्भ जुड़े। फीचर और रिपोर्ताज अत्यधिक प्रासंगिक और सजीव हुए। 'कहनी-अनकहनी' स्तम्भ के अन्तर्गत स्वयं डॉ. भारती ने सामयिक विषयों पर लिखा। राजनीति, शिक्षा, साम्प्रदायिकता, भाषा-समस्या, स्त्री-विमर्श सब पर उन्होंने जमकर लिखा और पूरी तार्किकता के साथ लिखा। दलीय व्यवस्था की राजनीति पर टिप्पणी करते हुए उन्होंने लिखा—"वे जिनके हाथ में प्रजाओं का भाग्य है, चाहे वे इस दल के हों या उस दल के, चाहे इस देश के हों या उस देश के—क्या कभी उन्होंने इस स्तर पर इस बीमारी का मूल कारण समझने की चेष्टा की है? एक सैनिक शासक उनके खिलाफ सेना भेज देता है, एक प्रजातान्त्रिक नेता अपील करता है कि कुछ लोग साम्प्रदायिक हैं—पर क्या यह सैनिक नियन्त्रण या दोषारोपण इस मर्ज का स्थायी इलाज बन सकता है? एक साधारण सी बात है कि अगर आदमी का खून मुँह में लग गया हो, तो बात दूसरी है, वरना जंगली जानवर भी तभी हमला करता है जब उसे अपनी जान का डर हो! क्या कारण है कि आज आत्मीयता के बजाय आपसी डर का वातावरण बढ़ता जा रहा है और यह डर सिर्फ एक मजहब और दूसरी भाषा, एक जाति और दूसरी जाति, एक वर्ग और दूसरे वर्ग के बीच पैदा हुआ है। सब एक-दूसरे से अन्दर-अन्दर डरते हैं और फिर वह डर कायरतापूर्ण नृशंस आक्रमणों में प्रकट होता है। वह डर आदमी को निजी परिधि से बेचैन कर एक झूठा समाधान ढूँढ़ता है। रवीन्द्रनाथ ठाकुर ने कितनी मार्मिक बात कही थी, जब अपने प्रार्थना-गीत में उन्होंने पहली पंक्ति यह रखी थी—'जहाँ चित्त भय से मुक्त हो और सिर

स्वाभिमान से ऊँचा हो—उस आदमी के देवलोक में मेरा देश जगे।' आज रवीन्द्र जयन्ती के इस हलचल-भरे वर्ष में क्या हमने एक बार भी यह सोचा है कि देश के सामान्य नागरिक का चित्त भय से मुक्त क्यों नहीं है? मजहबी या भाषाई या सियासी या सुबाई; हर किस्म के दंगे तो सिर्फ बाहरी लक्षण हैं; असली रोग है—चित्त में व्याप्त अविश्वास, आशंका, द्विविधा।''[21]

राजनीति के धर्म और उसकी प्रासंगिकता पर उनकी दृष्टि कितनी साफ है। वे लिखते हैं—''राजनीति अपनी जगह मुकम्मिल है, उसका महत्त्व और उपयोगिता अपनी जगह है। समाज है तो व्यवस्था की जरूरत पड़ेगी, व्यवस्थापक रहेंगे, शासक रहेंगे और राजनीति रहेगी। लेकिन यह भी ठीक है कि राजनीति अगर स्थायी समाधान खोजने का प्रयास नहीं करेगी और कुशल डॉक्टर की तरह सिर्फ ऊपरी लक्षण दबाने की चेष्टा करेगी तो विकृतियाँ नए-नए रूप में पनपेंगी। क्या कारण है कि देश के एक सामान्य नागरिक के मन में आज भी भय और अविश्वास व्याप्त है। मौका मिलते ही वह कानून हाथ में लेने की गलत चेष्टा करता है। तात्कालिक व्यवस्था के लिए दमन और दंड जरूरी हो लेकिन स्थायी विकास के लिए हर मजहब, हर भाषा, हर सूबा और हर वर्ग के लोगों के मन को भयमुक्त, आत्मविश्वासी और आश्वस्त बनाना ज्यादा बड़ा और ज्यादा सही काम है। क्या उसकी ओर भी हमारा उतना ध्यान है?

कभी-कभी यह भी लगता है कि राजनीति या शासन की अपनी सीमाएँ होती हैं। चाहे यह दल हो चाहे वह दल, चाहे इस देश की सरकार हो या उस देश की सरकार—चाहे प्रजातन्त्रीय हो या डिक्टेटरशाही—उसे अवश्य ऐसे तात्कालिक समझौते या नीतियाँ सत्ता के लिए अपनानी ही पड़ती हैं, जो अकसर उसके घोषित आदर्शों से मेल नहीं खातीं। इसलिए जब राजनीतिक नेता सामान्य नागरिक पर दोषारोपण करते हैं तो सामान्य नागरिक भी चोट खाकर यह सोचता है कि चाहे यह दल हो या वह दल, क्या ये तमाम दल उन दोषों से मुक्त हैं जो वे नागरिकों पर लगाते हैं? और यह स्थिति नागरिक और शासन-व्यवस्था या राजनीतिक नेतृत्व के बीच अविश्वास या भय की खाई पाटने में सहायक नहीं होती, उसे और चौड़ा बनाती है।''[22]

धर्मवीर भारती के सम्पादकीय लेखों का ऐतिहासिक महत्त्व है। वे हमें हमारे समय-सन्दर्भों से परिचित ही नहीं कराते, भावी खतरों से सावधान भी करते हैं। सन साठ के बाद का समय भारतीय जनमानस के मोहभंग का समय है। राजनीतिक रूप से स्वतन्त्र तो देश 1947 में ही हो गया, किन्तु मानसिक गुलामी से उसे पूर्ण मुक्ति नहीं मिली। मूल्यनिष्ठा और नैतिकता की जगह आडम्बर और व्यक्तिवाद को महत्त्व मिलने लगा। अपने एक आरम्भिक सम्पादकीय में उन्होंने राजतन्त्र पर लोकतन्त्र का मुखौटा लगाने की प्रवृत्ति से खबरदार करते हुए लिखा—''जब विदेशी उपनिवेशवादी हमारे देश में आए तो उन्होंने सामन्तों और नवाबों की भद्दी नकल शुरू की। उनके पास प्रजा के प्रति आत्मीयता नाम की कोई चीज नहीं थी। वे आतंक जमाना चाहते थे और साथ ही साथ अपनी हीन भावना को ढँकने के लिए दस किस्म के कायदे-कानून, अंगरक्षक, राजभवन और अन्य आडम्बरों का सहारा लेना चाहते थे। रोचक बात यह है कि देशी राजवाड़ों में भी यदि कोई देशी राजा आडम्बर त्यागकर

सादगी अपनाकर अपनी प्रजाओं में घुलना-मिलना चाहे तो वे उसे तुरन्त सन्देह की निगाहों से देखना शुरू कर देते थे और उसे गद्दी से हटाकर किसी आडम्बरप्रिय उत्तराधिकारी को गद्दी देने की योजना बनाने लगते थे। राजकीय आडम्बर और उन पर आधारित व्यक्तिपूजा की परम्पराएँ जनतन्त्र की नहीं हैं, हमारे देश की पुरानी आध्यात्मिक परम्परा भी नहीं हैं, वरन् एक पिछड़े हुए उपनिवेशवाद और टूटे हुए सामन्तवाद की देन हैं। आज भी अगर कोई उन्हें अपनाए रखना चाहता है तो वह जाने या अनजाने उसी का अनुकरण कर रहा है; उसको हम चाहे कितना ही आधुनिक नाम दे लें लेकिन मूलतः वह वही चीज है। हमारे सामने ज्वलन्त उदाहरण स्टालिन का है। उसने साम्यवाद और जनहित के नाम पर वही आडम्बर और अस्वस्थ व्यक्तिपूजा चलानी चाही थी। लेकिन जनता से आत्मीयता स्थापित करने और उसका आदर जीतने का एक बिल्कुल दूसरा तरीका भारत में गाँधी जी का था, जो अन्दर और बाहर की सादगी पर जोर देते थे। उन्होंने अपने अदम्य नैतिक साहस से मुकुट और कौपीन को बराबरी का दर्जा दिलाया।''[23]

इसी क्रम में उन्होंने आगे लिखा है—''दुर्भाग्य यह है कि आज स्वतन्त्रता मिल जाने के बाद हमारे राष्ट्रीय जीवन में चक्र उलटा घूम रहा है और हम दिनोंदिन आडम्बर की ओर वापस लौटते जा रहे हैं। पिछले दिनों स्कैंडिनेवियन पत्रकारों के एक मंडल से बातचीत हो रही थी। उन्होंने बताया कि उनका राजा साइकिल पर निवास-स्थान से कार्यालय जाता है। न उनके लिए अंगरक्षकों की जरूरत है और न झंडाबरदारों की। मुझे लगा कि वह देश राजा रखते हुए भी प्रजातन्त्र की भावना के अधिक निकट है और हम राजतन्त्र न अपनाते हुए भी मानसिक स्तर पर उसी ओर दौड़ने की कोशिश करते हैं।''[24]

डॉ. धर्मवीर भारती की पत्रकारिता के अनेक आयाम और कई मोड़ हैं। 'धर्मयुग' के सम्पादन में वे स्पष्ट परिलक्षित होते हैं। 'धर्मयुग' ने अपने समय की हर हलचल को रेखांकित किया। समय के अनुसार उसका स्वरूप बदलता गया। सुधांशु मिश्र ने इस सन्दर्भ में बिलकुल ठीक लिखा है—''भारती जी के सम्पादकत्व में 'धर्मयुग' की सबसे बड़ी खूबी यह रही कि समय के साथ उसका स्वरूप बदलता गया। 1962 का चीनी आक्रमण, 1965 का भारत-पाक युद्ध, 1971 में बँग्लादेश मुक्ति-अभियान और 1974 का जे.पी. आन्दोलन, 1977 का राजनीतिक परिवर्तन—'धर्मयुग' ने इन तमाम राजनीतिक उथल-पुथल को गहराई से देखा और समझा, उसे ताजगीभरी अभिव्यक्ति दी। बँग्लादेश के मुक्ति-संग्राम के निर्णायक दौर में तो भारती जी स्वयं युद्ध मोरचे पर गए। वहाँ से लौटकर लिखे उनके यात्रा-वृत्तान्तों में रचनाशीलता और पत्रकारिता का अनूठा समन्वय हुआ। अस्तित्ववादी विचारक रहे हों या छात्र-आन्दोलनों के पुरोधा-चिन्तक, भारतीय संस्कृति के नए व्याख्याता रहे हों या साहित्य के नए-नए हस्ताक्षर, अकसर 'धर्मयुग' के माध्यम से ही पाठकों से उनका प्रथम परिचय हुआ। लोकप्रिय पत्रकारिता को सार्थकता देने के इसी क्रम में भारती जी ने हिन्दी पत्रकारों की एक पूरी पीढ़ी तैयार की। आज की हिन्दी-पत्रकारिता के कई जाने-माने और जानने योग्य नाम अपने आरम्भिक काल में किसी न किसी रूप में 'धर्मयुग' और भारती जी से जुड़े रहे हैं।''[25]

आपात्काल के दौरान डॉ. भारती का मौन निश्चित रूप से खटकनेवाला है। उसके पूर्व छात्र-आन्दोलन और लोकनायक जयप्रकाश नारायण पर पुलिस के बर्बर प्रहार की प्रतिक्रिया उनकी 'मुनादी' कविता में हुई। ध्यातव्य है कि यह कविता 'धर्मयुग' में नहीं, 'कल्पना' पत्रिका में छपी। आपात्काल के बाद 'धर्मयुग' का 'सम्पूर्ण क्रान्ति' अंक निकला, जिसमें यह कविता साभार प्रकाशित हुई। 26 जून, 1977 को उन्होंने 'धर्मयुग' का इमर्जेन्सी अंक निकाला, जिसमें अनेक प्रख्यात पत्रकारों के विचारोत्तेजक लेख थे। ऐसे लेखों में—'इस्तीफा नहीं आया, इमर्जेन्सी आई' (कुलदीप नैयर), 'संविधान में संशोधन—इमर्जेन्सी के दौरान' (ए.जी. नूरानी) और 'इमर्जेन्सी—दोमुँही राजनीति की संस्कृति' (राजेन्द्र माथुर) विशेष रूप से उल्लेखनीय हैं।

1987 में 'रविवार' पत्रिका के शानदार दस वर्ष पूरे होने पर उनका एक महत्त्वपूर्ण लेख प्रकाशित हुआ—'समकालीन पत्रकारिता : मोड़-दर-मोड़'। इसमें उन्होंने समकालीन पत्रकारिता की दशा और दिशा पर गम्भीर विमर्श किया है। आपात्काल के दौरान अवरुद्ध हुई पत्रकारिता के पुनर्जीवन पर विचार करते हुए उनका कथन है—"वह था 1977, एक और महत्त्वपूर्ण विंदु। 1962 के ठीक पन्द्रह वर्ष बाद। हमारे समकालीन इतिहास का एक और न केवल महत्त्वपूर्ण, बल्कि विस्फोटक विन्दु। इमर्जेन्सी उठी, पत्र-पत्रिकाओं में जो गतिरोध की मूर्च्छना थी वह झटके से टूटी, सामान्य जन जो इतने दिनों से आकाशवाणी की आधी-अधूरी खबरें और सत्ता-समर्थक पत्रों की चाटुकारिता-भरे रुख और झूठी-सच्ची अफवाहों के अन्धलोक में व्याप्त भटक रहा था, अकस्मात् पत्र-पत्रिकाओं की ओर टूट पड़ा। अखबार और पत्रिकाएँ जितनी आतुरता से उस समय पढ़े गए, वैसा पहले कभी नहीं हुआ था। जनमानस का 'मास मीडिया' से जैसे एक भावनात्मक रिश्ता जुड़ा। केवल भावनात्मक ही नहीं, लोग एक नए आदर और सम्भ्रम के भाव से पत्रकारों को देखने लगे। पत्रकारों की एक नई 'इमेज' बनी। वे सामाजिक-राजनीतिक जीवन के ग्लैमर ब्वाय के रूप में देखे जाने लगे। इसका श्रेय कितना पत्रकारों के कृतित्व को जाता है और कितना इन्दिरा जी के कृतित्व को, यह विचारणीय है। इन्दिरा जी ने सेन्सर लगाकर और कुछ पत्रकारों को गिरफ्तार कराकर उन्हें 'हीरो' बना दिया साधारण जन की आँखों में। और इस धारणा की पुष्टि हुई जब चुनाव हुए। अधिकांश पत्रकारों ने खुलकर इमर्जेन्सी के दौरान हुए अत्याचारों का पर्दाफाश किया और शक्तिपुंज माने जानेवाली इन्दिरा जी और उनकी पार्टी चुनावों में इस बुरी तरह हारी जिसका किसी को अनुमान नहीं था।

पत्रकारिता के इस चरमोत्कर्ष काल में ही उसके भावी ह्रास के बीज छिपे हुए थे। हो सकता है, आप मेरी अनेक बातों से सहमत न हों, पर इतना जरूर प्रार्थना करूँगा कि आगे जो कहने जा रहा हूँ उस पर जरा ठंडा मन से विचार करेंगे तो पाएँगे कि उनमें काफी सचाई है, हालाँकि यह जरूर है कि वह सचाई जरा कड़वी है। 'हीरोपन' और ग्लैमर का जो नया प्रभामंडल पत्रकारों को मिला, उसका श्रेयस्कर प्रभाव तो यह होना चाहिए था कि वह उन्हें वैचारिक धरातल पर परिपक्व बनाता, जनकल्याण के प्रति अधिक प्रतिबद्ध बनाता, अधिक

निस्पृह बनाता, सनसनी के बजाय सत्य के प्रति अधिक निष्ठावान बनाता और 'स्व' के बजाय 'सर्व' के प्रति अधिक समर्पित बनाता, लेकिन हुआ क्या?

पत्रकारों के एक बड़े वर्ग में तो यह चेतना जागी, लेकिन कुछ अंशों में इसका कुछ और प्रभाव भी हुआ। अपने इस नवप्राप्त ग्लैमर की आभा में एक नई आत्म-प्रवंचना अनेक पत्रकारों में जागी और कुछ तो उसे तुरन्त भुनाने के लिए दौड़ पड़े। कुछ बड़े लाभदायक पदों से लेकर राज्यसभा के नामांकन तक के लिए जनता सरकार के मन्त्रियों ही नहीं, बल्कि बेचारे बीमार जे. पी. की रोगशय्या तक लेखकों-पत्रकारों के जो 'क्यू' उस समय लगे थे, उसे याद कर हँसी भी आती है और रोना भी। पत्रकारिता अपने में शब्द की सचाई और उसे जन तक सम्प्रेषित करने की जिम्मेवारी है, यह बात गौण हो गई; हाँ पत्रकारिता शक्ति-संचय की एक नई विधा है, यह बात प्रसुख होने लगी।''[26]

समाजवादी रुझान के बावजूद डॉ. भारती निष्पक्ष सम्पादक थे। उन्होंने 'धर्मयुग' में प्रकाशित रचनाओं का चयन उनकी गुणवत्ता के आधार पर किया। स्थापित रचनाकारों की रचनाओं में भी यथोचित संशोधन करने में उन्हें संकोच नहीं होता था। प्रसिद्ध प्रगतिशील कथाकार यशपाल की एक कहानी को उन्होंने संशोधित करके छापा था। वे पूरी तरह सन्तुष्ट होकर ही किसी रचना को 'धर्मयुग' में प्रकाशित करते थे। 'धर्मयुग' में उन्होंने उभरते हुए रचनाकारों को भी पर्याप्त महत्त्व दिया और कई साहित्यिक विधाओं की समृद्धि में भी इस पत्रिका की भूमिका को ऐतिहासिक बनाया। प्रदीप पन्त के शब्दों में—''मुझे याद है कि बहुत से लेखकों का परिचय अपने आरम्भिक काल में हमलोगों ने 'धर्मयुग' के पन्नों से ही प्राप्त किया। जैसे शरद जोशी और शिवानी। यहाँ मतलब इनके लेखकीय अन्दाज और इनसे सहमति-असहमति का नहीं है, पर इन्हें पहले-पहल जानने और पढ़ने का है। ऐसा नहीं कि ये लेखक 'धर्मयुग' में प्रकाशित होने से पूर्व कहीं अन्यत्र प्रकाशित नहीं हुए थे, पर इतना तो सच ही है कि 'धर्मयुग' ने ही इन्हें पहचान दी। गिनाने बैठा जाए तो ऐसे लेखकों की फेहरिस्त खासी बड़ी बन जाएगी, जिन्हें भारती जी के सम्पादन-काल में 'धर्मयुग' ने साहित्यिक हैसियत प्रदान की। सप्तकों, अन्य पुस्तकों और लघु पत्रिकाओं में सिमटी 'नई कविता' वस्तुतः और सही मायने में आम तौर पर जन सामान्य तक 'धर्मयुग' जैसी बहुपठित पत्रिका के माध्यम से ही पहुँची और स्वीकारी गई। 'नवगीत' का तो पूरा का पूरा आन्दोलन ही 'धर्मयुग' के पृष्ठों से उठा। इसी भाँति 'नवचिन्तन' स्तम्भ के अन्तर्गत भारती जी ने दुनिया-भर में उभरते नए बौद्धिक आन्दोलनों से विशाल पाठक वर्ग को परिचित कराया।... विश्व-भर के नए सिनेमा और भारत में उस दौर में उभरते 'समाम्तर सिनेमा' पर जितनी सामग्री 'धर्मयुग' में प्रकाशित हुई उतनी शायद ही कहीं अन्यत्र प्रकाशित हुई हो। 'कथादशक' का सफल आयोजन भारती-काल के 'धर्मयुग' की अत्यन्त उल्लेखनीय उपलब्धि है, क्योंकि इस अपने प्रकार के पहले आयोजन के अन्तर्गत पहले एक अंक में उस समय के प्रतिष्ठित कथाकार का लम्बा सचित्र आत्मकथ्य प्रकाशित होता था और फिर अगले अंक में उसकी एक नई कहानी।''[27]

धर्मवीर भारती एक पत्रकार, एक दृष्टि-सम्पन्न सम्पादक के रूप में सराहे अवश्य गए किन्तु आपात्काल में उनकी चुप्पी और रचना-चयन की निष्पक्षता पर सवाल भी उठाए गए। 'माया' पत्रिका ने आपात्काल के दौरान कुछ चुने हुए लेखकों को छापने के औचित्य पर टिप्पणी की। प्रत्युत्तर देते हुए अपने सम्पादकीय 'निन्दा-स्तुति एक समाना' में लिखा—''हाँ, कभी-कभी जब 'धर्मयुग' के आस्था-मूल्यों पर प्रश्नचिह्न लगाया गया, तब हमने विनम्रता से, किन्तु दृढ़तापूर्वक अपना पक्ष प्रस्तुत किया है। बिना किसी गुरेज के, पूर्ण सद्भावना के साथ हम सहयोगी मासिक पत्रिका 'माया' के सम्पादक-द्वय को बधाई देते हैं, उन पिछले कई प्रथम लेखों के लिए, जिनके द्वारा उन्होंने इमरजेन्सी के दौरान तानाशाही की कई अमानुषिक साजिशों का रहस्योद्घाटन किया है। लेकिन उनके पिछले अंक में 'धर्मयुग' का जैसे और जिस प्रकार उल्लेख हुआ है, उसमें संगति और तथ्यात्मकता का पूर्ण अभाव लगा।

आइए, जरा ठंडे मन से इन स्थापनाओं की जाँच करें कि इनमें क्या सच्चाई है। उनके गुमनाम प्रतिनिधि महोदय का एतराज चार नामों पर है। श्रीकान्त वर्मा, गिरिजाकुमार माथुर, सुरेन्द्र तिवारी, शीला झुनझुनवाला। आरोप है कि पिछले दो नामों को हमने इमरजेन्सी में अतिरिक्त महत्त्व दिया है। वस्तुस्थिति यह है कि श्रीकान्त वर्मा के राष्ट्रीय लेखक मंच की इमर्जेन्सी समर्थक राजनीति से 'धर्मयुग' का कोई लेना-देना नहीं रहा और सेन्सरशिप उठने के बाद उस पर प्रथम आलोचनात्मक टिप्पणी अमृतराय ने 'धर्मयुग' में ही की। हाँ, जनतान्त्रिक पत्रकारिता का यह तकाजा था कि उस सम्बन्ध में श्रीकान्त वर्मा ने जो स्पष्टीकरण के जिन अन्तर्विरोधों का उद्घाटन किया, वह भी छापा गया। हाँ, लेख या कविताएँ इमर्जेन्सी के दौरान श्रीकान्त वर्मा ने भेजी ही नहीं, छपने का प्रश्न ही नहीं उठता। अतिरिक्त महत्त्व देने की बात विशेष प्रतिनिधि की कपोल-कल्पना मात्र है। बेचारे गिरिजाकुमार माथुर की जो कविताएँ छपीं, वे शुद्ध प्रेम की कविताएँ थीं। हमें तो सुखद आश्चर्य हुआ कि इस उम्र में उन्हें ऐसी रसीली प्रेरणा प्राप्त है। अगर उन प्रेम कविताओं से किसी विशेष प्रतिनिधि महोदय का हृदय द्रवित नहीं हुआ, तो यही कहा जा सकता है—'अरसिकेषु कवित्व निवेदनं शिरसि मा लिख, मा लिख, मा लिख।'''[28]

इसी सम्पादकीय के अन्त में उन्होंने लिखा है—''लगता है, ऐसे कुछ बिन्दुओं पर हमारी आलोचना करनेवाले विशेष प्रतिनिधिगण उन जनतान्त्रिक मूल्यों की व्याप्ति से सर्वथा नवाकिफ हैं, जिनके लिए जे-पी- तथा अन्य नेताओं ने जान की बाजी लगा दी थी। आज अनेक लोग जे-पी- का नाम रोजी-रोजगार की खातिर लेते हैं, उन मूल्यों की खातिर नहीं, जो तिलक, गाँधी, नेहरू, लोहिया और जे.पी. के चिन्तन में अन्तरनिहित थे। हमने उन जनतांत्रिक मूल्यों को अपनी आस्था का आधार बनाया है। चाहे हिन्दी का सवाल रहा हो, चाहे जे.पी. के आन्दोलन की मुनादी रही हो, हम उन मूल्यों के भी प्रति निष्ठावान रहे हैं और रहेंगे, निन्दा या स्तुति से क्या फर्क पड़ता है।

मूल्य के प्रति इस चेतना के अभाव के कारण हो, या किसी अन्य कारण से हो, विशेष प्रतिनिधि को लांछन लगाना ही अभीष्ट था, इसलिए किसी ठोस आरोप के अभाव में उसे दो आरोपों का आविष्कार करना पड़ा—जातिवाद और इलाहाबादी गुटबन्दी। दिलचस्प बात यह

है कि इन चार नामों में तीन अलग जातियों के लोग हैं (फिर भी वह जातिवाद है, वल्लाह!) और इन चारों में से इलाहाबाद का कोई है ही नहीं। शायद उनके शब्दकोष में इलाहाबादी गुटबन्दी उसे कहते होंगे जिसमें इलाहाबाद का लेखक हो ही नहीं। माया कभी-कभी सांसारिक जीवों को कैसे छलती है, इसका उदाहरण देते हुए शंकराचार्य ने बताया था कि अँधेरे में अज्ञानी जीव रस्सी को साँप समझकर भयभीत होता है। पर जहाँ रस्सी भी न हो, वहाँ कोई साँप-साँप चिल्लाकर लाठी पटकने लगे तो ऐसे महामनीषी को माया भी क्या छलेगी, वे तो माया को भी छलने की सामर्थ्य रखते हैं। बहरहाल, इस लाठी-पटकन की हास्यास्पदता से हमारा जो मनोरंजन हुआ, उसके लिए भी हम सद्भावनापूर्वक आभारी हैं।''29

इंदिरा गाँधी की शहादत पर उन्होंने अत्यन्त मार्मिक और यथोचित सम्पादकीय लिखा—'पक्षी माता'। यह विशेषण बँगलादेश की एक बूढ़ी औरत ने उस समय इंदिरा जी के लिए दिया था, जब वे उनकी कविताओं को रेकार्ड कर रहे थे। वे बूढ़ी औरत बँगलादेश की वयोवृद्ध वरिष्ठ कवयित्री बेगम सूफिया कमाल थीं। अपने इस सम्पादकीय को उनके उद्गार से मार्मिक बनाते हुए उन्होंने लिखा—''उनकी अनेक नीतियों की मैंने प्रखर आलोचना की है, पर उनके गुणों, उनकी उपलब्धियों, उनकी दृढ़ता को सराहा भी है; और यह फिर कहना चाहूँगा कि पिछले दो हजार वर्ष की गुलामी और पराजय के इतिहास को यदि किसी ने मोड़ दिया तो वह इंदिरा जी ने। हर बार आक्रमणकारी आते, हमें पराजित, पददलित कर चले जाते, पराजय, टूटन, बिखराव जैसे हमारी नियति बन गए थे—पहली बार उन्होंने बताया कि निःस्वार्थ विजय का उल्लास क्या होता है। एक पिछड़े हुए लेकिन आजाद देश का स्वाभिमान क्या होता है, जो सातवें बेड़े की धमकी के बावजूद निडर अपनी विजय-यात्रा पूरी करता है और वह विजय-यात्रा भी ऐसी कि जिसमें किसी देश पर कब्जा करने की दुरभिसंधि नहीं, किसी को अवमानित करने की लालसा नहीं, केवल न्याय का पक्ष लेकर लड़ने की निष्ठा और विजयी होने का विश्वास।''30

'धर्मयुग' के प्रकाशन के एक दशक बाद डॉ. भारती ने इसके सम्पादन का दायित्व लिया और कम ही समय में इसे सर्वाधिक लोकप्रिय और पठनीय साप्ताहिक बना दिया। अपने सत्ताईस वर्षीय सम्पादन-काल में उन्होंने 'धर्मयुग' को साप्ताहिक पत्र का मानक बना दिया। 'धर्मयुग' के साथ ही 'साप्ताहिक हिन्दुस्तान' निकला। मनोहर श्याम जोशी के सम्पादन-काल (3 दिसम्बर, 1967 से 24 अक्टूबर, 1982 ई. तक) में यह 'धर्मयुग' का प्रतिस्पर्धी अवश्य बना, किन्तु इस स्वस्थ प्रतिस्पर्धा से दोनों साप्ताहिकों को लाभ हुआ। 'टाइम्स ऑफ इंडिया' समूह से अज्ञेय के सम्पादन में 21 फरवरी, 1965 को साप्ताहिक 'दिनमान' शुरू हुआ। 'दिनमान' की प्रखरता से भी 'धर्मयुग' की स्तरीयता बढ़ी। 'धर्मयुग' प्रसार की दृष्टि से इन दोनों साप्ताहिकों से आगे निकल गया। यह धर्मवीर भारती की सामंजस्य दृष्टि का ही प्रतिफल था। मिशनरी और मशीनरी, सेवा और व्यवसाय सारी दृष्टियों से 'धर्मयुग' की अग्रता बनी रही।

डॉ. धर्मवीर भारती के सम्पादन में 'धर्मयुग' का अन्तिम अंक 29 नवम्बर (29 नवम्बर से 5 दिसम्बर) को निकला। यह रिलायंस कप क्रिकेट विशेषांक था। इसमें मालती जोशी के

उपन्यास 'विस्फोट' का अन्तिम अंश प्रकाशित हुआ। मृदुला गर्ग की कहानी 'अक्स' इसमें छपी और पद्मा सचदेव का अत्यन्त मार्मिक रिपोर्ताज 'हम अनिकेत—जम्मू के शरणार्थी' का इसमें प्रकाशन हुआ। इस अंक के निवेदन में डॉ. भारती ने लिखा—''धर्मयुग के माध्यम से हिन्दी-पत्रकारिता के क्षेत्र में सेवाएँ समर्पित करते हुए लगभग 27 वर्ष पूरे हुए। अब विश्राम की आवश्यकता महसूस करते हुए आपसे स्नेहपूर्ण विदा पाने का हकदार हूँ। इस लम्बी अवधि में हिन्दी तथा अन्य भारतीय भाषाओं के साहित्यकारों और पत्रकारों का जो स्नेह मिला, आप सब पाठकों का जो संरक्षण मिला, अपने वर्तमान और भूतपूर्व विभागीय सहयोगियों का कर्तव्यनिष्ठ सहयोग मिला, व्यवस्थापकों और संचालकों का जो सद्भाव मिला, उसके लिए मैं हृदय से आभार व्यक्त करते हुए विदा लेता हूँ। आपका 'धर्मयुग' के प्रति यही स्नेह बना रहेगा, इसी विश्वास के साथ नमस्कार और शुभकामनाएँ।''

6 दिसम्बर, 1987 ई. के अंक से सहायक सम्पादक गणेश मन्त्री 'धर्मयुग' के कार्यवाहक सम्पादक बने। उन्होंने अपने पहले ही अंक में डॉ. भारती के प्रति आभार व्यक्त करते हुए लिखा—''चौथाई शताब्दी से अधिक लम्बे समय तक 'धर्मयुग' और धर्मवीर भारती एक-दूसरे के पर्यायवाची रहे हैं। 1960 में भारती जी ने 'धर्मयुग' का सम्पादन-भार सँभाला था। यह वह समय था जब हिन्दी के बड़े साप्ताहिकों की पत्रकारिता एक तरह से ठहराव पर थी। बड़े-बड़े पुरस्कारोंवाली वर्ग पहेलियों, नव विवाहित युगलों की तसवीरों और विवादरहित विषयों पर सपाट लेखों से लदी पत्रिकाएँ, उभरते हुए मध्यम वर्ग के दीवानखानों में शोभायमान रहती थीं। वैचारिक बातें, राजनीतिक विवाद, साहित्यिक बहसें, सांस्कृतिक समस्याएँ और आर्थिक सवालों आदि से उनका कोई गहरा साबका नहीं था। इलाहाबाद विश्वविद्यालय की समृद्ध बौद्धिक और साहित्यिक परम्परा की देन भारती जी ने अपनी प्रखर दृष्टि, अनूठी सूझबूझ और अथक परिश्रम से 'धर्मयुग' को समय के स्पन्दनों से जोड़ा; उनके नेतृत्व में धीरे-धीरे 'धर्मयुग' साहित्य-चिन्तन, सांस्कृतिक चेतना और वैचारिक मन्थन का मंच बन गया।''

उनके महत्त्व और अवदान को रेखांकित करते हुए डॉ. रामविलास शर्मा ने बिलकुल सच लिखा है—''पत्रकार के लिए यह बहुत आवश्यक होता है कि वह उदारमना हो। विभिन्न विचारधाराओं के लेखकों की रचनाएँ सम्पादक अपने पत्र में प्रकाशित करे। इस दृष्टि से धर्मवीर भारती बहुत समर्थ सम्पादक थे। वह कवि थे, नाटककार थे, उपन्यासकार थे, आलोचक थे—साहित्य की हर विधा में उन्होंने काम किया। मेरी समझ से उनका सबसे उत्कृष्ट रूप पत्रकारिता का है। मेरे देखते-देखते 'धर्मयुग' जितना लोकप्रिय हुआ, उतना किसी अन्य पत्र को लोकप्रिय होते नहीं देखा। धर्मवीर भारती के हाथ से जब 'धर्मयुग' निकल गया, तब उसकी लोकप्रियता भी खत्म हो गई। इससे पता चलता है कि 'धर्मयुग' को लोकप्रिय बनाने में भारती का कितना बड़ा योगदान था। वह पत्रकार थे और पत्रकार होने के साथ-साथ वह कलाकार भी थे। पत्र की सज्जा ऐसी बनाते थे कि सभी लोग—केवल साहित्यकार ही नहीं बल्कि सामान्य लोग भी उसे पसन्द करते थे। खासतौर से चित्र उसमें इतने सुन्दर होते थे कि जो पढ़ना भी न चाहे वह चित्रों के लिए पत्र देखता था। 'धर्मयुग'

में जितने पृष्ठ होते थे उनमें स्थान का पूरा-पूरा उपयोग होता था। छोटी-से-छोटी जगह में भी वह कोई काम की बात छाप देते थे। स्थान का उपयोग कैसे करना चाहिए, यह लोगों को धर्मवीर भारती से सीखना चाहिए। इसके अतिरिक्त वह सामग्री भी ऐसी देते थे कि बूढ़े और जवान, स्त्री और पुरुष, पेशेवर लेखक, गैर पेशेवर लोग सब पढ़ते थे। मैंने ऐसे लोगों के यहाँ भी 'धर्मयुग' की प्रतियाँ देखी हैं, जिनका साहित्य से दूर का भी सम्बन्ध नहीं था। यह भारती जी की बहुत बड़ी सफलता थी। उसमें अनेक विचारधाराओं के लोग लिखते थे। अमृतराय लिखते थे, अमृतलाल नागर भी लिखते थे और मैं भी लिखता था। अनेक दूसरे लोग लिखते थे। एक बांत सबमें सामान्य थी—किसी भी विचारधारा का लेखक हो वह हिन्दी का समर्थक होता था। मेरे विचार से हिन्दी के समर्थन के लिए जितना बड़ा काम 'धर्मयुग' ने किया उतना बड़ा काम दूसरे पत्र नहीं कर पाए। इस दृष्टि से धर्मवीर भारती का योगदान चिरस्मरणीय रहेगा।''[31]

प्रसिद्ध दक्षिणपन्थी विचारक और समर्थ आचार्य विष्णुकान्त शास्त्री ने भी उनके सम्बन्ध में यह स्पष्ट मन्तव्य दिया है—''धर्मवीर भारती का एक बहुत सबल पक्ष उनका सम्पादकीय कृतित्व है। कृती साहित्यकारों में भारतेन्दु, माखनलाल चतुर्वेदी, 'अज्ञेय' जैसे कुछ ही साहित्यस्रष्टा ऐसे हुए हैं जिन्होंने अपने सहृदय सम्पादन के द्वारा साहित्यकारस्रष्टा होने का गौरव भी अर्जित किया है। उसी परम्परा में धर्मवीर भारती भी आते हैं। उनके सम्पादन-काल में 'धर्मयुग' हिन्दी का सर्वोत्कृष्ट पत्र था। जिस प्रकार तुलसी ने अपनी रामकथा को 'बुध विश्राम सकल जनरंजनि' बनाने में अभूतपूर्व सफलता प्राप्त की थी, उसी प्रकार 'धर्मयुग' भी विद्वानों और सामान्य पाठकों को समान रूप से प्रीतिकर लगता था। उसका विषय-वैविध्य जितना आह्लादकारक था उतना ही समाधानकारक था उसके लेखकों, कवियों, स्तम्भकारों का चुनाव। नए-से-नए विवादोत्तेजक विषयों को उजागर करने के साथ-साथ परम्परा के स्वस्थ पक्षों को भी 'धर्मयुग' में बराबर ससम्मान प्रतिपादित किया जाता रहा। किस विषय के लिए कौन लेखक उपयुक्त होगा, इसका ठीक-ठीक निर्धारण करने की आश्चर्यजनक क्षमता भारती जी में थी। बँगलादेश के मुक्ति-युद्ध के दिनों तो 'धर्मयुग' की लोकप्रियता किसी भी देशी-विदेशी पत्र के लिए ईर्ष्या का विषय थी।''[32]

निस्सन्देह हिन्दी-पत्रकारिता को उसका वास्तविक स्वरूप, व्यापक सन्दर्भ और वैश्विक दृष्टि देने में उनकी भूमिका अविस्मरणीय रहेगी। आज के बाजारवाद के दौर में भी वे दिशाबोध करानेवाले कालजयी सम्पादक के रूप में हमारे बीच रहेंगे।

सन्दर्भ

1. साहित्य विचार और स्मृति, डॉ. धर्मवीर भारती, संकलन-सम्पादन—पुष्पा भारती, भारतीय ज्ञानपीठ, नई दिल्ली, पहला संस्करण-2003 ई., निवेदन, पृष्ठ छह
2. धर्मवीर भारती की साहित्य-साधना, सं. पुष्पा भारती, भारतीय ज्ञानपीठ, नई दिल्ली, पहला संस्करण-2001 ई., पृष्ठ 644
3. धर्मवीर भारती से साक्षात्कार, सं. पुष्पा भारती, भारतीय ज्ञानपीठ, नई दिल्ली, पहला संस्करण-1998 ई., पृष्ठ 114

4. दायित्व और स्वातन्त्र्य : अविच्छिन्न मूल्य, (सम्पादकीय), आलोचना, 16 नवम्बर, 1955 ई.
5. धर्मवीर भारती की साहित्य-साधना, पृष्ठ 646
6. वही, पृष्ठ 648
7. नामवर सिंह का आलोचना-कर्म : एक पुन:पाठ, किताबघर प्रकाशन, नई दिल्ली, प्रथम संस्करण-2013, पृष्ठ 34
8. सम्पादकीय, निकष, प्रवेशांक, 1955 ई.
9. वही
10. धर्मवीर भारती की साहित्य-साधना, पृष्ठ 649
11. सम्पादकीय, निकष, अंक-3.4 (संयुक्तांक)
12. धर्मयुग : विशेष अध्ययन, सुधांशु मिश्र, हिन्दी के प्रमुख समाचार-पत्र और पत्रिकाएँ, खंड-1, सं. अच्युतानन्द मिश्र, सामयिक प्रकाशन, नई दिल्ली, प्रथम संस्करण-2010, पृष्ठ 98
13. धर्मवीर भारती से साक्षात्कार, पृष्ठ 149.150
14. हिन्दी के प्रमुख समाचार-पत्र और पत्रिकाएँ, खंड-1, पृष्ठ 107.108
15. वही, पृष्ठ 111
16. धर्मयुग, 6 मार्च, 1960 ई.
17. हिन्दी के प्रमुख समाचार पत्र और पत्रिकाएँ, खंड-1, पृष्ठ 112
18. इंडियन प्रेस इयर बुक, 1954, पृष्ठ 238
19. प्रेस एंड एडवरटाइजर्स इयर बुक, 1967.69, पृष्ठ 138
20. धर्मयुग, 22 मई, 1961 ई.
21. धर्मवीर भारती ग्रन्थावली, खंड-4, सम्पादक-चन्द्रकान्त वान्दिवडेकर, वाणी प्रकाशन, नई दिल्ली, प्रथम संस्करण-1998 ई., पृष्ठ 189.190
22. वही, पृष्ठ 190.191
23. सम्पादकीय, धर्मयुग, 21 जनवरी, 1962 ई.
24. वही
25. पत्रकारिता के युगनिर्माता: धर्मवीर भारती, प्रभात प्रकाशन, नई दिल्ली, प्रथम संस्करण-2010 ई., पृष्ठ 69
26. साहित्य विचार और स्मृति, पृष्ठ 181.182
27. धर्मवीर भारती की साहित्य-साधना, पृष्ठ 671.672
28. धर्मयुग, 2 अक्टूबर, 1977 ई.
29. वही
30. वही, 23 दिसम्बर, 1984 ई.
31. धर्मवीर भारती की साहित्य-साधना, पृष्ठ 642.643
32. वही, पृष्ठ 657

राजेन्द्र माथुर

स्वतन्त्रता के बाद जिन पत्रकारों ने हिन्दी-पत्रकारिता को दिशाबोध दिया, उनमें राजेन्द्र माथुर (7 अगस्त, 1935 ई.-9 अप्रैल, 1991 ई.) कई कारणों से विशिष्ट हैं। माथुर जी की पत्रकारिता भारत के आत्मबोध की.पत्रकारिता है तो विश्वबोध की भी। यह जन-प्रशिक्षण की पत्रकारिता है तो ज्ञान के संवर्धन की भी। मात्र 20 वर्ष की आयु में अपना पत्रकार-जीवन प्रारम्भ करनेवाले इस कालजयी सम्पादक ने हिन्दी-पत्रकारिता को न केवल राष्ट्रीय स्तर पर प्रतिष्ठित किया बल्कि उसे अँग्रेजी की प्रतिस्पर्धा के योग्य भी बनाया। राजेन्द्र माथुर, प्रभाष जोशी और शरद जोशी 'नई दुनिया' के यशस्वी सम्पादक राहुल बारपुते की खोज थे।

अपने पत्रकार-जीवन के प्रारम्भ का उल्लेख करते हुए माथुर जी का कथन है—"राहुल बारपुते से उस रात की मुलाकात के छह महीने के बाद जब मैंने बी.ए. पास कर लिया तो शरद जोशी ने मेरी कुलबुलाहट जान राहुल जी से पूछा कि क्या 'नई दुनिया' में नियमित लिखने-लिखाने का कोई काम मुझे मिल सकता है? बीस साल की मेरी उम्र थी और कॉलेज पत्रिकाओं के बाहर एक भी छपा शब्द मेरे खाते में नहीं था, लेकिन 'नई दुनिया' में 33 वर्षीय सम्पादक से मैं अन्तरराष्ट्रीय मामलों पर एक कॉलम माँग रहा था।

जब राहुल जी से दफ्तर में मुलाकात हुई, तो उन्होंने पूछा कि लेखन का तुम्हारा यह ज्वालामुखी-जोश तो दस-पन्द्रह दिन में खत्म हो जाएगा, तब तक सारे सोचे हुए आइडिया भी छप-छपा जाएँगे। उसके बाद क्या होगा? क्या यह ज्वालामुखी बरसों तक भभक सकेगा?

मैंने उन्हें सुदीर्घ और सुनियमित दहनशीलता का आश्वासन दिया। उन्होंने कहा कि तीन-चार दिन के कॉलम लिखकर दिखाओ। मैंने लिख भेजे। कहते हैं, वे पढ़कर पुलक से उछल पड़े। 'तुम्हारा दोस्त कमाल का लिखता है', उन्होंने शरद जोशी से कहा।"[1]

राजेन्द्र माथुर ने 2 अगस्त, 1955 ई. से 'नई दुनिया' में अनुलेख शीर्षक स्तम्भ लिखना प्रारम्भ किया। सम्पादकीय के ठीक नीचे छपनेवाले इस अनुलेख में अन्तरराष्ट्रीय विषयों और घटनाओं पर उनकी धारदार टिप्पणियाँ होती थीं। 1956 से उन्होंने 'नई दुनिया' के साप्ताहिक खंड के सम्पादन में सहयोग किया। 1958 में विक्रम विश्वविद्यालय से अंग्रेजी में एम.ए. करने के बाद वे इन्दौर के गुजराती कॉलेज में अंग्रेजी के प्राध्यापक हो गए। 'नई दुनिया' में उनकी सक्रियता बनी रही और इस पत्र से उन्हें पचहत्तर रुपये प्रतिमास मिलने लगे। 1963 से 1969 तक उन्होंने 'नई दुनिया' में कई स्तम्भ लिखे जिनमें 'पिछला सप्ताह' बेहद लोकप्रिय हुआ।

राजेन्द्र माथुर की पत्रकारिता में व्यापकता है तो विविधता भी। वे घटना के स्रोत तक पहुँचकर अपनी टिप्पणी देनेवाले पत्रकार रहे हैं। 'राजेन्द्र माथुर संचयन' का सम्पादन करते हुए उनके सहकर्मी पत्रकार मधुसूदन आनन्द का यह कथन द्रष्टव्य है—"माथुर साहब के सरोकार जितने राष्ट्रीय थे उतनी ही उनमें अन्तरराष्ट्रीय घटनाक्रम को समझने की बेचैनी थी। अन्तरराष्ट्रीय विषयों पर उन्होंने सीमित सूचना तन्त्र के बावजूद जितना लिखा है, वह अप्रतिम है और उनकी जागरूकता का नमूना है।

माथुर साहब के लेखों की भाषा का तो कहना ही क्या है। उन्होंने पत्रकारिता को नई भाषा दी है। हिन्दी में आधुनिक विचार के लिए सम्मानजनक जगह बनाई है और विचार के लिए नई भाषा-शैली का निर्माण किया है। कई लेखों में लगता है कि जैसे माथुर साहब रूपकों में फँसकर रह गए हैं, लेकिन लेख के अन्त में आप पाते हैं कि ये रूपक चीजों को समझाने का उनका सशक्त हथियार हैं।

माथुर साहब के लेखों में पत्रकार के लिए ही नहीं, हिन्दी के तमाम जागरूक साहित्यकारों के लिए विपुल विचार सम्पदा भरी पड़ी है। इसलिए इन्हें पढ़कर निश्चय ही हम जैसे लोग समृद्ध होते हैं।

अन्त में एक बात और। इन लेखों में एक भी शब्द इधर-उधर नहीं किया गया है। राजनीति और समाज में प्रतिपल परिवर्तन होता रहता है। इसलिए कहीं-कहीं आपको ऐसा भी लगेगा कि जैसे माथुर साहब में विरोधाभास है। विरोधाभास दरअसल स्थितियाँ पैदा करती हैं। माथुर साहब ने बड़ी ईमानदारी, बौद्धिक तैयारी और विलक्षणता के साथ उपलब्ध सच को लिखा है, उसकी चीर-फाड़ की है और बाकायदा एक रचनात्मक प्रक्रिया से गुजरकर किन्हीं नतीजों पर पहुँचे हैं। इसलिए ये लेख महज अखबारी लेख नहीं हैं, इतिहास और दर्शन के प्रामाणिक दस्तावेज हैं।"[2]

राजेन्द्र माथुर को उनके मित्र प्रायः रज्जू बाबू कहते थे। रज्जू बाबू किसी विषय पर गहन चिन्तन-मनन करके ही अपनी राय देते थे। उनके मार्गदर्शक राहुल बारपुते ने इस सन्दर्भ में एकदम ठीक कहा है—"प्रश्न किसी भी क्षेत्र का हो रज्जू बाबू तब तक अपनी राय स्वयं तक ही सीमित रखते थे कि जब तक वे सभी प्रमुख पहलुओं की जानकारी लेकर किसी निश्चित निष्कर्ष पर, फिर भले ही वह अस्थायी ही क्यों न हो, पहुँच नहीं जाते थे। मैंने लिख तो दिया है कि 'सभी प्रमुख पहलुओं की जानकारी लेकर' किसी निष्कर्ष पर पहुँचते थे, पर यह जानकारी एकत्र करना कितना कठिन है यह तो एक भुक्त-भोगी ही जानता है। जिन विषयों अथवा क्षेत्रों में रस हो उनके सम्पर्क में रहना, उनके बारे में निरन्तर पढ़ते रहना आवश्यक होता है। फिर रज्जूबाबू की रुचियों का स्पेक्ट्रेम तो औसत से कहीं अधिक विस्तृत था। इतिहास, दर्शन, अर्थशास्त्र, साहित्य, विज्ञान, राजनीति आदि विषयों में तो उनकी रुचि थी ही, पर इनके अलावा लीक से हटकर भी रुचियाँ थीं उनकी। जैसे पक्षियों का अध्ययन करना, या शरद ऋतु से लेकर ग्रीष्म तक की रातों में आकाश कैसा होता है, कौन से तारे कहाँ होते हैं आदि में भी उनकी खासी पैठ थी। मैं अक्सर ही उन्हें चलता-फिरता विश्वकोष कहता था। जो विषय ऊपर गिनाये हैं मैंने, उनके अलावा अन्य अनेक विषयों के बारे में

उनकी जानकारी औसत से कहीं गहरी तो खैर होती ही थी, यह अद्यावधि भी होती थी। पता नहीं इतनी ढेर सारी, विविध जानकारी एकत्र करने के लिए उन्हें समय कैसे मिल जाता था। शायद वे बहुत पहले से ही ज्ञानार्जन की यात्रा पर निकल पड़े होंगे। रज्जूबाबू जैसा बहुमुखी प्रतिभा का एवं सदैव जाग्रत अनेकानेक जिज्ञासाओं का धनी, मात्र पत्रकारिता के क्षेत्र में ही नहीं अन्य क्षेत्रों में भी बिरला ही होता है, बहुत ही बिरला।''[3]

भारत-चीन युद्ध के सन्दर्भ में तथ्यों को प्रस्तुत करते हुए राजेन्द्र माथुर ने चीन के संघर्ष और विकास और भारत-चीन-सम्बन्ध के बदलते सन्दर्भों को रेखांकित भी किया है। चीन की सफलता के मूल में उन्होंने वहाँ के किसानों और मजदूरों के भीषण संघर्ष और कुर्बानी की भावना को स्वीकार किया है—''चीन में कम्युनिस्ट राज की स्थापना अक्टूबर, 1949 को हुई। उसके पहले चीन ने मुसीबतों और यातनाओं के जो पचास साल गुजारे वैसे पचास वर्ष एशिया के किसी भी देश को सौभाग्य से नहीं गुजारने पड़े। इन पचास वर्षों में बार-बार जापान ने चीन पर हमला किया और उसके कई इलाकों पर कठपुतली सरकारें खड़ी कर दीं। लीग ऑफ नेशन्स के साम्राज्यवादी क्लब ने कभी जापानी हमले को खत्म करने के लिए उत्सुकता नहीं दिखलाई। इन पचास वर्षों में चीन ने अपने देश की अन्तरराष्ट्रीय लूट देखी और देखा कि नाममात्र को आजाद होते हुए भी उसकी हालत भारत जैसे गुलाम देशों से बदतर है, क्योंकि भारत में केवल अंग्रेजों की लूट थी, जक कि चीन में सभी बड़े देश लूट करते थे और लूट की आजादी के लिए एक दूसरे से लड़ते थे। इन पचास वर्षों में चीन ने राष्ट्रवाद को पनपते देखा (सनयात सेन) और उसे भ्रष्ट होते देखा (च्यांग काई शेक)। उसने ऐसे देशी शासक देखे, जो जापानी विदेशियों से गए बीते थे। देशी सेनापतियों को उसने अपने देश में छोटी-छोटी सल्तनतें बनाते देखा। मौत और मुसीबत से भरी एक 'लंबी पदयात्रा' उसने दक्षिण से उत्तर तक देखी जो चीन के इतिहास में एक पौराणिक गाथा की तरह अमर हो चुकी है। दुनिया की सबसे भीषण महँगाई और सबसे गहरा भ्रष्टाचार उसने अपने यहाँ देखा। फिर चीन के किसानों और मजदूरों ने भीषण कुर्बानी देकर देश में साम्यवाद को सफल बनाया।''[4]

'हिन्दी-चीनी भाई-भाई' के राजनीतिक सन्दर्भ को रेखांकित करते हुए माथुर जी का यह कथन कितना सटीक है—''1954 और 56 के बीच भारत और चीन की दोस्ती एक रूमानी मुहब्बत में बदल गई। दोनों देश ऐसे गले मिले मानो किसी परीकथा का अन्त हो रहा हो—सदियों से बिछड़े भाई जिन्हें बेहद भरोसा था, साम्राज्यवाद के दैत्य ने जुदा कर दिये और बरसों भटकने व मुसीबत सहने के बाद वे एक हो रहे हैं। उन्होंने पंचशील के पाँच सिद्धान्तों की स्थापना की और इतने विभोर होकर उनका प्रचार किया, मानो दुनिया में एक नए धर्म की वे आधार शिला रख रहे हों। दुनिया की समस्याओं को हल करने के लिए जिस जादू की छड़ी की इतने दिनों से तलाश थी, वह आखिर भारत और चीन ने ढूँढ़ ही निकाली। इस जादू की छड़ी में अमरीकी खेमे के देश विश्वास क्यों नहीं करते? भारत और तिब्बत के बारे में, तीर्थयात्रायिों और व्यापारियों के बारे में समझौता क्या हुआ, मानो दुनिया को शान्ति का शाश्वत घोषणा-पत्र मिल गया। चीन और भारत, दुनिया के तीसरे और चौथे नम्बर के

देश, क्या दुनिया को उस कहर और कयामत से नहीं बचायेंगे जो नवम्बर एक और नवम्बर दो की दुश्मनी के कारण आ रही है? आओ हम बांडुंग चलें और एशियाई एकता व विश्व शान्ति की दुन्दुभी बजाएँ और नए विश्व के सोहर गाएँ। देखते नहीं इतिहास की धुरी पश्चिम से खिसककर धीरे-धीरे पूरब की ओर आ रही है। आओ यह बिछुड़े कुनबे के महामिलन का पर्व है। आओ यह वह सबेरा है, जिसमें जीवित होना चरम सुख है और जवान होना तो बिलकुल स्वर्ग है। आओ... आओ...''[5]

राजेन्द्र माथुर की पत्रकारिता वैचारिक संवाद की पत्रकारिता है। वे वर्त्तमान की चुनौतियों के साथ अतीत की भूलों से भी अपने पाठकों को परिचित कराते रहे हैं। भारत-चीन युद्ध के सन्दर्भ में वे टिप्पणी करते हुए कहते हैं—''इस तरह हालाँकि हम एक बहुत पुराने देश हैं, लेकिन जहाँ तक चुनौतियों का सामना करने का प्रश्न है, हम एक अनुभवहीन देश हैं। यों लूटमार, कत्लेआम और युद्ध हमने बहुत देखे हैं, लेकिन इसे अनुभव नहीं कहते। अनुभव से फर्क पड़ता है, मानसिक रवैये बदलते हैं, सामाजिक जीवन में क्रान्ति आती है, संकल्प मजबूत होते हैं और अगली टक्कर की तैयारी की जाती है। भारत में चुनौती और प्रतिक्रिया की यह शृंखला बहुत कम पाई जाती है।

आजादी के बाद जब भारत ने अंग्रेजों का जुआ अपनी गर्दन से उतारा, तब अंग्रेजों का कवच भी हमें उतार देना पड़ा। जब विज्ञान दुनिया को एक बना रहा था और हिमालय व समुद्र बेमतलब हो रहे थे, तब अंग्रेजों ने यह जुआ और यह कवच हमें दिया और इस कवच ने हिमालय व समुद्र की जगह ले ली। भारत के अन्तरराष्ट्रीय सम्बन्धों का मतलब हो गया भारत और इंग्लैंड के सम्बन्ध और हमारी सबसे बड़ी चुनौती हो गई—भारत में अंग्रेजी राज का उन्मूलन। इस चुनौती का सामना हमने जिस तरह से किया, वही हमारे पिछले सैकड़ों वर्षों के इतिहास की एक ऐसी गाथा है, जिस पर हम थोड़ा बहुत गर्व कर सकते हैं।

इस परिप्रेक्ष्य में अगर हम देखें, तो यह स्पष्ट हो जायेगा कि आजादी के बाद हिन्दुस्तान को पहली बार दुनिया से नजरें मिलाने का मौका मिला (या मजबूरी हुई)। एक संगठित देश के रूप में इस तरह दुनिया का सामना हमने पहले कभी नहीं किया था। हमारी यादगारों के गोदाम में चुनौती और प्रतिक्रिया के ऐसे कोई उदाहरण मौजूद नहीं थे, जिन्हें दुहराकर या जिनसे सबक लेकर हम भविष्य में अपना रास्ता बना सकें। इसलिए जब चीन ने हम पर हमला किया, तो हम दिग्भ्रमित हो गए।

अब अगर चीन का हमला पिछली किसी शताब्दी में हुआ होता, तो सम्भवत: हरेक अन्य हमलावर की तरह चीनी भी सफल हो जाते। तब उन्हें चुनाव करना पड़ता कि वे हिन्दुस्तान में क्या करें? क्या वे आर्यों की तरह यहाँ बस जाएँ और देश का चीनीकरण कर दें? क्या वे इस्लाम की तरह अपने तौर-तरीकों का यहाँ प्रचार करें? या वे अंग्रेजों की तरह दूर से शासन करते रहें यानी भारत में बसे अपने चीनी सूबेदारों को यह मौका दें कि वे कालान्तर में स्वाधीन हो जाएँ और भारत के बन जाएँ?''[6]

पत्रकार की निष्पक्षता, सम्पादक की विवेकशीलता, विश्लेषक की दक्षता, लेखक की रचनात्मकता और कल्पनाशीलता, विचारक की तार्किकता सब-के-सब राजेन्द्र माथुर की

पत्रकारिता में समाहित हैं। लाल बहादुर शास्त्री पर उनकी यह टिप्पणी, उनकी निष्पक्षता और गहरी दृष्टि का प्रमाण है—"साल भर प्रधानमन्त्री रहने के बाद इन गर्मियों में लाल बहादुर शास्त्री ने मानो अपना सच्चा व्यक्तित्व खोज लिया है। इस बार जब वे विदेश गए, तब वे न तो गड़बड़ाए न डाँवाँडोल हुए। कई वर्षों के बाद पहली बार हमें महसूस हुआ कि भारत के पास एक विदेश नीति है और उसका दुनिया में असर है। एक लम्बी और बीमार निष्क्रियता के बाद हमने हरकत करनी शुरू की और अपने लौटे हुए स्वास्थ्य से हम स्वयं जरा चौंक गए। अक्टूबर, 1962 के बाद शायद पहली बार देश को कुछ स्फूर्ति और ताजगी महसूस हुई। वियतनाम और अल्जीयर्स सम्मेलन से लेकर ब्रिटिश गियाना तक हमने अपनी खोई हुई आवाज पा ली।"

राजेन्द्र माथुर को नेहरूवादी पत्रकार माना जाता है। जब उन्होंने लिखना प्रारम्भ किया, उस समय नेहरू का सम्मोहक व्यक्तित्व युवामानस को बहुत दूर तक प्रभावित कर रहा था। नेहरू की बौद्धिकता, स्वप्नदर्शिता और नए भारत के निर्माण की पहल से राजेन्द्र माथुर अत्यन्त प्रभावित थे, किन्तु वे नेहरू के अन्धभक्त नहीं थे। नेहरू में भारतीयता का अनूठा सम्मिश्रण था। नेहरू के उत्तराधिकारियों की बदलती नीति के सन्दर्भ में अपने नेहरू प्रेम को व्यक्त करने के बावजूद उन्होंने निष्पक्षता का धर्म बचाये रखा है—"आजकल देश अपनी आर्थिक नीतियों पर पीड़ाजनक पुनर्विचार कर रहा है। पीड़ा इसीलिए है कि दिल्ली के नेता नेहरू के रास्ते से हटने की बात सोच रहे हैं। नेहरू के रास्ते से हटना आसान बात नहीं है। लेकिन सम्भावना यह है कि नेहरू की बेटी अपने पिता के रास्ते पर नहीं चलेगी। जब यह पुनर्विचार की प्रक्रिया पूरी हो जाएगी, तब तक देश एक ऐसी मनोवैज्ञानिक क्रान्ति से गुजर चुकेगा, जो कि 1962 के चीनी आक्रमण की टक्कर की होगी। 1962 के आक्रमण ने नेहरू के राजनैतिक विश्व को ढहा दिया। 1966 की यह क्रान्ति नेहरू के आर्थिक विश्व को ढहाती प्रतीत होती है।

कई लोग इससे बहुत नाराज हैं। वे पूछते हैं कि क्या भारत एक अमरीकी उपनिवेश बनता जा रहा है? अगर दस साल पुरानी परिभाषाएँ लागू करें तो इसमें कोई सनदेह नहीं है कि भारत सचमुच एक अमरीकी उपनिवेश बनता जा रहा है। नेहरू युग के स्वर्गीय मध्याह्न में यह भी कभी मंजूर नहीं किया जाता कि सवा अरब रुपयों की अमरीकी पूँजी से एक फाउंडेशन बने, जो इस देश के शिक्षा जगत पर छा जाए। इसे शैक्षणिक साम्राज्यवाद कहा जाता और हम इसे आर्थिक साम्राज्यवाद से भी बुरा मानते। हम कहते कि हम अपने बुद्धिजीवी इस तरह अमेरिका के हाथों गिरवी नहीं रखेंगे।

दस साल पहले यह भी सम्भव नहीं था कि रासायनिक खाद के कारखानों में विदेशी पूँजी की बहुमत भागीदारी मंजूर की जाए। इस्पात और सिमेंट पर से कंट्रोल हटाना भी अब आसान नहीं था।

नेहरू का विश्व कुछ तो उनके सामने ही ढह चुका था। अमरीकी हथियारों की छाया से भी दूर भागनेवाले भारत उनके जमाने में अमरीकी फौजी मदद के लिए तरसने लगा। और

जब यह सवाल आया कि चीन के अणु बम का जवाब भारत क्या देगा, तो कृष्ण मेनन ने कहा कि इसका जवाब अमेरिका के पास है।"[8]

राजेन्द्र माथुर ने भारत के सांस्कृतिक प्रतीकों पर आधुनिक सन्दर्भ में उनकी प्रासंगिकता पर विचार किया है। 'गाय तब और अब' शीर्षक आलेख की ये पंक्तियाँ द्रष्टव्य हैं—

"आर्यों के जमाने में गाय एक कविता थी, लेकिन भारत के पतन के साथ वह एक धर्म बन गई। आर्यों के जमाने में भारत स्वयं एक महाकाव्य था, जबकि आज जो हिन्दुस्तान हम देखते हैं वह उस महाकाव्य का सड़ा, बुसा फफूँद लगा संस्करण है। जो लोग इस देश में भारतीयता की रक्षा का नारा लगा रहे हैं, वे दरअसल उस हिन्दुस्तान की रक्षा करना चाहते हैं, जिसका पिछले हजार वर्षों में अचार डल चुका है। वे गलत हैं, बेहद गलत हैं। हिन्दुस्तान का उद्धार तो सचमुच तभी होगा जब हम इन हजार वर्षों को अपने दिमाग से निकाल फेंकेंगे।

धर्म और कविता में अन्तर स्पष्ट है। कविता हृदय की सहज संवेदना है। (इस घिसी-पिटी परिभाषा के लिए पाठक क्षमा करें), जबकि धर्म एक रूढ़ि है। कविता एक झरना है, जबकि धर्म इस झरने की याद दिलानेवाला सूखा रेतीला रास्ता है। भारत एक धार्मिक देश है, जिसने अपनी कविता खो दी है। जब हम उस कविता की पुनर्प्राप्ति का प्रयत्न करेंगे, तो धर्म की सीमाएँ तड़केंगी और विरोध होगा। लेकिन हम चाहे अपने ऋग्वेदकालीन गौरव को प्राप्त करना चाहें या बीसवीं शताब्दी के विज्ञान से कदम मिलाकर चलना चाहें, यह स्पष्ट है कि भारत को अपनी कविता पुनः प्राप्त करनी होगी। आर्यों के जमाने में गाय इसलिए एक कविता थी कि वह यायावर युग और कृषि-युग के बीच का सन्धिकाल था और मानव के लिए खेती स्वयं कविता की वस्तु थी। आज हम एक दूसरे संविधान की देहली पर खड़े हैं, जो कृषि युग और उद्योग युग का सन्धिकाल है। क्या पुराने प्रतीकों और उपमानों से हम आज के युग की कविता गढ़ सकते हैं?"[9]

आजादी के मोहभंग को सातवें दशक के साहित्यकारों और पत्रकारों ने खूब चित्रित किया है, किन्तु आजादी के प्रति हमारे दायित्वों का रेखांकन राजेन्द्र माथुर जैसे कतिपय पत्रकार ही कर पाये हैं। आजादी का यह अर्थ कदापि नहीं है कि अचानक चमत्कार हो जाएगा और सबकुछ हमारे मनोनुकूल होने लगेगा। यह सही है कि आजादी हमें अपने विकास के लिए सजग होने का अवसर देती है और अपने सपनों को रचनात्मक बनाने की स्वतन्त्रता भी। लेकिन जो लोग आज आजादी को जादुई चिराग मानते हैं वे भ्रम में हैं। उनको खबरदार करते हुए राजेन्द्र माथुर ने कितना सच कहा है—"आजादी ने कब कहा था कि वह हमें कुछ देगी? उसने कल्पवृक्ष और कामधेनु होने का दावा कब किया? यह तो हमने अपने मन में गलत समीकरण बना रखे थे। हमने सोचा था कि आजादी आएगी तो विकास होगा। आजादी को मानो कोई जादू या करिश्मा हमने समझ लिया, जिसके आते ही राजनीति स्वच्छ हो जाएगी, लोगों के मन उजले धुले होंगे, गाँव-गाँव में मेहनत की गूँज होगी और हवा में एक कस्तूरी गन्ध होगी। जैसे ब्रिटिश राज को हम एक शाप समझते थे, वैसे ही आजादी को हमने वरदान समझा। शाप और वरदान में सहूलियत है कि हमारी कोई जिम्मेदारी नहीं होती। देश गरीब क्यों है: ब्रिटिश राज के कारण, शराबखोरी क्यों है: ब्रिटिश राज के कारण,

हिन्दी पिछड़ी क्यों है: ब्रिटिश राज के कारण। हमने यह कभी नहीं सोचा कि इतिहास का देवता हर देश को वही शाप देता है, जिसके वह योग्य होता है। शाप हमें यातना देता है, हमें माँजता है और इस योग्य बनाता है कि हम शुद्ध होकर शाप से उबरें। इसीलिए शाप पवित्र है और शिरोधार्य है। लेकिन भारत के लोग किसी शाप में अपनी जिम्मेदारी नहीं समझते, उसे वे देवताओं का बेमतलब क्रोध मानते हैं। जब महात्मा गाँधी ने ब्रिटिश शाप से हमें उबारा, तो जादू में हमारा विश्वास और दृढ़ हो गया, मानो एक अवतार ने आकर हवा में ही शाप को काट दिया है। लेकिन जो देश अपने शाप को स्वयं भोग नहीं सकता वह उस शाप से उबर नहीं सकता और वरदान को अर्जित नहीं कर सकता।''[10]

राजेन्द्र माथुर ने गैर कांग्रेसवाद और समाजवाद की स्थिति का आकलन भी किया है। डॉ. लोहिया पर लिखते हुए उनका निष्कर्ष है—''डॉ. राममनोहर लोहिया हमेशा खानाबदोश और विद्रोही नेता रहे। उनके स्वभाव में वह कर्कशता थी, जो प्रौढ़ कुँवारों में पाई जाती है, जैसे कृष्ण मेनन में। हालाँकि वे संसोपा के पितामह थे, लेकिन किसी पार्टी के चौखटे में फँसना उनके लिए मुश्किल था। चुनाव के पहले उन्होंने कांग्रेस को हटाने के लिए वैसा ही जिहाद छेड़ा, जैसा 1942 में भारत-छोड़ो आन्दोलन चलाया गया था। लेकिन कांग्रेस जैसे ही राज्यों में हारी और संसोपा के लोग मन्त्री बने, वैसे ही डॉ. लोहिया ने संसोपा की भी बुराई शुरू कर दी। डॉ. लोहिया के जीते जी ही संसोपा का नेतृत्व एक नई पीढ़ी के हाथ में जा रहा था और वे अपनी पार्टी के महात्मा गाँधी बनते जा रहे थे। जीवन भर लड़ाकू राजनीति का समर्थन करनेवाले इस नेता को शायद अपने अन्तिम दिनों में मोहभंग सा हो रहा था।''[11]

उन्होंने यह भी कहा है—''यह भारत का दुर्भाग्य रहा है कि हमारे यहाँ समाजवादी नेता तो बड़े जोरदार रहे, लेकिन समाजवादी आन्दोलन हमेशा क्षीण और दुर्बल ही रहा। नेताओं के मनोवैज्ञानिक विकास पर तो टेढ़े-मेढ़े रास्ते जैसा उपन्यास लिखा जा सकता है। लेकिन आन्दोलन की सफलता पर चन्द पन्ने भी नहीं। जयप्रकाश नारायण का संन्यास-ग्रहण, आचार्य कृपलानी का पार्टी त्याग, अशोक मेहता का कांग्रेस-प्रवेश सब अपने आप में बहुत दिलचस्प है। लेकिन वे यह साबित करते हैं कि भारतीय समाजवाद की सबसे बड़ी बीमारी उसके नेताओं का उग्र व्यक्तिवाद है। कांग्रेस एक बुद्धिहीन संस्था थी, इसलिए बीस वर्ष चल पाई। लेकिन समाजवादी दल में हर नेता बुद्धिवादी था, हरेक के पास एक थीसिस थी, एक विश्व दर्शन था। इसलिए वे 1952 की पहली हार का धक्का भी नहीं सह सके। उस हार के कारण प्रथम विरोधी दल बनने का समाजवादी स्वप्न ताश के महल की तरह ढह गया। जयप्रकाश नारायण को राजनीति व्यर्थ लगने लगी और वे सर्वोदयी हो गए। मार्क्सवादियों ने गाँधीवादियों से समझौता कर लिया और आचार्य कृपलानी की कृषक मजदूर प्रजा पार्टी समाजवादी दल में आ गई। फिर नरम और गरम पन्थों में द्वन्द्व हुए और डॉ. लोहिया भारत के एनोयरिन बेवन सिद्ध हुए। बेवन लेबर पार्टी से अलग नहीं हुए लेकिन लोहिया हो गए। समाजवादी पतली धारा मत-मतान्तरों के रेगिस्तान में भटकी और अनेक उपधाराओं में बँट गई। जो डॉ. लोहिया आज जनसंघ और कम्युनिस्ट पार्टी से हाथ मिलाने के लिए तैयार थे, उन्हें तब नरेन्द्रदेव और अशोक मेहता का साथ गवारा नहीं हुआ।''[12]

1969 तक राजेन्द्र माथुर एक साथ पत्रकारिता और अध्यापन करते रहे। 1970 में वे 'नई दुनिया' से पूर्णतः जुड़ गए और सम्पादन का दायित्व सम्हाल लिया। उस समय प्रधान सम्पादक थे राहुल बारपुते। सम्पादक बनने के बाद माथुर जी ने 'नई दुनिया' को न केवल विषय-वैविध्य दिया बल्कि बारपुते के सपनों को साकार भी किया। आपात्काल के बाद हुए आम चुनाव में उन्होंने 'मुद्दे' नामक स्तम्भ प्रारम्भ किया जो अत्यन्त लोकप्रिय हुआ। वर्ष 1970 के आगमन पर उन्होंने अपने अग्रलेख में लोगों को आगाह करते हुए लिखा—''इस प्रकार 1970 गहरी छायाएँ लेकर आ रहा है। दु:ख यह नहीं है कि वह समस्याएँ लेकर आ रहा है। दु:ख इस बात का है कि इस बार कोई सपनों का केलकुलस नहीं है, कोई क्रान्ति ज्वार नहीं है, कोई स्वर्गिक छलना नहीं है, जिसके सन्दर्भ में ये सारी समस्याएँ हल होती लगें। शायद छायाएँ गहरी होंगी, 1917.20 का अनुभव हमारी मज्जा में पहुँचकर तब और अनुपयोगी बन जाएगा। 1970 का साल दरअसल इक्कीसवीं शताब्दी की समस्याएँ लेकर हमारे सामने उपस्थित हो रहा है, जिनका कोई इलाज इस सदी के पास नहीं है। जैसे पचास साल हमने एक उत्तर को पचाने में लगाए, वैसे ही तीस साल हम एक प्रश्न को आकार देने में लगाएँगे। तीस साल तक अँधेरे जंगलों में चलकर हम वह प्रश्न बना पाएँगे, जो 2000 ईसवी के लोगों को विरासत में मिलेगा। फिर यह अगली सदी के किशोर वर्षों पर होगा कि वह इस प्रश्नचिह्न को भोगे, सहे और निगले और प्रसव के चन्द त्रसद क्षणों में उनका उत्तर दे, वह उत्तर जो पूरी शताब्दी को क्लेश दे, सननिपात दे, पागलखाना दे और हर्षातिरेक की समाधि दे।''[13]

राजेन्द्र माथुर ने कभी भी सत्ता के समर्थन में कसीदे नहीं पढ़े। देश की मुक्ति के लिए उन्होंने कांग्रेस, गाँधी और नेहरू की प्रशंसा अवश्य की किन्तु मुक्ति के राजनीतिक सन्दर्भों की उन्हें गहरी समझ थी। लोकमान्य तिलक की प्रासंगिकता पर विचार करते हुए उन्होंने तत्कालीन कांग्रेस की निन्दा भी की है—''लोकमान्य तिलक भारत के पहले नेता थे, जिन्होंने बगावत को प्रतिष्ठा दी। उन्होंने बगावत का झंडा उस जमाने में उठाया, जब फैशन राजभक्ति का था और गोखले और फीरोजशाह मेहता कहते थे कि अंग्रेजी का राज ईश्वर का वरदान है। भारत के किसी नेता की अंग्रेजी से इतनी व्यक्तिगत और कड़वी मुठभेड़ शायद नहीं हुई, जितनी तिलक की हुई। उन पर राजद्रोह का पहला मुकदमा 1897 में चला, जब कांग्रेस बालसुलभ अदाओं से गोली और चाकलेट माँग रही थी।''[14]

और यह भी—

''तिलक भारत के पहले बड़े नेता थे जो अपने लिखे हुए शब्द के खातिर जेल गए। बंगाल के आतंकवादियों से बौखलाए हुए अंग्रेजों ने 1908 में दूसरी बार तिलक पर राजद्रोह का मुकदमा चलाया, (तब मोहम्मद अली जिन्ना उनके वकील थे) और उन्हें छह साल के लिए मंडाले की जेल में भेज दिया। गाँधी द्वारा चलाए गए स्वाधीनता संग्राम में कोई भी बड़ा नेता लगातार छह साल तक जेल में नहीं रहा लेकिन तिलक रहे। वे अग्रदूत थे, इसलिए अकेले पड़ गए। दरअसल 1905 और 1908 के बीच जितने नेताओं और शहीदों ने अंग्रेज हुकूमत के खिलाफ लड़ाई की, वे एक अग्रदूत थे और उन्हें आसानी से कुचल दिया गया।

(गोखले ने कहा भी था कि अंग्रेज नाराज हुए तो पाँच मिनट में कांग्रेस को खत्म कर देंगे) लेकिन अग्रदूतों के बिना क्या कभी इतिहास आगे बढ़ा है?''[15]

राजेन्द्र माथुर ने विश्व-पत्रकारिता के उत्थान-पतन का गहन अध्ययन किया और भारतीय पत्रकारिता के शलाका-पुरुषों, यथा—तिलक, माखललाल चतुर्वेदी, गणेश शंकर विद्यार्थी की देनों का मूल्यांकन भी। इतना ही नहीं, हिन्दी-पत्रकारिता के प्रति पाठकों की विमुखता पर भी उन्होंने गहरी चिन्ता व्यक्त की। बड़ी आबादी होने के बावजूद हिन्दी क्षेत्रों में पत्रों का अपर्याप्त वितरण, लोकतन्त्र के विकास के मार्ग में बाधक ही नहीं, उसके लिए खतरा भी है। विश्व-पत्रकारिता का सन्दर्भ देते हुए उन्होंने कहा है—''दस लाख बिकनेवाला विश्व का सबसे पहला अखबार पेरिस का 'ल पती जर्नल' था, जिसने सन 1886 में यह रिकार्ड कायम किया। व्यंग्य इसमें यह है कि 'ल पती जर्नल' का हिन्दी अनुवाद होगा लघु पत्रिका। दस लाख की ठाठदार बिक्री लेकिन लघु पत्रिका। उस घटना को सौ साल होने आए, लेकिन, अपने हिन्दुस्तान में आज भी ऐसी कोई लघु पत्रिका नहीं छप रही है, जैसी कि मध्यप्रदेश से भी आधी आबादी के फ्रान्स में उन दिनों छपती थी। जिस दैनिक अखबार ने पहली बार दस लाख की सात आँकड़ोंवाली दीवार तोड़ी, वह इंग्लैंड का 'डेली मेल' था। उसने 1900 में ही यह करिश्मा कर दिखाया। भारत में, 68 करोड़ लोगों के भारत में, दस लाख प्रतियाँ उस अंग्रेजी अखबार की भी नहीं बिकतीं, जो चंडीगढ़ से लेकर कोचीन तक दस नगरों से एक साथ प्रकाशित होता है। हमने लिलिपुट पैमाने लागू कर रखे हैं, जिसके अनुसार 50 हजार से ज्यादा बिकनेवाला अखबार बड़ा मान लिया जाता है।''[16]

भारतीय और विशेषत: हिन्दी अखबार की प्रसार-संख्या से वे असनतुष्ट अवश्य थे किन्तु भविष्य के प्रति आशान्वित भी—''वह दिन आना अभी बाकी है, जब हिन्दी में कोई दैनिक या साप्ताहिक दस लाख से अधिक बिकेगा। हिन्दी भाषी आबादी को देखते हुए तो पच्चीस या पचास लाख बिकनेवाले पत्र हमारे राज्य-राज्य में होने चाहिए थे। लेकिन यह प्रश्न: अन्तत: राजनीति से जुड़ा हुआ है। जब साक्षरता बढ़ेगी, गरीबी कम होगी, सड़कों से गाँव जुड़ेंगे, खेत-मजदूरों में राजनीतिक चेतना एवं संगठन पैदा होंगे, क्रय शक्ति अधिक होगी, तभी अखबारों का वैसा विकास होगा जैसा केरल में हो चुका है।''[17]

राजेन्द्र माथुर साहित्यकार नहीं थे, किन्तु साहित्य के मर्मज्ञ अवश्य थे। उन्होंने पत्रकारिता की भाषा को रचनात्मक बोध दिया। यह भाषा पाठकों को बाँधती भी है और उन्हें उद्वेलित भी करती है। वरिष्ठ पत्रकार आलोक मेहता ने सच ही कहा है—''राजेन्द्र माथुर साहित्यकार नहीं थे, लेकिन उनके हर लेख में कविता का रस, कहानी की गहराई और उपन्यास जैसी रोचकता भरी हुई है। लगभग 36 वर्षों तक एक धुन से निरन्तर लिखते रहनेवाले पत्रकार श्री राजेन्द्र माथुर ने न केवल हिन्दी-पत्रकारिता बल्कि सम्पूर्ण भारतीय पत्रकारिता के लिए नए मानदंड स्थापित किए। 1970 से 1980 की छोटी-सी अवधि में भारत की राजनैतिक, सामाजिक, शैक्षणिक, वैज्ञानिक उथल-पुथल पर श्री माथुर की बेबाक लेखनी से जो कुछ निकला, वह आधुनिक भारत का जीवन्त इतिहास कहा जा सकता है।''[18]

माथुर जी के अविस्मरणीय योगदान को रेखांकित करते हुए आलोक मेहता का यह कथन भी पूर्णत: सत्य है—"राजेन्द्र माथुर को पढ़ते हुए आप महसूस कर सकते हैं। कि यह सम्पादक राष्ट्र, राज्य के लिए सब कुछ न्योछावर करने को तैयार था, लेकिन सत्ता या विपक्ष के किसी तन्त्र की ओर झुकने के लिए कभी उत्सुक नहीं रहा। शिखर पर रहकर सूर्य की ऊष्मा से बेअसर रहनेवाले व्यक्ति बिरले ही होते हैं। फिर इतनी ऊँचाई से वह अपने पाठकों को कभी आतंकित नहीं करते, बल्कि हिमालय से निकली गंगा की कलकल धारा की तरह नजदीक पगडंडी पर चल रहे पाठक को चलते रहने का विश्वास और अनूठी तृप्ति का अहसास दिलाते हैं। महात्मा गाँधी और पं. जवाहरलाल नेहरू के व्यक्तित्व और कृतित्व की गहरी छाप उनके लेखों में देखने को मिलती है। यूरोप, अफ्रीका या लातीनी अमरीकी विषयों पर भी उनके लेख इतने सहज हैं, जैसे पाठक अपने घर-गाँव की बात समझ रहा हो। समाजवाद, साम्यवाद पूँजीवाद के सिद्धान्तों और सन्दर्भों का हवाला देते हुए श्री माथुर ने जमीन से जुड़ी बातों को हमेशा कुरेदा। कट्टर साम्यवाद या प्रतिक्रियावाद के विरुद्ध उन्होंने करारे प्रहार किए, लेकिन बदलाव की आवाज निरन्तर उठाई।"[19]

राजेन्द्र माथुर की पत्रकारिता आक्रामक नहीं बल्कि सर्जनात्मक रही है। वे पत्रकार होने के दम्भ से मुक्त लोकतान्त्रिक प्रक्रियाओं में विश्वास रखनेवाले स्वतन्त्रचेता सम्पादक थे। वे अपनी विचारयात्रा में अपने पाठकों को सहज सहयात्री बना लेते थे। उनके एक सहयोगी ने सच ही कहा है—"यह सही है कि पत्रकारिता की आज वह भूमिका नहीं है जो गणेश शंकर विद्यार्थी के समय थी। लेकिन बदली हुई भूमिका में भी पत्रकारिता के ऊपर जो जिम्मेदारियाँ हैं उन्हें झुठलाना सम्भव नहीं। एक तरफ पत्रकारिता व्यवसाय है, खबरों की मंडी है तो दूसरी ओर विचारों की खिड़की से ताजा हवा और प्रकाश लाने की चिन्ता और कोशिश भी। राजेन्द्र माथुर इन्हीं चिन्ताओं और कोशिशों के प्रतीक थे। पिछले तीन दशकों की भारतीय पत्रकारिता की चर्चा राजेन्द्र माथुर के बिना सम्भव नहीं। जहाँ तक बात हिन्दी-पत्रकारिता की है, अज्ञेय ने इसे जो भाषा और रघुवीर सहाय ने जो वैचारिक सूझबूझ दी थी, उसे राजेन्द्र माथुर ने नया अर्थ दिया। दोनों के बीच सार्थक पुल बनाया। हिन्दी-पत्रकारिता को अंग्रेजी के मुकाबले खड़ा होने का साहस ही नहीं, मुखरता भी दी।

राजेन्द्र माथुर के लेखों और सम्पादकीय टिप्पणियों का एक बड़ा पाठक वर्ग है, यह कहना उतना ठीक नहीं होगा जितना यह कि उन्होंने एक सजग पाठक वर्ग तैयार किया। उनके विचारों से आप सहमत हो सकते हैं, उनका हरेक तर्क आपको जँचे, यह भी सम्भव नहीं लेकिन यह तो मानना पड़ेगा कि उनका कोई लेख पूरा पढ़े बिना नहीं छोड़ा जा सकता और पढ़ने के बाद आप कुछ सोचना... कुछ मनन करना जरूरी समझेंगे। श्री माथुर की एक खासियत यह भी है कि वह कोई बात पाठकों पर लादते नहीं। ज्यादातर सम्पादकों का अपने पाठकों के प्रति इस अर्थ में तानाशाह रुख होता है कि वे अपनी बात को चरम सत्य के रूप में रखते हैं और पाठकों पर हावी होना चाहते हैं। लेकिन वह बड़े प्यार से अपने तर्क रखते थे और अन्त में पाठकों को खुली छूट देते थे—ठीक लगे तो मानो, वरना नहीं, लेकिन सोचो।"[20]

राजेन्द्र माथुर की पत्रकारिता में आत्मसंयम है और आचार संहिता के प्रति निष्ठा भी। वे पत्रकारिता को मिशन समझनेवाले कालजयी पत्रकारों की परम्परा के इतिहासपुरुष हैं। पत्रकारिता के सन्दर्भ में उनके ये विचार जातीय विरासत को आगे बढ़ाने की पहल भी हैं—''आचार संहिता के मुद्दे पर भारत के पत्रकार इमरजेन्सी और इन्दिरा गाँधी की स्मृतियों के कारण जरूरत से ज्यादा एलर्जिक हैं। मेरी राय है कि कोई न कोई कोड ऑफ़ कंडक्ट पत्रकारों को स्वीकार कर लेना चाहिए।

मैं कहना चाहता हूँ कि आज का पाठक 20 साल पहले के पाठक की तुलना में बहुत जागरूक हो गया है। यदि आप आज 1990 में उस पर प्रहार करेंगे तो वह उसे उस तरह नहीं झेलेगा, जैसे उसके पिता जी 1970 या 1960 में झेल लेते थे, कतई नहीं। मतलब जैसे अखबार के बारे में सम्पादक संवेदनशील हो गए हैं, हम लोग लड़ाकू हो गए हैं, हम पत्रकार खोजी हो गए हैं, हम बहुत जुझारू हो गए हैं, सफेद घोड़े पर चढ़े रहते हैं, उसी प्रकार हमारे पाठक भी बहुत संवेदनशील हो गए हैं। अत: आप उनको मूर्ख बनाएंगे तो पहले की तरह उसे वह चुपचाप नहीं झेलेंगे। वह कहीं कंज्यूमर प्रोटेक्शन कौंसिल में जाएँगे, कहीं मोर्चा निकालेंगे, कहीं जुलूस निकालेंगे, कोर्ट में जाएँगे और मैं समझता हूँ यह बात उन्हें हमने ही सिखाई है।

लोकतन्त्र में जनता को संवेदनशील होना चाहिए, लड़ाकू होना चाहिए, जुझारू होना चाहिए। ऐसा होना भी लोकतन्त्र का लक्षण है। अर्थात् गैर जिम्मेदार पत्रकारिता के खिलाफ जनता का आन्दोलन और संगठित होना भी दरअसल स्वस्थ पत्रकारिता का लक्षण है, क्योंकि पत्रकारिता को सही राह पर लाने की वह चेष्टा है। अखबारवाले प्रहार करने को आजाद हों, बुराई पर, भ्रष्टाचार पर, राजनीति पर, बोफोर्स पर। दूसरी तरफ ये भी हो कि अगर आपने किसी मिठाईवाले का गलत उल्लेख कर दिया तो उसमें भी इतनी तत्परता होनी चाहिए कि वह आप पर प्रहार कर सके।''[21]

राजेन्द्र माथुर मूल्यनिष्ठ पत्रकारिता के प्रतिमान हैं। पत्रकारिता उनके लिए मिशन, कला और वृत्ति तीनों रही है। उन्होंने अनवरत साधना से स्वयं को सिद्ध किया है। उन्नीस वर्ष की अवस्था में अन्तरराष्ट्रीय मुद्दों पर लेखन के साथ पत्रकार-जीवन प्रारम्भ करना और कुछ ही महीनों में 'नई दुनिया' जैसे प्रतिष्ठित पत्र के लिए प्राणाधार बन जाना उनकी तेजस्विता और प्रतिबद्धता का प्रमाण है। पैंतीस वर्ष की उम्र में सम्पादक और छियालीस[22] की उम्र में प्रधान सम्पादक बनकर उन्होंने सिद्ध कर दिया कि प्रतिभा को अवस्था के प्रमाण की आवश्यकता नहीं होती। उनकी प्रतिभा ने उन्हें अन्तरराष्ट्रीय पहचान दिलायी और उनकी निष्ठा और प्रतिबद्धता ने उन्हें आधुनिक हिन्दी-पत्रकारिता का युगान्तकारी व्यक्तित्व बना दिया। 1980 ई. में वे द्वितीय प्रेस आयोग के सदस्य बने और अक्टूबर, 1982 में 'नवभारत टाइम्स' के प्रधान सम्पादक बने। 9 अप्रैल, 1991 में प्रधान सम्पादक के रूप में अपनी सेवा देते हुए उनका निधन हुआ।

राजेन्द्र माथुर का युग समर्थ पत्रकारों का युग था। उस युग में अज्ञेय थे, धर्मवीर भारती, रघुवीर सहाय, मनोहर श्याम जोशी थे, खुशवन्त सिंह, कुलदीप नैयर, प्रभाष जोशी जैसे

सफलतम सम्पादक-विचारक थे। वह युग सुरेन्द्र प्रताप सिंह, सर्वेश्वर दयाल सक्सेना, श्रीकान्त वर्मा, गणेश मन्त्री, मधुसूदन आनन्द, आलोक मेहता जैसे प्रखर पत्रकारों का कार्यकाल भी था। राजेन्द्र माथुर इन सबसे अलग थे, इन सबके विशिष्ट गुणों से युक्त, फिर भी अनुपमेय। बाजारवाद के दौर में पत्रकारिता के मूल्यों की रक्षा इन सारे पत्रकारों ने की, किन्तु राजेन्द्र माथुर ने हिन्दी-पत्रकारिता को सबल बनाया, समस्त प्रहारों को झेलने में सक्षम और लोकतन्त्र के प्रहरी के रूप में सर्वमान्य। उन्होंने हिन्दी पाठकों को वैचारिक आतंक से मुक्त किया और उन्हें स्वयं एक विचार-प्रक्रिया से गुजरते हुए निष्कर्ष तक पहुँचने की सीख दी। पत्रकारिता का मूल धर्म यदि लोक प्रशिक्षण है तो निश्चित रूप से राजेन्द्र माथुर भारतीय पत्रकारिता के अनिवार्य युग-पुरुष हैं—सारतत्त्व से युक्त, फिर भी नितान्त मौलिक।

सन्दर्भ

1. हिन्दी-पत्रकारिता, सन्दर्भ—राहुल बारपुते, हंस (मासिक), नई दिल्ली, सम्पादक—राजेन्द्र यादव, दिसम्बर, 1987 ई., पृ. 61.
2. राजेन्द्र माथुर संचयन (1963.1969), सम्पादक—मधुसूदन आनन्द, प्रकाशक—माध्यम, मध्य प्रदेश, जुलाई, 1996 ई., भूमिका से।
3. राजेन्द्र माथुर संचयन, भाग—1, प्रस्तुति—मोहिनी माथुर, वाणी प्रकाशन, नई दिल्ली, प्रथम संस्करण, 2002 ई., भूमिका, पृ. 13.
4. 'नई दिल्ली', 15 अगस्त, 1963 ई., राजेन्द्र माथुर संचयन (1968.1969), पृ. 1.
5. उपरिवत्, पृ. 3.
6. पुराना देश, लेकिन अनुभव कम, नई दुनिया, 15 अगस्त, 1963, राजेन्द्र माथुर संचयन (1963.1969), पृ. 24.25.
7. बीमार मध्यान्तर की समाप्ति, नई दुनिया, 4 जुलाई, 1965, राजेन्द्र माथुर संचयन (1963.1969), पृ. 82.
8. निर्णय का वर्ष, नई दुनिया, 24 अप्रैल, 1966, राजेन्द्र माथुर संचयन (1963.1969), पृ. 199.
9. नई दुनिया, 8 जनवरी, 1967, राजेन्द्र माथुर संचयन, पृ. 265.
10. स्वतन्त्रता की जय, नई दुनिया, 15 अगस्त, 1967, राजेन्द्र माथुर संचयन (1963.1969), पृ. 329.
11. राम मनोहर लोहिया, नई दिल्ली, 15 अक्टूबर, 1967, राजेन्द्र माथुर संचयन, (1963.1969), पृ. 351.
12. उपरिवत्।
13. बूढ़ी सदी का नया वर्ष, नई दुनिया, 01 जनवरी, 1970, राजेन्द्र माथुर संचयन, भाग-1, वाणी प्रकाशन, नई दिल्ली, प्रथम संस्करण-2002, पृ. 21.
14. तिलक पचास साल बाद, नई दुनिया, 2 अगस्त, 1970, राजेन्द्र माथुर संचयन, भाग-1, पृ. 50.
15. उपरिवत्।
16. लिलिपुट देश के छोटे-छोटे अखबार, नई दुनिया, 12 अप्रैल, 1981, राजेन्द्र माथुर संचयन, भाग—2, वाणी प्रकाशन, नई दिल्ली, प्रथम संस्करण-2002, पृ. 285.286.

17. उपरिवत्, पृ. 289.
18. हिन्दुस्तान, दैनिक रविवासरीय, नई दिल्ली, 22 फरवरी, 1995, पृ. 3.
19. उपरिवत्।
20. वेद प्रकाश वाजपेयी, नवभारत टाइम्स, पटना, 11 अप्रैल, 1991, पृ. 8.
21. 9 फरवरी, 1991 को पटना में आयोजित सेमिनार, जिम्मेदार पत्रकारिता में पढ़े गए अभिभाषण से, नवभारत टाइम्स, पटना, 11 अप्रैल, 1991.
22. 1981 ई. में राजेन्द्र माथुर, राहुल बारपुते के अवकाश प्राप्त करने के बाद 'नई दुनिया' के प्रधान सम्पादक बनाए गए।

प्रभाष जोशी

स्वातन्त्र्योत्तर हिन्दी-पत्रकारिता को जिन पत्रकारों ने गहरी वैचारिकता दी और जनसंवाद का सार्थक मंच बनाया, उनमें प्रभाष जोशी (15 जुलाई, 1937 ई.-05 नवम्बर, 2009 ई.) शीर्ष स्थानीय हैं। उनकी पत्रकारिता जन-सरोकारों की पत्रकारिता है। उसमें आम आदमी के लिए सपने हैं, देश की जागृति के लिए विकलता है, मूल्यों की रक्षा के लिए सजगता है और विश्व बन्धुत्व के लिए मंगलाकांक्षा भी।

प्रभाष जोशी की पत्रकारिता-यात्रा 1960 ई. में इन्दौर के प्रसिद्ध पत्र 'नई दुनिया' से प्रारम्भ हुई। इसके पूर्व उन्होंने इंटर की परीक्षा छोड़कर सुनवानी महाकाल गाँव में मास्टरी की थी और अपनी सादगी, अध्यापन-निष्ठा और जनसेवा से ग्रामीणों को काफी प्रभावित किया था। इसी समय कुमार गन्धर्व से उनकी मुलाकात हुई और अपने गहन स्वाध्याय से उन्होंने विश्व-साहित्य का परिचय प्राप्त किया। 'नई दुनिया' के लिए उन्होंने सर्वप्रथम विनोबा की इन्दौर यात्रा को कवर किया। एक माह तक चली इस यात्रा की उन्होंने इतनी सजीव और सरस रिपोर्टिंग की कि सबने उनकी प्रतिभा का लोहा मान लिया। 'नई दुनिया' उस समय महज चार पन्ने का पत्र था किन्तु उसमें छपनेवाला एक-एक शब्द उद्बोधक और सटीक था। पत्र के सम्पादक राहुल बारपुते थे और उनके मुख्य सहयोगी राजेन्द्र माथुर और शरद जोशी जैसे समर्थ पत्रकार। प्रभाष जोशी ने पत्रकारिता का प्रशिक्षण इस पत्र और पत्रकारों के साहचर्य में प्राप्त किया।

'नई दुनिया' में प्रभाष जोशी लगभग पाँच वर्षों तक बने रहे। इस दौरान उन्होंने 'नई दुनिया' में फीचर और समाचार तो लिखे ही, उनकी कुछ कविताएँ और कहानियाँ भी इस पत्र में प्रकाशित हुईं।[1] उनकी खेल-पत्रकारिता का उद्भव भी 'नई दुनिया' में ही हुआ। इस सन्दर्भ में उनका एक आरम्भिक लेखन द्रष्टव्य है—"2 दिसम्बर से 21 दिसम्बर के बीच भारत और पाकिस्तान क्रिकेट टीमों ने दो टेस्ट मैच खेले और वे दोनों ही अतिरिक्त भीरुता से उत्पन्न भारी सुरक्षा के कारण हार-जीत के फैसले के बिना ही समाप्त हो गए। इन दो टेस्ट मैचों के बीच एक टेस्ट मैच ब्रिसवेन में ऑस्ट्रेलिया और वेस्ट इंडीज की क्रिकेट टीमों ने खेला जो खेल की भावना, साहसिकता और उच्चकोटि के खेल के कारण ऐतिहासिक टेस्ट बच गया है। आजतक इतना सनसनीखेज, रोमांचकारी और अनिश्चित मैच न कभी खेला गया और शायद न कभी खेला जाएगा। भारत और पाकिस्तान के घोंघा गति के नीरस टेस्ट मैचों के सन्दर्भ में अगर ब्रिसवेन के टेस्ट को देखा जाए तो कहना पड़ेगा कि करीब

1800 मिनट का यह मैच शरलॉक होम्स के किसी छोटे रोमांचकारी जासूसी उपन्यास जैसा या हॉलीवुड की डेढ़ घंटे की मारधाड़ से भरी साँस रोक देनेवाली दिल की धड़कने बढ़ा देनेवाली किसी फिल्म के समान था।''[2]

1965 ई. में प्रभाष जोशी की मुलाकात एक अँगरेज पत्रकार माइकल हाइट्स से हुई। हाइट्स उनसे काफी प्रभावित हुए और उनके लिए इंग्लैंड में कई सम्पादकों से बातचीत की। यह बातचीत काफी सकारात्मक रही और 1965 में जोशी जी इंग्लैंड चले गए। वहाँ उन्होंने अँगरेजी के दो अखबारों 'मैनचेस्टर गार्जियन' और 'टेलीग्राफ' में कुछ महीनों तक काम किया। फिर वे भारत लौट आए। इंग्लैंड में वे पत्रकारिता की नई प्रौद्योगिकी से परिचित तो हुए किन्तु उसका मिशनरी रूप उन्हें वहाँ दिखाई नहीं पड़ा। भारत लौटने पर उन्होंने शरद जोशी के साथ मिलकर भोपाल से 'मध्यदेश' नामक दैनिक पत्र निकाला। इस पत्र के सामने कठिन आर्थिक समस्याएँ थीं। पत्नी के गहने गिरवी रखकर उन्होंने आर्थिक संसाधन जुटाए। जैसे-तैसे यह पत्र 1968 के प्रारम्भ तक चलता रहा। 'मध्यदेश' पत्र भले ही अल्पजीवी रहा हो किन्तु जन-समस्याओं को जोरदार ढंग से उठाने और शासन को उनकी ओर उन्मुख करने में उसकी ऐतिहासिक भूमिका है।

1968 ई. में वे गाँधी शताब्दी समिति में प्रकाशन सचिव होकर दिल्ली आ गए। 1970 ई. में उन्होंने दिल्ली से 'सर्वोदय' नामक साप्ताहिक पत्र निकाला। 1974 ई. तक प्रकाशित होनेवाला यह पत्र मूल्यनिष्ठ पत्रकारिता का जीवन्त उदाहरण है। अपनी पत्रकारिता के प्रारम्भ में जनसेवा का जो संस्कार उन्होंने विनोबा से पाया था और गाँधी के विचारों से उन्हें जो दृष्टि मिली थी, उसका प्रतिफलन था 'सर्वोदय' का प्रकाशन। इस पत्र को प्रभाष जोशी ने पेशेवर सम्पादक की तरह नहीं बल्कि एक कर्मठ सामाजिक कार्यकर्ता बनकर निकाला। श्रवण गर्ग और अनुपम मिश्र 'सर्वोदय' में उनके मुख्य सहयोगी थे। 'सर्वोदय' के लेखों ने 'इंडियन एक्सप्रेस' के स्वामी रामनाथ गोयनका को काफी प्रभावित किया। इसी बीच वे जयप्रकाश नारायण के सम्पर्क में आए। प्रभाष जी ने स्वयं लिखा है—''सन 72 में जयप्रकाश नारायण को चम्बल के डाकुओं का समर्पण कराने के लिए कुछ युवाओं की मदद चाहिए थी, जो उनके बीच जाकर उनसे बात कर सकें। अनुपम, श्रवण और मैं फरवरी से उनके साथ काम करने लगे। डाकुओं ने अप्रैल में आत्मसमर्पण कर दिया था। इस पर जेपी और मैंने पन्द्रह दिनों में एक किताब तैयार कर दी थी। इससे जेपी को मुझसे प्रेम था। तभी 'एवरीमैंस' नामक से एक पत्रिका शुरू हुई। इसके सम्पादक अज्ञेय जी थे। हम उसमें मदद करते थे।''[3]

आपात्काल के ठीक पहले, जब जयप्रकाश का सम्पूर्ण क्रान्ति आन्दोलन पूरे उठान पर था, एक ऐसे पत्र की आवश्यकता समझी गई, जो आन्दोलन का मुखपत्र बन सके। 'प्रजानीति' के रूप में इंडियन एक्सप्रेस समूह द्वारा एक नया साप्ताहिक निकाला गया। प्रफुल्लचन्द ओझा 'मुक्त' इसके सम्पादक और प्रभाष जोशी कार्यकारी सम्पादक बनाए गए। प्रभाष जोशी ने इस पत्र को आन्दोलन का प्रखर प्रवक्ता बना दिया। भ्रष्टाचार और निरंकुश शासन-व्यवस्था के खिलाफ इस पत्र ने निश्चित रूप से जनमत को जागृत किया।

आपात्काल में सेंसर की कैंची सबसे अधिक इसी पत्र पर चली। अब 'प्रजानीति' खेल और सिनेमा तक ही सिमटकर रह गई। सरकारी दमन के कारण अन्ततः यह पत्र बन्द हो गया। 1975 ई. में इंडियन एक्सप्रेस समूह ने प्रभाष जोशी के सम्पादन में खेल और सिनेमा पर आधारित साप्ताहिक पत्र 'आसपास' निकाला किन्तु सत्ता की कोपदृष्टि के कारण यह भी अल्पजीवी ही हुआ। मार्च, 1976 में इसका प्रकाशन स्थगित हो गया।

सरकार की तनी हुई भृकुटि के बावजूद 'इण्डियन एक्सप्रेस' 'जनता एक्सप्रेस' के रूप में चलता रहा। प्रभाष जोशी 1977 से 1981 ई. तक 'इंडियन एक्सप्रेस' के चंडीगढ़ और अहमदाबाद संस्करण के स्थानीय सम्पादक रहे। उन्होंने इन संस्करणों को विशेष त्वरा दी। चंडीगढ़ संस्करण की तो उन्होंने शुरुआत ही की और कम ही समय में इसे एक सम्पूर्ण समाचार-पत्र बना दिया। इस पत्र की भाषा अँगरेजी अवश्य थी किन्तु इसका तेवर पूरी तरह देशज था। अहमदाबाद संस्करण की समाप्त हो गई छवि उन्होंने फिर से स्थापित की। इस संस्करण को एक नई पहचान दी और नई चेतना भी। 1981 में वे दिल्ली संस्करण के स्थानीय सम्पादक बने और 1983 ई. में 'जनसत्ता' के प्रकाशन के पूर्व तक इस पद पर बने रहे।

प्रभाष जी ने अँगरेजी पत्रकारिता का प्रशिक्षण इंग्लैंड में प्राप्त किया था। उन्होंने अँगरेजी पत्रों की प्रतिस्पर्धा देखी थी और उसके वैचारिक पक्ष का साक्षात्कार किया था। इस क्रम में उन्होंने अँगरेजी पत्रकारिता की प्रामाणिकता का परीक्षण भी किया था। उनकी अँगरेजी पत्रकारिता में भी भारत का जनबोध था और अपनी भारतीय गरिमा का गहरा अहसास भी। उन्होंने स्पष्ट कहा है—''मैं भारत के सन्दर्भ में अमेरिकी या ब्रितानी लेखकों की अँगरेजी किताबें जरूर पढ़ना चाहता हूँ, पढ़ता भी हूँ, लेकिन भारतीय लेखकों का अँगरेजी में लिखा आजतक नहीं पढ़ा। चाहे वह सलमान रश्दी, विक्रम सेठ, अरुन्धती हों या अरविन्द अडिगा। मेरा स्पष्ट तौर पर यह मानना है कि भारतीय जीवन का प्रामाणिक वर्णन करने की क्षमता भारत के इन अँगरेजीदाँ लेखकों में नहीं। वह यहाँ का भाषाई लेखक कर सकता है, जो यहाँ की माटी से जुड़ा हुआ है या फिर विदेशी लेखक। विदेशी लेखकों में प्रामाणिकता होती है।''[4]

माटी के इसी जुड़ाव और प्रामाणिकता का आग्रह लेकर उन्होंने 17 नवम्बर, 1983 ई. को 'जनसत्ता'[5] का पुनरारम्भ किया था। गहन परीक्षण के बाद उन्होंने अपनी टीम तैयार की। पत्र निकलने के कई महीने पूर्व सम्पादकीय टीम ने काम करना प्रारम्भ कर दिया। पत्र के कलेवर को लेकर, उद्देश्य और भाषा को लेकर इस टीम ने पहले जमकर विमर्श किया। प्रारम्भ में 'जनसत्ता' में तीन सहायक सम्पादक सह विशेष संवाददाता थे—बनवारी, हरिशंकर व्यास और सतीश झा। बनवारी 'दिनमान' से आए थे जबकि हरिशंकर व्यास 'पांचजन्य' से। सतीश झा वित्तीय मामलों के विशेषज्ञ माने जाते थे। रविवारीय जनसत्ता मंगलेश डबराल देखते थे। काक (हरिश्चन्द्र शुक्ल) पत्र के कार्टूनिस्ट थे। मास्टरहेड, डिजाइन और ले-आउट की जिम्मेवारी दिलीप चिंचालकर की थी। इस प्रकार लम्बी विचार-प्रक्रिया से गुजरकर और निरन्तर संवाद से निखरकर 'जनसत्ता' ने आकार ग्रहण किया।

हिन्दी-पत्रकारिता को उसकी वास्तविक भाषा और सच्चा स्वरूप देने में इस पत्र की ऐतिहासिक भूमिका है। इसने पत्रकारों की न केवल भावी पीढ़ी तैयार की बल्कि नई चुनौतियों से जूझने का संकल्प भी दिया। पत्र की शुरुआती रिपोर्टिंग टीम में रामबहादुर राय, आलोक तोमर, महादेव चौहान, राकेश कोहरवाल और दयाकृष्ण जोशी जैसे तेज-तर्रार पत्रकार थे। अरविन्द मिश्र, सुरेश शर्मा, सुशील कुमार सिंह, पारुल शर्मा, दयानन्द पांडे, असीम चक्रवर्ती, राकेश त्रिपाठी, रमेश ऋषिकल्प, राजेश नाइक और बाल सुब्रमंयम गिरि ने इस पत्र में ट्रेनी के रूप में अपने कैरियर की शुरुआत की थी।

प्रभाष जोशी ने 'जनसत्ता' के माध्यम से न केवल पत्रकारिता में जनपक्ष को प्रतिष्ठित किया बल्कि नए पत्रकारों के लिए इसे प्रशिक्षण का सार्थक मंच भी बनाया। 'प्रभात खबर' के प्रधान सम्पादक हरिवंश ने इस ओर संकेत करते हुए एकदम ठीक लिखा है—''जनसत्ता के पहले के हिन्दी अखबारों को गौर करिए। उनके कंटेंट, प्रस्तुति, प्रोफाइल सब बासी थे। आजादी के पहले की हिन्दी-पत्रकारिता ने अपनी मंजिल तलाश ली थी पर आजादी के बाद हिन्दी अखबार अपनी भूमिका नहीं ढूँढ़ सके थे। सत्तापक्ष और व्यवस्था के साथ संगत मिलाकर चलना ही उन्हें बड़ा काम लगता था। पर 'जनसत्ता' टटका अखबार लगा। देश इमरजेन्सी का दौर पार कर चुका था। 50.60.70 के दशकों के दैनिक हिन्दी पत्रों—उनकी पत्रकारिता पर नजर डालेंगे तो पाएँगे देवी-देवता, पूजा-पाठ, रश्मो-रिवाज, तीज-त्योहार, नेताओं के प्रवचन या प्रेस विज्ञप्तियाँ ही कंटेंट के मुख्य स्रोत-आधार थे। सत्ता या नायकों का महिमा गायन। कुछ हिन्दी पत्रिकाएँ जरूर अपवाद थीं पर उन दिनों सामाजिक क्षेत्रों में बदलाव की आहट साफ सुनाई दे रही थी। नक्सली आन्दोलन हिन्दी इलाकों में पसर रहा था। मध्यवर्गीय जातियाँ ताकतवर बन रही थीं। राजनीति के पुराने समीकरण टूट भंग हो रहे थे। हिन्दी प्रदेश बीमार घोषित हो चुके थे पर उनमें सामाजिक स्तर पर बड़ी उथल-पुथल थी। कांग्रेस का पुराना तिलिस्म टूट चुका था। आर्थिक सवालों पर भी ध्रुवीकरण हो रहा था। पर ये सारे इश्यूज या समाज की धड़कन, हिन्दी अखबारों में प्रतिबिम्बित या प्रतिध्वनित नहीं थे। इस कमी को पाटा 'जनसत्ता' ने। 'जनसत्ता' ने न सिर्फ हिन्दी भाषियों का बौद्धिक आयाम समृद्ध किया बल्कि उन्हें अपने आसपास के बुनियादी सवालों से जोड़ा।''[6]

अपने पहले ही सम्पादकीय में प्रभाष जोशी ने इस पत्र के लक्ष्य को स्पष्ट करते हुए कहा—''वह (पत्र) अपने पाठकों और दुनिया के बीच एक पुल होता है, संवाद का जरिया होता है, मंच होता है। वह पाठक की निजी आस्थाओं और उसकी सार्वजनिक निष्ठा को साधता भी है। वह अपने पाठकों से बनता है और पाठकों को बनाता है। लेकिन यह अर्थवान प्रक्रिया बिना विश्वसनीयता के नहीं चल सकती। 'जनसत्ता' यह विश्वसनीयता कमाने के लिए निकल रहा है।''[7]

''इसमें कोई शक नहीं कि 'जनसत्ता' को पाठकों की वह विश्वसनीयता मिली। शानदार ले आउट और आधुनिक फोटो कम्पोजिंग तथा खूबसूरत छपाई के साथ निकले इस अखबार की सफलता का इससे बड़ा प्रमाण क्या होगा कि प्रकाशन शुरू होने के साथ महीने में इसकी

प्रसार संख्या एक लाख और तेरहवें महीने में दो लाख को पार कर गई। हिन्दी-पत्रकारिता के इतिहास में यह एक चमत्कारी घटना थी। कोई भी हिन्दी दैनिक इतने कम समय में इतना बड़ा पाठक वर्ग तैयार नहीं कर पाया था।''[8]

'जनसत्ता' ने फीचर शैली का सटीक और सर्वाधिक उपयोग किया। 'खास खबर' और 'खोज खबर' इसके अत्यन्त लोकप्रिय स्तम्भ थे। प्रभाष जोशी ने अपने सम्पादकीय में समाज, राजनीति, खेल, साहित्य, संस्कृति, फिल्म, संगीत सब पर लिखा और जमकर लिखा। उनके आँकड़े प्रामाणिक होते थे और तर्क अकाट्य। वे पत्रकारिता के बदलते स्वरूप और पनप रही नई मानसिकता से ही नहीं, उनके कारणों से भी परिचित थे। इसीलिए वे मिशन और व्यवसाय में सामंजस्य बिठाने में सक्षम हो सके। अपने एक प्रारम्भिक सम्पादकीय में उन्होंने लिखा— ''पुनर्जागरण के दौर में जनशिक्षण और फिर देश की आजादी हिन्दी-पत्रकारिता के मिशन रहे। पहला दौर सेवा का था और दूसरा लड़ाई का। तब के मालिक सम्पादकों के लिए अखबार निकालना जेल जाना और घर फूँक तमाशा देखना था। लाभ-हानि उनके गणित में कहीं नहीं थे, न वे सामाजिक-राजनीतिक रूप से प्रभावशाली हो सकते थे। वे एक बड़ी लड़ाई के छोटे सिपाही थे और पत्रकारिता के हथियार से लड़ रहे थे। तब अखबारों में काम करने भी वे लोग आते थे जो या तो साहित्य-सेवा में लगे थे या राजनीतिक कार्यकर्त्ता थे। साधना, सेवा, समर्पण और संघर्ष उन्हें पत्रकारिता में अनोखा सुख-सनतोष देते थे। मालिक और सम्पादक या मालिक-सम्पादक और उनके साथ में मालिक-मजदूर का रिश्ता नहीं था।''[9]

बदली परिस्थितियों में हिन्दी-पत्रकारिता कैसे जीवन्त रह सकती है, इस पर विचार करते हुए उन्होंने यह भी लिखा-''अपनी अनुभूति को सत्य समझनेवाले साहित्यकार-सम्पादक अब मंच से हट गए हैं। राजनीतिक कार्यकर्ताओं के लिए पत्रकारिता से ज्यादा आसान और कमाऊ रास्ते खुले हुए हैं। मालिक के पास साधन हैं और वह ऐसा अखबार या पत्रिका चाहता है, जो कमा सके। फिर क्यों हिन्दी-पत्रकारिता व्यावसायिक श्रेष्ठता की तरफ नहीं बढ़ रही। भविष्य उसका है। लेकिन भविष्य भी तो कमाना पड़ता है। हिन्दी-पत्रकारिता यह कमाई अर्थ और पुंय दोनों ही स्तरों पर हिन्दीभाषियों से जुड़कर ही कर सकती है। लेकिन इसके लिए पुल को इतना चौड़ा करना होगा कि उस पर से करोड़ों गुजर सकें और वही हिन्दी को दूसरी भारतीय भाषाओं से भी जोड़ दे। अंग्रेजी की तुलना में हिन्दी-पत्रकारिता की चुनौती बड़ी है। हिन्दुस्तान में अंग्रेजी को 90 से 180 डिग्री कवर करना होता है। हिन्दी को 0 से 180 डिग्री कवर करना पड़ेगा। उसके एक सिरे पर नवसाक्षर या अर्धसाक्षर हैं और दूसरी तरफ विद्वान। हिन्दी-पत्रकारिता को संकीर्ण पुलिया से उठाकर पूरे आकाश पर फैलाना होगा।''[10]

'जनसत्ता' ने निश्चित रूप से सकारात्मक पत्रकारिता का मार्ग प्रशस्त किया। प्रभाष जोशी हिन्दी-पत्रकारिता के कबीर बनकर उभरे। इसी बीच उनसे एक चूक हो गई। सितम्बर, 1987 ई. में राजस्थान के दिवराला नामक गाँव में सतीकांड हुआ। इसका बुद्धिजीवियों और महिलाओं ने जमकर विरोध किया। जोशी जी ने अपने सम्पादकीय में इस प्रथा का समर्थन

करते हुए लिखा—''अंग्रेजी पढ़े-लिखे समाज में रहनेवाले मुट्ठी भर लोग इस जन्म को ही आदि और अन्त मानते हैं और अपने व्यक्तिगत भोग में ही सबसे बड़ा सुख देखते हैं... भारत के आमलोगों की आस्था और मान्यताओं को जानते समझते ही नहीं।''[11]

इस सम्पादकीय पर तीव्र प्रतिक्रिया हुई। महिला संगठनों ने उनका घेराव किया और उन्हें खेद प्रकट करने को कहा। ऐसा नहीं करने पर अखबार का बॉयकाट करने की धमकी भी दी गई। जनसत्ता के लिए दिये गए अपने एक साक्षात्कार में बाबा नागार्जुन ने कहा—'' 'जनसत्ता' ने जिस तरह अभिव्यक्ति की आजादी के तहत राजनीति, संस्कृति, साहित्य और समाज में जो भूमिका निभायी है, मैं उसे नहीं भूल सकता... 'जनसत्ता' में पहली बार सामाजिक सोच की व्याख्या करने में गलती हुई है और उसके विरोध में पूरे अखबार का बॉयकाट करना मूर्खता होगी। 'जनसत्ता' ने हमेशा अल्संख्यकों की बात प्रमुखता से रखी है और वैज्ञानिक सामाजिक सोच को आगे बढ़ाया हैं।''[12]

प्रभाष जोशी की यह टिप्पणी चाहे जितनी भी आपत्तिजनक रही हो, उन्होंने आगे कभी भी इसे शाश्वत सत्य ठहराने की कोशिश नहीं की। अपनी भूल से उन्होंने सीख ली और पाखंड और शोषण के खिलाफ उनकी आवाज और तेज हुई। अन्धविश्वासों और धार्मिक उन्माद पर उन्होंने करारा प्रहार किया। रामजन्मभूमि और बाबरी मस्जिद प्रकरण में उन्होंने अपनी निष्पक्षता, तार्किकता ओर प्रगतिशीलता का निरन्तर साक्ष्य दिया। मस्जिद विध्वंस के अगले दिन उन्होंने अपने सम्पादकीय में लिखा—''राम की जय बोलनेवाले धोखेबाज विध्वंसकों ने कल मर्यादा पुरुषोत्तम राम के रघुकुल की रीत पर अयोध्या में कालिख पोत दी। हिन्दू आस्था और जीवन परम्परा में विश्वास करनेवाले लोगों का मन आज दुख से भरा और सिर शर्म से झुका हुआ है। अयोध्या में जो लोग एक-दूसरे को बधाई दे रहे हैं और बाबरी मस्जिद के विवादित ढाँचे को ढहाना हिन्दू भावनाओं का विस्फोट बता रहे हैं, वे भले ही अपने को साधु-साध्वी, सनत-महात्मा और हिन्दू हितों का रक्षक कहते हों उनमें और इन्दिरा गाँधी की हत्या की खबर पर ब्रिटेन में तलवार निकालकर खुशी से नाचनेवाले लोगों की मानसिकता में कोई फर्क नहीं है। एक निरस्त्र महिला की अपने अंगरक्षकों द्वारा हत्या पर विजय नृत्य जितना राक्षसी है उससे कम निन्दनीय, लज्जाजनक और विधर्मी एक धर्मस्थल को ध्वस्त करना नहीं है। यह धर्मस्थल बाबरी मस्जिद भी था और रामलला का मन्दिर भी। ऐसे ढाँचे को विश्वासघात से गिराकर जो लोग समझते हैं कि वे राम का मन्दिर बनाएँगे वे राम को मानते, जानते और समझते नहीं है।''[13]

प्रभाष जोशी नास्तिक नहीं थे। हिन्दू धर्म की मानववादी मान्यताओं में उनकी गहरी आस्था थी। वे आस्था और उन्माद का फर्क समझनेवाले प्रखर पत्रकार थे। धर्म की राजनीति और राजनीति के धर्म पर उन्होंने 'जनसत्ता' में लगातार लिखा। उनके इस लेखन का संग्रह 'हिन्दू होने का धर्म'[14] शीर्षक से पुस्तकाकार प्रकाशित है। इस सन्दर्भ में यह भी ध्यातव्य है कि 655 पृष्ठों की इस पुस्तक का पहला संस्करण हाथों-हाथ बिक गया और साल के भीतर ही उसे दूसरी बार छापना पड़ा।

प्रभाष जोशी का कैनवास बहुत बड़ा है। जीवन का कोई भी पक्ष उनके लेखन से अछूता नहीं है। वे अतीत के दृष्टान्त से वर्तमान सत्य को जीवन्त कर देते हैं। भोपाल गैस त्रसदी के सन्दर्भ में उनकी ये पंक्तियाँ द्रष्टव्य हैं—''हुमायूँ के बारे में एक किस्सा है। जब उसने दिल्ली जीत ली और बादशाह हो गया तो उसे हाथो की सवारी करने को कहा गया। वह हाथी पर चढ़ा और चलने के पहले उसने पूछा— इसकी लगाम कहाँ है! उसे बताया गया कि हाथी को लगाम नहीं लगती। उसे महावत चलाता है जिसके पास अंकुश होता है। हुमायूँ ने कहा—'रुको!' और हाथी के हौदे से उतर आया। उसने कहा—'मैं ऐसी सवारी पर नहीं चलता जिसकी लगाम मेरे हाथ में न हो।' जो गलती मध्ययुगीन हुमायूँ करने को तैयार नहीं था वह हमने विकास के नाम पर की है। हम ऐसी विदेशी टेक्नोलॉजी पर सवार हैं जिसकी लगाम हमारे हाथ में नहीं है। भोपाल गैस कांड होने का असली कारण यही है।''[15]

उनकी पत्रकारिता में विषय-वैविध्य का मूल कारण है उनकी रुचि के क्षेत्रों की विविधता। संगीत में वे कुमार गन्धर्व से अभिभूत हैं। वे कहते हैं—''संगीत का आनन्द लेने के लिए उसका शास्त्र जानना जरूरी नहीं है। शास्त्र में से होते हुए शास्त्र के परे संगीत है—यही तो कुमार गन्धर्व पचास साल से गा रहे हैं। उनका सबसे बड़ा योगदान तो यही है कि शास्त्रीय गणित होते जा रहे संगीत को उन्होंने फिर कला बना दिया।''[16] प्रभाष जोशी ने हिन्दी-पत्रकारिता के क्षेत्र में यही किया। उसे बोझिल वैचारिकता से मुक्त करते हुए रोचक और पाठ्य बनाया। पत्रकारिता यदि शीघ्रता में लिखा हुआ साहित्य है तो समकालीन हिन्दी-पत्रकारिता में इसका सबसे जीवन्त उदाहरण प्रभाष जोशी का लेखन है। उन्होंने जल्दी में लिखा किन्तु जो लिखा वह सार्थक लिखा। घटनाओं और विचारों को प्रस्तुत करने में उनकी दृष्टि रचनात्मक थी। इसीलिए विषय चाहे जितना भी नीरस हो उनकी सर्जनात्मकता उसे सरस और सर्वग्राह्य बना देती है।

15 अप्रैल, 1992 ई. को पहली बार उन्होंने 'जनसत्ता' में 'कागद कारे' स्तम्भ लिखा और अन्त तक इसे लिखते रहे—'जनसत्ता' से अवकाश ग्रहण करने के बाद भी।[17] 'कागद कारे' हिन्दी के सर्वाधिक लोकप्रिय और चर्चित स्तम्भों में एक है। जोशी जी इसे 2012 ई. तक अर्थात् पूरे बीस वर्ष लिखना चाहते थे किन्तु उनके निधन के कारण यह साढ़े सत्रह वर्षों तक ही लिखा जा सका। 'कागद कोरे' अपने समय की सारी हलचलों, आहटों और सम्भावनाओं का प्रामाणिक दस्तावेज है और उन पर सटीक टिप्पणी भी। 2008 ई. में ये सारी टिप्पणियाँ पाँच खंडों में पुस्तकाकार प्रकाशित हुईं। नामवर सिंह ने पुरोवाक् में यह स्वीकार किया—''लगातार पन्द्रह वर्षों तक किसी अखबार में एक कॉलम का जारी रहना अपने आपमें एक मिसाल है। सिर्फ 'कागद कारे' को ही पढ़ने के लिए मेरे जैसे बहुत से लोग रविवारी 'जनसत्ता' लेते रहे। 'कागद कारे' एक तरह से आज का 'महाभारत' है और उसके लेखक प्रभाष जी आधुनिक व्यास।''[18]

जोशी जी ने अपनी अन्तिम साँस तक पत्रकारिता की। 'जनसत्ता' के अतिरिक्त वे 'प्रथम प्रवक्ता' (सं. रामबहादुर राय) और 'तलहका' (सं. संजय दुबे) जैसे पत्रों में

लिखते रहे। इतना ही नहीं, समय-समय पर टी.वी. न्यूज चैनलों में टिप्पणीकार के रूप में उनकी उपस्थिति बनी रही। जोशी जी का अभ्युदय आम आदमी का अभ्युदय है। उस आम आदमी का, जिसमें कुछ कर गुजरने का साहस है, सच को सच कहने की हिम्मत है और आडम्बरों और फरेबों को चकनाचूर कर देने की शक्ति भी। जोशी जी के महत्त्व को रेखांकित करते हुए प्रमुख स्तम्भकार राजकिशोर ने सच ही लिखा है—''पत्रिकाओं के क्षेत्र में जो काम 'दिनमान' और 'रविवार' ने किया, अखबारों की दुनिया में प्रभाष जोशी द्वारा स्थापित 'जनसत्ता' ने उससे कहीं बड़ा और टिकाऊ काम किया। पत्रकारिता की समूची भाषा को आमूलचूल बदल देना मामूली बात नहीं है। यह काम कोई ऐसा महाप्राण ही कर सकता है जिसमें संस्था बनने की क्षमता हो। 'जनसत्ता' एक ऐसी ही संस्था बन गई। यह कहना अर्धसत्य होगा कि प्रभाष जोशी ने पत्रकारिता की तत्कालीन निर्जीव और क्लर्क टाइप भाषा को आम जनता की भाषा से जोड़ा। यह तो उन्होंने किया ही, उनका इतने ही निर्णायक महत्त्व का योगदान यह है कि उन्होंने जनभाषा को सर्जनात्मकता के संस्कार दिये।''[19]

सन्दर्भ

1. नई दुनिया के 15 अगस्त, 1960 और 15 अगस्त, 1962 के अंकों में प्रकाशित दो कविताएँ तथा 15 अगस्त, 1961 और 1962 के अंकों में प्रकाशित दो कहानियाँ। 'प्रभाष पर्व', सं. सुरेश शर्मा, राजकमल प्रकाशन, नई दिल्ली, संस्करण-प्रथम, 2011 ई. में संकलित हैं।
2. नई दुनिया—सं. राहुल बारपुते, 2 जून, 1961 ई.।
3. यशवन्त सिंह को दिये गए साक्षात्कार से, 'मैं क्रिकेटर बनना चाहता था।' —प्रभाष जोशी: याद, संवाद, विवाद और प्रतिवाद, सं. आलोक तोमर, कृपाशंकर, शिल्पायन, दिल्ली, संस्करण-2010 ई., पृ.-267
4. 7 फरवरी, 2009 ई. को राँची में तहलका के विशेष संवाददाता निराला को दिये गए साक्षात्कार से—'भू-मंडल की राजनीति भी डोल रही है' -प्रभात खबर, 5 नवम्बर, 1911 ई.।
5. पहली बार यह पत्र 1952 ई. में इन्द्र वाचस्पति के सम्पादन में निकला और 1954 ई. में बन्द हुआ।
6. 'जनसत्ता' ने दी पत्रकारिता को नई जमीन—हरिवंश, प्रभाष पर्व, पृष्ठ 320
7. 'जनसत्ता' 17 नवम्बर, 1983 ई.।
8. हिन्दी-पत्रकारिता : सन्दर्भ प्रभाष जोशी—आनन्द स्वरूप वर्मा, 'हंस' (सं. राजेन्द्र यादव, दिल्ली), नवम्बर, 1987 ई., पृष्ठ 12
9. 'जनसत्ता' 4 दिसम्बर, 1983 ई.।
10. उपरिवत्।
11. 'जनसत्ता' 18 सितम्बर, 1987 ई.।
12. 'जनसत्ता' 7 अक्टूबर, 1987 ई.।
13. 'जनसत्ता' 7 दिसम्बर, 1992 ई.।
14. राजकमल प्रकाशन, दिल्ली, प्रथम संस्करण-जनवरी, 2003 ई.।

15. ‘जनसत्ता’ 15 दिसम्बर, 1985 ई.।

16. निरभय निरगुण गुण रे गाऊँगा—‘मसि कागद’—प्रभाष जोशी, राजकमल प्रकाशन, दिल्ली, प्रथम संस्करण-2010 ई., पृष्ठ 226

17. 17 नवम्बर, 1995 को प्रभाष जोशी ने ‘जनसत्ता’ के सम्पादक-पद से अवकाश ग्रहण किया। 29 नवम्बर, 1995 से जुलाई, 2007 तक वे पत्र में सम्पादकीय सलाहकार रहे। उनका अन्तिम ‘कागद कारे’ ‘पच्चीस साल बाद भी’ 1 नवम्बर, 2009 ई. को ‘जनसत्ता’ में छपा।

18. राजकमल प्रकाशन, दिल्ली से 2008 ई. में सुरेश शर्मा के सम्पादन में प्रकाशित ‘कागद कारे’ के पाँच खंडों—‘धन्न नरबदा मइआ हो’, ‘जीने के बहाने’, ‘खेल सिर्फ खेल नहीं हैं, ‘लुटियन के टीले का भूगोल’ और ‘जब तोप मुकाबिल हो’ के पुरोवाक् से।

19. समय का सबसे समर्थ हस्ताक्षर—प्रभाष जोशी, याद, संवाद, विवाद और प्रतिवाद, पृष्ठ 124.125

❄❄❄